政协萍乡市委员会 编

JIN DAI GONG YE ZAI PING XIANG

近代工业在萍乡

中国文史出版社

图书在版编目（CIP）数据

近代工业在萍乡 / 政协萍乡市委员会编 . —北京：
中国文史出版社，2024.1
ISBN 978-7-5205-4531-0

Ⅰ . ①近… Ⅱ . ①政… Ⅲ . ①工业史—萍乡—近代
Ⅳ . ① F429.563

中国国家版本馆 CIP 数据核字（2023）第 244659 号

责任编辑：王文运　赵姣娇　　　　装帧设计：蒲　钧　欧阳春晓

出版发行：**中国文史出版社**
社　　址：北京市海淀区西八里庄路 69 号　邮编：100142
电　　话：010-81136606　81136602　81136603（发行部）
传　　真：010-81136655
印　　装：廊坊市海涛印刷有限公司
经　　销：全国新华书店
开　　本：787×1092　　1/16
印　　张：26.75
字　　数：395 千字
版　　次：2024 年 1 月北京第 1 版
印　　次：2024 年 1 月第 1 次印刷
定　　价：86.00 元

《近代工业在萍乡》编委会

序

　　文化是一个国家和民族的独特标识，也是一座城市的灵魂。作为众多文化形态的一种，工业文化是在工业发展进程中衍生、发展而来的。习近平总书记指出，要结合自己的历史传承、区域文化、时代要求，打造自己的城市精神，对外树立形象，对内凝聚人心。

　　萍乡素有"江南煤都"之美誉，煤炭资源丰富，煤炭的发现与利用历史悠久。从汉代"取以代薪，用作燃料"，到唐朝"先烧令熟，谓之炼炭"；从南宋"煤炭市场逐渐形成"，到明代"批量运往长沙，远销至湖北武汉"；从清初"土窑乡井遍布"，成为"华南最早的炼焦地"，到清末"北有开滦，南有萍乡"，成为"全国第三大煤矿"；再到1908年，汉阳铁厂、大冶铁矿和萍乡煤矿合并成立汉冶萍公司，成为当时亚洲最大的钢铁煤联合企业。煤炭成为留在萍乡人灵魂深处不可磨灭的文化标识，煤炭工业也见证了近代中国波澜壮阔的发展历程。

　　创设于清朝末年的萍乡煤矿，是中华民族在内忧外患的困境中探索实业救国，以"求富"致"求强"的实践产物，是中国人民开拓进取、不懈奋斗的生动写照。在百年波澜壮阔、苦难辉煌的发展历程中，萍乡应历史的风云际会成为我国最早的工矿城市之一、最早的重工业基地之一，成为中国近代工业发祥地之一，在中国近代工业发展史乃至中国革命史上都留下了浓墨重彩的一笔，形成了兼容并蓄、博采众长的开放精神，敢为人先、坚韧不拔的开拓意识，红色文化与工矿文化相互叠加的"昭萍文化"特质。

萍乡的近代工业值得被世人记住，璀璨的工业文明应该汇入历史长河。百余年来，萍乡为国家创造了巨大的物质与精神财富，形成了特有的、丰富的文化底蕴和积淀。全面深入挖掘好、研究好、记录好这段历史，可以帮助人们了解这座城市的发展脉络，把工业资源挖掘好，把城市文脉赓续好，把城市品格传承好，把特有的文化名片打造好。这也是政协文史工作者的使命所至，编辑出版此书的初衷所在。

　　修史立典，存史启智。文史资料工作是一件泽被后世的重要工作，也是一项费时耗力的系统工程。李小建、孙正风两位同志是土生土长的萍乡人，他们满怀着对这片土地的热爱，长期潜心研究工矿文化，收集了大量史料，欣然承担了这本书的主要撰稿工作，以科学严谨的治学态度，较为完整地记录了萍乡煤炭历史的发展变迁，具有重要的史料价值、文化价值。

　　市政协以情怀担当，秉承对萍乡历史高度负责的态度，组织专业力量进行抢救性的挖掘整理，不仅给予萍乡人一份归属感、骄傲感，更能让人追忆过往、传承创新。愿《近代工业在萍乡》的出版，有助于读者深刻感悟萍乡深厚的工矿文化底蕴和独特的城市精神力量，激发坚持工业强市、打造转型升级标杆城市，加快建设社会主义现代化萍乡的信心决心，为重振萍乡工业辉煌提供历史镜鉴。

　　是为序。

萍乡市政协主席　聂晓葵

2023 年 12 月

目　录

I

第一章 萍乡的煤炭开采历史悠久

一、我国是最早开采利用煤炭的国家之一

我国是世界上最早发现、开采、利用煤炭的国家之一。1973 年，辽宁队考古工作者在发掘沈阳新乐遗址时，在其生活遗址中发现了大量的朴拙而小巧的煤制品（煤精雕刻制品）和半成品、煤块。经测定，这批煤精制品是生活在距今六七千年前的人们所采集、成批加工制作的。因此我们把中国利用煤炭的时间确定为六七千年前，也就是中国用煤的历史至少有六七千年了。

对煤的认识，唐宋以前煤这个字的含义并不指煤炭，而指烟熏的黑灰。对煤的称谓，最早的名称叫"石涅"，它见于先秦时期的地理著作《山海经》。该书中的《中山经》云："风雨之山，其上多白金，其下多石涅"，"石涅"指的就是煤。石墨是古代煤的又一名称，晋代陆翙《邺中记》载："石墨可书，又蓺之难尽，又谓之石炭。"李时珍《本草纲目》金石部也指出："石炭……上古以书字，又谓之石墨，今俗称煤炭。"有人考证后推测，《中山经》中提到的"风雨之山"应当在今四川通江和南江、巴中一带，早在先秦时期，这一带的煤炭已被我们的祖先发现利用，不仅知道产地且了解储存位置"其下多石涅"。在战国时期，除去"石涅"这个名称外，《墨子》"备学篇"中的"每"也指煤。在石炭名称存在的同时，也出现了煤的名称，明代科学家宋应星《天工开物》上说："凡取煤经历久者，从土面能辨有无之色。"

两汉时期是中国用煤史上的第一个高峰时期。晋代干宝《搜神记》卷十三载："汉武帝凿昆明池，极深，悉是灰墨，无复土。"这种黑土正是煤的前

身泥炭。到了宋代，煤炭无论在开采规模，开采技术，还是利用等方面，都得到了异常明显的发展。

江南诸省皆称煤为石炭。宋代谢维新著《古今合璧事类备要》外集称："丰城、平（萍）乡二县，皆产石炭于山间，掘土黑色可燃，有火而无焰，作硫磺气，既销则成白灰。"维新派人物、萍乡人文廷式对上述作了如下注释："按吾乡所产油煤，俗称石炭，作黑色，其坚如石，即此书所谓石炭也。是宋代民间已开山搜取，故谢氏得记之。谢氏必出当时地志，特遇未注所引书目也。"①

我国利用煤炭炼焦的技术早在唐代已逐渐形成。唐代康骈《剧谈录》载："洛中豪贵子弟……凡以炭炊饭，先烧令熟，谓之炼炭，方可入爨，不然犹有烟气。"②这里所说的炼炭即是焦炭的雏形。1957年，河北省文化局文物工作队在峰峰矿区的观台镇发现了宋元时期的三座炼焦炉，同时发现的还有两座瓷窑和一座石灰窑。这一遗址共有七层（炼焦炉所处层位不详），遗址中有许多煤渣土，煤渣薄的地方仅0.15米，厚者近1米（0.95米）。从考古发现中可以判断我国炼焦技术在宋时已经出现。

中国古代以孝治天下，认为地下蓄藏地气，凡先人的陵寝均不得挖掘，怕冲撞了祖先，造成家运不和，有违孝道，又怕聚众滋事，地方不靖，所以地下资源挖不出来。至乾隆五年（1740年），大学士赵国麟一奏解煤禁：

> 为请广天地自然之利以裕民用事。窃照民生衣食之源，无事不上廑宸衷，凡可以遂民之生，利民之用者，多方筹画，逐一举行。而臣下一得之愚苟有裨益于用者，亦悉蒙采纳。臣以为，民非水火不生活，百钱之米即需数十钱之薪，是薪米二者相表里而为养命之源者也。东南多山林材木之区，柴薪尚属易得，北方旱田，全借菽粟之秸为炊，苟或旱潦不齐，秫秸少收，其价即与五谷而并贵，是民间既艰于食，又艰于爨也。

---

① 吴晓煜：《煤史钩沉》，煤炭工业出版社2000年版，第163、164页。

② 吴晓煜编著：《中国煤矿史读本（古代部分）》，煤炭工业出版社2010年版，第84页。

若煤固天地自然之利，有不尽之藏，资生民无穷之用。大江以北，所在多有，即臣籍泰安、莱芜、宁阳诸郡县悉皆产煤，此臣所素知者。特以上无明示，地方有司恐聚众滋扰，相沿禁采。遂使万民坐失其利。臣窃见京师百万户皆仰给于西山之煤，数百年于兹，未尝有匮乏之虞、聚众生事之处，何独不可行于各省乎？臣请敕下直省督抚，行令各地方官查勘，凡产煤之处，无关城池龙脉及古昔帝王圣贤陵墓，并无碍堤岸通衢处所，悉听民间自行开采，以供炊爨，照例完税。地方官严加稽查，如有豪强霸占，地棍阻挠，悉置于法，将见煤禁一弛，费值少而取用宏，民之获受利益，永永无穷矣。为此具折奏请，伏乞皇上睿鉴施行。谨奏。①

皇帝批示："大学士赵国麟此奏，著各省督抚酌量情形，详议具奏。""各省产煤处，无关城池龙脉、古昔陵墓、堤岸通衢者，悉弛其禁。"②清政府下令全国取消煤禁，提倡普遍开发煤炭，于是，一些地方乡绅纷纷招纳以前一家一户或几家多户联合生产的采煤人，扩大土煤井生产规模。

二、萍乡具有丰富的煤炭资源

萍乡地处江西省西部，东与本省宜春接壤，南与吉安毗邻，西与湖南醴陵相连，北与湖南浏阳交界，总面积3823.99平方公里。远在5000多年前的新石器时代，萍乡就有三苗族生产劳动繁衍生息。西周时，萍乡属扬州，春秋属吴国，战国为楚地，秦属九江郡，汉高祖时，属扬州豫章郡和荆州长沙郡。三国吴帝孙皓于宝鼎二年（267年）设立萍乡县，县址设芦溪古岗（今芦溪县古城村），辖地包括今安源区、芦溪县的全部和上栗县、湘东区的大部。唐武德二年（619年），县治从芦溪古岗迁至萍乡凤凰池。唐代属江南西道袁

---

① 吴晓煜编著：《中国煤矿史读本（古代部分）》，煤炭工业出版社2010年版，第188、189页。

② 吴晓煜编著：《中国煤矿史读本（古代部分）》，煤炭工业出版社2010年版，第190页。

州。元元贞元年（1295年）萍乡由县升格为州。明洪武二年（1369年），全国废行省，萍乡改州为县，隶属江西省布政使司袁州府。1970年3月10日，经国务院批准，升格为地级省辖市。1992年6月20日，经国务院批准，吉安地区莲花县划归萍乡市管辖。

据考古发现，萍乡早在十多万年前的旧石器时代就有人类生活，春秋战国时期先后归属吴地、楚地。建于西周时期、废弃于春秋晚期的田中古城，不仅是萍乡最早的古城，也是湘东赣西区域最早的古城，显现江西最早的城垣文明的历史影像。萍乡得名的由来，虽有多说，而萍实说获得大多数人认同。清末萍乡举人、史志学家刘洪辟在他所著《昭萍志略·序》中写道："自楚昭王渡江得萍实，至今有萍实桥、萍实里；瑞应之符，著在前载。"2016年《昭萍志略》再版前言写道："三国时期吴宝鼎二年（267年）萍乡建县，因与孔子、楚昭王有着历史渊源的'萍实说'而冠名。"据传，公元前505年，楚国楚昭王来到萍乡，渡江时，偶然获得一江上漂来的野生稀罕物。此为何物？他问遍满朝文武，无人知晓，于是，派使臣到鲁国请教孔子。孔子辨识后说："此物叫萍实，是吉祥物。"于是，楚昭王获得"萍实"的地方（今芦溪县芦溪河一带）就被誉为"萍实之乡"，简称"萍乡"。这就是萍乡地名由来的"萍实说"。唐代文学家韩愈，曾游览今萍乡市上栗县桐木镇楚山，留下一首七绝诗《楚昭王庙》："丘坟满目衣冠尽，城阙连云草树荒。犹有国人怀旧德，一间茅屋祭昭王。"宋代诗人黄庭坚《萍实里》诗云："楚地童谣已兆祥，果然所得属昭王。若非精鉴逢尼父，安得佳名冠此乡。"进一步坐实了"萍实"说法。

萍乡首当湘赣要冲，有"邑当吴头楚尾之界，路当闽、广、云、贵之要冲""枕吴头，压楚尾，壤接湖湘，往来孔道"的说法，因此，古代萍乡曾被称为"吴楚通衢""吴楚孔道""吴楚咽喉""吴楚锁钥"。明江西巡按周灿《请兵筹饷疏》，是为防张献忠陷楚郡后写的，他说："必以萍乡为第一门户"，"萍乡不守，宁但江西之患，南则百粤（广东）、八闽（福建），东则祁门（安徽）常山（浙江），将有不忍言者"，说明萍乡在地理位置上的重要性。

萍乡山川雄秀。萍乡地势高，为湘赣支流渌水和袁水的源头，唐人袁皓描绘了萍水景象："泸水东奔彭蠡浪，萍川西注洞庭波。"由于水分东西两大湖系，无大的河流过境，又由于地处江南，雨量充沛，故水不涝、旱不干，无大的灾难，民少了修堤抗旱之苦。东南面的武功山为江西名山，主峰

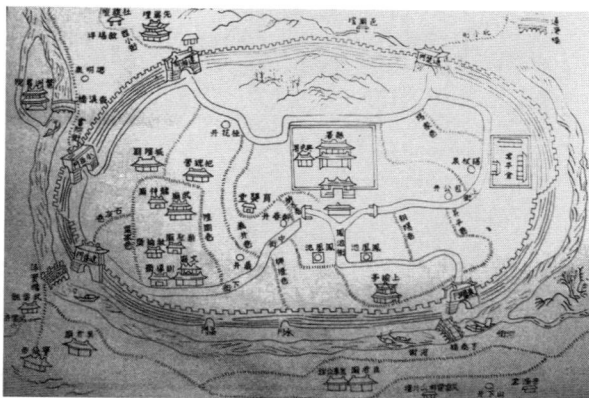

萍乡古城图（引自《乾隆萍乡县志》）

高1918米，山上之高山草甸是江南少有的高山草场，有黄山之雄、匡庐之秀、衡岳之幽之美誉，为袁水之发源地。北面的杨岐山为禅宗五家七宗临济杨岐宗的祖庭，建于唐代，林壑幽美，水木清华，乘广禅师碑为唐刘禹锡所撰，现仍保存完美，为萍水（亦叫渌水）的发源地。杨岐山南面不远处是号称"天下第一洞"的孽龙洞，洞内奇物异景、瀑布溪流出自天然，有"洞中蓬莱"之美誉。

萍乡矿产丰富。据清代本地廪贡生①段鑫《上珠岭铁矿记》："萍乡环县皆山也，蕴藏矿质为全省冠，若金砂，若铅，若铜，若磺，若锑，若锰，若铁，若煤炭，若石灰，若土硃等，随地皆是，其间，以安源之煤，上珠岭、居仙山之铁，白竺之铅为最著。"②萍乡的铁分布在宣风、竹园里、茶园、大田、上珠岭，铅分布在白竺，锰分布在车厢、乾村、会双，矽金矿在大安里河底，锑砂在盆头岭。

古代特别是到了近代，萍乡手工工场众多，手工业发达。仅以今之芦溪县境为例，生产有瓷器、烟花鞭炮、土纸、硝磺、煤炭、茶油、香烛、酒、皮毛加工、冶铁、打铁、土布等，星罗棋布。宣风"黄万全"宣表纸曾风靡

---

① 以廪生的资格而被选拔为贡生者。明清两代称由公家给以膳食的生员为廪生，又称廪膳生。贡生，科举时代，挑选府、州、县生员（秀才）中成绩或资格优异者，升入京师的国子监读书，称为贡生。

② 刘洪辟：《昭萍志略》（上），江西教育出版社2016年版，第248、249页。

萍乡古城

全省及周边地区。"黄万全"很注重纸的质量，首先在选料上，选用山区那些嫩毛竹做料片。其次严把送来的表芯纸质量关，所有的纸抽样检查，打开纸要四角整齐，无短次烂纸，每刀 36 张，刀刀不能少一张，72 刀为一头。色淡黄柔韧为特等纸，称"特等提庄"，打"黄置万全"印；纸一般黄色的称"一等提庄"，打"黄置万珍"印；纸为深黄色，纸质一般的称"二等提庄"，打"玉置万全"印。好质量赢得了好信誉，清末民初，在南昌有个纸业公会，有七八十个庄户。每年正月初八、初九日，所有纸业公会的庄户的纸在南昌开盘定价。黄家的纸没有到会，其他的庄户不敢开盘定价。因黄家的纸与其他庄户的纸同样的等级，每石却要高出一块银洋，其他纸在黄家纸之下再定价。黄家还曾开印纸票子，票面印有"黄万全，十足铜圆一吊文"字样，到汉口、南昌、湘潭、宜春、分宜、芦溪、宣风等地都可以兑现铜圆。

萍乡的瓷器始于宋，兴于元，而且规模较大，产品多属芒口瓷、影青瓷，聚于上埠、茅布塅、窑下、斗金潭、碓脑上、上南坑等处。清代萍乡本地生员 ① 谢增明在《上埠瓷业记》中说："上埠，为吾萍瓷业区，余居与毗连。由

---

① 科举时代，在太学等处学习的人统称生员。

萍东行不四十里，实一市镇，地势形便，物产丰饶：东有许家坊之氧化钙，南有钟家源之凤尾草（均造釉原料）。高岭泥四山孕毓（造坯原料，即浮梁之白坯）。燃料品遍地丛生；清流激湍，助动轮机；春泥澄淀，妙造自然；以故土人多倚山俯陂，结窑其间，掘泥而陶，不下数百家。询诸老户，历史约在明末清初。环境十余里，凿地至数仞，往往有圆形瓦器，状似之之匣钵；敲碎细察，质甚缜密，不类现时土瓷粗糙。附近各地，以窑命名者，如窑前、窑下、窑湾里、窑脑上、窑仔前，不一而足。"[①]宣统二年（1910年）五月，清政府举办了"南洋专业赛会"，聚集全国各地土特产于南京。在这次赛会上"江西馆"共展出"萍乡瓷器三百余种，一千余件"，展出的精品有"萍乡山水美人瓶""富贵根基美人瓶""雾青天球瓶""洋式常用瓶"，特别是一个四尺多高的白釉彩绘荷叶大花碗，更博得了与会人员的瞩目和盛赞。《昭萍志略》说："清季，外瓷充斥，国货不振；邑人文经武、喻庶三等，始组织萍乡瓷业公司，招徕镇工教授陶徒，建造洋窑、景窑数座。时南洋赛会，萍瓷名驰中外，得政府奖证，亦不在景德镇之下。"[②]

　　萍乡另一重点手工业为烟花鞭炮。民国《醴陵县志·食货志》记载："鞭炮业由上栗发展至（浏阳）金刚头，渐至本县富里、白兔潭、潼塘、仙石一带。"据传爆竹业为唐人李畋发明的，先用竹筒装硝磺驱魔、除瘟疫、驱逐野兽以防伤人。明洪武年间改用纸筒，将单响改为鞭子炮。该一工艺的改革带动了全产业链的发展，产生了熬制硝磺、造纸、做引线等行业发展，仅做爆竹就有扯纸筒、织辫子、钻眼、装硝、裁引、打泥兜、腰筒子等78道工艺。以造爆竹纸为例，东源的小枧、长平的流江、上栗的南源，今芦溪县的青龙山、万龙山、武功山、宗里、仁里、南坑、王源、九洲等山区，都是依山傍水搭棚建槽生产爆料纸。以今芦溪境内为例，清末民初发展到了458槽，年产爆料纸达9500余担。生产爆竹厂家达110多家。形成了"到处都有硝磺味，户户做爆无闲人"的兴旺景象。烟花鞭炮业富裕了一批人，如，潘氏家

---

①　刘洪闢：《昭萍志略》（上），江西教育出版社2016年版，第249、250页。

②　刘洪闢：《昭萍志略》（上），江西教育出版社2016年版，第250页。

族专门经营麻石鞭炮，传至后人潘紫银手里，已发大财，成了萍、浏、醴的巨富，捐资建造了麻石、姚家江两座石桥。

手工业的发达，又促进了商业的繁荣。以今芦溪境域为例，宋朝便设有监税机构，著名理学家周敦颐就曾出任芦溪税官。据史料记载，宋时芦溪亭子下至牌坊下一带，店铺林立，接待过往客商的饭店、茶亭便有 30 多家，为朝拜圣岗寺信士服务的香烛、爆竹、纸钱店便有 20 多家。清末民初，上埠形成了瓷器一条街，拥有大小店铺 210 多家。南坑随着手工业的发展和萍乡与莲花贸易的沟通，成了萍莲之间的重要咽喉和商业枢纽，店铺蜂然排列成集，从下街至上街拥有大小店铺 70 多家，仅以经营中伙安宿的饭店而言，从半山到拱门口便有 30 多家。大安里的市上则首先成为山区米市，逐步发展成了一条街，拥有各种店铺 30 多家。外地"肩商"每天不少于 200 人在此挑运红米出山，运往芦溪、萍乡一带销售。宣风则成为芦溪至宜春航运中转的重要码头，沿河建街，店铺鳞次栉比，鼎盛时期大小店铺达 368 家。据宣风《邹氏族谱》载："上街中街店如林，满河灯火胜繁星，来往客商人如潮，昼夜不分生意浓。"①

而萍乡最丰富的矿产资源是煤炭。在全境 3823.99 平方公里的土地上，含煤地层占 60%。煤炭资源分布为三大煤系：一是三亿年前石炭纪含煤地层——测水煤系，分布在大安里、芦溪、宣风以南一带；二是二亿三千万年以前的二叠纪含煤地层——龙潭煤系，分布在全县，以无烟煤为主；三是一亿八千万年以前的三叠纪含煤地层——安源煤系，主要以烟煤为主，煤层较为稳定，为主焦煤和动力煤。主要含煤层为古生界二叠系上统的龙潭煤系（又称乐平煤系）。

烟煤主要分布在安源、王家源、紫家冲、龙家冲、高坑、高冈埠、张公塘、黄坑、小坑里、大槽里、山湾、五陂下。

无烟煤主要分布在宣风、竹园里、水口、略下、清水塘、筲箕坡、善山

---

① 朱西屏：《解放前芦溪工商业发展概述》，芦溪县政协主编：《芦溪工商史料》，1990 年内部资料，第 7 页。

冲、天子山、竹根坡、门架冲、长春埠、罗家坡、里善冲、油塘埠、鹅坡里、杨岐、枫桥、秋江、黎塘、太平山、杨柳冲、水窝里。

萍乡煤炭的槽路及厚度各有不同。高坑地区的煤层有顶板槽、三夹槽、砚子槽、硬子槽、蓬槽、大槽、肺管槽、壁槽、麻姑槽，煤层厚度绝大多数都在1米以上，有的高达五六米。安源地区的煤层有老槽、力壁槽、一号大槽、三夹槽、二号大槽、大底板槽、冠槽、三号大槽，除老槽等少数煤层因太薄，只有二三厘米，为不可采煤层以外，绝大多数煤层都在1米以上，有的高达三四米。王家源、紫家冲至小坑一带，有游离槽、小底板槽、大底板槽、一夹槽、三夹槽、蓬槽、大槽、麻姑槽等8层煤，有6层煤可采。青山马岭山一带是多层煤层立槽煤，有大槽、小花槽、五夹槽、管子槽、大花槽、珠子槽、硬子槽、砂子槽、好煤槽、梢边槽，煤层厚度最厚的达50～60米。这些地区煤质优良，色黑光亮、灰分低、发热量高，据《江西年鉴》记载，固定炭都在60%以上，有的高达83%。

萍乡煤炭储量在萍乡煤矿开矿以前没有精密的勘探，因此无准确数字。1897年，萍乡煤矿创办前，据当时来萍乡的德国专家马克斯、赖伦勘察，高、安煤田有5亿吨储量。后来日本矿师估计也在2亿吨以上。据1927年出版的工业杂志记载："安源等地地质年代（侏罗纪），面积三十平方公里，煤层总厚度八公尺。煤类烟煤Bm320，总量：三百二十兆公顷。"解放后，为了搞清萍乡煤炭资源情况，国家投入大量资金对萍乡煤田进行全面勘探，据地质普查、勘探、预测的资料，总储量达5.48亿吨以上，工业储量约4.9亿吨。后来，通过利用现代勘探技术不断勘探，已探明萍乡的煤炭远景储量达8.52亿吨。

三、萍乡开采煤炭可追溯至唐代

萍乡煤炭的发现和利用，历史悠久，源远流长。远在汉代，萍乡就已发现了煤炭，并开始取炭代薪，用作燃料。一些农民或顺着煤层露头，俯拾即得；或利用铁器、木器、竹器等简单的工具，刨挖浅部露头煤。所得煤炭一般用来烧烤食物和取暖，如果有剩余的煤炭，便挑到集镇换点生活必需品和刨挖煤炭的工具材料，也有无业民众从刨挖煤炭农民手中把剩余煤炭用物品交换过来，挑到集镇，从中赚上几升大米维持生活。

唐宋时萍乡开始出现土窿小井进行浅部开挖。院背冲位于高坑的白马庙与老虎冲之间。1950年，萍乡矿务局在其邻近地点，发现了190米以下有老煤井水，遂组织人员进行调查。据一位老人回忆，他所见先人的手折纪实，当地的煤炭开采"最古老远在唐代"，院背冲开办的"卢凤场井"为唐代古煤井之一。院背冲与老虎冲一带是富煤带，称蓬槽或大槽，煤层平均厚度为5.6米，最厚的达20米，不仅煤质好，而且埋藏浅，容易挖掘。安源距高坑不远，也是富煤带，所以采煤时间不会晚于高坑同时期。

到宋朝，煤业大兴，用之愈著，或官自卖，或税于官，与盐铁并重。宋代商品经济发展，朝廷积极提倡开发矿业，把矿产的税收视为朝廷财政收入的主要来源之一。对金、银、铜、铁、锡、煤炭等矿产，允许民户佃山开采。所以，萍乡的煤炭在宋代已出现了大量开采的局面。据宋代祝穆《古今事类全书续集》卷十八记载："丰城、萍乡二县皆产石炭于山间，掘土黑色可燃，有火而无焰，作硫磺气，既销则成白灰。"南宋江湖派诗人戴复古，南海石屏山人，喜游历。一日游至萍乡，已是暮春时节，风雨催送，百花凋残，正所谓倒春寒天气，行走时所穿的衣服已经不耐寒了，他愁思百结，持杯饮酒也显得郁郁寡欢，连檐间的紫燕也叽叽喳喳叫着，像对风雨发牢骚。他枯坐在火房里，形单影只，一边烤火一边捧本已读过的书看，显得很无奈，于是写下了《萍乡客舍》诗，记下了当时的感受：

> 草罢惜春赋，持杯亦鲜欢。
> 檐楹双燕语，风雨百花残。
> 小阁无聊坐，征衣不耐寒。
> 地炉烧石炭，强把故书看。[①]

---

① 刘洪阆：《昭萍志略》（下），江西教育出版社2016年版，第665页。

这"地炉烧石炭"正是萍乡的情景。萍乡人在 20 世纪六七十年代仍然用地炉烤火，即在地上挖个洞，用砖头砌成炉灶状，炉底安装炉桥，炉桥下为灰眼，烧红了的煤炭或柴火放在炉桥上，再添块煤或泥煤。火燃上来后，地下暖烘烘的，人们围着地炉坐，一边烤火一边漫无边际地闲聊，或者吹拉弹唱，颇有情趣。在地炉上还可弄饭、炒菜、烧水等，还可利用热量烤衣服。如果坐火了，拿一把熥钩在炉桥上熥几下，灰落于灰眼运走，除去灰烬，再添新煤，火又旺了。到了晚间睡觉休息的时候，为了保留火种，将散煤与黄土混合，倒入水，用板耙拌和匀，盖在火面，中间留个火眼，谓之封火，到了第二天撬开封火煤，戳成小块填入炉中，再熥火燃烧进入新的循环。

此外，南宋湖南诗人乐雷发路经萍乡烤火时，吟诗道：

> 征裯无人补旧绵，萧条客枕楚萍边。
> 拨残石炭西窗冷，却忆山家骨柮烟。[1]

以上两首是记载萍乡烧煤最早的诗篇，说明当时萍乡的煤炭是城乡居民生活中的主要燃料，使用相当广泛。

到了明代，萍水河经过的湘东地区出现了煤井，并逐渐多了起来。朝廷任命专门官员，把熟悉矿井的一些人任命为"矿头"，目的是维护矿井安全有序。但久而久之，矿业的官员与矿主、矿工矛盾加深，矿工们掀起了一次次暴动。最终，明朝"一刀切"地禁止各地继续开矿挖煤。《昭萍志略》记载："自明季，矿税之祸烈，谈虎色变，论矿务者悬为厉禁，而因噎废食，天下几无可开之矿。"[2]

清乾隆五年（1740 年），清政府下令全国解除煤禁，提倡普遍开发煤炭。江西历史上第一次由官方组织煤炭普查后，江西巡抚岳浚以专折向朝廷报告

---

① 《乾隆萍乡县志》卷十。

② 刘洪辟:《昭萍志略》（上），江西教育出版社 2016 年版，第 247 页。

勘查结果称："据江西全省十三府详细勘察，有十府二十五县开采煤炭，均系民间自行开采。"萍乡为二十五县之中。据《清高宗实录》记载："江南、江西等地方，实行以粮代煤税。"在民地上开煤窑，只按原来的定额纳税，不另收煤税。在无主官山开煤窑，每年租金二两。于是，萍乡的煤炭开发进一步扩大。

萍乡人早期开采煤炭，明显带有农耕文明特征，按时令采收煤炭。一般利用农闲时间，农历四月间入山开采，其时地下积水少，沼气（瓦斯）也较少，"巳建之月，入山伐煤，山穴春水消，始伐煤。"[1] 至于收煤，据道光年间萍乡人黄启衔所著《近事录真》记载："吾萍北至八九月，村居各户，俱雇工运煤，以备冬天之需。"[2] 近代著名的民族实业家徐润说："萍乡土人云：此煤采自国初，由来已久，然当时挖取，不过自供炉炊"。[3] 这已经说得再明白不过了，萍乡人早期采煤并非商品煤，而是自采自用，为了满足日常生活所需。

1840 年鸦片战争以后，中国进入近代社会，东南沿海地区开始发展近代工业，所需煤炭激增，于是萍乡的煤炭开采进入辉煌期。同治、光绪年间，萍乡地区的土井越来越多，形成高坑与安源、青山与湘东、上栗和赤山几个采煤地区，年产煤 20 万吨左右。"各山土井林立，形如蚁穴"，甚至数丈之内，并开两井。萍乡是煤炭大县，有柴煤、烟煤，所开采出来的煤炭主要作为商品煤销往沿江各地。以邻近萍乡的汉口为例，"1900 年前后，汉口已拥有居民 80 万，而武汉三镇总人口约 200 万。""20 世纪初，武汉年耗煤约 100 万吨，大致与天津接近。"[4] 这里面萍乡煤是占很大比例的。

---

① 《乾隆萍乡县志》卷一。

② 曾伟：《清代萍乡煤炭资源的开发》，《第二届汉冶萍国际学术研讨会论文集：中国·武汉》，武汉出版社 2018 年版，第 304 页。

③ 徐润：《赴萍乡日记》，《续修四库全书·史部》第 558 册，上海古籍出版社 1995 年版，第 138 页。

④ 胡政主编、张后铨著：《汉冶萍公司史》，社会科学文献出版社 2014 年版，第 123 页。

四、萍乡小窑煤开采

清政府取消煤禁后，萍乡煤炭有了较大发展，出现了具有一定规模的私营土窿。开采方式主要利用土镐油灯、竹筒抽水等原始工具进行简易开采，遇到窿道垮塌或地下积水等灾害影响，则放弃旧窿另开新窿，生产难以持久；窿遭遇到断层，则毫无办法，只得关闭。有些本钱不多的矿主，因窿道未选对，耗资费力挖不到煤炭而倾家荡产。到清朝中期，萍乡煤炭开发由一家一户发展为几家几户集股，或由资金较雄厚的乡绅出面，依靠宗族关系联合起来，使萍乡土窿小井的开发进一步发展起来。据有关资料记载，清雍正时，荷尧乡绅邓宗生就在金鱼石开山办矿，取名为"洪字号"。清嘉庆年间在小坑办矿有李少白的福大煤井、福来煤井，甘成清的合顺煤井，宋志寿的福多煤井等等。这些煤井都是生产烟煤，有的炼成焦炭，有的销售原煤，外销湖南长沙、湖北武汉等地作冶炼燃料动力用煤。

清末时期，国内改良浪潮兴起，民族工业初兴，对煤炭需求量越来越多。萍乡东南的安源、紫家冲、高坑、王家源一带富煤区，土窿商井相继而出，且密集如林，漫无秩序，有的相距不过几米，就各开一井。据清光绪年间的记载，萍乡开挖的煤炭商井就有 260 多处。

（一）矿主与矿工

随着煤炭的运用逐步广泛、煤井生产规模不断扩大，煤炭生产已不再是从前简单的农业附属品，而是具有了商业性质的新兴产业了。生产规模的扩大，便形成了矿主与矿工的雇佣关系，社会分工也更加明确，产生了掌握着生产资料的矿主和出卖劳力的矿工。当局称此采煤为主业的为"矿丁"，遂有采煤的"挖工"和挑、拖煤的"挑工"之分。萍乡民间则统称为"炭估佬"。

萍乡乡村的煤矿叫炭棚，生产工艺简陋，在井口搭个茅草棚，防止雨水渗透进去即可。小煤井采的是小窑煤。所谓小窑煤，指的是埋藏浅、储量少的煤，以及一般大煤井不采的边角余煤和煤质不佳的地表煤，也叫小槽煤。

很多不做开拓巷道，依炭脉进，随弯转窍，有的小煤井，从井口到垱头宽度才半米，两边为岩石，人在夹缝里掏煤，挖工靠着帮壁挖，挑工横着走。架棚时在棚顶凿槽眼、放担山、背棚顶，两帮打撑筒，不架木脚不背帮。到了断层就回采，采煤时采用"黄龙退壳"式，即敲倒里面几架棚，任煤自然垮落，回收老塘煤，然后又往后退、回收煤炭，往复循环。

萍乡地区煤井初开时，矿主不给采煤人工钱，只是每日供给粗饭三餐，土烟两小包。土烟即衡烟，为湖南衡阳特产，乾隆时萍乡知县胥绳武在其《竹枝词》中说："比半铜钱①赴大街，街南小店正新开。不须细数零星货，贩得衡州烟酒来。"

关于衡烟，《衡阳县志》记载：

> 烟草自明季海内同买社坛，衡烟社坛，城北旧坛也，山西、陕西大商人以烟草为货者有九堂十三号，每堂盗本出入岁十余万金，号于堂兼通领外，为飞钞交子皆总于衡烟，四方求烟草者，得真街产一，荻而耕种烟草者相望。

衡烟在当时是颇有名气的，萍乡与衡阳近，因此矿井初次开采时，矿主往往不给工人工钱，除三餐粗饭外另给两小包衡烟。

待到土煤井掘见煤时，才开始议定工价，每日饭菜也更丰富，每月农历初一、十五两日打牙祭，每人给猪肉半斤。煤炭采出后，经销售获得盈利，采煤人所得多少由矿主定。工作时间，除因急需煤时少数煤井实行两班作业外均为一班制生产。每人每日采煤多少，并无章程，视采煤垱头和运输条件逐日而定。平时无节假日，但向来有春节期间歇工停产的惯例，自腊月十五日后，煤井一概停工，谓之倒牙，意思是吃了牙祭饭就辞了工。直至来年正月十五日开工，谓之开牙，意思是吃了开工牙祭饭。矿主招呼吃了开工饭的，

---

① 比半铜钱：钱以七十九文为一比，四十文为半比。参见《萍乡历代诗荟》第一册，线装书局2019年版，第475页。

算是认定这年雇佣的矿工，如属未邀之列，则已被除名，但平时也可随时辞退。

（二）萍乡"炭估佬"

对煤矿工人的称呼，各地不同，北方人一般称窑工，湖南湘潭称窿工，矿工之间互称"黑哥们"，还有污称"黑脚板""黑脑壳""煤黑子"的，唯独萍乡人称"炭估佬"。

民间的"三缝、九佬、十八匠"说法不一，在九佬中，有碗古佬、药古佬、纸古佬、船古佬、窑古佬、捡屋佬、排古佬、蒸酒佬、打鼓佬，唯独萍乡多出了炭估佬，成为十佬。这是怎么回事？

原来萍乡多煤，便出了采煤的工种，工人们凭借采煤的本领，获得了另一种谋生的手段。炭是煤炭，古佬是师傅的意思，总起来就是挖炭的师傅。由于煤炭埋藏在地下，地下的情况不明了，而是凭经验寻找煤炭，经常发生找不到煤的情况。即使找到了煤，人们也说是凭运气估（计）出来的，所以称矿师为炭估佬，久而久之所有挖煤人都称作炭估佬。民间与"九佬"对称，谓之炭估佬。安源曾有一家煤矿，依据矿师的估计巷道已经穿过了煤层，可是未见煤，矿主就喊他来看一下，他看了炭脉，说："煤在棚上，在这里打个反上山就能见煤。"做个反上山，只几米就见了煤。这位矿主戏谑那位矿师道："你这还是老炭估佬！"

炭估佬是"地仙"，他们凭借经验能够找到煤炭。20世纪80年代，安源矿一个姓徐的工人去宜春水源吃酒，席间，同桌问他干什么的？他说在安源矿挖煤。听说他挖煤，一个年长的问他："你也是一个老炭估佬了？"他头一点说："挖了二十几年煤了。"年长的马上站起来打着拱手说："失敬，失敬！"并说出了心里的想法。原来在改革开放风潮鼓动下，大家都在朝致富路上奔，他们那里有煤炭，也想挖煤致富，可就是缺会找煤的师傅。眼面前来了个老炭估佬，他们就想请老徐点井寻找煤炭。老徐还在犹豫的时候，同桌左一个师傅、右一个师傅，都忙着给他敬酒。吃得醉醺醺的时候，老徐胸脯一拍，放出豪言："好，我今日就做一回你们的师傅！"说着起身，来到门外，走了十数步，随地捡起一根棍子在地上画一个圈，说："就从这里挖，我保险不到一丈就能见煤！"说着踉踉跄跄回家了，把这事也就忘了。过不多久那同桌来了，老徐远远看见他们，心想怕莫牛皮吹破了他们来找麻烦了？赶紧躲起来。忽然门口响起了噼噼啪啪的爆竹声。老徐只好硬着头皮出来相见。那年长的说："徐师傅，你怕莫是真地仙吧，就像看见一样，果然不到一丈就见了煤。"并送3000元给他。事后老徐说，真真假假各一半，他看见那块地上格外黑，煤已经露出了地表，再加上吃了酒壮了胆，所以口出豪言。后来宜春很多地方请他去点井或当矿师，他怕看走了眼，以上班为由拒绝了。

炭估佬凭着丰富的经验，尤其能避免自然灾害。20世纪70年代初，安源矿锡坑分矿一个姓周的放炮员，有一天到4号井挡头时，发现挡头变暗、变冷，煤层发汗、发红，他用指头点一点挡头的水放在嘴里舔一下，水发涩、发臭。他立即判断这是老窿水，会穿水，要求赶紧撤人。当时正是极左时期，一切让位于生产，班长不准撤，他随地捡起一根撑筒对着班长的腿一顿扫，扫得班长双脚起跳，只好撤人。他又指派人员赶急下挡头将大巷的人员全部撤离，整个4号井撤出40多人。当他们撤离不久挡头就穿水了，足足有好几百吨老窿水喷涌而出，摧垮巷道，煤桶从数百米远顺着铁路轰轰隆隆一直滚到地面。老周立了大功，受到矿务局的表彰。

炭估佬为萍乡经济作出了重大贡献。萍乡的工业经济主要是煤炭，这些挖煤人夜以继日在地层深处工作，把乌黑的煤炭挖出来，给人间送来光明与温暖，繁荣了地方经济。由于地下环境恶劣，他们往往得了职业病，很多人甚至献出了生命。

炭估佬是默默奉献者，他们发明了许多劳动的方法，可以说井下的采煤方法几乎都是他们发明的，可是他们则不名一文，史料上无人记载，他们的名字随着时间而流逝。

安源这些炭估佬的存在，为开办机矿准备了大量技术优良的采煤工人，萍矿开矿之初，将关闭的小煤井工人召集拢来，即可进行生产，节省了不少培训费用，这样看来，小煤井其实成了萍矿初期的培训中心。

说到炭估佬时，人们说煤埋藏在地下，又没看见，是"估"出来的。其

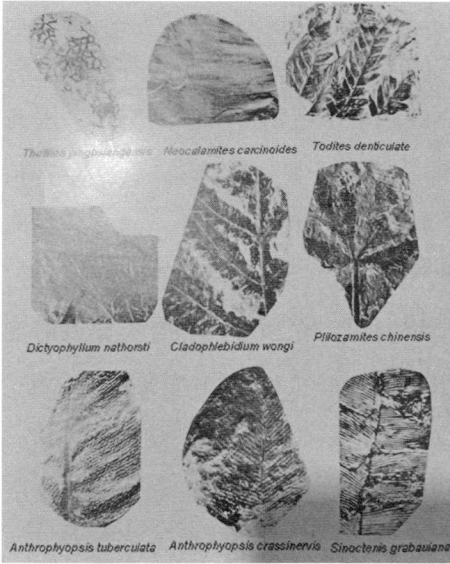

安源群植物化石

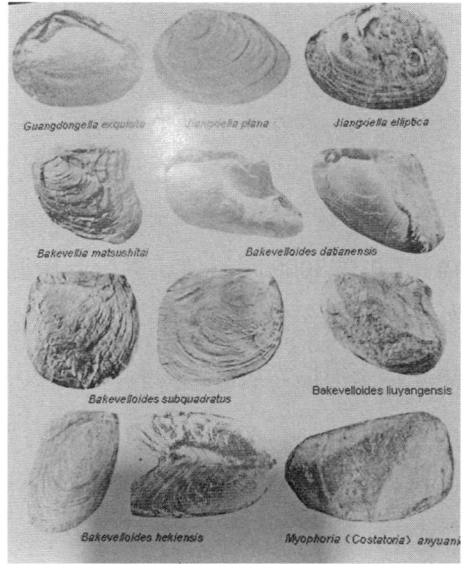

安源群动物化石

实这种话不一定正确。寻找煤炭是有规律可循的，人类还没有采用机器勘探找煤前，"估"是人们经过长期工作实践摸索出来的一套行之有效的经验和方法。

一是看石头。古人视矿层为动脉，煤层在地下"纵横广有"，"夹石而潜行"，如同脉络，因此，寻找煤炭，即称之为炭脉。首先是辨土，《峄县志》中说："其始，相地，必审石何质，土何色"，看是什么岩层，土质是什么颜色。至于什么岩层中有煤，孙廷铨的《颜山杂记》里有一句很重要的话："凡炭脉者，视其山石，数石则行，青石、砂石则否。""数石则行"是说煤脉在数石（页岩）中夹行。因而有页岩的地方，往往煤脉存在，有石灰岩（青石）的地方则没有煤。不仅要看石，还要看土色，因为地下有煤就要露出表面，地表土带黑色。

二是查矿苗。地下有煤，都会露出地面，俗称露头，萍乡人谓之烟口炭。高坑、王家源、锡坑、紫家冲、三丘田、天磁山、小坑、马岭等矿苗多处显露，并且能看到煤的倾斜度、走向。这种烟口煤由于长期暴露，经风雨侵蚀，油质少，且杂质多，属低质煤，埋藏浅，易于挖掘。萍矿在20世纪"大跃进"时期曾在锡坑、三丘田、马岭挖过露天矿。

三是查看地下有没有煤。从表层植被的丰富以及动物繁多能看到地下有没有煤炭，煤炭中含有丰富的碳元素，而碳元素是植物最喜欢的肥料，因此有煤的地方植物茂密。例如，安源山上的竹子、香樟树、油茶树、油桐树、枫树、杉树、毛栗树、藤梨子、猕猴桃、野葡萄等都长得很好，尤其是香樟树，由于江南温暖湿润的气候，成长很快，安源八方井的香樟树不仅长势好，还中无杂树，成为安源一景。植物茂密动物就多，在20世纪80年代以前安源的山上有麂、野猪、豪猪、獾狗、穿山甲、花面狸、豹猫、黄鼬、蛙、蛇，还有天上飞的各种山鸟等。

有人说北方情况与萍乡恰恰相反，有煤的地方山上光秃秃的。宋应星《天工开物》里也说："凡煤炭不生茂草盛木之乡"，"南方秃山无草木者下即有煤。"可能各地情况不同，高安、丰城一带有煤的地方草木都不茂盛，可安源、高坑一带却非常茂盛。

有意思的是，安源人利用煤炭中含碳量高用以改良土壤。安源煤矿是汉阳铁厂的配套企业，主打产品为煤焦。由于炼焦需要优质煤炭，所以次等级煤和煤矸石全部上了东西窑。这些低质煤含有一定量煤炭，可以用来做饭和烤火，烧煤使用完后积累了大量炭灰，这些灰堆积多了就成了垃圾山，成了公害。然而聪明的安源农民将炭灰运去撒在田里用以改良土壤，能疏松土地、增加肥力，又替居民清理了煤灰，一举几得。炉灰保温性能好，农户们用它垫鸡窝，冬天保存马铃薯和脚板薯种根、藤蕨苗等，起到了很好的作用。

这些"估"出来的煤炭资源，其实是有迹可循的，是煤矿工人长期工作中掌握了煤炭的规律，总结出了一套行之有效的找煤方法，埋藏在地下的煤炭资源被他们一挖一个着。"炭估佬"并非浪得虚名。

（三）小窑煤的开采方法

开采煤炭一般都在山上。煤炭是有一定的山势走向的，山起伏不平，煤炭也跟着山势起伏不平，这是同样的道理。山向上，煤炭在山中，自然容易开采；而平地或低隰之地，煤炭埋藏就深，在生产条件困难的古代不可能像现在这样开凿竖井机械化生产，这样开采就更加困难。

开小煤井之前要做好准备工作。

1. 开采准备

首先是物资上的准备。比如，年产煤 7 万斤上下土井的生产设备，大致如下：正井 1 口，通风井 1 口，水巷 1 口，油缸井架 1 套，板耙 4 张，棚厂 1 间，土箕 20 担，扁担 8 根，岩尖 6 把，水嘴 1 担，大秤 1 把，秤架 1 架，锅子 1 只，大小水桶各 1 只，脚盆 1 只，饭盆 1 只，饭甑 1 只，茶缸 1 把，桌子 1 张，板凳 4 条。

接着是人员的准备。请掌井人，指引煤路、开煤，募用挑挖各工约束而调度之。架路者：清理煤路，审上下土石松结之宜，以定架木大小疏密，随时修整更换。收筹者：收煤认真，乃无徇情私给挑力之弊端，则所关于煤斤钱数出入者，亦甚重焉。挖工、石匠若干，由生产决定。夜班，每项再添派一人，互相轮替。

掌井人必须是经验丰富的老矿工。因井下有水、火、瓦斯（因瓦斯达到一定浓度时能窒息人，遇者全身发冷，乡井称"冷闭"）、矿压、煤尘等自然灾害，以及煤炭开采有一定规律可循，只有那些经验丰富的老矿工才能掌握，故井主请这些老矿工掌井。掌井人尤其重要，因为整个矿井的命脉全部掌握在他的手里，他除了督率工人生产、估算材料成本、巷道成型且质量好坏、煤炭运输等情形外，尤其重在对煤井有没有煤、煤的质量好坏、煤炭埋藏深度等的判断，一旦失误，东家便血本无归。

2. 凿井

从前挖煤技术低下，装备简陋，所以所挖的只是表层煤。那时一般是山

小煤窑井口

主自己挖煤或招股挖煤。在半山坡上凿井，台门口建个遮风雨的棚子，故煤矿也叫炭棚。请一个有经验的矿工做矿师，矿师根据煤层的走向，判断煤埋藏的深浅，然后在最容易掘到煤的地方开凿巷道，一般也是根据露出的煤层挖，这种露出的煤层有专门名词叫露头。有的煤层平，就做成平巷；有的顶底板斜的，就做成侧山；有的煤层下插，就做成下山巷道；有的煤往上走，就做成上山巷道。有的煤层比较厚，就叠盘分层采，先做一大巷，然后两边开岔做分巷，分巷做到界限或断层，退出一定距离叠盘做天眼子①，一般两个，一个上下人和运料，另一个专门出煤，行人和运料天眼子要钉梯子。每 10 米为一个采煤层位，多的达 5 个层位以上，再在顶部巷道与地面掘通，实行自然通风。

3. 通风

井下需要通风，从前没有这方面的设备，又是怎样解决的呢？通风有自然通风和人工通风两种。做主力巷道时，有的是在巷道的边上用红砖砌一条风道，有的用木板钉成风道，有的用楠竹编成一节节的风筒悬挂于棚上。吹风时，用手摇木风箱、木风车或脚踏风车通风。主力巷道做了一段后与地面贯通，这样就可以自然通风了。但是这种自然通风的风力不大，于是在地面通风口上砌一烟囱，利用火向上升的惯性，在烟囱下生火，火带动风，加大通风量。但这却很不安全，因为风流中含有瓦斯（沼气），遇火后会引起燃烧或爆炸，给矿井构成巨大威胁，瓦斯燃烧或爆炸事故经常发生。土人谓之"打火炮"，不少人因此而丧生。

有的利用废弃巷道通风，如下述契约规定：

立允批开挖井口做通风人罗运凰，缘我所管老槽里山内有现成废井，

---

① 天眼子、叠盘。从棚顶向上掘，坡度 90°，即为天眼子。向上掘了 0.5 米即叠盘。叠盘是种支护过程，将木料砍成 1.8～2 米，在两端一正一反砍衔接口，用四根木料在衔接口对接成一个正方体，断面约为 6 平方米，为一叠盘，背好四向的棚帮、打紧四个角上的撑筒。然后一层层往上叠，架本班最后一叠盘后必须将棚顶背牢背实，防止棚顶塌落。到了顶层要在四向打"将军柱"从顶上压住盘避免松散，"将军柱"还可作扶手、拉扯东西等用。

今批与姚昆山做通风是实，当日三面言定进山礼七四花边一十八元，言定每日烧炭租一桶照算，其进山礼日后并无给还，资补当日砍伐油茶、树木之资，两无异言等情，此据。

批明：井穿之日，粪水归东收管。

凭中 贾章焕 押

大清光绪丁酉年十二月初八日命孙罗时桂 笔[①]

挖煤的地方往往是盲巷，巷道低矮，就做成现在的喷射器相同的通风工具，机头放在风量好的地方，用专人去摇风扇通风，有的挡头实在太热，还有专人替大工打扇的。这种手摇风扇的工人因为劳动强度不大，矿主为了节省资金，不会派矿山的主要劳力，收入也不高，因此是些身有残疾的和小孩子干的活。

煤炭内含有沼气等有害气体，需要释放才能进行生产。宋应星《天工开物》中对煤井排毒气有记载："凡取煤经历久者，从土面能辨有无之色，然后掘挖，深至五丈后，方始得煤。初见煤端时，毒气灼人，有将巨竹凿去中节，尖锐其末，插入炭中，其毒气从竹中透出。"这是古代劳动人民的智慧。这种用竹释放毒气方法在萍乡未见，这是因为这种方法适宜于直井采煤，"且萍山重叠，煤窿皆弯曲横盘，并无深邃直井"[②]，其采煤方

宋应星《天工开物》中的井内排毒气图

---

① 萍乡矿务局档案：2-7-126，土字第118-1号。

②《许寅辉上盛宣怀条陈》，光绪二十二年十月五日（1896年11月9日），引自陈旭麓、顾廷龙、汪熙主编：《盛宣怀档案资料选辑之四：汉冶萍公司（一）》，上海人民出版社1984年版，第250页。

式不同，自然通风排毒也不同，即使采用天眼子采煤，萍乡也是在横窿内开天眼子，而非直接从地面向下开采。

4. 排水

排水有自然排水和人工排水两种。自然排水就是煤井做成内高外低的平巷，使矿井水自然排放出来。如果煤井做成外高内低的斜巷或者直井，就要人工排水了。人工排水用的是龙骨水车和汲筒两种工具。龙骨水车一般只能排坡度较缓巷道的水，而汲筒则能抽较陡巷道的水。汲筒即是一根8米长的大竹子，中间打通，塞一根木棍，木棍底部捆扎一块生牛皮；竹子的底下挖一个水凼。排水时，工人用劲抽动木棍，将水汲出来，排往水沟里。有的陡坡较长，采取接力排水，即前面一个排在面前的水凼里，后面的接着排。1950年，在高坑院背冲发现了190米以下有唐人开采的矿井，就是采用接力排水。

5. 采煤

煤是由古生植物一层层沉淀而成的，并且用"盒子"装着，这个"盒子"就是顶底板，也就是岩层，煤是夹在岩层里面的。这种沉积层煤矿有个专门用词，叫作槽路。萍乡煤炭主要有两个槽路，一个是眠槽，一个是竖槽，安源、高坑、白源是眠槽，青山、巨源、黄冲是竖槽。所谓眠槽，煤层即像人躺着睡眠一样，是横着生的，上下为顶底板；所谓竖槽，煤层就像人站立一样，是竖着生的，左右为顶底板。煤层有厚有薄，厚的煤层跟顶板采煤，亦分层开采，如天眼子采煤，从上至下一层层开采；薄的煤层跟底板采煤。挖煤用的工具是岩尖，岩尖要铣得又尖又细。眠槽煤宜横着挖，因此有人躺着挖煤，先把最下面的一层煤的槽路挖开，这叫掏槽，也称"拣槽口"，槽掏得越深越好，然后站起一顿猛挖，煤就会像泄水一样掉落下来。矿井布局主巷道时一般是做在煤的中间，再左右分叉开采，因此煤有进山和出山之分，挖进山煤，是顺手，须右手握镐柄、左手握镐尾挖煤。挖出山煤，左手握镐柄、右手握镐尾，亦称反手挖煤。好的挖手，从挥起到落下成180度弧形，镐屁股距离背心仅1厘米。这是挖煤人须掌握的技术。1951年11月30日中班，高坑龙虎矿三分井郭清泗在西大巷回采区采煤，创造了手镐挖12根杠

子、落煤 79 吨的全国纪录，郭清泗
就是采用这种掏槽采煤工艺，他的
这种采煤技术还被命名为"郭清泗
长槽采煤法"。

为了保证煤质，要实行煤壁分
采，即采下煤后，将煤中的矸石
（壁）拣出来堆积在巷道旁边，煤运
走，壁堆积到一定程度了，在巷道
不采煤的一边打一个 2 米高 ×2 米
宽 ×2 米长的衔渣眼，将壁堆积进

郭清泗长槽采煤法

去。有的则堆积在采空区进行充填。规模比较大的煤井，因为壁占用井下场
地或缺乏堆积空间，则将壁和煤混同装运出来，经过筛选分离出来后倒在山
的斜坡，有的经过洗选炼焦的矸石也倒在斜坡，因而小煤井周围到处堆积着
一堆堆的黑色矸石，这些矸石经过雨水的冲刷流入了下游水沟里，填淤水沟，
毁坏庄稼，甚至冲毁屋宇，造成危害，小煤井主与居民之间矛盾经常发生。

巷道低矮的地方还要削棚，即将巷道削高，便于生产。削棚见出工匠技
术的高低，因为经过矿压后，巷道变形、煤层溃烂，如不小心便会垮冒，拖
煤小工要拖很多煤。而一个技术好的大工，削的煤少，棚上不会垮烂，工程
质量好。

6. 支护

煤矿由于受地压影响，需要支护，用以保护人身和矿井安全。萍乡煤矿
工人在长期的实践中认识到了支护的重要作用，他们根据地层压力情况创造
了多种支护方法，以确保人身和矿井安全。

三木梯形支护。这是一种较普遍的支护形式，挖煤空间高和宽达到 2 ～
2.2 米、采长 0.7 ～ 0.8 米的时候，就需要支护了。支护材料一般为 1.8 米～
2 米木料，名称为一根担山、两根木脚，担山为棚顶的横木，像一根扁担挑着
山一样，故名。担山两头各做 4 指宽 2 指深衔接口（简称衔口），衔口宜从砍
口向外稍稍倾斜，如果中间有弯，宜选择拱形向上。竖着架设的叫木脚，在一

头砍 2 指宽、2 指深的衔口，另一根亦同。架设时为梯形，规格为从衔口到木脚底垂直 0.4 米，矿工测量一般展开手掌，以大拇指与中指的宽度，两拃为标准。木脚与担山的衔口要对接得严丝合缝。架设好三木后即背棚帮，棚顶须放 7～8 根尖板，上面再铺竹帘，竹帘须铺双层，避免落渣。有的棚顶较烂，还须放茅柴。两帮各背 4 根尖板，铺双层竹帘。背好棚帮后还需在每块尖板上打楔子，紧固棚子。这些做好后便打撑筒，撑筒有边撑、中撑、腰撑，边撑打在担山两头，中撑打在担山中间，腰撑打在两边木脚的中间。撑筒要求打紧，实验的办法即人悬在撑筒上不会掉落。这样一架完整的棚子就架设完了。

打木垛。当采空区过大而工作面不来顶时，由于空间过大增大压力，会给矿工的生命和工作面构成威胁，这时需要有特殊支架来支护，而打木垛为特殊支架之一。即在靠近工作面二空将木料叠成井字形，一直叠至棚顶，为了防止木料滚动，还需钉码钉、打楔子。

四方榴树。榴树为常见的加强型支架。井下普遍为双边榴，榴树时需先在巷道棚子的两边各吊一根圆木杠子，要求挑 3 架棚以上，先在杠子下各打一个中顶，然后在杠子上打绷子（又叫上榨），绷子为两根木料，要将杠子挤紧来，再藏 3 根假担山，再在两根杠子下打尾顶，一索双边榴树不能少于 13 根木料。

此外还有采鸭嘴棚、拉狮子口、单边榴树、扯中榴、六方榴树、八方榴树等多种支护形式，此不赘述。

7. 煤巷运输

煤巷用拖箕运煤，拖箕用竹篾织成，是个长方形竹筐，有的织成元宝形，井主取吉利名字，叫元宝筐，象征筐筐装元宝。下面并排安装几块竹篾，行话叫溜篾，起滑动作用。将煤装进拖箕内，有时为了少走路工人还会用木板插在四向加高拖箕以增加装煤量，一拖煤有 200 来斤。工人将拖鞭斜挎在肩膀和裤胯间，将拖鞭的钩子勾住拖箕的系子，俯下身子，像牛马一样拖着煤。由于长期从事该职业，工人的身体变形，很多人驼背，走起路来一边高一边低，有的背上长出肉瘤，像牛马服轭长出来的肉坨。

垱头还有一种运煤形式，叫作挑拜。所谓挑拜，就是从下往上挑煤，扁担紧挨肩膀，担子夹在腋下，巷道又陡又窄又低矮，在如此艰苦环境下挑担行走，形容像烧拜香一样艰难。为了防止泄漏，土箕做成口小、肚子大的猪肚土箕，一担一两百斤。有的还要爬梯子，爬梯子时，因井下范围窄，障碍多，须一只手扶着担子，一只手扶着梯子，一步步往上蹭。有的用拖箕拖煤，拖箕特大，还加了边，上梯子时，用头顶住拖箕，工人脸红脖子粗，眼睛鼓起，面目狰狞，一只手扶住拖箕边，一只手扶住梯子往上爬，经常发生没扶稳倒了煤的现象，煤倒了又要重新来。

8. 大巷运输

由于井下巷道比较远，煤炭需要分段运输，采煤工人将煤炭运到煤仓，再由专门的运煤工人从大巷运出到地面。大的煤井大巷运输用煤桶，煤桶就是个长方形木箱子，下面是木轮子，轨道也是木头做的。每车能装500斤左右，旁边有门。由于木轨道涩滞，运动起来非常困难，工人须斜着身子用肩膀顶着木桶的边用力推。运到地面扳开栓子掀开旁边的门，将煤卸下。绝大多数小煤井都是肩挑出井口，用的是一种中间大、收口小的"猪肚土箕"。斜井或直井则以辘轳提升。

9. 山外运输

运煤下山是很重要的。小煤井主会修一条弯弯曲曲的小路，有专门运煤的人来装运。这种运煤人叫作脚子，因靠脚力谋生。这些人来自湘赣两省贫

拖箕和竹风筒　　　　滦州矿务公司陈家岭探矿和初期使用辘轳提煤

竹篓土车

穷的乡下，他们自制了一种运输工具——土车子，这是一种独轮车，不过它与平地独轮车不同，那是一种直梢、两边有车架的运载工具，而土车子的车梢是弯曲的，这是为了适应山地运输的需要，也没有车架，而是在最弯曲的地方放了一只硕大的车篓。推车人十分辛苦，每天早晨天没亮，成百上千人就举着火把上山，夏天他们肩上仅披一条萝卜丝手巾，穿着草鞋——大脚趾和二趾夹着草鞋蒂，初穿草鞋的人脚趾间又红又肿，疼痛难熬，穿久了脚趾间磨成了一层厚厚的茧。推车人倒拖着车子往山上走，山上成了一条蜿蜒的火龙。装煤时，为了装得多而又不泄漏，人们往往将煤堆得高高的，还爬上去踩紧，车篓两边现鼓状，再浇点水润湿表层煤。装满了煤，将车扁担放在肩上，绳子挂住车梢，身子半蹲，两手抓住车梢，猛力一提，重量压在了车轮上，两脚迈八字，吱吱呀呀地推着走。下山时，在车轮与"狮脑"（车头靠车篓的架子）间放上刹车篾，阻止它狂奔，有时还要身子往后靠，加大土车子的阻力。到了平地或上坡，则要脚迈八字步，前弓后华推，平地是石板路，推车人全身肌肉都跟着在簸动，累得龇牙咧嘴的，全身汗得没一根干纱。由于工作辛苦，工人们性情暴躁，极易发生口角或斗殴，打架斗殴是常事。挑工的工作同样非常艰苦，汉阳铁厂委员许寅辉说："因近岁萍乡旱荒，无衣食之人皆为挑工，官局定价偏枯厂户，厂户必至偏枯挑工。悉见挑工苦况甚于牛马。有山路极颇之处，虽徒手亦难上下，况身负重担乎！暑天常有挑工半山倒毙者，真堪悯恻！"[1] 从三丘田、红水眼里一直到五陵下长潭里，一二十里路远，土车子吱吱呀呀的叫声和着人们的咒骂声未曾断绝。长潭里有煤栈，煤在这里

---

[1] 《许寅辉致盛宣怀》，光绪二十二年六月十三日（1896 年 7 月 23 日），引自陈旭麓、顾廷龙、汪熙主编：《盛宣怀档案资料选辑之四：汉冶萍公司（一）》，上海人民出版社 1984 年版，第 137 页。

过秤、卸货，一车煤有五六百斤，有的最多推过八百斤，这还是煤栈的秤最大数，秤杆还升得老高，以最大数作算。煤又装上从醴陵上来的船，然后入湘江下洞庭进长江，煤炭发往全国的东西南北。

山外运输的运费，由山上挑至炭厂，脚力十六文；小驳轮由萍乡运湘潭每担一百四十文，由湘潭换大船运武汉，每吨银九钱。[①]

（四）矿工防护用品"三用巾"

矿工的劳动防护用品极差，矿上就只发给工人一条蓝色长手巾，手巾宽一尺、长三尺三寸，叫三用巾。这有哪三种用途呢？进班缠在头上抵挡落渣，出班洗澡用，去澡堂路上围在身上遮羞用。

矿上为什么只发给工人一条三尺三用巾作防护用品呢？其实这布的来头是古已有之。

萍乡为亚热带季风气候，宜于喜暖湿气候的作物生长，苎麻即是其中之一。乾隆时萍乡知县胥绳武《竹枝词》云："东去江西写官板[②]，西下湘东装倒划[③]。中五十里船不到，满路桐油兼苎麻。"可见萍乡的苎麻是很多的。

萍乡的苎麻除种植外，还有野生的。由于萍乡煤炭丰富，煤炭富含碳，这正是作物最喜欢的肥料，苎麻籽粒小，被风一吹就到处飞扬，掉落到富含碳肥的土地上就漫山遍野生长，而且枝干高大、粗壮，麻质优良。不用栽种，年年砍完年年有。栽完二晚后，苎麻已经老了，利用晚稻生长空闲时间上山砍苎麻，有的在山上剐了皮，有的连秆一同扛回家，皮用来渍麻，秆可以烧、造纸。渍好了麻用来织布。那时男耕女织是中国农村普遍现象，一般人家都有纺纱织布的机子。除了织成做衣裳的布料和做蚊帐的夏布帐子外，还织一种一尺宽、三尺三寸长的布，用蓼蓝染蓝了做手巾用，因手巾的两头编有线

---

① 《王庭铭致王□□函》，光绪二十三年五月二十五日（1897年6月24日），引自陈旭麓、顾廷龙、汪熙主编：《盛宣怀档案资料选辑之四：汉冶萍公司（一）》，上海人民出版社1984年版，第562、563页。

② 官板：由官书局所刻的书，均称官板。

③ 倒划：一种船头向前人脸向后倒着划的船。

状装饰条，其形状很像萝卜丝，故萍乡人又称之为萝卜丝手巾。

这种布之所以是一尺宽、三尺三寸长，与当地的生活习惯有关。萍乡属于江南，萍乡农家以种稻为主。南方多雨，如果不趁着好天气赶紧收割完毕就会造成谷子糜烂发芽。稻子挑到晒谷场去脱粒，晒谷场上放着打谷桶，为了防止谷子四处飞扬，还用篾围幛半围着打谷桶边，靠边斜放着打禾架子，稻谷还是湿漉漉、沉甸甸的，挥起稻把将谷子甩在打禾架子上，落进禾桶里，再盛出来晾晒。在脱粒过程中，因为用力甩打时稻子和稻叶往往会飞上头和脖子里，稻针和稻芒造成身上奇痒难忍，这个时候如果有件东西遮挡一下就好了，于是农民们想到了用手巾遮拦。手巾要合度，这三尺三寸最合适。使用时将手巾短的一头披在脑后，短头超过了脖子，然后一手按住手巾，一手捏着额前的手巾扭一下，将长的一头绕着脑袋从右向左缠绕，缠满两圈，将头子掖在手巾里，再把披着的一头往两耳边拉一拉，遮住耳朵，就成型了。这样可遮挡飞起的谷粒和叶片，还可以藏放烟具、火镰等物件于褶皱内。这种使用方法在产稻区普遍采用，而尤以湖南和靠近湖南的萍乡使用广泛。

萝卜丝手巾后来与矿工的安全帽搭上钩，其原因，首先是萍乡开矿较早，那时人们并没有把煤炭当作商品买卖，而是农余时间挖点煤做燃料或者用于制作铁器、或挑担到集市上换几升米，纯粹是农业意识，还没有商业意识，因此没有安全帽的概念，披条手巾遮挡一下灰尘就可以了，这可以从何宫桂"尺布染蓝抱脑裹"诗中看到当时的风貌。其次，安全帽是西方人发明的，而从老萍矿洋人下井的情况看，当时他们还是戴的高筒帽或者鸭舌帽，可见当时连西方人也没有用安全帽。所以说三尺三用巾是萍乡的土特产品。

其实，这种手巾的用途远不止以上用法，夏天可以揩汗，冬天还可以作帽子或围巾防寒用，打了结还可以装粮食、菜蔬、西瓜等物品，挑短途作扁担，夜行时，两头各吊一个石头作防身用，如遇歹人，展开来就是一对流星，能搏击敌人，萍乡人谓之"冇把流星"。

（五）煤矿的忌讳

煤矿由于有水、火、瓦斯等自然灾害，而有些自然灾害又是不可预见的，因而人们认为很神秘，除了寄希望于神灵外，还向自身寻找原因，认为是自己说错了话或别的原因而招致了灾害，因此矿山有很多忌讳。张振初在《安源轶事》中记载：对犯忌之人的戒处有如下记载："若是谁在井下，或下井前在井口说了忌讳的字犯禁，工人会自然起哄，且不准犯禁人下井，矿主或管事人，即燃放鞭炮破灾，宣布当日的豆腐吃犯禁人的。在场的每人4块，工钱内扣除。往往因在场的人多，一个犯禁，一个月甚至几个月的工钱被罚光。"可见犯禁有多严重。

在姓氏方面忌讳陈。因为水是井下的重大自然灾害，陈、沉谐音，遇见了姓陈的改喊泡。

忌讳自然灾害的名词。如火则说笑，瓦斯叫冷闭。老萍矿井下照明用油灯，油灯是明火，最易招致火灾或瓦斯爆炸，人们不能理解这种现象，认为是某个煤矿工人强奸了某个姑娘，这姑娘死后就变成了火，来报复煤矿工人。瓦斯燃烧时会扯长长的火尾子，这个时候工人们就会厉声喊"打"，甩煤熄灭了灯。或许侥幸挽救了矿工的生命，于是喊"打"成了瓦斯的专用词。还有一种方法是说破。老萍矿有一个推车工，在十三段推车时，看见个火球跟了他来，他就说："伙计，你别寻我，我和你一样是个穷苦人，要寻寻别人。"果然这班平安无事。而在他下班不久十三段就发生了瓦斯爆炸，死难很多人。

忌讳女人。矿工认为女人阴气太重，会削弱掉他们的阳刚之气，因而招致灾祸，因此有女人在井口窥探，必大声呵斥、驱逐之。

忌讳灰喜鹊。萍乡民间称灰喜鹊为"屎雀儿"，如屎雀儿叫，则大声叱曰："吓雀！"有的以歌声唱之："屎雀儿叫，烂牙告。屎雀儿哼，烂牙根。"以消灾。还有一种说反话消灾的方法，例如有人听见屎雀儿叫就说："早叫喜，晚叫财，中午儿叫了有客来。"

忌讳老虎。虎字写成湘阴子，怕井下遇虎成灾。

忌讳一些江湖上特用词。如，肉叫坨子，鱼叫摆尾子，虾叫驼背子，鸭子叫扁嘴子，鸡叫尖嘴子，鹅叫棉花包，女人叫阴嘴子，斧子叫襄阳子，岩尖叫扎哩。连吃饭都有规定，吃饭时，从中间盛起，第一碗饭必须用来敬井神，然后轮次来盛，中间的盛完了再将周围的饭扫拢来，叫作扫帮出煤。

五、萍乡土法炼焦

萍乡炼焦产业在清初已有发展。据徐润《赴萍乡日记》记载："此煤采自国初，由来已久。然当时挖取，不过自供炉炊，后有黠者，始将煤烧块，名曰'枯块'，运售于长、湘间，供熔铸之用，由是逐渐开广，业此者众。"[①]

清代中期，萍乡人发明了一种简便的炼焦方法，叫作堆烧法，为江西炼焦之始。这种方法不用建砖窑，就是在平地建好沟槽（即火路），将煤堆成长方形堆，但不能堵住了火路，在火路口每隔一段建一根烟囱，炼焦方法与平地炉相似。

平地炉也叫萍乡炉，也是萍乡人发明的一种土炉炼焦法。平地炉是种长方形的炉子，四周用砖砌成窑，砖有窑砖和土砖两种，而以土砖窑炼出的焦最佳。砖窑每隔一段距离砌个火眼，四周布满了火眼，火眼内用四方形干炭饼砌成通道，还安了烟囱，炉内装满洗煤，煤要装到平炉口，工人们每人守着一个火眼，放柴在火眼内烧，点着火后就用扇子扇风，将内面的煤炭烧燃来，要看到内面的煤烧成红缎子一般在里面闪动才罢手，这样烟和火就从烟囱里出来，这表示上了火。然后将和了黄土的湿煤和煤渣堵住火眼，让煤在火里慢慢煨，火露出了表面还要压火，即把烟囱堵住，让火朝四向扩散。一个星期左右焦煤炼成了，挑了黄土覆盖炉顶压火熄炉，待其冷却后开炉挑焦。

因焦煤呈竖的纹路，容易断裂，萍乡人谓焦煤为"裂块"，也就是徐润所说的"枯块"。"焦炭土名枯块、沥（裂）块，两者之质量上有差

萍乡土炼焦炉

[①] 徐润:《赴萍乡日记》,《续修四库全书·史部》第558册，上海古籍出版社1995年版，第138页。

异，枯块用半烟煤或无烟煤中的块煤，燃烧明火后，迅速密封焦化而成，沥（裂）块是用粉末或块状烟煤烧灼密封结成的焦炭，沥（裂）块发热量比枯块高，旧时，制作沥（裂）块取自安源的烟煤。"[①]

康乾年间，萍乡诗人何宫桂《安源山村吟》对当时安源开挖煤炭作了这样的描写：

安源岭上搭棚所，曾有村夫非似我。

日午满山炭烧烟，夜深通垅照渔火。

短衣裁剪刚齐腰，尺布染蓝抱脑裹。

男妇肩挑枯块来，相摩相谑不相左。

这首诗表现的是炼焦工人的面貌，很真实地表现了当时的情景。

光绪三十三年（1907 年）十月，俞燮堃介绍我国传统炼焦技术首篇专著《萍矿土法炼焦附图详说》问世，全面介绍了土法炼焦技术。值得注意的是，该炼焦技术一直到 20 世纪 90 年代还在使用，据 1994 年 11 月 23 日《中国煤炭报》报道，仅 1993 年在山西省吕梁地区"萍乡炉"土炉炼焦就有 3700 多座在推广使用，"成为吕梁地区经济的一大支柱，也是当地人民脱贫致富的重要门路。"可见萍乡炉发挥了多大的效益。

六、萍乡小煤井商号

清末国内改良浪潮兴起，民族工业初兴，尤其沿海一带工业的兴起，需要更多煤炭来发展生产，萍乡东南一带的安源、紫家冲、高坑、王家源一带土窿商井，相继而出。当时，萍乡几个主要产煤地区比较大的商井和山主，有安源的贾姓，紫家冲的文姓，王家源的张姓、钟姓、黄姓，高坑的欧阳姓，双凤冲的甘姓，天磁山的彭姓，锡坑的周姓，城北大平山的许姓，城西大屏

[①] 黄思明：《萍西炼铁史考》，《湘东文史资料》1991 年第 2 辑，第 148 页。

山的邓姓，胡家坊的胡姓、甘姓等。而这些土法开采的商井，有的是山主自开，有的是商人向山主付纳租金，租山开业，打井挖窿。为便于对外营业，这些商井均设有牌号，如龙家冲的太和，安源的万盛，高坑的全利，紫家冲的复顺等。有些土窿商井则联合几家组成一个商号，如和茂福商号、同荣福商号、合和福商号等。这些商号牌子都较硬，资金也较雄厚，在社会上都有一定影响。

尤其是在安源，小煤井最多。每个井都要有一个叫得响的名号，以便与别的煤井区别开来。煤井名称有些什么特点呢？首先，井主都是一些土财主，他们以土地的盈利或以土地为依存开发煤井的，文化水平不高，这就决定了他们取名字的通俗性；其次，安源煤井形成了集群，招牌要响亮，除了自己独特名字外，还冠以集群的名字，以集群化对外经销；再次，招牌还要吉祥，要个好兆头。安源煤井环绕着这三个特点去取名字。萍矿文史专家张振初在《煤井名录谈》中说：据清末《萍矿附近土井图》记载，在三丘田、锡坑、紫家冲和王家源等地，52个较大的小煤井名称，大都围绕"盛、顺、和、福"四个字做文章。表达财源茂盛的有9处，如"合盛""荣盛""森盛"等；祈求平平安安、顺心顺意的有"天顺""地顺""益顺""元顺""亨顺""利顺""贞顺""兴顺""同顺""丰顺""和顺""发顺""通顺""富顺""福顺""合顺""金顺""太顺""恒顺""盛顺""仁顺""森顺""信顺""泰顺""谦顺""星顺""亿顺""德顺"，仅"德顺"就有9处；取和气生财意思的有"三和""泰和""仁和"；祈望好运福气的有"福昌""隆福""善裕福""茂福昌""和合福""广泰福""荣福""五福""福大""福来""福多"等十多处；以兴旺发达命名的，如"祥兴""兴发""茂兴""六兴"等。还有的以昌、华、发命名，有的矿主干脆以自己本来就很满意的姓名为煤井井名，如"荣华生""吴东生"等，在当时成为人们议论的话题。

嘉庆年间，萍乡安源附近的小坑办矿者李少白的福大煤井、福来煤井，甘成清的合顺煤井，宋志寿的福多煤井等，在当时都是很响亮的招牌。

七、萍乡人以家乡有煤而骄傲

（一）丰富的煤炭是萍乡人的财富

萍乡属丘陵地带，丘陵总面积70%，山地占总面积17%，平原占13%。光绪三十二年，萍乡共有人口590948人，人均不足一亩水田。由于人多田少，吃饭成问题，但萍乡人善于精耕细作，早晚二稻合计上等田可收获八九石，这在当时在全国都算较高的。因为在修萍安铁路收购地主[①]土地时，推测出每亩时值六十千[②]。可是查询汉口办法，则上等田官价仅二十六千，不及萍乡时值半价，虽然按照盛宣怀要求减去了五千，即与邻省醴陵上等田四十千及后来的南浔铁路地价上等田价格四十千文比较，萍乡征购土地费用仍高出十五千文，是当时最高的。说明萍乡人善于种田，产量高，田地值钱。

但尽管如此，萍乡人多地少仍是不争的事实。人与土地的纷争是中国社会长期存在的矛盾，孔子说"不患寡而患不均，不患贫而患不安"，因土地纷争而引起械斗、战争甚至发生政权更迭，在中国历史上屡见不鲜。可是在萍乡的土地上，"赋税及时，闾里无事"（唐·韩愈《表》）、"士力学而知廉耻；民乐善而好俭啬"（宋·阮阅《无讼堂记》）、"士知廉耻，不挠邑政；民务农桑，输赋以时"（宋·袁采《主簿厅壁记》）、"比闾有职，帑庚有输；商无隐贷，酤无私酿"（宋·江淮《县治记》）[③]，人民和平相处，无大的灾难，没有大的迁徙，仿如世外桃源一般。这又是为什么呢？

这是因为萍乡人有多种谋生手段，除了种粮、造纸、酿酒、做陶瓷、烟花爆竹，搞商贸运输以外，地底下深藏着一种黑色的宝藏——煤炭，他们还可以凭借挖煤生活。萍乡煤炭资源非常丰富，在全县2764.93平方公里的土

---

① 这里所说的地主是土地主人的意思。

② 千，也叫千文。中国古代钱以文为基本单位，一文为一个铜钱，铜钱有四方形孔，穿绳子吊起来，一千文也叫一吊钱，约等于一两银子。

③ 刘洪阖：《昭萍志略》（下），江西教育出版社2016年版，第688页。

地上，含煤层占 60%。"萍民向以开煤为生"①，它消除了土地不足带来的不利影响。萍乡人除了田地里种植外，还在山上收获，甚至山上的收获比田地里的收获要大很多。据老年人回忆，萍城附近有一山坡叫灰尘坡，树叶枯枝掉落堆积在山坡中，特别炎热的夏天，枯枝自燃，使得下面露出地面的煤炭也燃烧，晚上红红的一片，让热天更热，往往要燃烧很长一段时间，只有等到下大雨的时候才会熄灭，留下一片灰烬，所以叫灰尘坡。农家建房下地基时，经常能挖到煤，湘东浏公庙人到河里淘沙，挑上来的却是煤炭。可想萍乡煤炭之丰富。当时人说："挖煤好比押宝（赌博），押中了就可发大财，冇押中就要倒大煤（霉）。"到清朝中期，萍乡煤炭开发，由一家一户发展到几家几户集股，或由资金雄厚的乡绅出面，依靠宗族关系联合起来；或自开自井，有的向山主付纳租金，租山开业，打井挖窿。使萍乡土窿开发有了较快发展，有的较大煤窑人数达数百人。

煤炭开采富了一些人。湖南湘江商人彭世毫在荷尧一带开办"大兴公司"，收购小窑商井煤炭，从湘东荷尧装船，运往湖南马家河等地销售，大发其财，成为赫赫有名的煤商。张梦予原是萍乡一个穷秀才，靠在私塾教书谋生。后来看到主人做煤炭生意发了大财，他也弃教从商，先是给主人管账，后来单独开业，经营煤炭生意，几年时间，购买了几千亩土地。

萍乡丰富的煤炭资源，被很多乡绅视为己产，当成"聚宝盆""摇钱树"互相争夺。湘东荷尧金鱼石有一位翰林学士萧若锋，为排除异己，独占资源，以"挖断龙脉，破坏风水"为由，下一禁令，强制别人不得开采。后来他自己告老还乡时，却在此大挖煤井。茶山里乡绅彭颐真为争夺当地煤炭资源，把当地周围山岭圈起来，埋下界碑，规定"禁止外姓开采"。乡绅陈继良说他爷爷曾买到石溪周家的一片山林地，后来在山上挖出了煤炭，原山主竟说地下三尺没有卖，不让开采，后来还是请萍乡中学校长陈赞猷出面，才得以解决。由于宗族乡绅互为争夺，自我割据，造成井与井之间，同姓与异姓之间，

---

① 张赞宸：《奏报萍乡煤矿历年办法及矿内已成工程》（光绪三十年十二月），引自湖北省档案馆编：《汉冶萍公司档案史料选编》（上），中国社会科学出版社 1992 年版，第206 页。

为争夺煤炭经常发生纠纷与械斗，这都是煤炭惹的"祸"。

萍乡县东南一带为产煤区。比较大的山主，有紫家冲文姓，黄家源张姓、钟姓，双凤甘姓，天磁山周姓，高坑欧阳姓，安源贾姓等。城北太平山则有许姓等。有的山主在其他山区也有领地。如钟姓不仅在黄家源善竹岭有大片山地，并且在龙家冲、长公塘和高坑水窝里也有山地。而且土法采煤的商井，有时也由山主自开，但大多数是商人向山主付纳租金，租山开业，打井挖窿。各商井均有牌号，如泰和、万盛、金利等。许多商井又往往联合成一较大的商号，便于对外营业，如和茂福商号、同荣福商号等。

光绪二十三年（1897年），时为汉阳铁厂总稽核的张赞宸在勘察安源小煤井时发现，"各山土井林立，密如蜂房，甚至数丈之内，并开两井"[1]。井主因受各种条件的限制，一般是浅度开采，造成废井多，这会给今后的机井开采造成安全威胁，由此张赞宸决定收购小煤井，当时仅在划定的官矿井筒范围就收购小煤井321口，可见当时萍乡小煤井之多，采煤业之发达。小煤井给萍乡带来了许多税赋，也给许多贫民带来了收入。在民国二十八年（1939年）萍矿拆迁后，矿井炸毁，工厂搬迁，铁路拆除，交通中断，人员迁移，论理再无生机。可是由于地底下有着丰富的煤炭资源，不久民间自发又恢复了小煤窑生产，安源的小煤窑星罗棋布，不仅萍乡本地人，甚至萍乡周围的宜春、浏阳、醴陵、攸县、长沙、湘潭、高安的农民，都来安源，或挖煤，或推脚炭，或做小生意。推脚炭的人们从早晨两三点钟就举着火把、倒拖着土车子上山。一直到晚上天黑了才回家，从三丘田、红水眼里到萍水河边，一二十里路上灰尘步起丈多高，土车子的吱呀声未曾断绝，再用船装运下湖南，造成了安源一时的繁荣。推脚炭虽辛苦，但对于走投无路的人来说，尤其在动乱年代，却是个谋生的重要手段。

萍乡蕴藏着丰富的煤炭，这是萍乡人的骄傲。萍乡人依靠开发煤炭资源发家致富，生活富足，由此对地下宝藏心存感激。

---

[1] 张赞宸:《奏报萍乡煤矿历年办法及矿内已成工程》（光绪三十年十二月），引自湖北省档案馆编:《汉冶萍公司档案史料选编》（上），中国社会科学出版社1992年版，第206页。

（二）最早的矿工节

晚唐以来，随着我国经济的发展，交换规模扩大，贸易人员大量增加，导致商业和手工业进一步分离，行业也划分愈细，一个行业或几个行业为维护自身利益，便各自组成行帮、行会，除普遍崇拜赵公元帅（财神）外，都选定在历史上或古老传说中与本行业有关的代表人物，塑像立庙，顶礼膜拜，尊称为本行业祖师，如读书人的祖师是孔子，做毛笔的祖师是蒙恬，木匠的祖师为鲁班，缫丝业祖师为嫘祖，戏剧艺人祖师为唐玄宗，绘画祖师为吴道子，皮业祖师为孙悟空，爆竹业祖师为李畋等。而煤炭行业和其他行业一样，也信奉自己的祖师爷，又习惯地将每年集会供奉本行业祖师的这一日，称为矿工自己的节日。

中国由于南北水旱不同，煤窑之神南北也不同，北方供奉的是太上老君，而南方供奉的则是战国时期著名水利工程专家李冰。

煤是火的燃料，太上老君主宰火，自然成了煤的主宰。这样老君便成了煤窑的开山祖师。于是北方各地纷纷建窑神庙、立老君牌位，有的窑工家里还贴有老君画像。人们认为煤是老君的恩赐，在山西、河南还流传着老君种炭的传说。据说一次老君背了一袋煤，可是他装煤的口袋有漏洞，沿途撒了星星点点的煤粒，就变成了煤层，撒得多的煤层就厚，少的就薄。供奉老君还祈求他保佑矿工平安。因此，许多矿工在下井前在老君像前一拜，平安出窑后要向老君跪谢。各地老君的生日也不同，在陕西、甘肃一些煤工每年十月十五日或腊月二十三日，甘肃为十月十五日，铜川为腊月二十三日，唐山为七月十三日，邢台为正月二十四日，井陉为二月十五日，河南、河北一些地方为腊月十八日。这一天可谓煤窑之庆典，多数煤窑停工，有的要请戏班唱戏，请人唱念经文，把这一活动推向高潮。久而久之，祭奠老君之日，就成了北方煤矿工人的节日了。

南方煤炭行会为王爷会，尊称李冰为祖师。李冰公元前256至前251年任蜀郡守时，大办水利，建都江堰，凿灕岩，导洛水和汶井江，发展了水稻生产和水上运输，因此米帮称他为"王爷"，船帮称他为"镇江王爷"。南方由于水涝严重，煤炭行业求神保佑山水不冲毁煤窑，也因煤炭早时依靠水运为主，故像米、船帮一样，每年农历六月初六日拜祭王爷。久而久之，拜祭李冰王爷就成了南方煤矿工人的节日了。因煤窑大多数在地底下作业，是人与自然搏斗的场所，事故的多发地，安全毫无保障，全靠矿工自己掌握自己的命运。如是当矿主在煤窑口烧香、焚纸钱、杀鸡拜祭王爷时，矿工却在默默祈祷来日平安。因此，从这个意义上讲，矿工节在湘赣两省特别是安源地区又可说是安全节。

王爷是个什么样子？谁也没见过，既然是想象的，人们就可以根据自己的想象塑造他的形象。一般的小煤井老板都是粗人，没多少艺术细胞，所捏造的王爷其实就是上小下大的两坨泥巴，上坨再捏眼睛、鼻子、嘴巴、耳朵，头上塌块红布，在旁边的木脚或石壁上写上"王爷神位"，一百个小煤井有一百个王爷模样。有的连泥巴都不要，就在地上插块牌位，前面放个插香烛的竹筒管，还有的仅仅贴张大红纸，上书"王爷灵位"，前面放个插香烛的竹筒。矿工下井时，每人在神像前打个拱手，然后下井，不拜的不准下井；矿主则要虔诚地跪拜，嘴里念念有词，要王爷保佑矿井清气平安。初一、十五要打牙祭，也就是祭井神，要用荤腥祭奠，一般是整只猪头或整只鸡。祭祀完毕祭肉分给矿工吃，有多的还分了带回家。

清末在安源创办萍乡煤矿，俗称开洋矿，属近代机械矿井，由洋人操办。洋人不信中国的风俗，因此尚无祭日，不过一些工头和矿工亦有在矿井口拜祭王爷的事。新中国成立后，安全生产为煤矿的第一方针，特别是随着许多新材料、新技术的运用，例如单体液压柱走向梁采煤工艺、瓦斯遥测监控、瓦斯抽排放、矿压预测、插管注浆灭火等，已经能预测自然灾害的发生以及人为控制自然力，矿工的安全状况越来越好，矿工节便成为过去的事了。

（三）萍乡咏煤歌谣

古代诗歌理论著作《毛诗序》说："诗者，志之所之也。在心为志，发言为诗，情动于中而形于言。言之不足，故嗟叹之。嗟叹之不足，故咏歌之。咏歌之不足，不知手之舞之足之蹈之也。"

萍乡人对故乡有丰富的煤炭资源而自豪，"情动于中而形于言"，发而为诗歌，歌唱家乡的煤炭和挑煤工人。

  萍乡土地丰饶，利于百物生长，尤其是地下有着丰富的煤炭资源，这给萍乡人多了条生存之道。人们收获着地上的农作物，同时又收获着地下的"黑金"宝藏，其快乐之情溢于言表，于是高兴地唱道：

  混沌初开到如今，珍珠异宝土里存；金银财宝用仓装，乌金出自我萍乡；安源煤炭本不少，近地几省烧不了。

这首诗表现的是对家乡煤炭的自豪。

  到了明代，萍水河经过的湘东地区煤井多了起来。其中浏公庙后山，聚集几十伙人开采煤井，素有"九十伙里"之称。煤井采出的煤炭，当时用木船装运至湖南长沙，远销湖北武汉等地。当时萍乡的煤炭，已经是能够远销的商品了。

  有女莫嫁浏公庙，三天三夜屙黑尿。

  这是说浏公庙的男人都是挖煤的？还是说浏公庙的环境一片炭黑呢？总之是浏公庙开的煤井多，挖煤人也多，可见当时繁荣景象。

  清代，萍乡普通家庭的女子是参加生产劳动的。萍乡的女子不以化妆巧扮为美，而是以劳动为美。胥绳武诗云：

  村妇肩挑石炭还，蓬头赤脚汗颜斑。
  道旁一让行人俏，不采山花插鬓间。

  这位女子虽然挑炭而弄得蓬头垢面，但她懂礼貌，见县太爷来了，便道边一让让他先经过。县太爷见她如此懂礼貌，禁不住看她一眼，发现她长得俏，不采山花插鬓间装饰自己，是种纯天然的美。从这首诗里我们可以看出当时萍乡普通农家女是不缠足的，而且打着赤脚不怕人家看见。

第二章　张之洞创办汉阳铁厂

一、洋务运动时期的煤炭开采

在第二次鸦片战争以后，中国一些感受到国力衰弱受人欺侮的官僚和知识分子有了切肤之痛，他们以"自强""求富"为口号，开展了一场引进西方军事装备、机器生产和科学技术以挽救清朝统治的自救运动，即洋务运动。一方面，以"自强"为口号，引进西方先进生产技术，创办新式军事工业，训练新式海陆军，建成北洋水师等近代海军，其中规模最大的近代军工企业就是在上海创办的江南制造总局。此外还有福州船政局、天津机械制造厂等一系列军用工业生产厂。另一方面，以"求富"为口号，兴办轮船、铁路、电报、邮政、采矿、纺织等各种新式民用工业。如在上海创办的最大的民用企业轮船招商局。创办新式学校，选送留学生出国深造，培养翻译人才、军事人才和科技人才等。

随着近代工业的发展，煤炭的市场需求量急增，开办煤矿提到了议事日程。

光绪三年（1877年），李鸿章在河北唐山创办了开平煤铁矿局，这是中国最早的近代化煤矿之一，几个月之内，井架、厂房、绞车房、工棚、供洋人居住的洋房子及办公用房等建起来了。开平煤矿彻底摒弃了土煤窑的生产方式，首开中国机器采煤先河，第一次完整地形成了工业化的凿井、开拓、掘进、回采工艺和提升、运输、通风系统，从根本上改变了土窑采煤产量低、效率低的问题，为中国近代采煤起了示范引领作用，是从土法采煤进入近代采煤的一道分水岭，在中国采煤史上具有划时代意义。

表 2-1　洋务运动时期兴办的 16 处煤矿

开办年份	煤矿名称	经营性质	创办人	基本情况
1875	直隶磁州煤矿	官办	李鸿章	1875 年李鸿章奏准开办，后因储量不多，运输困难，向国外订购机器发生波折而停办
1875	湖北开采煤铁总局	官办	盛宣怀李明墀	1875 年盛宣怀根据李鸿章旨意，会同李明墀试办湖北广济、兴国等地煤铁矿，由于管理不善、资金不足等原因而失败
1876	台湾基隆煤矿	官办	沈葆桢叶文澜	1875 年沈葆桢奏准开办，1876 年成立台湾矿务局负责筹备，1879 年正式投产，日产能力约 300 吨，1892 年停办
1877	安徽池州煤矿	官督商办	杨德孙振铨	初创时集资 10 万两，其中上海招商局投资 3 万余两，1882 年拟扩充资本兼营金属矿未成，1891 年因亏损停办
1877	直隶开平煤矿	官督商办	李鸿章唐廷枢	1876 年唐廷枢奉李鸿章之命开始勘察，1877 年拟订招商章程，设立矿务局，正式筹建，1881 年投产，日产能力最高达 2000 吨
1879	湖北荆门煤矿	官督商办	盛宣怀	湖北开采煤铁总局试办广济、兴国煤矿失败后，将设备移至荆门开采，主要沿用手工采煤，1882 年拟在上海集资未成，因资本短缺而停办
1880	山东峄县煤矿	官督商办	戴华藻米协麟	初创资金 2.5 万两，设备简陋，以手工开采为主，日产 100 多吨
1880	广西富川县贺县煤矿	官督商办	叶正帮	初创时，资金额不详，使用机器不多，靠旧法抽水，因煤质较差，运输困难，于 1886 年闭歇
1882	直隶临城煤矿	官督商办	钮秉臣	1883 年招股，设备简陋，主要土法开采
1882	江苏徐州利国驿煤铁矿	官督商办	胡恩燮胡碧澄	1882 年筹建，因集资困难，运输不畅，长期亏损，以手工开采为主
1882	奉天金州骆马山煤矿	官督商办	盛宣怀	1882 年招商集股 20 万两，盛宣怀将资金移用于电报局，只对矿山作勘测活动，未曾开采，1884 年停闭

开办年份	煤矿名称	经营性质	创办人	基本情况
1883	安徽贵池煤铁矿	官督商办	徐润	唐廷枢、徐润利用轮船招商局资金，为吞并池州煤矿而设，旋因1883年徐润破产，煤矿改由商人徐秉诗接办，规模很小
1884	北京西山煤矿	官督商办	吴炽昌	1883年筹建股份公司，1884年开办，矿局与醇亲王、李鸿章都有联系，1886年月产仅10余万斤
1887	山东淄川煤矿	官办	张曜	1888年开始用少量机器开采，到1891年张曜死去，矿山随之停办
1891	湖北大冶王三石煤矿	官办	张之洞	为供应汉阳铁厂需要，自1891年开始经营，耗资近50万两。1893年因积水过多，被迫停止开采
1891	湖北江夏马鞍山煤矿	官办	张之洞	为供应汉阳铁厂所需，自1891年夏开采夏马鞍山煤矿，1910年为扩大萍乡煤矿的规模，所有设备拆迁到萍乡，将频发水患和火灾的湖北江夏马鞍山煤矿关闭

资料来源　《江南煤都　工业重镇——萍乡煤矿历史专题陈列》。

　　光绪七年（1881年）秋唐山矿正式出煤，当年即出煤0.36万余吨。第二年产量达3.8万吨，1885年达到24万吨。1887年冬，开始修建西林矿，1889年开始出煤，1892年正式投产。1898年产煤80万吨，在全国处于领先地位。当时，有英国记者在评论中国洋务运动时也说："在煤的开采方面，唯一获得成功的就是开平煤矿。"

　　煤炭生产出来后需要运输出去卖掉才能成为商品，所以运输成了问题。由于保守势力影响，在中国修建铁路已不可能，李鸿章便修建运河运输开平煤。1881年3月，煤河工程正式动工，煤河全长70里，从芦台河引水入内；河面宽6丈；两岸河沿3丈以外筑堤，堤高4尺，宽5丈；堤上筑车路宽3丈，两边栽行道树遮阴；河边插柳当作纤道，离堤4丈处种树作为河界；为了不影响运两岸交通，在9条横跨运河的大路上修筑8座桥，每隔5里砌筑暗洞一个，以备农田排涝入河；在蓟运河闫庄以下100多丈外处，开设两

李鸿章（1823—1901），安徽合肥人。晚清名臣，洋务运动的主要领导人之一。世人多尊称李中堂，亦称李合肥，本名章铜，字渐甫、子黻，号少荃（泉），晚年自号仪叟，谥文忠。官至直隶总督兼北洋通商大臣，授文华殿大学士。

个引水口，口内安装铁石水闸，用以控制水位，煤河"波平浪静，四时不涸"，水位常年维持在9至15尺；煤河尽头80丈以内，河面加宽4丈，算是个简易码头，方便两岸卸车装船，北侧的河汊作为船坞等。

光绪八年（1882年）春，煤河正式启用，开平的煤从胥各庄装上驳船，用纤工拉纤到闫庄，经芦台、北塘出海或入大沽口到炮台以上30里的刘家庄煤栈，在两个分别长40米的简易码头卸船，就地卖掉或运往天津。

可是煤河每年有两个月的封河期，而且每年要花钱修浚河道。因此修建铁路提上议事日程。可是中国的顽固派们是禁忌铁路的，李鸿章便变了种说法，修筑铁路，用马车拉煤，路名叫马路。1881年6月9日，唐山到胥各庄铁路破土动工，6月30日开始铺轨，年底竣工，东起唐山矿1号井，西至胥各庄，长9.7公里。

英国工程师金达却不能容忍"马路"说法，他从1880年冬季开始，在唐山矿修理厂车间组装一件"奇怪"的机器——"中国火箭号"机车，它的锅炉来自一个轻型的卷扬机，轮子是作为旧货买进来的，车架则是用煤矿竖井的槽钢制成的。中国工人在机车两侧各刻了一条龙，这样中国的"龙"号机车诞生了，长约5.7米，拖动力达100吨。1881年11月8日，"龙"号机车第一次在铁路上运行，1882年2月26日，唐胥铁路全线通车。此后"龙"号机车一直作为调度车运行至1905年。

这样，唐山矿出产的煤，先经过这条"马路"运到胥各庄，再装船运到芦台后进行转运，开平的煤总算有个更好的出路运出去卖了。

1888年以后又将铁路延伸到了芦台、太古、天津站，全长160公里，称为"津唐铁路"。

二、慈禧批准张之洞修铁路

光绪六年（1880年）冬，淮军将领刘铭传奉召进京，在李鸿章支持下，上奏《筹造铁路以图自强折》，建议以北京为枢纽，北边东通沈阳，西通甘肃；南面一由山东至清江浦，一由河南至汉口，形成主干道。当前先修北京至清江浦一线。李鸿章呼应该奏折。顽固派开始了猛烈的抨击，侍读学士张家骧、降调顺天府丞王家璧、翰林院侍读周德润、通政使司参议刘锡鸿等纷纷上奏，把两人说成卖国贼，说机器"行之外夷则可，行之中国则不可"，"火车实西洋利器，而断非中国所能仿行也"。

这时李鸿章试图修建津通铁路。为获得慈禧的支持，李鸿章特意在紫光阁内修筑了一条铁路供慈禧乘坐游览。这条铁路是醇亲王奕譞征得慈禧同意后，抽调原驻扎在西山的健锐营、火器营，在西苑内沿着太液池修建的，从中南海紫光阁起，经时应宫、福华门、阳泽门、极乐世界、龙泽亭、阐福寺、浴兰轩、大西天到镜清斋，长达2300多米，又称西苑铁路。后来慈禧常住在仪鸾殿，又把铁路延长到瀛秀园。铁路建成后，慈禧太后怕惊动了龙脉，而更让她难以容忍的是火车司机竟然坐在她前面，这是大不敬。慈禧命令人将车头推进了太液池，而在每辆车前拴上绒绳，由小太监拉着走，把火车变成了人力车。车前还排着仪仗队，敲锣打鼓热热闹闹拖行。慈禧每天上午坐在这座游动的宫殿里，观赏两边景色，中午便在北海吃

张之洞（1837—1909），字孝达，号香涛，出生于贵州兴义府（今安龙县），祖籍直隶南皮（今河北沧州南皮）。咸丰二年（1852年）中顺天府解元，同治二年（1863年）中进士第三名探花，授翰林院编修。历任教习、侍读、侍讲、内阁学士、山西巡抚、两广总督、湖广总督、两江总督、军机大臣等职，官至体仁阁大学士。前期为清流派，中法战争后转为洋务派。1890年他在湖北武汉创办了汉阳铁厂和汉阳兵工厂等企业，成为洋务派的领军人物。

午饭。当时民间流传着一首《清宫词》："宫奴左右引黄幡，轨道平铺瀛秀园。日午御餐传北海，飚轮直过福华门。"

之后，慈禧太后的思想在转变，对于修建铁路也禁不住说："或可因地制宜，酌量试办。"

李鸿章得到慈禧对铁路的认可，心里燃起希望，趁热打铁，1888年又将唐芦铁路修通到了天津。这一次，他打算修天津到北京通州的铁路。

可是，李鸿章修建津通铁路的建议却遭到了很多大员的反对。这是因为很多人看到了铁路带来的好处，包括尚书翁同龢、孙家鼐在内的数十位大臣，积极性都一下子提高了。翁同龢等请试修边地铁路，便利用兵；徐会沣请改修德州济宁铁路，便利漕运[①]。这样一来，慈禧太后犹豫了，她要大臣们辩论津通铁路该不该修。

这时，张之洞也上了一道奏折。他主张修卢汉铁路，即卢沟桥到汉阳的铁路。他说：

> 修路之利，以通土货、厚民生为最大，征兵、转饷次之。今宜在京外卢沟桥起，经河南以达湖北汉口镇。此干路枢纽，中国大利所萃也。河北路成，则三晋之辙接于井陉，关陇之骖交于洛口；自河以南，则东引淮、吴，南通湘蜀，万里声息，刻期可通。其便利有数端：内处腹地，无虑引敌，利一；原野广漠，坟庐易避，利二；厂盛站多，役夫贾客可舍旧图新，利三；以一路控八九省之衢，人货辐辏，足裕饷源，利四；近畿有事，淮楚精兵崇朝可集，利五；太原旺煤铁，运行便则开采必多，利六；海上用兵，漕运无梗，利七。有此七利，分段分年成之。北段责之直隶总督，南路责之湖广总督，副以河南巡抚。[②]

张之洞认为修了卢汉铁路，将来如财力允许，还可以将铁路延伸到广州。

---

① 漕运：本意指水陆运输；后专指历代所征粮食解往京城或其他指定地点的运输（主要指水运，间或有部分陆运）。

② 《清史稿》卷四百三十七，列传二百二十四，中华书局1977年版，第12378页。

他列举了西方国家振兴之路，无不是依靠铁路运输先行而发达起来的。只要将位于长江中游的武汉连接起来，就形成了贯通东西南北的运输大动脉，这样既可以通过铁路，也可以通过水路，把沿线沿江沿河老百姓的积极性调动起来，发展生产，带动全国老百姓致富。老百姓富了，国家的财政丰足了，对于治理国家就有巨大帮助。国家治理好了，百姓对朝廷的认同感就会增强，西方人的诡计就会失败。张之洞所提出的修筑卢汉铁路，以及他所创办的汉阳铁厂，尤其对今后修筑株萍铁路及开发萍乡煤矿有着直接深远影响。

张之洞的想法显然比李鸿章的更完备、更远大也更周全。1889 年 8 月，慈禧太后拟旨：

> 总理海军衙门遵议通筹铁路全局一折，据称，张之洞条陈由卢沟桥直达汉口，现在先从两头试办，南由汉口至信阳，北由卢沟桥至正定府，其余再次第接办，并胪陈筹款购地各节，所奏颇为赅备，业据一再筹议，规划周翔，即可定计兴办。着派李鸿章、张之洞会同海军衙门，将一切应行事宜，妥筹开办。并派直隶按察使周馥，清河道潘骏德，随同办理，以资熟手。此事造端宏远，实为自强要图。惟创始之际，难免群疑，着直隶、湖北、河南各督抚，剀切出示。晓谕绅民，毋得阻扰滋事。总期内外一心，官商合力，以蒇全功，而俾至计。余均照所请。[1]

慈禧太后批准了张之洞修铁路的奏折。

修铁路意味着大量的钢铁需求。张之洞认为，要修路便必须掌握钢铁冶炼技术，只有自己掌握了冶炼技术，自产钢铁满足国内需求，才不怕别人挟制。于是，他从国外购买了大量机炉放在广州凤凰岗，准备筹办铁厂以及兵工厂。

---

[1] 湖北省档案馆编：《汉冶萍公司档案史料选编》（上），中国社会科学出版社 1992 年版，第 65 页。

45

三、张之洞创办汉阳铁厂

（一）为什么要办铁厂

中国是世界上最早掌握炼铁技术的国家，早在春秋战国以前便掌握了冶铁技术。我国最早记载用煤冶铁的书籍是晋人道安定释氏《西域记》。北魏郦道元的《水经注》引用了《西域记》中用煤冶铁的一段记载："屈茨北二百里有山，夜则火光，昼日但烟。人取此山石炭，冶此山铁。恒充三十六国。"这段话是用煤冶铁的直接记载。屈茨北的铁要供给西域三十六国广大地区使用，足见其冶铁规模巨大，铁产甚多。屈茨即龟兹，在今新疆维吾尔自治区。按照一般规律，内地中原的冶铁技术要比西域地区发展早一些。既然西域用煤冶铁技术是从中原传过去的，那么，内地在汉代也当会用煤冶铁了。据洛阳市文物工作队《洛阳吉利发现西汉冶铁工匠墓群》[①]介绍，1979年，洛阳市博物馆在黄河北岸的洛阳市吉利工区，发现了一座大约是西汉中晚期的墓葬，出土有坩埚11个和五铢钱。这些坩埚直口卷缘，直腹，圜底。一般口径14～15厘米，高35～36厘米，厚2厘米。内外壁均烧流，并附着熔炼后残剩的铁块、煤块、煤渣。经鉴定，"坩埚外壁底部附有煤"。这是用煤作为冶铸铁燃烧的直接证据。这说明在汉朝的时候我国已经掌握了用煤冶炼铁的技术。

中国的土法炼铁技术主要有两种方法：一是坩埚法炼铁，以无烟煤为原料；二是高炉炼铁，大都以木炭或焦炭为原料。

坩埚炼铁方法，简而言之，即把铁矿石和无烟煤混合放入耐火土制造的坩埚内，并将坩埚垒于炼炉之内，加热使之燃烧到一定时候，便可将铁水或铁块从坩埚中取出。坩埚属于可移动形炉具，即由人工抬着倒铁水。

土炉炼铁技术即以木炭和焦炭为助燃剂的小高炉炼铁方法，生铁与渣滓同出一口，以人力或水利操纵风箱运动捣风助燃。矿石熔成铁水后，凿开炉

---

① 《考古文物》1982年第3期。

早期的土炉炼铁

口让炉渣和铁都流出来，炉渣较轻浮在面上，铁水重落在下面。土炉属于不可移动型炉具。

　　如需要炼成熟铁或钢，熟铁一般是将生铁烧红后进行捶打，去掉杂质、增强密度，而钢则让生铁回炉煅烧，所谓百炼成钢是也。

　　解决燃料问题是开办冶铁的先决条件，因此，汉代冶铁作坊一般都靠近燃料产地。在西汉桓宽《盐铁论》中，就反映了这一事实："盐冶之处，大校（抵）皆依山川，近铁炭。"

　　古代冶铁的燃料，开始时长时间用木炭。但是，冶铁中木炭的消耗量大得惊人。北京钢铁学院《中国古代冶金》一书讲："估计每炼一吨生铁，耗用木炭可能要四五吨左右或更多些。"刘云彩在《中国古代高炉的起源与演变》一文中，根据郑州古荥镇一座汉代高炉的情况，推算每炼一吨铁要用木炭7.85吨。河南省文化局文物工作队《巩县铁生沟》一书介绍，据巩县铁生沟汉代冶铁遗址炼渣计算，其生产规模应出生铁2631吨，这样大的规模，其木炭消耗量可想而知，这要消耗大量森林资源。这就不能不促使人们去寻找新的替代燃料，在木炭资源不能满足冶铁需要的地区更是如此。因此煤炭冶炼便应运而生了，煤铁便结成了紧密伙伴。

　　土法炼铁技术与近代西方炼铁技术相比，生产效率与生铁质量相差甚远。

据英国学者肖克利1898年在山西的调查，山西盂县当时有炼铁炉60座，年生产能力约4500吨，而同期英国新式炼铁炉每炉每年的产量为19000吨。此外，土法炼铁在铁矿石的消耗上与新式炼铁炉相比，几乎多出一倍。除了生产效率之外，土法炼铁技术生产土铁，经过化学分析表明，质量明显更差[①]。

表2-2　土法炼铁与新式炼铁技术与社会系统

项目	材料	职业	组织形式	社会关系
土法炼铁	木炭、煤、铁矿石、小型高炉、农具等	农民	家庭作坊	农民—乡绅
新式炼铁	焦炭、铁矿石、大型高炉、蒸汽机、钢轨等	工程师、工人	工业企业	工人—企业主

资料来源　方一兵:《汉冶萍公司与中国近代钢铁技术移植》，科学出版社2011年版，第116页。

　　土法炼焦技术作为"木、水、铁"三大要素为主导技术体系的一部分，是与传统农业经济下的社会系统相适应的，在这一社会系统中，自给自足的农业耕作和乡村工业维系着农民与地主绅士之间的这一基本的社会关系，土法钢铁是乡村工业的一部分，为农业经济服务，掌握炼铁技术的工匠也是以土地为生的农民，这正好维系了千百年来中国自给自足的小农经济的需要。

　　生铁可制作锅、犁、锄、轮、轴、炉、钟等，以熟铁和钢制造的刀、剪、斧、锯、针、夹等。中国人自炼自用数千年了，男人耕田锄地，女人缝衣裁布，寺庙里和尚敲钟念佛，路途推车运货，无处不用土铁，不仅能满足小农经济需要，而且能销售国外，换取外汇。如广东乾隆年间佛山忠义乡制铁业兴盛情况:

　　　　惟铁锅、铁线物之成于冶者，则此乡所独。铁锅有牛锅、鼎锅、三

[①]　方一兵:《汉冶萍公司与中国近代钢铁技术移植》，科学出版社2011年版，第12页。

口、五口之属，以大小分；铁线有大缆、二缆、上绣、中绣、花丝之属，以精粗分；锅贩于吴越荆楚而已，铁线则无处不需，四方贾客各辇运而转鬻之，乡民仰食于二业者甚众。①

广东是我国土铁主产地和出口地，但是到清末土铁逐渐不见了，而洋铁像海水一样涌进来，"以本省铁货出入计之，每年洋铁入廉州者四五十万斤，入琼州者百万斤有奇，入省城、佛山者一千余万斤，入汕头者二百余万斤。内地铁货出洋，以锅为大宗。其往新加坡、新旧金山等处，由佛山贩去者五十余万口，由汕头贩去者三十余万口，由廉州运往越南者四万余口。此外铁锤运往澳门等处者每年五六万斤，铁线运往越南者先年十万余斤。近因越税太苛，业经停贩。然此皆粗浅之物，凡所精所贵之铁板、钢条，则不惟不能外行，且皆取自洋产。以各省各口铁货出入计之：查光绪十二年贸易总册所载，各省进口铁条、铁板、铁片、铁丝、生铁、熟铁、钢料等类，共一百一十万余担，铁针一百八十余万密力，每密力为一千针，合计铁价、针价约值银二百四十余万两；而中国出口者，铜、铁、锡并计，只一万四千六百数十担，约值银一十一万八千余两，不及进口二十分之一。至十三年贸易总册，洋铁、洋针进口值银二百一十三万余两，十四年贸易总册，洋铁、洋针进口值银至二百八十余万两。而此两年内，竟无出口之铁，则是土铁之行销日少；再过数年，其情形岂可复问！"究其原因是土铁本钱重，熔铸欠精，需要从生铁炼成熟铁然后再炼成钢，需要好几道工序，成本加重了，而且一个师傅一个样，没有统一标准。再看洋铁，人家用机器制造，如铁板、铁条、铁片、铁钉、铁针等，形制是一样的，因为他们是采用机械化、标准化作业。以钢针而言，外表光洁、平滑，硬度好，比起中国针的涩、易生锈好的不是一点点。再以铁钉而言，土钉都是方形的，长短不一，粗细不一，顶部都不平整，钉杆带毛刺，极易划破人的手指，顶尖偏离重心易钉偏。而洋钉则是圆形，钉帽平整、适中、有纹路不拒铁，钉杆光滑，容易入木。

① 陈炎宗：《佛山忠义乡志》卷六，乾隆十七年本，引自方一兵：《汉冶萍公司与中国近代钢铁技术移植》，科学出版社2011年版，第15页。

因此民间用洋铁而拒用土铁，土铁便滞销。

而张之洞看到更深层次。"窃以通商以来，凡华民需用之物，外洋莫不仿造，穷极精巧，充塞土货。彼所需中国者，向只丝茶两种；近来外洋皆讲求种茶、养蚕之法，出洋丝、茶渐减，愈不足以相敌，土货易少，漏溢日多，贫弱之患，何所底止！近来各省虽间有制造等局，然所造皆系军火，于民间日用之物，尚属阙如。"张之洞提出一石破天惊的办法："臣愚以为华民所需外洋之物，必应悉心仿造，虽不尽断来源，亦可渐开风气。洋布、洋米而外，洋铁最为大宗。在我多出一分之货，即少漏一分之财，积之日久，强弱之势必有转移于无形者；是以虽当竭蹶之时，亦不得不勉励筹办。"光绪十五年（1889 年）三月，经过与驻英国、法国、意大利、比利时四国大使刘瑞芬①往返电商，"现与英国谐塞德公司铁厂订定熔炼大炉二座，日出生铁一百吨，并炼熟铁、炼钢各炉，压板、抽条、兼制铁路各机器……至于建厂，择定于省城外珠江南岸之凤凰岗地方，水运便利，地势平广，甚为相宜。俟绘就厂图寄粤，即当赶紧建造。"②决定赶紧建造铁厂。

（二）创办汉阳铁厂

光绪十五年（1889 年）七月十二日，朝廷调两广总督张之洞为湖广总督，并让他修造卢汉铁路。

钢铁是工业发展的基础。张之洞认识到兴办工业离不开钢铁。他说："路械机船，无往非铁。铁之兴废，国之强弱，贫富系焉。"③"举凡武备所资，枪炮、军械、轮船、炮台、火车、电线等项，以及民间日用、农家工作之所需，

---

① 刘瑞芬（1827—1892），字芝田，早年入李鸿章幕府，1876 年代理两淮盐运使，1885 年出使英俄等国，后改任英法意比四国大使，1889 年被召回广东任巡抚。

② 《张之洞奏筹设炼铁厂折》，光绪十五年八月二十六日（1889 年 9 月 20 日），引自湖北省档案馆编：《汉冶萍公司档案史料选编》（上），中国社会科学出版社 1992 年版，第 65、66 页。

③ 《张之洞奏铁厂招商承办议定章程折》，光绪二十二年五月十六日（1896 年 6 月 26 日），引自湖北省档案馆编：《汉冶萍公司档案史料选编》（上），中国社会科学出版社 1992 年版，第 133 页。

无一不取资于铁。"① 可是这一切都需要钢铁厂才可以进行，而张之洞所购铁厂机炉却在广州，他现在已经调任为湖广总督，已经无权过问两广事了。而新任两广总督李翰章却另有打算，他致函海军衙门说："设厂炼铁购机器已付定银十三万有奇，大炉倾销铁砂甚巨，矿务稍延即难源源供应；营建厂屋非数十万金不能，厂成后厂用相需甚殷，粤省何能长为垫支？现在直隶湖北创办铁路，如将炼铁厂量为移置，事半功倍。请拟此项机器应设何处，如何指款动用。"海军部衙门问张之洞："炼铁厂可否置鄂省？俾省开矿重购之费。"②

这正是张之洞求之不得的事，张之洞立马致电海军衙门与李翰章："宥电敬悉。洞在粤订购炼铁机器，原为粤民开利源，塞漏卮。……今两广李督（翰章）既不欲在粤置机采炼，且此机内本兼订有造铁轨机器，自以移鄂为宜。正拟上陈，适奉钧电。谨当即电使英刘大臣（瑞芬）将此机运鄂。将来大冶煤便，即置大冶；若大冶煤艰，湘煤湘铁尚合算，即设武昌省城外江边。要之在鄂总有大用。"③

光绪十六年（1890 年）春，张之洞将广州凤凰岗的炼铁机炉搬到了汉阳大别山下创办汉阳铁厂。同年二月，海军衙门、户部会奏："查铸造枪炮，储铁为先。鄂省为南北适中，若此处就煤铁之便，多铸精械，分济各省，处处皆便。臣等详加酌度，自以移厂就鄂，庶收事半功倍之效。所有机器后半价值，仍应由粤省先行垫付。"④ 朝廷批准了他们的奏折。张之洞便把原设于广州的枪炮厂，即此后的汉阳兵工厂，一同移到了汉阳。

---

① 《张之洞奏筹炼铁厂折》，光绪十五年八月二十六日（1889 年 9 月 20 日），引自湖北省档案馆编：《汉冶萍公司档案史料选编》（上），中国社会科学出版社 1992 年版，第 65 页。

② 《海军衙门致张之洞电》，光绪十五年十二月二十七日（1890 年 1 月 17 日），引自孙毓棠编：《中国近代工业史资料》第一辑（上），科学出版社 1957 年版，第 750 页。

③ 《张之洞致海军衙门与李翰章电》，光绪十五年十二月三十日（1890 年 1 月 20 日），引自孙毓棠编：《中国近代工业史资料》第一辑（上），科学出版社 1957 年版，第 750 页。

④ 《海军衙门、户部会奏：议复广东枪炮厂该移鄂省折》，光绪十六年二月二十九日（1890 年 3 月 19 日），引自孙毓棠编：《中国近代工业史资料》第一辑（上），科学出版社 1957 年版，第 525 页。

中国的近代工业起步阶段是发展新型军事工业。受到第一、二次鸦片战争影响，清政府感受到了前所未有的生存危机，以奕䜣、曾国藩、左宗棠、李鸿章等为代表的洋务派提出为维护清廷统治而兴办的"洋务"新政，以实现巩固国防、争取利权的目标。其规模较大的有李鸿章于1865年创办的江南制造局和金陵制造局，以制造枪炮等军火为主，前者还制造轮船；1866年左宗棠创办了福州船政局，专门制造轮船；1866年三口通商大臣崇厚创办了天津机器局，主要制造枪炮等武器。

钢铁是工业发展的基础，这些企业都离不开钢铁为材料，如铸造厂、拉铁厂、熟铁厂等，由此而诞生了中国近代钢铁工业雏形。

表2-3　中国近代主要军工企业的钢铁制造设施

厂名	兴建时间	主要设备
江南制造局铸造铁厂	同治四年（1865年）至同治六年（1867年）	磨砂机1部、熔钢炉2座、熔钢冲天炉3座、翻砂模箱等
江南制造局熟铁厂	同治四年（1865年）至同治六年（1867年）	20马力和30马力汽炉各一座、进炉水抽2具、大小汽锤3具等
江南制造局炼钢厂	光绪十六年（1890年）至光绪十九年（1893年）	3吨炼钢炉2座、化铁炉2座、炼罐子生钢炉1座、打铁炉3座，各式轧、压、锯、剪钢材之设备、汽机等
金陵制造局铸铁厂	约同治四年（1865年）	
金陵制造局熟铁厂	约同治四年（1865年）	
天津制造局铸铁厂	同治五年（1866年）至同治十一年（1872年）	
天津制造局熟铁厂	同治五年（1866年）至同治十一年（1872年）	
天津制造局炼钢厂	光绪十七年（1891年）至光绪十九年（1893年）	西门子炼钢炉
福州船政局锤铁厂	同治五年（1866年）至同治十年（1871年）	300～7000公斤铁锤6个，大炼炉16座，小炼炉6座
福州船政局拉铁厂	同治五年（1866年）至同治十年（1871年）	炼炉6座、展（轧）铁机4座

厂名	兴建时间	主要设备
福州船政局铸铁厂	同治五年（1866 年）至同治七年（1868 年）	铸铁炉 3 座
福州船政局打铁厂	同治五年（1866 年）	炼炉 44 座、3000 公斤铁锤 3 个

　　资料来源　方一兵:《汉冶萍公司与中国近代钢铁技术移植》,科学出版社 2011 年版,第 18、19 页。

　　其实，中国创办第一所新式钢铁厂的不是张之洞，而是潘霨、潘露兄弟在贵州建造的青溪钢铁厂。潘霨，江苏吴县人，字蔚如，亦称伟如，进士出身。曾任东海关道、福建按察使、福建布政使、湖北布政使、湖北巡抚、江西巡抚、贵州巡抚等职。潘露，字镜如，曾由南洋大臣左宗棠奏办金陵、上海两局制造事宜，被左宗棠赞为"奇才异能"。

　　潘霨在维护国家矿产主权方面旗帜鲜明，1868 年便因反对洋人在烟台开挖金矿而名噪一时。光绪十一年（1885 年）十二月六日，署理贵州巡抚才一年的潘霨上奏朝廷，指出："黔省地瘠民贫，尺寸皆山，矿产极多，煤铁尤胜。"潘霨认为："此二项为黔产大宗，开采易见成效……未始非裕国民之一端。"同一天，潘霨又奏《筹议开采铜铝硝磺各厂章程》。该奏章于光绪十二年（1886 年）三月获清廷批准。青溪铁厂进入试办阶段。光绪十二年（1886 年）四月，潘霨在贵阳成立矿务公商局（又称矿务总局），募集资金 2 万两，在镇远、常德、汉口、上海等埠设立分局，几个月便运输各类矿物 5 万斤。

　　光绪十三年（1887 年）二月，经清廷批准，两江总督曾国荃于五月委派潘露兼办贵州矿务。潘露集资 30 万两，从德国谛塞德公司购买机炉，计有贝色麻炉两座、炼熟铁炉 8 座，另有轧条机 13 副，在青溪县小江口设厂。1889年 9 月试炼，1890 年 7 月正式出铁，一时引起轰动。但由于经费短绌、预估失误、运输困难、管理乏人等因素，青溪铁厂被逼于次年 8 月熄炉停炼。它在中国近代史上只如昙花一现瞬间消逝。

　　创办一家近代化铁厂并不是一件容易的事，青溪铁厂的教训还殷鉴不远，

青溪炼铁厂

但却动摇不了张之洞创办汉阳铁厂的信心。张之洞很果决地说："度支虽绌，断无合天下全力不能岁筹二百万之理。中国铁虽不精，断无各省之铁无一处可炼之理。晋铁如万不能用，即用粤铁；粤铁如亦不精不旺，用闽铁、黔铁、楚铁、陕铁，皆通水运。岂有地球之上独中华之铁皆是弃物？筹款如能至三百万，即期十年；如款少，即十二三年；如再少，即十五六年至二十年，断无不敷矣。愚公移山，有志竟成，此无可游移者也。炼铁造厂每分不过数十万，多置数处，必有一获。"①

兵马未动，粮草先行，汉阳铁厂的"粮草"主要是铁矿石和煤炭。光绪十五年（1889 年）十二月，张之洞与盛宣怀谈好了购买大冶铁山的事，接着又委派人员沿长江流域开采煤炭。在《札高培兰等查勘湘黔煤铁矿文》中，张之洞说："湖北拔贡试用知县欧阳炳荣、分缺间用典史欧阳棨，堪以派往衡州一带攸县、醴陵及江西萍乡接界等处。"同年 10 月，他在给徐建寅等开采转运湘煤文中说："前因湖南宝庆、衡州各府属暨界连江西萍乡县地方多产佳煤，先经札派湖北候补知县高培兰等分往各属，会同地方官查勘，旋据绘图列折禀复，并缴呈煤样多种，均经饬发矿师分化考验。其中白煤可供煤铁之用者甚多。大约质佳而灰少者以宝庆为最，转运利便者以衡州及萍乡为易，均有可采。"还有多篇往来书信、电文以及奏折中张之洞都谈到了萍乡开煤的事。据《昭萍志略》卷九记载：萍乡籍驻湘委员欧阳炳荣到萍"采择各矿煤质，标明种类，以篓盛之，回省候解，化验合用。"但张之洞决计"以楚煤炼

---

① 《张之洞致海军衙门论修卢汉铁路电》，光绪十五年十月八日（1889 年 10 月 31 日），引自孙毓棠编：《中国近代工业史资料》第一辑（下），科学出版社 1957 年版，第 749 页。

楚铁，取材总不出两湖。"从而放弃了萍煤开采[1]。光绪十八年（1892年）九月，张之洞再派欧阳炳荣赴萍，设立煤务局购买煤炭试炼焦炭，"无如承运船户，贪图暴利，从中掺杂柴煤，迨运汉以后，只能充锅炉烧煤，因此萍煤一直未引起重视"。[2] 后来，欧阳炳荣再用萍煤自炼焦炭，获得成功。

表 2-4　湖广总督张之洞派员勘察各地煤矿表（1889—1893）

派员勘察年月	勘察地区	勘察人	备考
光绪十五年（1889年）十二月	湖南省宝庆府所属各地	高培兰、王天爵	并及铁矿。十六年八月覆勘，并督劝商民自行开采
同上	湖南省衡州府、攸县、醴陵及江西萍乡接界等地	欧阳炳荣等	并及铁矿
同上	湖南省辰州府辰溪、浦市等地	杨湘云、蒋允元	并及铁矿
同上	贵州省清溪县	杨秀观、张福元	并及铁矿
同上	湖北省郧阳、兴山、巴东、当阳、京山等地		并及铁矿
同上	陕西省汉中、兴安等地		并及铁矿
同上	四川省夔州府		并及铁矿
光绪十六年（1890年）正月	湖北省武昌、兴国州、广济、荆州、归州等地	白乃富、毕盎希、巴庚生、扎勒哈里等	备汉阳铁厂之用。十七年正月覆勘，督饬荆州、当阳等地商民集资采运
光绪十六年八月	湖南省永州市祁阳县、衡州府各地	徐建寅、张金生、欧阳炳荣等	
光绪十六年九月	山东省	凌卿云	勘察煤矿出产情形

---

① 《萍乡矿务局志》，1995年内部资料，第60页。

② 李为扬：《李寿铨与安源煤矿》，江西省政协文史资料研究委员会、萍乡市政协文史资料研究委员会合编：《萍乡煤炭发展史略》，1987年内部资料，第56页。

派员勘察年月	勘察地区	勘察人	备考
光绪十六年十月	湖北省大冶王三石等地	张飞鹏、毕盎希、柯克斯、王树藩、游学诗、黄建藩等	
光绪十六年十一月	湖北省黄安、麻城等地	朱滋树、舒拜发、巴庚生、斯瓦而滋	并及铅矿
光绪十七年（1891年）正月	湖南省益阳县	高培兰	令地方官督劝商民开采
光绪十九年（1893年）三月	湖北省兴国州秀家湾等地	夏峻峰等	
光绪十九年八月	湖北省兴国州富山头	欧阳炳荣	

资料来源 《江南煤都　工业重镇——萍乡煤矿历史专题陈列》。

张之洞当时勘煤重点放在大冶王三石和江夏马鞍山两处煤矿，张之洞在光绪十九年（1893年）四月《豫筹铁矿成本折》中说："访寻两年有余，试开窿口数十处，始得此两处堪以炼铁之煤。"但到了该年九月，"王三石煤井三处，开至数十丈，已费尽人工机器之力，煤层忽然脱节中断。外洋办法，必仍就其处追寻，另行开井办理，而重开一矿，非巨款不办，现在实无此财力。"[1] "马鞍山之煤本属磺重，故质坚。卑职俟出炭时，临炉观之，则磺气入鼻，腹中作痛，若深入煤窿，亦时有闭气之症。前月堆炭自焚，此皆磺重之明证。"[2]磺成分高，炼出的焦炭不能单独炼铁。无奈只能买开平焦或洋焦，而开平焦每吨价连麻袋要十六七两银，洋焦更贵，几乎与所炼铁同等价。只有萍乡焦既合炼铁，价钱又便宜。萍煤自炼焦炭成功后测算，每吨只要9两银，当时就有"萍七马三"之说——炼焦时需七分萍乡煤、三分马鞍山煤，有时

---

[1] 张之洞：《请添铁厂开煤用款片》，光绪二十年七月二十四日（1894年8月24日），引自孙毓棠编：《中国近代工业史资料》第一辑（上），科学出版社1957年版，第873页。

[2] 《汪钟奇、许寅辉致郑观应函》，光绪二十二年十月十日（1896年11月14日），引自陈旭麓、顾廷龙、汪熙主编：《盛宣怀档案资料选辑之四：汉冶萍公司（一）》，上海人民出版社1984年版，第256页。

则为萍煤三分之二、马煤三分之一。据当地人说："成色以全萍为上，萍七马三次之，萍马各半又次之。"[1]

汉阳铁厂于光绪十七年（1891年）一月破土动工，选址在汉阳大别山下。该地长六百丈，广百丈，南面枕着大别山，北面濒临汉水，西面靠着长江，运道极为便利。地势低隰，需垫高9尺，填土9万余立方米，增高修建内外堤。经过两年零10个月的建设，汉阳铁厂建成，共耗资6097965两银；全厂计有炼生铁、炼熟铁、炼贝色麻、炼马丁钢、造钢轨、造铁货六大厂，机器、铸铁、打铁、造鱼片钩钉四小厂，以及烟囱、火巷、运矿铁桥、厂内铁路、江边石码头、起重机房等配套设施。其中环绕厂内外的铁路长43华里，直达江边码头。至此，一座延绵4华里，厂区面积28万～36万平方米，职工3000余人的中国雄厂屹立在扬子江边。

大冶铁矿是汉阳铁厂的配套企业，大冶铁矿基地、轮车、房屋、码头齐备，铁山、纱帽翅、龙洞、象鼻山、狮子山、得道湾铁矿至少长有3750米，厚有60至70米，高有100到200米，矿石含铁约有65%，全山皆铁，并无夹杂，浮面约有铁1亿吨，地面以下深约500米，即有5亿吨铁。约计每年采铁石100万吨，可采500年。此外，还有马鞍山、王三石煤矿工程，以及其他设备。

办好铁厂必须要有一批懂先进技术的专家，于是聘请了一批洋员。据张之洞自报："内中洋匠四十一名。月薪一项已需一万二千余两。"[2]

接着是培训炼钢工人。张之洞说："中国向未解炼钢之法，今日炼钢，尤为自强要务，必宜速为讲求。"[3]办机炉炼铁是中国亘古未有的事业，必须派员到西方去学习冶炼钢铁技术。依据张之洞于光绪十五年八月二十六日（1889

---

[1] 胡政主编、张后铨著：《汉冶萍公司史》，社会科学文献出版社2014年版，第103页。

[2]《署两江总督张之洞奏：铁厂煤矿拟招商承办并截止用款片》，光绪二十一年八月二十八日（1895年10月16日），引自孙毓棠编：《中国近代工业史资料》第一辑（下），科学出版社1957年版，第881页。

[3]《张之洞致海军衙门电》，光绪十八年三月二十六日（1892年4月22日），引自湖北省档案馆编：《汉冶萍公司档案史料选编》（上），中国社会科学出版社1992年版，第92页。

年9月20日）上奏《筹设铁厂折》记载，张之洞与英国谛塞德公司签订了培训工人的合同，但比利时的科克里尔厂捷足先登，以同意接受训练40名中国工匠为购货条件，这批中国工匠成了中国最早一批使用机炉炼钢工人。

光绪二十年（1894年）六月二十八日，汉阳铁厂1号高炉生火开炼举行试产仪式，三十日，高炉正式出铁，当日出铁50吨，这是载入中国近代工业史的一件大事。汉阳铁厂开炉炼铁，标志着中国近代钢铁工业的正式诞生。

汉阳铁厂

汉阳铁厂从1894年5月至1895年12月的一年多时间内，生产生铁5660吨，熟铁110吨，贝色麻钢940吨，马丁钢550吨，钢板、钢条1700吨，在全国机械化冶炼钢铁总产量中所占比例为100%，号称亚洲第一钢铁厂。

据当时英国《字林西报》报道，英属加拿大工部大臣说："我曾亲至汉厂考查，见其办理之善深为惊异。自问曰：西人均谓中国酣睡，我今见此厂则知中国之大有人在，我可禁止华工，但我不能禁止华铁之竞争，此非黄祸而何？"

北京《东方时报》报道："中国地大物博，无一缺乏；中华户籍之富，冠

汉阳兵工厂

于全球；矿产殷饶，何地蔑有？
工、煤之价值既低，矿质又出类拔
萃，成本轻而市价自廉。持此与欧
美争雄，能不令人辟易乎？呜呼！
中国醒矣。此种黄祸，较为强兵劲
旅，蹂躏老羸之军队，尤可虑也。"

光绪二十四年（1898 年）闰三
月十三日，张之洞就兴办湖北炼铁

汉阳兵工厂造后膛炮

厂所用经费正式向朝廷提交了《奏明炼铁建厂各项用款折》，讲述了从开办之
日起，至光绪二十二年改为商办时止，包括开铁矿煤矿、进口各种机器设备、
修铁路、造工厂、建码头，等等，湖北炼铁厂实用库平银 568.7614 万两。

四、汉阳铁厂亏损严重

汉阳铁厂的开办在近代中国具有开创性意义，在中国冶金史乃至整个中
国近代经济史上都具有极其深远的影响，尤其此后对萍乡煤矿开办意义深远。

"然当时风气锢弊，昏庸在朝，苟无张之洞卤莽为之，恐冶铁、萍煤至今尚蕴诸岩壑，亦未可知。"[①] 但是，正如盛宣怀所说，汉阳铁厂是"初试新锎"，因此难免存在诸多不足。在随后的几年里，汉阳铁厂的生产经营面临诸多困难，甚至可以说面子上好看，里子却亏得一塌糊涂。原因是多方面的。

一是衙门式机构，不以盈利为目的。张之洞说："凡我国所需自宜取之官厂，惟赖户部与各衙门及各省合力维持，方足以畅地产而保利权。至所出铁货，既系动用官本，均系官物。"[②] 汉阳铁厂遵循的是一套老旧的官僚管理制度，湖北铁政局由湖广总督领导，同时受湖北省级衙门如布政使、按察使、盐运使、粮道的节制。湖北铁政局最高长官称总办，而协助总办办理工作的有会办、提调、洋总管，下设文案、奏折、收支、矿务、郎中、翻译各办事机构或办事人，通过上述机构来管理汉阳铁厂、大冶铁矿、马鞍山煤矿等。机构庞杂、臃肿，既是官办，生产不以盈利为目的，不讲求经济核算，官方意愿在企业经营中起决定性作用。当时有人批评铁厂的一套做法："盖此间全用官场办法，习气太重，百弊丛生，不可穷诘。加以香帅之极力铺张，洋人任意挥霍，于是分局愈添愈多，机器愈买愈广。"[③]

二是洋匠过多，成本高昂。"当即详查铁厂实在情形。洋总管德培、洋矿师马克斯、化铁总管卢柏均称马鞍山煤质磺多灰多，取制焦不宜炼铁，是以先开一炉，屡作屡辍，借资开平头等煤焦，运到每吨需银十三两。加以铁锰灰石均由大冶运来，每吨需银数两；加以辛工用项，炼成生铁，每吨不过值银二十两左右，无不亏损；熟铁钢件皆由生铁转造，更无不亏本。又向铁政局开查支款，每月局用约需银七万余两……而洋人三十六名，可删者合同未

---

① 《叶景葵记汉冶萍》，引自汪敬虞编：《中国近代工业史资料》第二辑（上），科学出版社1957年版，第470页。

② 《张之洞拟定铁厂开办后行销各省章程片》，光绪十九年十月二十二日（1893年11月29日），引自胡政主编、张后铨著：《汉冶萍公司史》，社会科学文献出版社2014年版，第59页。

③ 《钟天纬致盛宣怀函》，光绪十八年十二月十七日（1893年2月3日），引自胡政主编、张后铨著：《汉冶萍公司史》，社会科学文献出版社2014年版，第60页。

英国、比利时、德国、卢森堡、日本等国技术人员合影

满，必应用者当须添雇，每月薪水一万余两，有增无减。"①

三是煤价高昂，银币贬值。铁厂开炉之初部分焦炭取诸英国、比利时、德国、日本等国，其运费高昂。买煤要支付金或银等货币，19世纪70年代以来，各国相继实行金本位，银在世界市场上价格锐减，而中国依然使用银本位，故银币在国外价值日益走低。中国每1海关两在伦敦市场上与1英镑的比价1897年比1890年下降了一半以上。②

四是洋商削价竞争。汉阳铁厂投产后，外国钢铁企业立即削价竞争。"洋轨价值，传闻较前又减。前年询考外洋轨价，需三十余两，遵电所议，亦二十九两。此时闻又略减，工本运费，断然不敷。此或是外洋铁价偶然减轻，不可为常；或是恐中国铁厂造成，利不外耗，故意减价求售。亦如太古、怡和减价，与商局轮船相争故智。"③

五是亏损严重，筹款困难。汉阳铁厂可说是在筹款中度过的。汉阳铁厂创办已用去246.8万两。

---

① 《盛宣怀呈接办汉阳铁厂禀》，光绪二十二年四月十一日（1896年5月23日），引自湖北省档案馆编：《汉冶萍公司档案史料选编》（上），中国社会科学出版社1992年版，第130页。

② 全汉昇：《清末汉阳铁厂》，引自胡政主编、张后铨著：《汉冶萍公司史》，社会科学文献出版社2014年版，第55页。

③ 《张之洞致李鸿章》，光绪十八年十月十五日（1892年12月3日），引自胡政主编、张后铨著：《汉冶萍公司史》，社会科学文献出版社2014年版，第56页。

表2-5　汉阳铁厂需用经费简表

单位：万两

项目	金额	项目	金额
购买英国机器用款	26.9	填厂房、设码头、置抽水机、铺铁轨	9.75
机器运保费	15.0	添购外洋机器、物料	17.5
机器到鄂、沪转运起卸费	3.05	起造铁厂基墩炉座工料	30.7
购买大别山地基、码头	4.3	起造局屋工料	27.8
汉阳堤工	3.8	派人勘查煤铁用款	2.0
经营厂地	3.2	开矿用款	40.2
翻译、书吏等薪伙	4.0	开煤用款	25.1
洋匠薪水杂项	7.2	拖矿轮船用款	18.5
学堂用费	3.0	铁政局经费	0.8
总计	246.8		

资料来源　《张之洞咨呈海署约估筹办煤铁用款报明立案》（1900年12月30日），孙毓棠编：《中国近代工业史资料》第一辑（下），科学出版社1957年版，第846—853页。

同时，还有许多未预料的因素，例如还须添造锻矿炉、铁桥、高白炉焦炭炉等多种，尚缺79.2万余两，建成后还需要生产资金。为了筹备到生产资金，张之洞多方挪移，弄得焦头烂额，"香帅自遭群谤，意兴日衰，加以经费支绌，诸所筹画，皆在不能撙节之中"。[1]

更令张之洞难堪的是来自朝廷的压力。光绪二十一年（1895年）九月二十七日清廷电旨：

> 有人奏，湖北铁政局与大冶产铁处相距甚远，以致铁价太昂，且近处并无佳煤，炼铁未能应手。查湖南北商民以铁厂为生业者极多，不患铁之缺乏，而患铁质不良，铁价太贵。铁政局犯此二弊，即难收效等语。铁政局经营数年，未见明效。如快枪一项，至今尚未制成。着张之洞通

---

[1]《张之洞致李鸿章函》，光绪十八年十月十五日（1892年12月3日），引自湖北省档案馆编：《汉冶萍公司档案史料选编》（上），中国社会科学出版社1992年版，第93页。

盘筹画，勿蹈前失。钦此。[①]

　　这是清廷对张之洞少有的严厉批评。一些心怀恶意之人则趁机制造事端："议办铁路，并开煤铁各矿，乞留巨款，轻信人言，浪掷正供。又复多方搜集，设电杆，毁通桥，几酿巨患。"张之洞为此写了6000字长文为自己辩驳。清廷命两江总督刘坤一"确切查明"。刘坤一经过调查了解事情真相后，盛赞张之洞"系怀时局，力任其难，将以炼钢开生财之源，保自有之利。""该督臣谋国公忠，励精图治。"[②]

　　甲午战争失败，清朝政府与日本签订了屈辱的《马关条约》，条约规定：清朝取消对朝鲜的宗主国地位，承认朝鲜的独立（实际成为日本的殖民地）；割让辽东半岛、台湾岛、澎湖列岛与日本；赔偿二万万两白银给日本（中国收回辽东半岛再增加3000万两白银），相当于当时清中央政府一年八千万两财政的三倍，国库已经空虚。对于这场战争带来的财政影响，有史学家这样记载："中日战争爆发了，战争结束后，中国的财政起了一个严重的变化。这是因为《马关条约》给清政府加上了一个沉重的赔款负担。《马关条约》的第四款规定：'中国约将库平银二万万两交日本，作为赔款军费。该款分八次交完，第一次五千万两，应在本约批准互换后六个月交清；第二次五千万两应在本约批准互换后十二个月内交清；余款平分六次递年缴纳。'加上退还辽东半岛所附加的三千万两酬银款，一共便二万三千万两。这个总数，几乎等于1894年清政府岁入的三倍，而第一年的付款，则等于当年岁出的总数。"[③]

　　中国自鸦片战争之后，整个的通盘计划都被打乱了，国库已然空虚，早就已经寅吃卯粮了，哪还有资金去办好各种厂家？光绪二十一年（1895年）

---

① 《署两江总督张之洞查复煤铁枪炮各节并通盘筹画折》，光绪二十一年八月二十八日（1895年10月16日），引自孙毓棠编：《中国近代工业史资料》第一辑（下），科学出版社1957年版，第809页。

② 刘坤一：《遵查疆臣参款据实复呈折》，光绪十九年二月二十九日（1893年4月15日），引自胡政主编、张后铨著：《汉冶萍公司史》，社会科学文献出版社2014年版，第57、58页。

③ 汪敬虞编：《中国近代工业史资料》第二辑（上），科学出版社1957年版，第13、14页。

六月，朝廷发布《上谕》，各厂家仿照西例，改归商办：

前因给事中褚成博奏请招商承办各省船械等局，当经谕令户部议奏。兹据奏称："中国制造机器各局不下八九处，历年耗费不赀。一旦用兵，仍须向外洋采购军火；平日工作不勤，所制不精，已可概见。福建船厂岁需银六十万，铁甲兵舰仍未能自制；湖北枪炮、炼铁各局厂经营数载，靡费已多，未见明效。如能仿照西例，改归商办，弊少利多"等语。

制造船械实为自强要图。中国原有局厂经营累岁，所费不赀，办理并无大效；亟应从速变计，招商承办，方不致有名无实。南洋各岛暨新旧金山等处，中国富商在彼乔寄者甚众，劝令集股，必多乐从。着边宝泉、谭钟麟、马丕瑶遴派廉干妥实之员，迅赴各该处宣布朝廷意旨，劝谕首事绅董等设法招徕，该商如果情愿承办，或将旧有局厂令其纳赀认冲，或于官厂之外，另集股本，择地建厂，一切仿照西例，商总其事，官为保护。其办理章程应如何斟酌尽善以杜流弊之处，即着该督抚等细心妥筹。详晰具奏。[①]

这时，张之洞已调任两江总督，但汉阳铁厂仍归他管辖。光绪二十一年（1895年）八月二十八日，张之洞上了道《请将铁厂煤矿招商承办折》："恭阅邸钞，六月二十日钦奉上谕，饬将铁厂招商承办。仰见朝廷通筹深计，既期铁政之振兴，复济度支之匮绌。查铁厂招商一节，臣数年来久已筹计及此，于上年十月初二日折内业已奏呈梗概，因俟煤开深通，焦炭炼就，钢铁可长炼不停，以后始可相度情形，酌定官办商办之局。现在诸事完竣，钢铁精好，洋行行销肯给善价，似已具有成效，自应遵旨招商承办，拟即一面迅速招商，惟各商必须亲到铁厂、煤厂、铁山、运道等处一一详看，方能定议。即有人

---

①《上谕》，光绪二十一年六月十二日（1895年8月2日），引自湖北省档案馆编：《汉冶萍公司档案史料选编》（上），中国社会科学出版社1992年版，第123页。

愿承，总须数月方能接办。"① 提出汉阳铁厂招商承办。

五、盛宣怀接办汉阳铁厂

（一）张之洞相中盛宣怀接办铁厂

为了汉阳铁厂招商承办，张之洞到处寻找接手人。最终，张之洞看中了盛宣怀。

张之洞先期对盛宣怀的印象很不好，他在光绪二十二年（1896 年）二月致礼部尚书李兰荪的信中称："渠因年来言者指摘太多，东抚复奏不佳，意甚自危，故决计舍去津海关，别图他项事业，遂亦欣然愿办。"张之洞称："非此无从得解脱之法。种种苦衷，谅蒙垂鉴。"② 同月他在致砚斋中堂函中说："盛为人极巧滑，去冬因渠事方急，其愿承铁厂意甚坚，近因风波已平，语意多推宕，幸所有铁路之说歆动之，不然铁厂仍不肯接也（渠已向所亲言之）。盛之为人，海内皆知之，晚亦深知之，特以铁厂一事，户部不发款，至于今日，罗掘已穷，再无生机，在不得已而与盛议之，非此无此得解脱之法，种种苦衷，谅蒙垂鉴。且铁厂如归盛接办，则厂中诸事，大家俱可挑剔，此尚在明察之中矣。"③ 所谓渠事方急，是指盛宣怀的靠山李鸿章被撤了职，所谓一荣俱荣、一损俱损，中国的官场都是连根带枝的，官僚们便连着将盛宣怀一把参了，后来经查没有的事，也就平息了。1896 年 5 月 8 日张之洞致王文韶电说："环顾四方，官不通商，商不顾大局，或知洋务而不明中国政体；或任事锐而

---

① 《张之洞请将铁厂煤矿招商承办折》，光绪二十一年八月二十八日（1895 年 10 月 16 日），引自湖北省档案馆编：《汉冶萍公司档案史料选编》（上），中国社会科学出版社 1992 年版，第 122 页。

② 《致李兰荪宫保》，引自胡政主编、张后铨著：《汉冶萍公司史》，社会科学文献出版社 2014 年版，第 71 页。

③ 《张之洞致砚斋中堂函》，光绪二十二年正月（1896 年 2 月），引自湖北省档案馆编：《汉冶萍公司档案史料选编》（上），中国社会科学出版社 1992 年版，第 127 页。

鲜阅历；或敢为欺谩，但图包揽而不能践言，皆不足任此事。该道（盛宣怀任津海关道）无此六病，若今随同我两人总理此局，承上注下，可联南北，可联中外，可联官商。"[1] 可谓对盛的才能、为人知之透彻。

为了让盛宣怀接受汉阳铁厂，张之洞动了不少心思。

首先向盛宣怀的侄子盛春颐透露消息，让盛宣怀知晓。光绪二十一年（1895年）九月十六日，汉阳铁厂总办蔡锡勇对盛春颐电中说："前见六月二十一上谕，令各省机厂铁厂招商承办。此次来宁禀商帅（指张之洞）座，帅意铁厂经营多年，用款甚巨，甫著成效，事体重大，恐南洋华商无此才力。弟意令叔前三年本有承办之意……朝廷决意开办铁路，将有成议，所需钢轨铁货，惟患出货不多，不患销路不畅。令叔槃中硕画，承办此厂，必能日见兴盛。帅垂南洋举办之事甚多，鄂局未易兼顾……议请阁下电商令叔，有无接办之意，速复再行祥议。特此禀达。"[2] 盛春颐此刻正在张之洞创办的湖北纺纱局北厂任总办，这消息肯定会透露给盛宣怀。

其次，引入竞争机制，假意招洋商，吊盛宣怀的胃口。光绪二十一年（1895年）七月十六日，张之洞致蔡锡勇电说："铁厂一切经费须包与洋人。有愿包者否？每年经费若干？速询各洋匠，电复。"十月二十六日，张之洞又致蔡锡勇电："铁厂仍以外洋厂包办为宜。望速分电比国、德国各大厂，速派洋匠前来估包。所有盘川等费用不过数千金，可由官出。务望切商，勿再耽延，至要。"蔡锡勇不理解张之洞的

盛宣怀（1844—1916），字杏荪，又字幼勖、荇生、杏生，号次沂，又号补楼，别署愚斋，晚年自号止叟。汉族，祖籍江阴，出生于江苏常州。清末官员，洋务派代表人物。

---

[1]《张之洞致王文韶电》，光绪二十二年三月二十六日（1896年5月8日），引自湖北省档案馆编：《汉冶萍公司档案史料选编》（上），中国社会科学出版社1992年版，第128页。

[2]《蔡锡勇致盛春颐电》，光绪二十一年七月二十八日（1895年9月16日），引自湖北省档案馆编：《汉冶萍公司档案史料选编》（上），中国社会科学出版社1992年版，第124页。

意思，十月二十八日致张之洞电说："闻盛（宣怀）已南来，揆度时事，似包与洋人，不如包与华人为宜。"十一月初四日，张之洞致蔡锡勇电说："固以华商包办为宜，但中华绅商，类多巧滑，若无洋商多家争估比较，定必多方要挟，不肯出价。现已分电许景使及上海瑞生洋行，转询英、德各大厂，派人来鄂看估面议。"[①]并煞有介事地公布向外招商。

蔡锡勇（1847—1898），福建龙溪人。1898年任湖北铁政局总办。是汉阳铁厂、汉阳兵工厂、银圆局、织布局、缫丝局的总办，中国速记学创始人。

　　张之洞欲将铁厂包与洋人的消息不胫而走，对铁厂觊觎已久的外国钢铁商人，如英商陶秘深、柯第仁、贺士当，法商戴马陀等先后来鄂，愿以银500万两附股合办，甚至还有法商携现款欲承揽。外国驻华公使、领事也为本国商人张目，"意欲承揽"[②]，弄得热热闹闹，结果连他的好朋友、时任湖南巡抚的陈宝箴也被他闹蒙了，发电文给他："衡州、湘潭均有佳煤可炼焦炭，正议开采供铁厂之用，忽闻铁政将与洋商合办，极为怅然，我公此举原为铁路、枪炮及塞漏厄而设，诚中国第一大政，我公生平第一盛业。今需用正急，忽与外人共之，与公初意大不相符合。且此端一开，将无事不趋此便宜之路。彼资益增，我力难继，必至喧宾夺主，甚为中国惜之。想公必早见及。或其中尚有屈折，或合办定有年限仍可归还，外不及知？然究不如请借洋款为得。如公苦衷难以表白，箴虽人微言轻，当力陈之。"[③]

①《张之洞致蔡锡勇》，光绪二十一年十一月四日（1895年12月19日），引自湖北省档案馆编：《汉冶萍公司档案史料选编》（上），中国社会科学出版社1992年版，第124页。

② 电稿引自胡政主编、张后铨著：《汉冶萍公司史》，社会科学文献出版社2014年版，第65页。

③《陈宝箴致张之洞电》，光绪二十一年十二月十六日（1896年1月30日），引自湖北省档案馆编：《汉冶萍公司档案史料选编》（上），中国社会科学出版社1992年版，第125页。

　　然而，张之洞还是希望盛宣怀接手汉阳铁厂，因为盛宣怀是个有雄心大志的人。而且，盛宣怀在商界经验很丰富，他创办的招商局、勘矿公司、电报总局、内河小火轮公司都是成功的，在当时的中国最有钱的就是盛宣怀。

　　盛宣怀的父亲盛康是进士出身，主张经世致用之学，这种思想深深影响了盛宣怀。盛宣怀十七岁时，跟随父亲来到湖北粮道任上，一待就是五六年。在湖北期间，盛康由粮道改任盐法道。湖北处在淮北与四川两大产盐地之间，那时，淮北同四川在湖北争盐引①之地，相持不下。盛宣怀在父亲那里知道了这事，私下写了"川、淮并行之议"，盛康采纳了他的建议，解决了川、淮争引地的矛盾，盛宣怀的致用之学得到了展示。

　　同治九年（1870年），盛宣怀在父亲的好友杨宗濂的推荐下入了李鸿章幕府，开始初露头角，他向李鸿章表达了大办洋务的宏愿和自负，函告李鸿章说，除努力办好轮船、电报之外，"竭我生之精力，必当助我中堂办成铁矿、银行、邮政、织布数事，百年之后，或可以姓名附列中堂传策之后，吾愿足矣。中堂得无笑我言大而夸乎？职道每念督抚姓名得传后世者几人哉？遑论其下。是故做官不及做事多矣。"②

　　二次鸦片战争以后，外国列强的商船在战舰的保护下深入了中国的内河，外国制造的洋货严重冲击着中国的市场，无数中国本土企业破产，中国税银外流，财政不保，严重威胁中国的国权。同治十一年（1872年）十月，李鸿章在上海创办了轮船招商局，任命盛宣怀为会办，与列强争夺市场，竞高低。在帝国主义的强势压迫下，招商局还是一艘没见过大风浪的小舢板，如何敢与列强竞争？盛宣怀自有他的办法。首先，他提出了"气脉宽展、商情踊跃、持久不敝、由渐扩充"十六字办轮船招商局方针；其次，提出"创立规矩，联络官商，而后官有责成，商亦有凭借"思路，这其实是将以前单纯官办偷偷改换为官督商办；接着，他按照商办形式经营企业，如："官场来往搭客搭

---

① 盐引：是宋代以后历代政府发给盐商的食盐运销许可凭证。

② 《盛宣怀上李鸿章禀》，引自夏东元：《盛宣怀传》，上海交通大学出版社2007年版，第2页。

货，亦照例收取水脚"，不得以官势损害公司利益。这就打破了两千年来官船不纳税银的规定，具有了资本主义经商性质。又考虑到"试办之初，本重利轻"，和外国"洋行争利……势必大减水脚"等原因，建议：（1）租给的轮船应减少租价；（2）每年以 40 万担漕粮交局轮装运，"稍藉补苴"，以加强招商局的竞争能力。盛宣怀凭借着朝廷给予的漕运保底，利用返回时捎带商货，这样并不亏本。在与列强进行了一场场刀光剑影、血雨腥风的搏杀中终于打败了美国旗昌公司，并且收购了旗昌公司，赢得了中国市场。在收购旗昌时，旗昌开价 222 万两银，而招商局只有 75 万两。盛宣怀通过左移右挪硬是凑齐了钱给旗昌，买下了旗昌的所有产业，包括 7 艘海轮、9 艘江轮以及各种趸船、驳船、码头、栈房、位于上海外滩 9 号的办公楼等，成为当时国内规模最大的轮船公司。这是中国近代史上第一个成功的中资企业并购外资企业案例。

　　正在这时英国发生了煤荒，而依靠洋煤生存的招商局商船同样发生了煤荒。同治十三年（1874 年）冬，李鸿章密告盛宣怀："中国地面多有产煤产铁之区，饬即密禀查复。"[①] 光绪元年（1875 年）初，湖北广济（今武穴市）、兴国（今阳新县）一带发现了煤铁矿。李鸿章立马派盛宣怀去办矿务。盛宣怀在广济设立了湖北开采煤铁总局，派了洋矿师马立师去探矿，可是这个洋矿师"不能通晓地学与化学，心中既无成章，虽未见煤而亦不敢开钻"[②]，盛宣怀伤透了脑筋，到了三年合同期就辞退了他。

　　光绪三年（1877 年），李鸿章派英籍矿师郭师敦寻找煤铁。七月，郭师敦结束勘矿从兴国回到广济盘塘总局后，向盛宣怀报告：大冶、广济一带煤不厚，"五金较为可靠"，"铁苗皆从大冶而来"。他估计是鄂东特大型富矿。当矿样送到总局，盛宣怀就要郭师敦化验，郭师敦化验过后说："据称所看县北四十里之铁山，铁层平厚，毋庸打钎，可决其足供数十年采炼，且邻境俱属

---

① 夏东元：《盛宣怀传》，上海交通大学出版社 2007 年版，第 307 页。
② 《胡寿昌致盛宣怀函》（1876 年 9 月），引自胡政主编、张后铨著：《招商局与汉冶萍》，社会科学文献出版社 2012 年版，第 20 页。

富有铁矿,机器熔炼必无矿少之患。"①盛宣怀将这利好消息告诉了李鸿章,李鸿章虽然高兴,可是由于三年来勘煤未见成效,反而白白用掉了 3 万两银,于是要他"目前煤铁实难兼营,似因收窄局面,专力开煤"。②

盛宣怀和郭师敦与李鸿章的看法略有差异,郭师敦在兴国州北门外 5 英里处还发现了一处上等锰铁矿,他预言,如将兴国锰矿"与大冶所产之矿两质合熔生铁,再炼熟铁及钢,足供中国各厂一切需铁之用,所冀外挖不完。"③盛宣怀再次向李鸿章提出勘探、开采大冶铁矿请求。1877 年 12 月,李鸿章批准盛宣怀和郭师敦前往大冶复查铁矿,招募工人试挖,并详勘沿江转运道路,择地建厂。盛宣怀带人到大冶县沿江一带查看,这一带是古云梦大泽之地,湖泊、沼泽多,行程百余里,无安炉之地,于是以湖北开采煤铁总局名义用 60 万串制钱购买了铁门坎、纱帽翅、铁山铺、龙洞等处矿山。可是由于朝廷反对,湖北开采煤铁总局于 1879 年 7 月 18 日正式结束,实际动用直隶练饷 10 万串,湖北官本 5.8 万串,结亏官本 15.8 万串。盛宣怀受到户部申斥,并要他赔偿,他很是觉得委屈:"奏调不足十四年,差缺赔累,祖遗田产变卖将馨,众皆知之。今再被此查累,恐欲求吃饭而不能。父老古稀,无田可归。从此出为负欠官债之员,入为不肖毁家之子。""破家何足惜,贻老亲忧,何以为子!"④这次煤铁勘探不仅没让盛宣怀心灰意冷,反而增添了他办钢铁的信心。

当盛宣怀听说张之洞要办汉阳铁厂时,即电告张之洞说:"湖北煤铁,前请英矿师郭师敦勘得。如果开办,仍请原经手较易。"⑤这个"原经手"无疑是

①《盛宣怀致翁同龢》,光绪三年七月八日(1877 年 8 月 16 日),引自胡政主编、张后铨著:《招商局与汉冶萍》,社会科学文献出版社 2012 年版,第 38 页。

②《李鸿章致盛宣怀函》,光绪三年七月八日(1877 年 8 月 16 日),引自胡政主编、张后铨著:《招商局与汉冶萍》,社会科学文献出版社 2012 年版,第 38 页。

③《郭师敦化验矿质报告》,光绪三年八月二十一日(1877 年 9 月 27 日),引自胡政主编、张后铨著:《招商局与汉冶萍》,社会科学文献出版社 2012 年版,第 39、40 页。

④《盛宣怀上阎敬铭禀》,光绪十年闰五月(1884 年 7 月上旬),引自胡政主编、张后铨著:《招商局与汉冶萍》,社会科学文献出版社 2012 年版,第 24、25 页。

⑤《盛宣怀致张之洞电》,光绪十五年十月一日(1889 年 10 月 24 日),引自湖北省档案馆编:《汉冶萍公司档案史料选编》(上),中国社会科学出版社 1992 年版,第 71 页。

盛宣怀夫子自道。是年秋冬之交，张之洞赴鄂督任途中，在沪上约见了"勘矿首功"的盛宣怀，让他接办汉阳铁厂。张之洞看准了盛宣怀来收拾汉阳铁厂这个烂摊子。张之洞答应盛宣怀，在汉阳铁厂建成投产后，生产钢铁每吨提银 2 钱，以弥补他在湖北办煤矿的损失。如以年产 6 万吨计，岁可得 1.2 万两[①]。

（二）张之洞保举盛宣怀

光绪二十二年（1896 年）四月，张之洞电调盛宣怀来汉阳铁厂考察面商。其时盛宣怀因病请假在沪，但得到电函立即动身前往。农历四月三十日，盛宣怀与汉阳铁厂总办蔡锡勇一道，先到铁厂，见生铁、熟铁、炼钢，一切具备，都井然有序在生产当中。五月一日，到大冶铁矿，一直到山顶上，见铁矿遍山都是，储量丰富。五月四日，到了马鞍山煤矿，可惜出煤不多，不足供一厂之用，并且接见了德培等洋匠，详细咨询了铁厂生产情况。五月七日，盛宣怀与张之洞面商办铁厂事宜，"昨招盛道来鄂商办铁厂，连日与议卢汉铁路事，极为透彻。"[②]盛宣怀提出了八条招商章程[③]：

> 1. 由官保护。矿务与一般商厂不同，因为它涉及山地，铁政局为官局，没人敢动；而一旦归商办，地方滋事，难免纠缠不清。应该通令地方文武官员，依旧例对商厂予以保护。接办后，即应派洋矿师赴山勘探煤炭，山野之人见了洋人会大惊小怪，容易发生事端，非地方武装保护不可。

> 2. 招商股。查看泰西各国，凡重大商务都是集中公司，将资产让大

---

① 《张之洞致上海盛道台》，光绪十六年四月八日（1890 年 5 月 26 日），《张文襄公全集》电牍 15。此事因后来铁厂生产未逾万吨，故 "岁提万金" 是落空的，引自夏东元：《盛宣怀传》，上海交通大学出版社 2007 年版，第 130 页。

② 《张之洞致王文韶》，引自湖北省档案馆编：《汉冶萍公司档案史料选编》（上），中国社会科学出版社 1992 年版，第 128 页。

③ 盛宣怀：《招商章程八条》，光绪二十二年三月（1896 年 5 月），引自湖北省档案馆编：《汉冶萍公司档案史料选编》（上），中国社会科学出版社 1992 年版，第 130 页。

众分享。按照督宪意思招商承办，拟先募集资本一百万，每股一百两，总计一万股，周年记利息，招满百万为止。

3.开采煤矿。虽然大冶铁矿丰富，无论钢铁，非煤不成。商办后，必须延请矿师，四路开采，本省诸山，固然应该一一勘察，即是上至湖南，下至豫皖江南沿江一带诸山，应该奏明准予开采，以成利国利民大政。

4.筹定销路。商务经营，最重要的是销路。当此朝廷创设卢汉干线，无论官办商办，应奏明专用汉阳铁厂所出之钢轨。至轨价当责成商厂，核计成本，以低成本销售。

5.核计成本。铁厂购地建厂、并生铁熟铁钢各炉机器，以及大冶火车、铁轨、机器厂，还有马鞍山厂房、挂线路、焦炭炉，及其本厂所置各种船舶、码头、铁路，都是官局成本，应该一一核定价值，分门别类，开具清册。并将积存在厂的材料，估计价目，发商承领，即作为官厂成本，使各商知道官厂造价多少，有所考核。

6.要授予接办人承包年限。商人唯利是图，万一开了好煤矿，出产日旺，销路日广，获利丰厚，就会有人觊觎。应请奏明，如果商办获利，十年以内不得更改章程，以免观望。

7.要按章办事。铁厂一旦商办后，是以商利为目的，因此在用人上要吃苦耐劳，所用人不能有官气，更不能用只拿钱不干活的人。

8.明定税章。应该奏明所有汉阳铁厂运出的钢轨，即于江汉关报完正税，运至上海。如转口再还子税，沿途无论何省，厘金①一概免除。即由本厂刊发运照，呈验放行。

---

① 厘金：亦称"厘捐"或"厘金税"。旧中国的一种商业税。主要是在水陆交通要道设立关、卡征税。清咸丰三年（1853年）开始实行。当时清政府为筹措军饷镇压太平天国运动，最初在扬州仙女湖（今江都县江都镇）设厘金所，对该地米市课以百分之一的捐税，百分之一为一厘，故称"厘金"。以后各省相继仿行，遍及全国。不仅名目繁多，税率亦极不一致，且不限于百分之一，人民群众受害匪浅。1931年裁撤厘金，开征统税营业税。

张之洞重申了"从前官局用款，截至商局接办之日止，均归官局清理报销。"[①]"从前用去官本数百万，概由商局承认，陆续分年抽还。惟限期须从宽……俟铁路公司向汉阳铁厂订购钢轨之日起，即按厂中每出生铁一吨，抽银一两，即将官本数百万抽足还清，以后仍将永远按吨照抽，以为该商局报效之数"和钢铁产品免税十年政策[②]。

光绪二十二年（1896 年）四月十一日，盛宣怀接到了张之洞的信函："湖北铁厂即归该道召集商股，官督商办，应即饬该道督办湖北铁厂事务。务速体察情形，筹划尽善，酌议章程，截清用款，限数日内禀候核定后，即行接办。"[③] 由于汉阳铁厂是专为造卢汉铁路所设，张之洞同时还向朝廷奏报保举盛宣怀"以四品京堂后补督办铁路总公司事务"衔，让他以汉阳铁厂的钢轨修造铁路。九月十四日，清廷下达任命，"直隶津海关道盛宣怀着开缺，以四品京堂候补督办铁路公司事务"。

在被委任为督办铁路公司之后的第十天，盛宣怀被授予大理寺少卿，同时，给予了盛宣怀专折奏事特权，可以直接向皇上禀奏。1899 年 10 月 6 日，慈禧、光绪召见盛宣怀，君臣深入探讨了政治、经济、军事、外交及盛宣怀个人阅历等诸多问题，其中有这样一段："上问：矿务办得如何？奏对：臣办的湖北铁矿，现在铁厂出铁、炼钢。卢汉铁路用的钢轨均系自己所炼，与外国一样好。现造枪炮亦是自己所炼的精钢，此造轨之钢更要加工。"[④]

---

① 盛宣怀：《招集湖北铁厂股东公告》，光绪二十二年五月一日（1896 年 6 月 11 日），引自湖北省档案馆编：《汉冶萍公司档案史料选编》（上），中国社会科学出版社 1992 年版，第 131 页。

②《张之洞奏铁厂招商承办议定章程折》，光绪二十二年五月十六日（1896 年 6 月 26 日），引自湖北省档案馆编：《汉冶萍公司档案史料选编》（上），中国社会科学出版社 1992 年版，第 133 页。

③《盛宣怀呈接办禀》，光绪二十二年四月十一日（1896 年 5 月 23 日），引自湖北省档案馆编：《汉冶萍公司档案史料选编》（上），中国社会科学出版社 1992 年版，第 129 页。

④《奏对日记》，光绪二十五年九月二日（1899 年 10 月 6 日），引自胡政主编、张后铨著：《汉冶萍公司史》，社会科学文献出版社 2014 年版，第 126 页。

《清史纪事本末》记载："宣怀时任津海关道，以事得罪，着解任，交南北洋查办。朝旨严厉，咎且不测，宣怀乞缓颊于北洋大臣王文韶，许之。复乞援于南洋大臣张之洞，之洞任鄂督时办铁厂，靡费六百万，而无成效，部责甚急，宣怀为出资弥缝之，之洞喜，复疏为宣怀洗刷前案，并保荐宣怀路才。"①

六、郑观应建议派洋人来萍勘矿

郑观应（1842—1922），又名官应，字正翔，号陶斋，广东香山（今中山市）人。近代著名实业经营家，先后担任过许多企业的主要负责人，如 1880 年任上海机器织布局总办，1881 年任上海电报局总办。《盛世危言》为其代表作。

光绪二十二年（1896 年）五月，盛宣怀接办了汉阳铁厂，由于他兼有铁路总公司、招商局等多家企业的督办，无分身之术，便委派郑观应为铁厂总办。

郑观应刚接手没几天，铁厂就遇到了一件不小的事：5 月 30 日，1 号高炉发生了结炉烧坏水箱事故。事情经过是这样的：1890 年刚建高炉的时候，机料便从广州凤凰岗运过来了。其时工地还是水田、塘陂，工地上乱糟糟的，物料不好堆码，工人们便将耐火砖扔进了池塘里浸透，经浸透的耐火砖容易碎。工人们不懂用耐火砖建筑高炉技术，他们按照建一般民房方法砌炉。"缘西历一千八百九十年起造时，系英国泥水工程师，并另有悌赛特厂荐来三人监造，并未按同古法，听凭中国泥水匠砌成，是以地盘及炉脚均未坚固。而炉身之工程尤劣……吕（吕柏）曾询及中国泥水匠目如何建

---

① 黄鸿寿：《清史纪事本末》，引自胡政主编、张后铨著：《招商局与汉冶萍》，社会科学文献出版社 2012 年版，第 65 页。

造，该匠目复称，英工程师并未指点有何方法，故仅照盖房屋工程耳。"[1] 民间有"泥水匠没法，砌灰往墙上搭"说法，就是说用砌灰弥砖墙的缝隙。耐火砖全部从国外购进的，其中从产地搬运火车上，再从火车转运到海轮上，又从广州往上海运，进入上海港后再由海轮搬运到江轮上，到了汉阳再装卸、堆码，数次上上下下，砖免不了损耗，缺角磨损在所难免。可是高炉砌耐火砖容不得有空隙，因此稍有缺损的需要打磨成标准件才能使用。而砌炉工人并未对残损砖进行打磨处理，仍然按照民间方法弥缝炉内耐火砖空隙，缝隙有的达 20～30 毫米，这样就会漏火，烧坏炉壁。"除了存在焦炭问题

欧仁·吕柏，卢森堡人，1904 年后任汉阳铁厂总工程师、技术总经理。他三次来华进行指导和管理，曾被清政府授予勋章。

外，又发现高炉炉衬也有问题，必须加以修补，否则也不能生产。如果全面整修，工作十分艰巨。至少必须从高炉下部一直拆到炉腰，然后重新砌衬，这样花费的时间要很长，可是我们没有这么多时间。我们采取了部分修补的办法，着重解决从炉底砖、炉缸直到风口部分的缝隙问题。另外，又增加了冷却箱，增加了炉腹的抗高温能力，因为该厂仍有一些 20～30 毫米的砖缝存在。送风管道和送水管道也做了相应的修改。"[2] 这样到了 1894 年 6 月 30 日高炉正式生产时，勉勉强强运作了。到了盛宣怀接办铁厂的时候，负责高炉生产的洋工程师吕柏见煤场的开平焦炭存积量只能用 10 天了，而马鞍山存焦还有万多吨，便想办法消耗掉马鞍山存煤，在焦炭比上，开平焦用了八成，马鞍山煤用了两成。可是马鞍山煤因灰多磺高发热量达不到要求，发生了结炉，炉块像一块布幔一般笼罩在炉内，而下面燃烧的热量不能上升，便往四周扩散，墙体最脆弱的地方是水箱，于是水箱爆裂，水往炉内灌，造成熄火、

① 方一兵：《汉冶萍公司与中国近代钢铁技术移植》，科学出版社 2011 年版，第 33 页。

② 方一兵：《汉冶萍公司与中国近代钢铁技术移植》，科学出版社 2011 年版，第 30 页。

炉渣结块，只能停止生产处理事故。

这次事故的主要因素是煤炭质量问题造成的，没有好的煤炭就意味着铁厂要停产。

郑观应向盛宣怀汇报："焦炭，开平只允月交一千二百吨，至九月底止，周年扯计月仅八百吨，价亦太昂，殊不上算。萍乡月交千吨，郴州月交五百吨，价较开平稍廉，惟为数不多，又恐秋冬水涸，不能接续而来。拟嘱承办者及所派之员与马克斯、赖伦两矿师赴萍乡详勘，设法大举，总期于河水未涸之前源源多运，用资接济。"[1]"炼焦炭，宜就产煤之地开炉烧炼。若运郴州、萍乡以及日本目尾之煤到马鞍山或汉阳铁厂开炼，其弊有三：一则上下脚力运费颇多；二则远处运来，风吹雨浸，油质必亏；三则船户中途盗卖，掺和水泥，在所不免。如能于萍大举开炼焦炭，则上三弊均可免，且可省三成运费。盖煤两吨炼焦一吨，而焦炭轻松，较煤稍占舱位，故其运费不能减半而可减三成也。"[2]并开了张日需焦炭、萍煤约数的单子给他：

兹将洋匠及各董核算各厂日需好煤、焦炭约数列呈钧鉴。

贝色麻日工每炉用焦炭一千二百八十启罗（每日头一炉加焦炭六百四十启罗），每日约炼十炉，共用焦炭一十三吨四百四十启罗。做夜工照日工计，一昼夜约用焦炭二十七吨。

化铁炉一昼夜用焦炭七十吨。

以上两共用焦炭九十七吨，每月约用顶好焦炭二千九百十吨，如有碎屑，皆须别出。据煤务处潘诚斋等云，照数至少须加不能用者十分之一，（郑观应批：加二百九十一吨，共计三千二百零一吨。）连翻砂厂日

---

[1]《郑观应：铁厂筹备事宜十八条》，光绪二十二年五月三十日（1896年7月10日），引自湖北省档案馆编：《汉冶萍公司档案史料选编》（上），中国社会科学出版社1992年版，第144页。

[2]《郑观应：铁厂次第筹办张本六十条》，光绪二十二年七月二十七日（1896年9月4日），引自湖北省档案馆编：《汉冶萍公司档案史料选编》（上），中国社会科学出版社1992年版，第151页。

用六七吨，（郑观应批：月需二百吨。）统计月需焦炭三千四百零一吨。查照春间化铁炉报单所报炼贝钢生铁材料数核计。计八个月，应用开焦一万六千三百二十吨。

钢轨厂每炉用烘钢萍煤七吨，烘钢炉现在两座，每日约用十四吨，做夜工照日工计，一昼夜约共用煤二十八吨。

马丁厂每日一炉用萍煤十五吨，开两炉加五吨，现在每日炼两炉用萍煤二十吨。

火车、钓车用萍煤约共十吨。

炒铁用萍煤十三吨。

以上四共每日约需萍煤七十吨，每月约需二千一百吨。恐风雨阻滞，必须时存数千吨以备不虞。[①]

面对汉阳铁厂的困难，盛宣怀上奏："此次奉差到沪，蒙宪台电令来鄂面商，并饬亲赴铁厂、铁山等处详细查勘；仰见规模闳远，创造艰难，断非始愿所能企及，亦非驽钝所能参预。奉札后，徘徊中庭，毫无成算。迭经面求收回檄命，另委贤能。面谕谆谆，催令办后再行回沪；闻命之下，弥切感惶。"[②]

接办铁厂不久，张之洞、盛宣怀便派人去萍乡，一路由卢洪昶、莫吟坊等带领，从湖南来萍乡收购煤炭；一路由恽积勋带领马克斯、赖伦，从江西出发来萍乡勘矿。

---

① 《铁厂日需焦炭、萍煤约数》，光绪二十三年五月十八日（1897 年 6 月 17 日），引自湖北省档案馆编：《汉冶萍公司档案史料选编》（上），中国社会科学出版社 1992 年版，第 165、166 页。

② 盛宣怀《呈接办汉阳铁厂禀》，光绪二十二年四月十一日（1896 年 5 月 23 日），引自湖北省档案馆编：《汉冶萍公司档案史料选编》（上），中国社会科学出版社 1992 年版，第 130 页。

七、汉阳铁厂与"广泰福"商号

汉阳铁厂派人来萍乡购煤勘矿，就要和当地士绅打交道。第一个打交道的萍乡士绅是文廷式。

文廷式是江西萍乡人，1856年出生于广东潮州，曾在广州将军长善幕中，与其嗣子志锐、侄志钧（二人即长叙之子，瑾妃、珍妃胞兄）交游甚密。光绪十六年（1890年），文廷式考取进士，授翰林院编修。光绪二十年（1894年）大考，光绪帝亲拔文廷式为一等第一名，升翰林院侍读学士，兼日讲起居注官，大理寺正卿。文廷式志在救世，遇事敢言，与黄绍箕、盛昱等列名"清流"，与汪鸣銮、张謇等被称为"翁（同龢）门六子"，是帝党重要人物。

文廷式（1856—1904），字道希（亦作道羲、道溪），号云阁（亦作芸阁），别号纯常子、罗霄山人、芗德。江西萍乡人。近代著名词人、维新派重要人物、实业家。

中日甲午战争，他力主抗击，上疏请罢慈禧生日"庆典"、召恭亲王参大政；奏劾李鸿章"昏庸骄蹇、丧心误国"；谏阻和议，以为"辱国病民，莫此为甚"。他是思想启蒙运动的先驱，光绪二十一年（1895年）秋，由文廷式出面组织强学会，以"中学为体，西学为用"立说，宣扬变法，文廷式、陈炽、沈曾植、沈曾桐四人任总董，文廷式、杨锐负责选书。因强学会顺乎潮流，势力越来越大。上海设强学分会，出版《时务报》；湖南设南学会，出版《湘学新报》及《湘报》；广西设圣学会；广州设万木草堂。康有为进京后亦加入活动，成为会中主要分子。会员中有中外人士数十名。每十天集会一次，每次集会都讲"中国自强之学"。会上讨论强国的办法以及改造经济、政治、文化的措施。到会的人捐助白银数千两，创办中外纪闻日报，每日印一二千份，分送朝廷大臣。一些官僚大臣也参加强学会，如袁世凯、张之洞捐银五千两给强学会作经费。美国人李提摩太是强学会的指导者，称文廷式是"中国知识界的凤毛麟角"。

光绪二十二年（1896年）二月四日，文廷式上奏《请各省开矿片稿》，力陈"开矿之事，上裨国用，下益民生"，列举开矿之事"废遏不行"之缘故有"八端"，呼吁"中国矿产之丰盈，复甲于地球各国。如人有重宝窖藏于地，而日日不免饥寒，愚莫甚焉。故欲富必开矿"。光绪下旨，通谕广开矿务。同月十七日，遭李鸿章姻亲御史杨崇伊参劾，被革职驱逐出京，慈禧亲自御批"永不叙用"。政治上的沉重打击没有使文廷式灰心丧气，离京回乡后，为实现自己的抱负，走上实业救国之路，"铁无可铸神州错，寒不能灰烈士心"，决心要为实业不懈奋斗。同年八月回到萍乡，他做的第一件事是集股开设"广泰福"煤号，以供汉阳铁厂之需。他在紫家冲等处收并了七厂十八井，兼任矿主，组成采煤、炼焦、运输一条龙经营，月供汉阳铁厂煤二千吨，成为江南有数的工商综合性实业。

光绪二十二年（1896年）三月，文廷式在遭贬一个月后赴汉口与总督办张之洞等接触，力荐萍乡煤炭，承担汉阳铁厂急需煤焦这一要务。回到萍乡后，他说服时任江苏候补道巡检的堂弟文廷钧，在萍乡共同开办煤矿，并动员文氏家族出钱出力组建"广泰福"商号，及时与汉阳铁厂签订包销合同。六月，汉阳铁厂委员许寅辉和文廷钧拜会了欧阳炳荣，递交铁政总局公文，原官煤局采购业务正式并入广泰福商号。六月三日，铁厂采办萍煤局在南门文氏宗祠内成立。广泰福商号的经理文廷钧，同时担任铁政局萍煤采运委员，许寅辉协助文廷钧，共同采运萍煤至汉阳铁厂。广泰福除收购其他小煤井和炼焦厂的煤焦外，又在安源、紫家冲一带开煤井多处，设焦炉十座，订造小火轮两艘和平底船数十艘，组成采煤、炼焦、运输一条龙经营，按合同规定月包销两千吨。因此，在萍乡煤矿没大规模开发以前，铁厂所需焦炭大都由广泰福商号供应。

可是广泰福商号是个松散的联盟，内部矛盾很深，"广泰福资本无多，所用款项半由息借，闻已亏折一万数千两。放出各厂户之银非文氏宗族，即系至戚。甚至经手者将置办之好窿攘为己有，坏窿推归公家，种种情弊更仆难数，此时已有岌岌之势。卢炳元云，该号欲进不能，欲罢不得，确系实在情形。"① 厂户垄断居奇，文廷式是个文人，打不开情面，对汉阳铁厂只是敷衍，实际到厂煤焦只完成一半。铁厂左等右等就是等不到文廷式广泰福的煤船来，"鄂厂需炭之急，不可一日断缺，望萍甚于望岁"②，铁厂总管吕柏只好将开平焦中掺和十分之二的马鞍山焦，结果"因炭渣过多，汽机不灵，铁板水箱忽尔爆裂，幸未伤人，尚无大碍，当即另换水箱"。吕柏说"掺用马鞍山焦，出铁较少，本已不甚合算，况又加爆裂水箱等病之可虑乎！以后马鞍山焦炭不用最妙，万不获已，只可掺十分之一。"③ 要知道，这是盛宣怀花数百万两银子刚刚接手的企业，竟然还会被焦炭所困。

由于"广泰福办理不得其法"，"文家所包焦炭，未能如数解厂"，盛宣怀于是接受郑观应的建议，委派卢洪昶、莫吟舫等来萍乡收购煤炭。卢洪昶、莫吟舫带着开平煤矿造窑师傅开始收购煤炭和建造炼焦炉窑。为了防止萍煤不足，在湘潭设局收买煤炭。十一月初四日卢洪昶、莫吟舫来到萍乡，十一月二十三日，在萍城南门花庙前文氏宗祠成立了汉阳铁厂驻萍煤务局，改为官商分办。汉阳铁厂与广泰福商号签订了分办煤务的协议：

铁厂驻萍煤务局与广泰福汉号议立合同

立合同议据，铁厂驻萍煤务局、承办广泰福号，今议萍乡分办、上栗市铁厂独办章程四则。

一、公议定煤价，彼此不能私增。

一、议焦炉已造就者，不得日比再造。

---

① 《李宗琏上盛宣怀禀》，光绪二十三年六月下旬（1897 年 7 月下旬），引自陈旭麓、顾廷龙、汪熙主编：《盛宣怀档案资料选辑之四：汉冶萍公司（一）》，上海人民出版社 1984 年版，第 607 页。

② 《盛宣怀札卢洪昶、莫曦等文》，光绪二十三年三月十五日（1897 年 4 月 16 日），引自湖北省档案馆编：《汉冶萍公司档案史料选编》（上），中国社会科学出版社 1992 年版，第 196 页。

③ 《郑观应：铁厂筹备事宜十八条》，光绪二十二年五月三十日（1896 年 7 月 10 日），引自湖北省档案馆编：《汉冶萍公司档案史料选编》（上），中国社会科学出版社 1992 年版，第 144 页。

一、议煤船水脚订定议单后，彼此不能加价，必须挨号分装，如果乏煤之时，只能让有煤者先行。

一、议定银数所订之煤，彼此不能争购。

查萍乡向章，本由窿户售予厂户，由厂户转售买主，凡遇已定之煤照付出银数满额外，彼此皆照不增价例，分后收买。盖虽是两局，实为一家，均不能垄断独登，亦不能利权独揽。如若不照推诚布公办理，事事垄断，即将以上所议四款，随时注销，作为废纸。倘四款内有应更改之处，必须公道商议。如果阳奉阴违，查出从重议罚。再有煤务局于八月间在湘潭，由厂户愿包每年萍乡煤、炭各一万吨，此系价钱订明在先，不在四款之内，如广泰福萍号在此约未立之前，有包定煤、炭亦然。

以上四款，系指萍乡分办章程，惟上栗市归铁厂独办，因与他人毫无交涉，故未列入四款之内。总之，萍乡一镇出煤，彼此各半收买，以照公允。恐口无凭，立此合同议据两纸，各执一纸，永远存照。

再，有银作钱价、洋作钱价等事，统俟在萍公议（又批）。

立合同：铁厂驻萍煤务局　会办莫吟舫

员董卢洪昶

广泰福汉号经手　王振夫

光绪二十二年十月十九日立[1]

萍乡地处偏僻，将煤炭运出山是个很棘手的问题。"萍境物产未能畅销，最饶者煤炭。而长沙土人以萍为隔省不让码头，细民舣小舟载煤至埠，无岸可泊，何论求售？煤既不能外运，但供本境炊爨，价贱如泥。"[2]"溪濑湍急，大舟不得进；四方工巧奇靡之货不至，其民不见可欲。贫者间操商业，贸易

---

[1] 《铁厂驻萍煤务局与广泰福汉号议立合同》，光绪二十二年十月十九日（1896年11月23日），引自湖北省档案馆编：《汉冶萍公司档案史料选编》（上），中国社会科学出版社1992年版，第185页。

[2] 顾家相：《萍醴铁路始末记》，引自曾伟：《〈筹办萍乡铁路公牍〉整理与研究》，江西师范大学硕士研究生学位论文，2010年，第107页。

不出境内。"① 最初盛宣怀打算用小毛驴驮运，他致电卢洪昶、莫吟舫："河运不通时，拟用小驴驮运，近处有驴否？"② 卢洪昶、莫吟舫的回答令盛宣怀十分失望："遵经访问湘潭附近地方驴子极少，远处惟郴州间有之，亦难多办，寻常买一两匹，价约八九串文。"③

水运尤其艰险。"萍河内共坝一百零八座，口门逼窄，大雨后溜急水高，坝桩没而不见，船行偶触，便即撞沉。卑局二月内第五批有陶光元一船载焦炭一百九十二担廿五斤，行至湘河全船沉没，陶光元及两水手俱经溺毙；三月在江鱼奄大义口等地方又沉没刘启长、周庚山炭船两号，共装焦炭正秤三百七十六担十二斤半。闻报派人驰往打捞，两船舱外之炭均已漂没，将舱内尚存湿炭起出，换船运湘见秤过载仅得净炭一百九十六担三十斤，计沉失一百七十九担八十（二）斤半。又第十二批炭船于五月初均已驰往湘河，梁云祥一船原载焦炭一百担，陡遇暴风收泊不及，致被击沉。并有炭船三号被风吹侧，正在危险之中，各将船面焦炭箥篷什物等抛入河内载轻。船正遇救傍岸。"④

汉阳铁厂煤务局与广泰福商号的官商分办煤炭业务，广泰福经理文廷钧另有想法。广泰福商号曾与汉阳铁厂签订了卖煤协议，规定每月运 2000 吨煤炭给铁厂。他们信心满满地回到萍乡，开煤矿、建焦炉、买小火轮运煤船，准备大干一场。现在铁厂派人来收购煤炭，还在湘潭设局，这不是抢他的饭碗吗？不是将他白花花的银子往河里撒吗？于是悄悄地打破了平局。煤务局与广泰福商定煤价为每吨湘平银六两五钱，其中一两为煤炭从萍乡转运到湘潭的水脚价。文廷钧则趁卢洪昶未到萍时与厂户签订包户协议，规定在萍乡

① 刘洪辟:《昭萍志略》（下），江西教育出版社 2016 年版，第 689 页。

② 引自胡政主编、张后铨著:《汉冶萍公司史》，社会科学文献出版社 2014 年版，第 107 页。

③ 引自胡政主编、张后铨著:《汉冶萍公司史》，社会科学文献出版社 2014 年版，第 107 页。

④ 《卢洪昶、莫曦、王恂致盛宣怀函》，光绪二十三年五月二十七日（1897 年 6 月 26 日）引自陈旭麓、顾廷龙、汪熙主编:《盛宣怀档案资料选辑之四：汉冶萍公司（一）》，上海人民出版社 1984 年版，第 566 页。

坐收煤炭每吨给萍平银五两五钱。这看似没破坏规定，可萍乡平银比湘平银每百两多二两四钱，是暗中加价，实际已破坏了协议。

萍乡的商户又连成一气与煤务局作对，商号要垄断经营，不遵守合同协议，迟交或短数目或以各种借口搪塞。"及卑局购买自办，该绅（指文廷钧）百方阻挠，唯恐其事之成。于元顺井则捏控业主欠款千余金，呈请封井于前；十一月十九日复纵令其侄文惠芝到窿抢挑煤斤于后。于利顺井则私以重价顶得林姓股份，今年正月十六七两次纵令林禄英及其侄文盛才、管井叶老五等到窿滋扰。查此井原只三股，卑职以二百元顶得两股，只余一股在外，既顶该绅，林禄英复何得称有股份，化一为二，情弊可知。且两股之价二百元，顶一股者贵至加半，是尤加价抢收意欲败坏官局煤务，以图自利之显然者也。"①

此时铁厂追煤款又追得紧，卢洪昶只好先拿钱下订单。"萍邑地瘠民贫，不善生计，采煤为业者向不甚多。官办时欧阳炳荣到萍，即有先助资本之举，广泰福踵而行之，卢洪昶继之，各厂户遂视为利薮。官商两局又各不相下，争赴厂本。为收买焦炭地步，日积月累集成巨款，虽不至于无着，然疲户甚多，收还实无日期。欧阳炳荣放出之款至今未清，可为殷鉴。"②"萍乡民情近于刁滑，前因雨多，浸坏煤窿，不能挖煤。文委员有煤窿五十余个，未经水浸者仅有四个。访知各厂户有储存油煤多吨，遂邀各厂户来局议价商购。明知铁厂需用孔殷，有劣商邀集各厂户会议，垄断居奇，语言反复，往返商辩舌敝唇焦，几乎决裂。文委员云：'已曾采办数目，何此时忽然抬价？'彼等云：'从前是商办，故可稍廉；今是官办，当照官办之价'等语。及议至初十日，大局始定。"③卢洪昶办事缺乏主见，百般迁就业主："卑职遇事退让，

①《卢洪昶、莫曦、王恂上盛宣怀禀》，光绪二十三年二月十五日（1897年3月17日），引自陈旭麓、顾廷龙、汪熙主编：《盛宣怀档案资料选辑之四：汉冶萍公司（一）》，上海人民出版社1984年版，第437页。

②《许寅辉致盛宣怀》，光绪二十二年六月十三日（1896年7月23日），引自陈旭麓、顾廷龙、汪熙主编：《盛宣怀档案资料选辑之四：汉冶萍公司（一）》，上海人民出版社1984年版，第136、137页。

③《许寅辉致盛宣怀》，光绪二十二年六月十三日（1896年7月23日），引自陈旭麓、顾廷龙、汪熙主编：《盛宣怀档案资料选辑之四：汉冶萍公司（一）》，上海人民出版社1984年版，第136、137页。

因炼炉未成，允许元顺井借给生煤以应该号急需，并在窿价内代扣业主欠款百七十余千。又允利顺井与之合股开挖，同包厂户，焦煤则按船分运，无非为厂工紧张，只求焦煤日畅，无分彼此之意。而该绅往往反是，推测其心，仍一垄断把持、自私自利之见，不欲有官局与之并重而已。卑职事事留心，总期自立于不败之地，不存计较之心，冀其愧而自止。"①但是，拿钱给厂户，厂户知道铁厂用煤急，虽然拿了钱，交煤仍然故我，毫无起色，坐等行情上涨。

广泰福与煤务局的内斗使文廷式处于尴尬地步，他当然愿意两家和解，协助煤务局振兴汉阳铁厂。而作为一个已经罢了官的商人，他又愿意广泰福获得更多利益。文廷式既不与厂户同流合污，又不肯与汉阳铁厂合作，他要做个局外人。

为了撇清与厂户的关系，洗白自己，文廷式写了封信给卢洪昶：

> 洪昶仁兄大人阁下：
>
> 连日会谈，颇存积臆，敝乡僻陋，款客之处必多不周，以为歉也。萍煤独办，虽竭力经营，而攻之者要不免多为谣诼，得台驾亲往勘验，谅以得其苦心。惟厂户窿户终有希冀官办加价之意，必须窒其妄念，事乃归宗。昨所面商明分暗合添一商办之法，既不使佳煤弃置，又可免业户居奇，似极妥协。如行旌到津、汉时，能面陈督办、总办之前，依此办法各立合同，并能由地方官禁止多歧亡羊之处，实于官商两有裨益。乡居辽远不及走送，只请筹安。不尽。
>
> 愚弟文廷式顿首
> 光绪二十二年孟冬②

---

① 湖北省档案馆编：《汉冶萍公司档案史料选编》（上），中国社会科学出版社1992年版，第195页。

② 《文廷式致卢洪昶函》，光绪二十二年八月十二日（1896年9月18日），引自湖北省档案馆编：《汉冶萍公司档案史料选编》（上），中国社会科学出版社1992年版，第178页。

卢洪昶只好自办煤井自炼焦炭，在梓家冲收买元顺、元贞等煤井，在安源开办亨顺、兴顺、同顺三座，自己开办煤矿，前后共开小煤井8座。"挑炭出山，工人有意将路挖断，与洪为难。后洪请人说开送钱，始将路修好。""卢所买之一千四百元一山，名元顺窿，该山已挖四年之久，大槽炭已取光（该窿所产之煤尚好，惜乎已挖取将完）。闻文姓前出三百余元，山主业已允定，后洪昌与之争买，出二千四百元。据云山主只得价数百元，其余均被经手人杨寿春等所得。现在文姓与卢洪昌为此山结讼，刻尚未了。""文姓初尚与洪昌和衷，就是买了此山彼此即有意见。"[1]建焦炉时，当地矿主紧挨着他的炉厂建，弄得他的厂不好装煤、出焦。他将焦炉迁移到高地，当地矿主在上游放水将他的炉子连同焦煤全冲跑了。只能另择地兴建。建的是开平圆形焦炉，原煤不经洗便入炉烧炼，炼出的焦磷硫过高，冶炼的钢铁质量糟脆。煤务局所开的煤井有的被水淹了，有的与他人的煤井相隔不远，属同一槽煤，实际是废井，有的还在做井窿阶段，没见到煤，到底有没有煤还是未知数。卢洪昶则每天在工人伙食、煤炭发脚出山每担煤的脚力钱、建井材料、井下闭气不能兴工、矿井遭水淹、春雨连绵赶急用船装煤运往汉厂、建焦炉所需的砖头、春雨过多煤井停工、初夏后萍水河封坝舟楫不通、五、六、九、十等月插秧收谷采摘茶子雇不到挑夫等琐事上转悠，累得焦头烂额，抓不住重点。

广泰福厂户仍不放过煤务局，光绪二十三年（1897年）二月，以萧立炎、柳思成、彭树华、喻兆蕃、贺国昌等二十名萍乡士绅联名向盛宣怀上诉，告卢洪昶的状：

荇荪京卿尊兄大人阁下：

……惟卢县丞办理颇有不得法之处，且与民情不惬，敢为阁下约略陈之。先是卢县丞误信炽昌盛旧商杨寿春之言，谓萍煤甚多，上栗市一

---

[1]《王庭铭致王××函》，光绪二十三年五月二十五日（1897年6月24日），引自湖北省档案馆编：《汉冶萍公司档案史料选编》（上），中国社会科学出版社1992年版，第198页。

处每年可得六万吨。东南各处广泰福所办亦不过数分，不知广泰福商董本属萍乡人，见闻较确，所逢各窿业已尽据要地，其零星未用者大都不成片段之处，杨某所言特以欺人，非事实也。及卢县丞奉委到萍无所措手。其前因厂户包办之炭多不可恃，又恐阁下督责，于是重价夺井，专肆侵欺。前在贵局与广泰福之合同，不许毗连各条，皆置之不顾。广泰福已购之炭则强力夺之；广泰福有份之井则倚势据之。不公不平，邑人共愤，此等皆有实在的据，不妨吊验。窿户居奇觊觎之风，从此遂炽；辗转习狡，迭起争端，诚恐主客不安，愚氓无知，致酿事变。则煤务因而壅滞，转累贵局大工，即于敝邑利源亦有关系。弟等既耳闻目见，不能不先事筹维，想阁下大才至虑，必能酌中持平，无俟屡为哓渎也。且卢县丞到萍与合县绅士均多不睦，故满城贴字，不许其占据公局。乃私租武庙圣地，携带娼妓，亵渎神灵，现已公论佥同，必得令其移徒（徙）。至绅董杨寿春既非土著，又倚势凌人，凡不称之意者，大则送县拘禁，小则自行责打；地方侧目，啧有烦言。隐忍久之，必将决裂，滋事肇衅，殆可预料。尤不称贵局委任之意，似宜立加斥逐，以省事端。弟等广泰福商董虽谊属同乡，若使卢县丞果能办事公平，既可有益贵局要需，又可广增敝邑利路，断不至更烦论议，使阁下生偏袒之疑。是以一二月间群安缄默。惟卢县丞以误信不根之言，率然任事，及不如其初意，则已势成骑虎，铤而走险。一切倒行逆施，实于贵局敝地两有所损，不得不联名作柬，敬白台端迅派公正之员前来查勘，酌夺办理，以安民情，以维大局，不胜翘企之至，鹄候回玉。[①]

盛宣怀看了禀帖，头都气大了，去函训斥卢洪昶、莫曦、王恂：

"接二月十五日禀函并指图三件，盈篇累牍，只是敷陈艰难创始情

[①]《萧立炎等致盛宣怀公启》，光绪二十三年二月二十日（1897年3月22日），引自陈旭麓、顾廷龙、汪熙主编：《盛宣怀档案资料选辑之四：汉冶萍公司（一）》，上海人民出版社1984年版，第446—448页。

形，于煤务有无起色，能否按时接济，毫无切实办法，阅之令人气闷。函中大指谓厂户把持，乃自购煤窭，冬令雨雪，致挑运维艰，究竟奉委至今，实领银若干？已运焦炭若干？已挖未炼之生煤若干？造成炉座若干？每座每次可以出炭若干？竟无一语指实。萍乡水道迂曲，冬季干涸，夏季封坝，只春秋两季舟楫往来。刻已三月垂尽，封阻在即，运煤几致无望。是该员数月勾当，仅与绅士纠葛缠讼，无怪人言啧啧，谓包办不足恃，乃以巨资购买商窭。实所购者皆零星不成片段，为平地窑户弃置不开之具，闻四窭之中已有两窭见水。鄂厂需炭之急，不可一日断缺，望萍甚于望岁，乃迁延诿饰，贻误至此。""并勒令卢洪昶将领过厂银八万余两，分析赶造清册呈报，毋许丝毫弊混。"[1]

从这些话里，我们可以见到当时盛宣怀是多么的焦急和气愤。

八、德国工程师实地勘察

光绪二十二年（1896年）夏，张之洞、盛宣怀派恽积勋带领德国工程师赖伦、马克斯来萍乡探矿。张之洞给汉阳铁厂职员恽积勋札中说：

> 查炼铁所需以煤为大宗，而煤的体质不一，尤以无磺、无磷能炼焦炭者为上品。湖北产煤之区，凡经考验，多属磺气太重，未尽合用。即马鞍山自开煤井，出煤虽旺，炼成焦炭，仍须掺和无磺之煤，方能炼成佳铁。自铁厂开办以来，迭经派员四处采办煤斤，详加考验，惟江西萍乡所产磺轻灰少，炼焦最佳。年来派员驻萍采运，购煤甚多，用款甚巨，于地方穷民久已同沾利益。惟是土法开采，仅得浅处之煤，稍深水多，无法去水，即将旧窭废弃，另行开挖。小民手胼足胝，终岁仆仆，

---

[1]《盛宣怀札卢洪昶、莫曦等文》，光绪二十三年三月十五日（1897年4月16日），引自湖北省档案馆编：《汉冶萍公司档案史料选编》（上），中国社会科学出版社1992年版，第196页。

所用无多。用力甚苦，劳而无功，情殊可悯。若仿西法用机器开采，出煤甚多，何止十倍；而挑挖民夫，转运船户，皆相应而增。国家以引兴利，小民即以此养生，理所当然，毫无疑义。然必有熟悉矿务洋矿师亲诣履勘，妥为筹划，审查煤层片段，何处可用旧窿？何处宜开新井？置机设厂，计开成一大井，每日须开煤三百吨者，需费若干？为期约须若干日方能竣工出煤？以凭筹议开办。据奏派督办湖北铁厂盛道禀，请委员偕同洋矿师前赴萍乡查勘前来，此举系维持铁厂、畅兴矿利起见，自应照准。除分别咨行外，合亟札委。札到该委员即便遵照刻日束装，带同总矿师德人马克斯及翻译等驰往萍乡，取道江西省城，听候江西巡抚部院德派员会同保护，并通饬沿途所经各州县妥为照料，务将萍邑产煤地方详细履勘。按照札饬事理，妥为筹议，禀复核夺，勿稍率忽，是为至要。[①]

这实际是张之洞给恽积勋他们开的一张通行证，要求沿途各地官员派员保护照料。

恽积勋于光绪二十二年（1896 年）六月十五日三下钟鼓轮下水，二十日行抵南昌。经过访问地方民情，得知地方风气未开，恶闻洋务，而萍乡接壤湖南的南部，成见更深。因而请江西督抚饬下善后局[②]刊刻告示，先行发递，并委派江西候补知县张曾诏以及水师炮船一同护送。

恽积勋一行于七月二十四日乘船走了数十里，接到张之洞、盛宣怀的电报，得知派洋工程师赖伦、马克斯从湖北来了，于是又折船返回南昌。八月初二日赖伦、马克斯来到南昌，才一同乘船西上。洋人一路同来，他们对河道之深浅宽窄，山川之高大险要，一一绘制成详细地图。途中得知宜春、萍

① 《张之洞札恽积勋查勘萍乡煤矿文》，光绪二十二年五月十八日（1896 年 6 月 28 日），引自湖北省档案馆编：《汉冶萍公司档案史料选编》（上），中国社会科学出版社 1992 年版，第 177 页。

② 善后局：清代后期，在有军事的省份中，通常设有处理特殊事务的机构，称善后局。督、抚可以不按常规，支款办事。

乡两县都在县考，已经有袁州（今宜春市）知府先期写信告知了分宜县令，请将洋矿师暂时留驻。恽积勋他们行至分宜时，得知宜春已考试过三场，童生减少，才没停留，继续前行。八月十三日抵达袁州府城。

二十五日，恽积勋一行由袁州府向萍乡县城进发，经袁州协及刚字营派拨练军兵勇以及宜春县护送、萍乡县迎护差役壮丁数百人护卫，小心防范。而沿途民众没见过洋人，都蜂拥至围观。洋人惧怕得厉害，只好赶快走，不敢稍停。行走90里后夜宿芦溪，这是萍乡境内，该处有巡检汛弁和防营勇丁彻夜巡更防守，所幸没出事。

二十六日，恽积勋一行向萍城进发，忽传有乡民聚集在乱石岭地方，凭险登高，拟掷石头阻拦洋人前去萍乡。恽积勋赶快派随同来萍乡的江军水师哨官去驱赶侦探，恰好这个时候守护萍乡县城的兵弁前来迎护，才获得畅通，上午抵达萍乡。

就在汉阳铁厂人员来萍乡的途中，萍乡县却发生了一件惊心动魄的事。事情是由当时外国人在汉口创办的中文日报《汉报》的一篇报道引起的，原文如下，括弧内为萍乡县令顾家相的评论：

> 江西省城前有"西国矿师莅至，寓居省垣城隍庙"一则，早登前报。兹闻该矿师系两湖督宪张香帅所聘（足见系香帅作主）。兹因已革学士文芸阁太史廷式，以梓里煤矿品质精良，可用诸局机器及行走轮船之用（足见系供中国之用），商诸香帅，欲集股开采，以广利源（此事不必辩其有无，然足见与洋人无涉）。香帅允之，特嘱太史挈领矿师往察煤质（足见事在未定，现在仅系履勘，并非开挖），果能合用与否，然后招股购机以从事。香帅并委员会同太史来江以勘矿地，江藩翁方伯亦委候补张大令曾诏会勘，时太史三委员及矿师均已启行赴萍乡察验矣。
>
> 七月念三日报 [①]

① 湖北省档案馆编：《汉冶萍公司档案史料选编》（上），中国社会科学出版社1992年版，第182页。

萍乡人素恶闻洋人，见了这则消息，群情激奋，纷纷攘臂要与文廷式算账。

然而，查《文芸阁先生年谱》，这段时间他有如下行踪：

光绪二十二年丙申（1896年）先生四十一岁。

元旦有《试笔》诗三首。

是月，先生与四川廖季平[①]提倡公羊之学，揣知德宗（即光绪帝）每以不得行己之志为恨，因谓慈禧分属父妾，不能以太后自居，并时说帝以变易旧法。盖帝之蓄意维新，其导源实始于此。于是太后与上不相容，势成水火。李鸿章亦欲甘心于先生，遂授意御史杨莘伯劾之。

二月十七日，上谕内阁："御史杨崇伊奏词臣不孚众望请立予罢斥一折，据称翰林院侍读学士文廷式，遇事生风，常于松筠庵广结同类，互相标榜，议论时政，联名执奏，并有与太监文姓结为兄弟情事等语，文廷式与内监往来，虽无实据，事出有因，且该员于每次召见时，语多狂妄，其平日不知谨慎，已可概见。文廷式着即革职，永不叙用，并驱逐回籍，不准在京逗留。此系从轻办理，在廷臣工，务当共知儆戒，毋得自蹈愆尤。"俄人闻之，使其驻京公使驱先生之寓，极致殷勤，云欲年出修金六千元，聘往俄京，教习俄人中华孔教。先生拒而不受。朝中后辈清徒，至先生一去而告一结局。亦有史以来之清流，至是告一结局。此后一变而戊戌维新，再变而庚子之祸，三变而辛亥革命，清社遂屋矣。盖先生一生之进退，所系于事变者大也。先生即削职，即南归至上海。过金陵，缪小山荃孙、张季直、郑太夷招饮吴园。

三月，琴台燕集，同集者黄仲弢、梁节庵、志仲鲁、顾印伯印愚、纪芗聪巨维、张君立权，先生有诗。

---

① 廖平（1852—1932），字季平，初名登廷，字旭陵，又名勖斋。四川井研人。以治经学而闻名。

七月，王幼霞有《高阳台》词寄先生。

八月，至长沙。[①]

年谱中根本没有讲到文廷式带领洋人来萍乡。即使八月，文廷式亦在长沙，与南昌一东一西，可谓南辕北辙，《汉报》是捕风捉影。文廷式一回到家里，就躲了起来，避嫌不出。

洋人来萍的途中，正值萍乡童生[②]考试的时候，8月2日出现了匿名帖，写信人署名"杞忧子"，投给萍乡城中兴贤堂，列举了洋人来开矿有"七害"：

顷悉有一大害莅萍，较之旱灾加于千万，敢为公等痛哭陈之。

近则吾萍有人在湖北勾引洋人来萍，开取煤矿，且已与洋人私立合同包办十年，十年之外岂不更立合同？似此满而复更，更而复满，就煤炭一项而论，则吾萍之精华尽、元气伤矣。大害一也。

方今洋人横行已极，一至该山开采，邻境势必遭其鱼肉，无人敢言。且其取煤之巧，无可思议，由此山入手，偷取他处，势所必然。数年之内，能令煤根净尽，本地必至无煤可烧。其害二也。

更有甚者，田园庐墓所在，一经洋人挖煤，田园固成废物，庐墓亦必迁徙。试问房屋可迁否？祖坟可迁否？不迁则庐墓地陷，心必不忍；迁则恐于子孙不便。至于伤龙脉、碍风水姑不具论。其害三也。

取煤之处，意其必先在水口官山动手，此地为合邑风水所关，一经开禁，受祸尤烈，且在显达者多受之。即于此地系属公地，均皆哑忍无言，岂不能蔓延他处乎？吾萍汉奸最多，现既有人为之作佣，他人更必

---

① 文正再整理：《实业救国的先行者》，载《近代名人文廷式专辑》，《萍乡人》2014年总第2期，第30页。

② 童生：明清的科举制度，凡是习举业的读书人，不管年龄大小，未考取生员（秀才）资格之前，都称为童生或儒童。童生并不完全等同于未考上秀才的学子。根据明朝史书记载，只有通过了县试、府试两场考核的学子才能被称作童生，成为童生方有资格参加院试，成绩佼佼者才能成为秀才。

效尤。且洋人长技唯在以利诱人，明德者尚且为利所惑，则无赖者有所借口，从此引其游历十乡。恐煤矿之开层见叠出，处处遭受残毒。其害四也。

挖煤一事，因奉官样文章而来，恐注意却不在此，实欲于白竺地方重开银矿。昔陈子元曾经契买，连日即更数主，幸俞明府追销各契，遏乱未萌。此次来萍必是暗度陈仓之计，果尔则铁矿更不难开矣。及之用机器以烧铁炉不待人力矣。利之所尽在，一网打尽。萍民无业谋生，其饥饿将有甚于去岁之旱灾矣。其害五也。

洋人素无人伦，各矿一开，彼族来萍，势必日多一日。人既众甚，见人家妇女调笑尚且次之，甚至穿房入户任意强奸。金陵、苏州各处即其殷鉴，试问吾萍能受此残酷乎？不校则不甘心，校则官置不理，诉冤无路。其六害也。

抑尤可虑者，矿务既开，将来必创立天主教堂，诱人入教。凡教外之人，近教堂居住者，均不得聊生。盖以教民倚势凌人，不一而足。即有正人不愿入教，一与毗邻屡为欺压，不得已而入圈套，谅不能免。由是渐推渐广，教堂不止一处，吃教将不仅愚民。况此中男女混杂，种种恶习，难以枚举，其害七也。[①]

八月十日，在原定接待洋人的尚宾堂前，又出现了以"合邑童生暨军民人等公白"名义的匿名帖，言辞更加激烈，态度更加强硬。开头就直攻文廷式，并以全县的名义宣布扑杀洋人，连洋人所住的尚宾堂也在所难免：

近据《汉报》，邑人被革之员文某邀集洋矿师来萍取煤，此系吸萍之膏也。……且后洋人踞此，始则崩坏陵谷，断绝地脉，继则铲伤庐墓，永绝人文，竭本地之精华，绝士民之生路。……兹合邑公同愤议：洋人

---

① 杞忧子：《匿名书函》，引自湖北省档案馆编：《汉冶萍公司档案史料选编》（上），中国社会科学出版社1992年版，第179页。

一到，各家出一丁，执一械，巷遇则巷打，乡过则乡屠，一切护从、通事之人皆在手刃必加之例。诸公允借之公所，亦在不宥之条也。[1]

八月十五日，匿名帖再次出现：

　　洋人不日可到，凡我合邑人等，务要准备军器，齐心攻击，以免无穷之害。此白。[2]

与此同时，四乡流言顿起，说矿井烟囱每天须用小孩子的肉体去祭[3]，开矿修铁路会破坏风水，将弄得祖宗坟墓不安，"且闻洋人能避水火于井中"，"并闻洋人眼能见土五尺，能水缩，望气知炭之所在"[4]，一派无稽之谈。又有郑汝阳、周天赐、龚茂、五剑、欧阳祥、朱熙、刘成、徐仁、郭远绪、戴异十位老年士绅联名递呈公禀，请求县令"赏准发兵饬止，不准洋人入境，撤散煤务，驱民为农"[5]，还有匿名呈文，说招来洋人有"十不宜"：

　　招洋人来萍，凡县下已开之山，固脂膏刮尽，其未开之山，或用资买就，或倚势强夺。一经占取后，纵有伤庐墓县脉，总难救止。其不宜一也；

　　招洋人来萍，栖迟必有所专，即不起洋行，必占县内公地民房以为

---

① 童生揭帖，引自湖北省档案馆编：《汉冶萍公司档案史料选编》（上），中国社会科学出版社 1992 年版，第 180 页。

② 童生揭帖，引自湖北省档案馆编：《汉冶萍公司档案史料选编》（上），中国社会科学出版社 1992 年版，第 180 页。

③ 张振初：《安源开矿险遭厄运》，《安源轶事》，1995 年未刊稿，第 33 页。

④ 匿名呈文，引自湖北省档案馆编：《汉冶萍公司档案史料选编》（上），中国社会科学出版社 1992 年版，第 180 页。

⑤ 联名公禀，引自湖北省档案馆编：《汉冶萍公司档案史料选编》（上），中国社会科学出版社 1992 年版，第 180 页。

巢穴，则反客为主，易进难退。其不宜二也；

招洋人来萍，是人分两国难治，一出稍拂洋人，洋人生变，多欺县民，县民不甘，易生祸乱，约束为难。此不宜三也；

招洋人来萍，为诸民所共恶，见其异服异言，溃乱中国，圣天子且为隐恨。倘遭愚民手刃，必贻累县主，祸及平民。此不宜四也；

招洋人来萍，恐煤务未了，铁矿必开。且县下不无银矿、黄矿、金沙，一经伊眼，鲜不觊觎。且闻洋人能避水火于井中，水火能避，将无山不开，无入不深，萍邑必有山崩瓦解之势，元气大伤，殃咎立至。此不宜五也；

招洋人来萍，则归农者少，逐末者多，游手好闲，奸徒并集。倘遭饥岁，或煤务暂停，势必贼盗蜂起，借生事端。其不宜六也；

招洋人来萍，其居民沿河作坝，壅水灌田，洋船一到，势必开坝强过，不由分说，陷民无水荫耕。其不宜七也。

招洋人来萍，则有膻可附，自（白？）蚁日多。汉口至湘潭，直抵萍城，萍江虽浅，小舟可拨，往来实便，萍城将成鬼国。其不宜八也；

招洋人来萍，则扼塞要地，凡便于营利为害者必分人踞守，后欲禁阻，是生乱之道。其不宜九也；

招洋人来萍，则奉命所求，诛则必甚，县主若稍疏忽，辄违上旨。萍邑向非烦缺，将来不知增多少差使。其不宜十也。[1]

控告洋人的启事帖内连带怨恨指责文廷式，采煤委员文廷钧与文廷式为兄弟，他也避嫌不敢作声。

民间的喧嚣让萍乡知县顾家相[2]顿感紧张。他是第二次做萍乡知县，头一次就任萍乡知县是光绪十四年（1888年）九月。光绪十八年（1892年）七

---

[1] 匿名呈文，引自湖北省档案馆编：《汉冶萍公司档案史料选编》（上），中国社会科学出版社1992年版，第180页。

[2] 顾家相（1853—1917），字辅卿，号堂、励堂，又号季敦固园，室名五余读书廛，浙江会稽人，光绪二年进士，曾两任萍乡知县，前后十年，多有政绩。

月二十八日，邓海山率九千余众在大安山区起义，顾家相督促芦溪、南坑、桐木、赤山、下埠等地方团练会同清兵清剿，起义很快被镇压了，但他由于"事先失于防范"，于次年二月被免去萍乡知县职务。光绪二十一年（1895年），萍乡大旱，为了赈灾，经地方士绅要求，顾家相又于光绪二十二年（1896年）复任萍乡知县。顾家相掂量到身上责任的重大，如果这次萍乡再次闹事，造成洋人被害以及汉阳铁厂不能开煤，后果将非常严重。他决定采取措施将事态消灭在萌芽之中。

读书人又称士子，在萍乡当地很有影响力。士子来自广阔乡村，他们集中在城中才力量大，而分散在乡村，在通讯不灵、交通不畅的清代，要积聚拢来会很困难。顾家相首先提前进行考试，分解童生的注意力，士子们考试完毕即回家了。其次是隔空喊话，向县民晓之以理。他采用"谕令"形式，向县民们说明事情真相，说事情是因《汉报》而起，文廷式只是一个卖煤的商人，与汉阳铁厂派洋人来勘探八竿子打不到一块儿。又严明态度：洋矿师"暨系奉上宪委札而来，岂能终止？"又动之以情：萍乡不是通商口岸，洋人不可能随意来萍乡开矿；洋矿师只是铁厂的雇员，系奉张之洞之命而来，自光绪十九年以来张之洞收购了萍乡数百万担煤炭，对连年歉收的萍乡大有好处。"贫民借此糊口，是香帅有恩于尔萍民实非浅鲜"①。

顾家相还针对萍乡人对近代工业的不熟悉，用通俗话语写了《释疑四条》：一是辨明勘矿与开矿的不同。"勘者，勘视情形之谓。洋矿师一勘之后究应如何办理，并不与闻。况该矿师在湖北每日有应办之事，薪工甚厚，不能日久远离，并非见矿就挖"。二是辨并不勘金、银、铁矿。"洋人讲求矿务者，以煤铁为上，金银矿为下。缘金银产利微，用费太巨，最易亏本；惟煤铁两项出产多，销路广，反为大利。现在铁政局用铁亦复不少，但湖北各县张香帅已劝开铁矿多处，不必取之远地。此及洋矿师并铁矿尚且不开，况金银乎？"三是辨明与风水无碍。"凡有碍于田园庐墓之处，并不伤害，善后局

---

① 顾家相：《萍乡县顾令谕令》，引自湖北省档案馆编：《汉冶萍公司档案史料选编》（上），中国社会科学出版社 1992 年版，第 181 页。

宪告示业已叙明，而本县更进一层。自古业由主便，所有产矿之区，即便不碍风水，如业主不愿开挖，仍难勉强。朝廷虽需饷甚殷，只能劝民开矿，并不勒民开矿也。"四是辨明传教无涉。"外洋之人并非人人习教，亦由中国并不人人读书。其出外传教，亦由出外授徒，系以专门传教为事者。然往来内地，多系中国从教之人辗转学习，其实真正洋人罕有深入内地者。此与勘矿之事风马牛不相及，杞忧子信内之语直梦呓耳。"①

顾家相又写了《论机器不易用》，一是说明西洋用机器是由于他们地广人稀，遇事用机器代替。而中国人口多，佣工贱，用机器反划不来，因为机器的成本太昂贵了。二是说明当今对于机器有两种态度，一种偏于喜用机器；而另一种则拘于成见视机器为畏途，两者均失中。"所谓'有机器者有心机'，其说本于《庄子》，《庄子》本为寓言，即以庄周之言为实，则拘守成见者不过为抱瓮之老农，而喜用机器者，犹不失为孔门之子贡（凡事从商业利益着想）"。三是说明机器在中国古已有之，如萍乡人现在所用的筒车，在唐虞三代时期是没有的，这是后人不断改善生产工艺的结果，这难道不是机器吗？只是使用现代机器辅助人力所不及，如煤矿用机器吸水。四是说明张之洞讲求洋务不过劝人为之先导，究竟合用与否，能用与否，尚未可知。"即使使用合宜仍然需要各厂户、窿户自行做主，闻风兴起，方能推广。姑且无论机器之贵者，价值数千万，即使机器至贱如筒车，亦无人白白送给萍民的。"②

顾家相还抄录《汉报》原文，加以评论。写了《谕尚宾堂首士谕稿》，解释说洋人是张之洞派来的，居住尚宾堂是合理合法的。这些都为稳定人心起到了很好效果。"顾令在任年久，尚能职信士民，而舌敝唇焦，仅不至十分凿枘。"③

① 顾家相：《释疑四条》，引自湖北省档案馆编：《汉冶萍公司档案史料选编》（上），中国社会科学出版社1992年版，第181页。

② 顾家相：《论机器不易用》，引自湖北省档案馆编：《汉冶萍公司档案史料选编》（上），中国社会科学出版社1992年版，第181、182页。

③ 《恽积勋致郑观应函》，光绪二十二年九月（1896年10月），引自湖北省档案馆编：《汉冶萍公司档案史料选编》（上），中国社会科学出版社1992年版，第179页。

　　来萍勘查的赖伦和马克斯很能吃苦。萍乡与湖南醴陵相连。刚到萍乡，因连日阴雨，马克斯便提出要去醴陵查看河道和陆路，恽积勋与萍乡县令顾家相商量，顾家相为洋人安全打算不同意。马克斯他们不高兴，说勘查路线很重要，要恽积勋去亲自探视，并开了一张纸条给他，要他根据纸条上规定的勘察后写给他。内容有：

　　一、萍乡、湘东到醴陵县，醴陵到渌口，渌口到湘潭，湘潭到洞庭湖口，过洞庭到岳阳，岳阳到汉阳。以上各处里路若干？

　　二、几百斤船只每日能驶以上各处各路？

　　三、共需多少船只？

　　四、各种船价若何？

　　五、各种船水脚若何？

　　六、何时用以上各种船只？

　　七、各种船缴厘金否？

　　八、萍乡到湘潭水路如何？各栅与浅滩共若干？

　　九、萍乡到湘潭，每月水最深各若干？

　　十、别处之煤与焦炭，有混入萍乡之煤与焦炭否？在何处混入？系何种煤与焦炭？

问陆路运萍乡煤与焦炭情形：

　　一、到何处，路途高起由萍乡到湘潭？

　　二、由萍乡到湘东，由湘东到醴陵，醴陵到株洲，株洲到湘潭，工若干里？

　　三、由渌口到株洲若干里？

　　四、以上各处路途，如何宽窄？如何宽直？河过大小山否？山有几高？河过河闸否？途次有桥若干宽？用何料造成？此条分开注明。

　　五、江西、湖南两处，田与草地每亩价若干？

六、途中行旅货多否？情形如何？

七、路中村落房屋多否？其间居民多少？ ①

恽积勋为了弄清萍乡西部至湖南水陆的情况，询问来办煤务的人，都说水路艰险难行，未曾亲自去勘查。问那些船户，他们却说得简略而不详细。因而恽积勋不避风雨亲自雇小船由萍乡到湖南，详细考察，凡是水的深浅宽窄、沙滩、桥梁的多少长短，水坝多少座，又由萍乡到株洲，陆路的高低、弯曲、宽窄，铺户桥梁有多少，稻田房屋的价值，并且水陆各地名，都随时绘立图说。经历了十一天才完成勘查运路任务。

初来时，正是盛夏时节，暑热难熬。他们在向导的指引和军队的保护下，从安源、双凤、紫家冲、小坑、王家源、高岗埠、马岭、大屏山，萍乡的山山水水都走遍了。安源土井多，这些土井对机井危害极大，必须了解土井的地质资料。他俩常常深入生产矿井和废井中去了解情况，查看煤质，由于巷道低矮，常常需要爬行。有的煤井被水淹了，成了废井，马克斯说若用抽水机器，这些煤井都可以继续生产，只是运路不畅，必须运路通畅，山上的煤方可以运出去。马克斯、赖伦他们对"煤炭埋藏储量，因未曾进行钻探精查" ②，只是对萍乡煤炭资源进行了预估。

恽积勋还带着一项重任，就是查看萍乡煤炭市场情况，调查了解广泰福完不成合同规定任务的原因。

卑职查问萍乡炼焦煤炉，寥寥如晨星，广泰福以月收之数不敷运鄂，故不惜巨款购地造炉，大小共八座：一名王家源，一名高坑，一名紫家冲，一名锡坑，一名安源，一名天紫山，一名竹窝里，一名高坑，一名龙家冲。统计本年陆续均可告成。刻下唯紫家冲已经完工，每月出焦炭

---

① 《马克斯来函》，引自湖北省档案馆编：《汉冶萍公司档案史料选编》（上），中国社会科学出版社 1992 年版，第 184 页。

② 《萍乡矿务局志》，1998 年内部资料，第 72 页。

四百吨。六处成后，今冬时举炼，每月可出焦炭两千余吨。一俟春水生时，源源运鄂，可以接济，无虞缺乏，文委员尚恐不敷铁厂供用，又向乡间大厂户包定焦炭。果能此后再加畅收，更有裨益。①

经过两个月的勘察，马克斯和赖伦都拿着书面报告向盛宣怀汇报。

马克斯拿出的是一份详细的勘探报告。马克斯认为，萍乡从东到西、从南到北都有煤，主要集中在东南部的安源、小坑、黄家源、紫家冲、龙家冲、高坑一带，这里的煤全部是炼焦用的烟煤，赋存量极高，有九层，估计有2亿吨，其下垂处可供炼焦之煤甚多，并有烟煤、白煤杂处其间。日采600吨，则月出18000吨，年出煤216000吨，这能满足铁厂需要。如果开采50年，应得煤1080万吨，其余的煤可卖给上海等地。他主张把矿建在高坑，这是因为这里的煤炭最集中，而且质量好，在这里开井，可以直接进入煤层，大大节约开矿成本。

盛宣怀重视水运，因为萍乡是座分水岭，东边走鄱阳湖，西边入洞庭湖，水浅滩多，运输困难，如果运输跟不上，煤炭再多也运不出来。马克斯认为走江西、湖南都可以，目前汉阳铁厂的煤走湖南，每吨煤运费约五两，焦炭每吨运费约八两。他主张走江西更划算，说高坑不远处有条袁河，可以修建一条人工运河，在上游筑一座水库，引袁河水入水渠，渠走煤船，船中放铁箱，每只铁箱能装50吨，用马或者小轮船拖运，马一次可拉拖船两艘，小轮船可牵引三艘，造船240只，马85匹，小火轮15艘，铁箱3万只，走芦溪、宜春、新喻、樟树入赣江，从南昌入鄱阳湖到达九江，然后溯江而上到达汉阳铁厂，每月拖7次就够了，这样更加合算。"况江西运出，皆系巨津，大船常可驶行，即间有小河，稍加浚治，即小舟亦得来往自如。所以最利转运，无过江西水程。现在萍煤运至汉阳，最宜经由水道，尚不能克期抵埠。所以据文学士（文廷式）之意，拟将开出之煤，聚归一处，于三五月水大之时，

①《恽积勋致郑观应函》，光绪二十二年九月（1896年10月），引自湖北省档案馆编：《汉冶萍公司档案史料选编》（上），中国社会科学出版社1992年版，第182页。

连樯赶运汉阳。然此议断不能行，因知萍煤之性，露积稍久，即不能炼炭，则此二三月之期，岂能将一年采取者，尽运汉阳耶？况此炭历时过久，亦不适应。"[1] 走江西方向水路总里程 1350 里。如果走湖南方向，沿途皆山，高坑到萍乡为 40 里陆路，须用挂绳（绞车）运输，走湘江有 1060 里。

而赖伦的勘察结果与马克斯不一样。赖伦认为，萍乡的煤有十个煤层，主要集中在安源、三丘田、小坑、黄家源、紫家冲、高坑一带，都是最好的冶炼主焦煤，"脉旺质佳，迥非他处可比"[2]，所经矿区，长 20 里，宽 10 里，预估有 5 亿吨，如果每年采 100 万吨，可采 500 年，其他未经实测之地尚多。这里的煤埋藏较浅，易于开采，宜于大规模机械化开采。其次在青山、马岭、胡家坊、大屏山一带，这里是柴煤，埋藏较深，开采有一定难度，但赋存丰厚，有较大的开采价值，可以作为燃煤、电煤、动力煤和化工用煤的燃料和原料。在萍乡北部和醴陵东部、浏阳南部、宜春西部都有煤炭赋存，但这些地方的煤比较零散，当地人谓之"猪屎槽"，不宜于大规模开采。

赖伦的答复总是出人意料。在大冶铁矿勘矿时，人家勘测才 2000 万吨，而赖伦经过勘察，发现仅地表就达 1 亿吨，这竟比他人多出五倍，如果每年开采 30 万吨，可以开采 300 年，而且事实证明他的判断是正确的。

盛宣怀尤其看重赖伦对萍乡煤炭的勘察评估，事实上赖伦的勘察结果也是正确的。后来马克斯与汉阳铁厂签订的合同期满，而"留马克斯无益于厂，今电谕期满不续，已转致，可省却一笔重薪"[3]，铁厂便辞退了他。

---

① 马克斯：《萍乡采运情形并用西法办理节略》，光绪二十二年十月（1896 年 11 月），引自湖北省档案馆编：《汉冶萍公司档案史料选编》（上），中国社会科学出版社 1992 年版，第 185—192 页。

② 张赞宸：《奏报萍乡煤矿历年办法及矿内已成工程》，光绪三十年十二月（1905 年 1 月），引自湖北省档案馆编：《汉冶萍公司档案史料选编》（上），中国社会科学出版社 1992 年版，第 206 页。

③ 《张赞宸致盛宣怀、郑观应函》，光绪二十二年十一月二十九日（1897 年 1 月 2 日），引自陈旭麓、顾廷龙、汪熙主编：《盛宣怀档案资料选辑之四：汉冶萍公司（一）》，上海人民出版社 1984 年版，第 333 页。

第三章　盛宣怀开办萍乡煤矿

一、张之洞盛宣怀会奏开办萍乡煤矿

张之洞、盛宣怀在萍乡开矿的决心已下，而创办一家现代化大型机矿，诸多棘手，如运用机器、延订矿师、修路设线，以及商人别立公司坏我机矿等，又运输距离远、涉三省，鞭长莫及，不得不预谋，这些只能依靠国家的力量才能解决。光绪二十四年（1898 年）三月二十六日，鄂督张之洞、铁路督办盛宣怀一方面将汉阳铁厂移交商办事向朝廷汇报，另一方面会同奏办萍乡煤矿事：

奏为陈明湖北铁厂该归商办后情形，及造轨采煤各事，力筹整顿，皆有端绪，恭折仰祈圣鉴事。窃臣之洞创办湖北铁厂次第告成，光绪二十二年因经费难筹遵旨招商承办。奏交臣宣怀接收一手经理。臣宣怀以冶铁炼钢亚东创举至重，头绪尤繁，只以事关中国大局，不敢不力任其难，遵于是年四月十一日接办。先将汉阳总厂，区银钱、制造、收发为三股。每股遴员董二人董理之，铁山煤矿亦各派员董分任其事。并于总厂设立总稽核处，均令查照成规，认真整顿。伏惟铁厂本旨，缘铁炉而起，当以制造钢轨为第一义。顾熔铁非炼焦不可，连年因本厂无就近可恃之煤，呼吁于开平，谋济于洋产，价高而用仍不给，故化铁虽有两炉，仅能勉开其一。又当以勘求煤矿为造轨之本原，臣宣怀督饬员匠讲求各国钢轨之程式，炼制奥窍；一面与外洋名厂，订购轨轴机器严精试造。嗣奉督办铁路总公司之命，发轫所先经营卢汉；复饬厂中员董加工，并力专意造轨。查照奏定章程先后预拨轨价银一百九十万两。现计解运到工及造成在厂之轨，几及万吨。随配鱼尾片螺丝钉各件称是，桥料钢板等物，亦皆能赶造应用。截至上年年底，核计运工轨料各价，已逾五十万两。自保利权，渐有成效。惟兹事皆中土所未经见，熔炼之合法与否，不能不恃监工之西人。而其人或由出使大臣访订，或由萍厂推荐来华试用，往往行与言乖，一再更换，每隔新旧交接之间，不免稍稽工作，特所患犹不若乏煤之甚也。开平华矿，谊当与汉阳华厂休戚相关。年来恳切筹商，上烦宸听。奈煤价已加至极昂之数，而交煤仍难应汉厂之求。至于洋煤更不可恃，外洋五六金一吨之焦炭，我几三倍其价。钢铁成本悬殊，势无可敌。一旦各国有事，又动辄禁煤出口，将来恐虽出重价而不可得。臣宣怀有鉴于此，两年以来，于沿江上下楚西江皖各境，分派委员带同矿师搜求钻试，足迹迨遍，惟江西萍矿焦煤，经久试用，最合化铁。矿脉绵亘，所产尤旺，实为最有把握之矿。但土法开采，浅尝辄止；运道艰阻，人力难施。臣等深惟大计，铁厂利钝之机，全视萍煤为转枢。现已购办机器，运萍大举。一面勘明运道，定议先就该县黄家源地方，筑造铁路一条至水次，计程三十余里。路成之后，再筹展至长沙，与干路相接。并先后于沿途安设电线，消息灵通，转输便捷。繁费在一时，收利在永远。此后，取之不尽用之不竭。汉厂即可并开两炉，大冶亦可添设炉座。至于大出土货，开造物无尽之藏，以为民生之利，尤朝廷广辟地力之至意，泰西富国之学之精义也。铁路电线经过之地，吁请饬下江西湖南巡抚转饬所属地方文武，随时照料，妥为保护，以副国家维持铁政之至意。所有湖北铁厂改归商办后情形，及造轨采煤各事皆有端绪缘由，谨合词恭折陈明，伏乞皇上圣鉴训示。谨奏。

再萍乡煤矿，现筹大举开办。运用机器，延订矿师，以及筑路设线工程繁难，需费约数百万有余，收效在八九年之后。以鄂厂化铁炼轨，事虽商办，实国之大政，不得不先掷目前之巨本，以博将来可恃之焦煤。惟中国商情，向多见小利而忘大局。诚恐萍煤运道开通，经营有绪，复有商人别立公司，分树敌帜，多开小窑，抬价收买，以坏我重费成本之局，甚或勾引外人。如上年湘省有串买矿山之事，迨经察出，根究挽回，业已大费周折，皆虑之不可不早，防之不可不周者。拟请嗣后萍乡县境，援照开平，不准另立煤炭公司。土窑采出之煤，应尽厂局照时价收买，不准先令他商争售，庶济厂用而杜流弊，相应请旨饬下江西巡抚饬属申禁，此铁厂全局利钝所系。谨附片具陈，伏乞圣鉴，谨奏。

再萍乡煤矿现筹大举，造端宏远，规划繁难，且筑路设线，运用机器，均须洋人。非得晓畅中外情形兼备体用之员，俾总其成，不足以调驭协和，相机施设。查有湖北候补知县张赞宸，操履谨严干事贞固，调理精密才足肆用。去年派充铁厂提调，讲求整顿，实力实心。嗣令带同矿师前赴萍乡一再勘查，于矿产运道开表机宜，研求至悉。当经派往萍乡总办煤矿一切事宜，以专委任，而责成效。谨附片陈明，伏乞圣鉴谨奏。

清政府采纳了张之洞、盛宣怀开办萍乡煤矿奏章，要两人按所议办理：

二十八日奉上谕张之洞等奏陈明湖北铁厂该归商办后情形一折，湖北铁厂经该督等招商承办。先将造轨采煤各事，力筹整顿，已有端绪，即着照所议办理。所有铁路电线经过之地，着德寿[①]、陈宝箴[②]转饬地方文武妥为保护。另片奏萍乡煤矿现筹开办，请援照开平禁止商人别立公司，及多开小窑抬价收买等语。着德寿即饬所属随时申禁，以重矿务。张之洞等折片，着分别钞交德寿、陈宝箴阅看，将此各谕令知之。钦此。[③]

---

① 德寿，时为江西巡抚。

② 陈宝箴，时为湖南巡抚。

③ 《附录鄂督张之洞铁路督办盛宣怀会同奏办萍乡煤矿原折》，引自顾琅：《中国十大矿厂调查记》（一），上海商务印书馆1916年版，第2—6页。

二、张赞宸衔命来萍开矿

光绪二十三年（1897 年）六月，盛宣怀饬汉阳铁厂提调兼总稽核张赞宸：

"萍焦衰旺关系全厂盈亏，该提调现办稽核各事略有端绪，应即遵照前札，迅赴萍乡会同李令（宗琏）等悉心整顿，从长筹计。究竟厂户包交每月一千三百吨、自炼三百吨是否确有把握？所购兴顺、亨顺、同顺三窿均已见水，能否赶紧提汲，指日开采？砖炉焦匠制炼已未得法，驳船水道夏秋能否畅行？卢洪昶固非总理之才，其信任劣司如杨寿春辈，种种贪婪，尤应驱斥一二。该提调务当不避嫌疑，通盘筹划，应举应黜，本大臣不为遥制，并勒令卢洪昶将领过厂款八万两，分析赶造清册呈报，毋许丝毫弊混。除照会郑总办并札饬总稽查宗令得福暂时代理提调兼总稽查事务外，合亟札行。札到该提调迅即兼程赴萍，妥筹经久，毋稍瞻徇推诿。切切此札。"[1] 盛宣怀认为"萍煤极好，必须民挖官收，按法自炼。"[2] 于是，张赞宸奉命开始了萍乡煤矿艰难的创办历程。

盛宣怀到萍乡来开矿，是逼不得已的事。

盛宣怀接办汉厂时，国内、国际煤炭市场又有了新的变化。汉阳铁厂招商承办后，燃料问题没有得到根本解决，仍旧要依赖洋焦、东洋焦和开平焦的供给，以致燃料成本太高，铁厂经费更形匮乏。

洋焦售价每吨十七八两，约为外国生铁的煤焦成本的三倍。洋焦价之所以这样昂贵，除了因为路途遥远而运费增加外，还因为 19 世纪末期世界各国纷纷采用金本位制，不再以银作为货币，银子世界市场的价格因需求减小而锐降，故中国以银为本位的货币在国外的价值日渐低落。例如，光绪十六年

---

① 《札湖北铁厂提调张令赞宸》，光绪二十三年五月十五日（1897 年 6 月 14 日），引自陈旭麓、顾廷龙、汪熙主编：《盛宣怀档案资料选辑之四：汉冶萍公司（一）》，上海人民出版社 1984 年版，第 547、548 页。

② 《盛宣怀札张赞宸文》，光绪二十三年五月二十日（1897 年 6 月 19 日），引自胡政主编、张后铨著：《招商局与汉冶萍》，社会科学文献出版社 2012 年版，第 105 页。

（1890年）中国每一海关两在伦敦兑换英镑五先令又四分之一便士；光绪二十年，只兑换三先令二又八分之三便士；二十四年，只兑换二先令十又八分之五便士，恰为八年前的二分之一。因为中国银两在国外市场越来越跌价，当日洋焦的售价（以银表示）自然要较官办时期为高，每吨贵至银二十余两，并且有越来越贵的趋势。因此，汉阳铁厂难免有"镑贵洋煤难买"的兴叹。

东洋焦虽然"磺多灰重"，品质不佳，但售价每吨也要二十两，还要加价，而且两年以后才有货交易。

既然洋焦和东洋焦都不足倚靠，铁厂唯有寄希望于开平焦供应。然而开平焦有三大缺点：第一，品质不纯净而易碎；第二，并不便宜，每吨售银约十六七两，后来还要加价；第三，汉阳铁厂开一炼铁炉，每年要消耗焦炭三万六千吨，开两炉则需七万二千吨，但开平煤矿并不能满足铁厂这样大量的需求，每月只能供给一千吨，一年也只能一万二千吨左右而已。后来汉阳铁厂要求开平煤矿把矿内煤质最好的五槽煤先尽铁厂购买，并由铁厂派人监督炼焦，但都为煤矿当局所拒绝。因此，开平焦对于铁厂的帮助并不大；而且，由于开平煤焦售价太贵，铁厂燃料成本特别高昂，以致到了光绪二十六年（1900年），铁厂亏本超过一百万两。

洋焦和开平焦靠不住，盛宣怀打算自己找煤炭。光绪二十三年（1897年），盛宣怀多次派遣矿师沿长江流域勘测煤矿，发现湖南境内煤矿储量富甲天下，认为是铁厂炼铁的救星，而寄以无穷的希望。在湖南煤矿中，以宁乡煤矿为最好，那里的煤虽然稍带磺质，但灰、磷俱轻，如用机器开到深处，必可得磺轻的煤；其次是小花石的煤矿也不错。此外，衡阳漂港和清溪的煤矿也不错。但开采出来后都不合用，第一，含硫磺太多，并不宜于炼成焦炭来作炼铁用；第二，小花石位于湘江沿岸，易为水淹；第三，清溪煤矿虽然

张赞宸（1863—1907），字韶甄。江苏武进人，湖北候补知县。光绪二十三年（1897年）任汉阳铁厂提调。曾任汉阳铁厂会办银钱股事、铁厂提调兼稽核、铁厂总董、萍乡煤矿总办、天津银行总办等职。

李寿铨（1859—1928），字镜澄，出生于江苏江都大桥镇。李寿铨是"萍乡煤矿创始之人"（盛宣怀语）。又是同盟会会员、南社诗人和萍浏醴起义的组织者之一。

赖伦，安源煤矿第一任德籍总矿师，因在协助张赞宸勘探和建设安源煤矿的功绩，获得清廷授予的三等第一宝星勋章。

采用西法开采，但学西法没有学好，亦为水淹。至此，盛宣怀对湖南煤矿的厚望也只好放弃了。

由于焦炭缺乏，铁厂只好暂开一炉，每日所产的生铁，只够炼成钢轨一里，当焦炭特别缺乏的时候，甚至还要被迫停炼。汉阳铁厂创办的主要目的是制造钢轨，以供应卢汉铁路的需求。要是汉厂因缺乏焦炭就此停炼，卢汉铁路的兴筑势必要购买洋轨，这样一来，既辜负了创办者的初衷，也将影响到铁厂，造成铁厂从此一蹶不振。为挽救这个垂危的局面，盛宣怀决定投入巨资，购买新式机器，到萍乡找煤开矿，以解决铁厂焦炭缺乏的问题。

为了办好萍乡煤矿，张赞宸聘请了两个助手，一个是德国矿师赖伦，与他签订了三年合同。另一个是李寿铨。

李寿铨是通过友人引荐在上海与张赞宸会面的，由于振兴实业，彼此志同道合，两人一见如故。他在后来一次写给友人的信中提到这一段友谊时说："铨本无才，谬襄矿务，自问毫无把握。幸承敝总办指授机宜，信任专一，乃得竭愚公之愚，矢精卫之精，勉从诸同事之后，侧身实业，希附末光。"赴江西前夕，他在姜堰镇赋《茶亭远望》一首，抒发胸中的豪情："极目平原望，青青一草齐。几人蓑笠小，四合水云低。树远风难动，松高雾不迷。我今临此地，阡陌畅东西。"[1]

---

[1] 李为扬：《李寿铨与安源煤矿》，江西省政协文史资料研究委员会、萍乡市政协文史资料研究委员会合编：《萍乡煤炭发展史略》，1987年内部资料，第57页。

张赞宸希望此行能实现自己的愿望。他们此行去萍乡的目的，一方面，是探明萍乡煤确实储量，为正式开采做准备；另一方面，就是筹备创办萍乡煤矿。

几人带着"拟请嗣后萍乡县境援照开平，不准另立煤矿公司"①的诏书，于光绪二十三年（1897年）七月走马上任。

张赞宸一行从湖南方向进江西，五月二十九日来到萍乡。沿途考察了运道。矿煤运到萍矿皆走陆路，十余里至三五十里不等，运力很艰辛。萍城运渌口一条小河，进入冬天水浅，夏秋间农民拦河筑坝，蓄水灌田，共有108座水坝，须大水方才开放，转运艰难。小船掺假，竟没有办法阻止。

在来萍乡前，盛宣怀给张赞宸文说："该提调（此时张赞宸为汉阳铁厂提调）当不避嫌怨，通盘筹算，应举应黜，本大臣不为遥制"，要他调查卢洪昶他们在萍乡的情况。张赞宸一到萍乡，便雷厉风行地工作起来："萍乡调查流水总账，细核之各厂各井分账，并无弊窦，创始多费则有之，至购买窿井，卢升令洪昶并无肥己情事，经手员司则外间啧有烦言，虽查无据，而事非有因。履勘各路井厂，应停者停，应开者开；稽查各处员司，应撤者撤，应调者调。"对卢洪昶的处置，"卢洪昶任事忠勇，不为无功，但任事矜躁，罔顾前后，咎实难辞"。他还提出了萍乡煤务局用人建议："管见萍乡至重，急宜定一办法，应请另简操纵得宜、宽猛并用之人前往接替，庶使官绅通气，厂户服从……总之，果能得人，炼炭不患不精，出煤不患不旺，厂户不患不信，官商不患不和。"②

当时，恽积勋、顾家相等人认为："萍乡与湖南醴陵相连，西乡已染湖南悍气。"然而，张赞宸与他们的观念不同，他认为"此邦山水雄秀，土脉肥

①《张之洞、盛宣怀会奏开办萍乡煤矿禁止另立公司片》，光绪二十四年三月二十六日（1898年4月16日），引自湖北省档案馆编：《汉冶萍公司档案史料选编》（上），中国社会科学出版社1992年版，第201页。

②《张赞宸致盛宣怀函》，光绪二十三年七月二十五日（1897年8月22日），引自湖北省档案馆编：《汉冶萍公司档案史料选编》（上），中国社会科学出版社1992年版，第199、200页。

厚，民情刚直朴勤，实为各省之冠，其间必有大经济、大学问接踵而起。宪台素重人才，还乞随时留意，刍言上献，借备钧裁"。[①] 他积极建议盛宣怀延揽人才，不久后盛宣怀在安源开办了矿务学堂。

到萍乡后，张赞宸先去拜会了萍乡首绅文廷式，得到他的支持。继又拜会知县顾家相，把朝廷批复的办矿文件拿给他看，以期获得他的支持。

张赞宸面临的第一个难题是收煤。当时，广泰福由于商力匮乏、开采技术落后、交通运输困难等原因，经营难以为继，于是向煤务局请求给予优惠价格，将所经营的一切业务全部转让。光绪二十三年（1897年）冬，煤务局收购合并了该商号设于紫家冲等处七厂十八井，作为萍乡煤矿的建矿基础。此后，广泰福商号散了伙，形成了煤务局一家独营的局面。在萍乡煤矿未建成以前，煤务局的一项重要任务是收购煤炭，可是萍乡的小煤井多达300多家，都是独立经营，如果煤务局要与一家一家单独做生意，困难重重。张赞宸接办煤务局后办的第一件事就是把各小煤井井主联合拢来，组建福善堂，将其纳入煤务局的管辖之下，与诸人签订包销合同，帮助福善堂整顿煤务，统一销售。同时，福善堂也进行了内部整顿，自订条规四则：

萍乡各厂户公立条规

光绪二十三年五月

我邑焦炭由官局运赴湖北铁厂，屡经洋匠考验，间有不合用者。前官局查办委员莅萍集合帮公立包字，议定日交吨数并拟整顿煤务经允条规四则，交委员面呈盛大臣察核。兹特刻录于左，以便同志省揽焉。

计开：

——焦炭首重灰磺均轻，质坚色润。欲求灰磺俱轻，质坚色润，必须责成井上挖手，先将井内当头之壁层剔除净尽，然后挖煤。上箕出井之时，由拣工逐箕过细验明无壁，然后发厂过筛。复由筛手验明无壁，

---

① 《张赞宸致盛宣怀函》，光绪二十三年七月二十五日（1897年8月22日），引自湖北省档案馆编：《汉冶萍公司档案史料选编》（上），中国社会科学出版社1992年版，第199、200页。

然后用密筛筛净。又由拣工验明无璧，方准入炉烧炼。如此正本清源，乃能炼出佳焦，增广销路。倘挖手不剔除璧，希图含混，一经拣工验出，则罚挖手当日工钱，以奖拣工。拣工如不仔细，一经筛手验出有璧，则罚拣工当日工钱，以奖筛手。筛手糊涂，一经拣工验出有璧石，则罚筛手本日工钱，以奖拣工。焦炭出炉后，如仍夹有璧块、璧末，则罚炼工三日工钱，以示加等之意。所罚之钱，随时奖给各班工人，无论多寡，作为酒资，俾众咸知。如挖手、拣工、筛工、炼工人等，能一月内无过，亦宜酌量给奖钱，以昭激劝。庶互相箝制，各有专责，始肯慎重将事。凡我同人，务宜一律照办，以整帮规而维大局。幸勿阳奉阴违，致劣焦无从销售，自取亏累之苦。

——各号炼焦，宜先将所有之煤井取样送局化验合用，才可以开炼。凡质劣、油轻、灰磺皆重，不合炼焦的者，止许发售生煤，不准设炉炼焦，以杜混杂，阻遏销路之弊。违则禀局及县封井，均不稍事姑容。

——合帮承办焦炭，每月承包有定数，截长补短，可赢不可绌。倘有将合用焦煤，私售别处，以致比较不符包数，议罚之款，惟私售人是问。至炼出不合用者，应先报明，方准另卖。

——焦炭成本甚重，必须严禁挑脚盗卖。欲绝盗卖，尤宜先禁销赃。从前外卖外收，各窿受苦，指不胜数。嗣后遇有倒卖盗买情事，一经查获确实，公同禀请追究，务各破除情面，以为明知故犯者戒。

以上四条，皆系本帮各号切己切要之事，祈各同志，永远遵行，是为至幸。

萍邑福善堂同人公立 [1]

顾家相当即出了一纸告文："查照湖南奏定矿务章程，遇有大矿用机器开采者，四至依脉十里内，无论何人之业，均不得另开窿口；小矿以人力开采者，四至依脉三里内，均不得另开窿口；如有违禁私开，或将废井重复开挖，

---

[1] 《萍乡各厂户公立条规》（光绪二十三年五月），引自湖北省档案馆编：《汉冶萍公司档案史料选编》（上），中国社会科学出版社1992年版，第199页。

希冀扰乱矿章，由地方官严拿治罪，并分行县局遵照在案。"[①] 张赞宸他们即携带告文和干粮，栉风沐雨，跑遍深山密林，访尽窿区，逐井考核。

张赞宸他们来时，安源处在无秩序开采状态，"萍民向以开煤为生，各山土井林立，密如蜂房，甚至数丈之内，并开两井"[②]。这些乡井，大多是山主自行开的，一旦挖穿，则灌水熏烟，持械争斗，所以纠纷不断，诉讼案件层出不穷。顾家相既为萍乡因煤而富感到高兴，也为每天的诉讼弄得伤透了脑筋。井主因受各种条件的限制，一般是浅度开采，造成废井多，这会给今后的机井开采造成安全威胁。为了弄清楚煤的储量和小煤窑分布情况，他们下到小煤井里面去看。乡民怕他们掌握了矿井资料，不准他们下井看，他们就取出知县顾家相的告示给井主看，井主见了知县的布告，不敢阻拦。洋矿师们逐一勘矿，将图绘制好了。他们还冒着危险，考察了一些废弃矿井。赖伦拿出罗盘来测了各矿井方位，并在地形图上填了图，"将萍城东三十里之黄家源择由平坦少弯之路测绘至醴陵、渌口，将亲勘官局、商业、民户所开煤井、槽路、炼焦厂炉编列表目一册、萍乡黄家源至醴陵渌口测绘路图一卷、萍至湘潭水道图说一卷、官局自置矿井图一卷、顶购矿井契据抄底一本，并萍局去冬开办至停办至六月底止收支银钱折一扣、炼运焦煤折一扣，又上栗市局开办至停办止用款折一扣，汇呈鉴核"[③]。这为开采煤炭掌握了重要的地质资料。

张赞宸来之前，由官局分督各商井厂，仿造外国圈式高炉，以及开平、河南等土炉，但炼出的焦炭，多属生熟掺半，质地泡松，仍不能适应炼钢要求。后来，张赞宸自创平底炉炼焦，"督率官商各井厂，悉心试炼，逐节讲

---

① 张赞宸:《奏报萍乡煤矿历年办法及矿内已成工程》，光绪三十年十二月（1905年1月），引自湖北省档案馆编:《汉冶萍公司档案史料选编》（上），中国社会科学出版社1992年版，第206、207页。

② 张赞宸:《奏报萍乡煤矿历年办法及矿内已成工程》，光绪三十年十二月（1905年1月），引自湖北省档案馆编:《汉冶萍公司档案史料选编》（上），中国社会科学出版社1992年版，第206、207页。

③《张赞宸致盛宣怀函》，光绪二十三年七月二十五日（1897年8月22日），引自湖北省档案馆编:《汉冶萍公司档案史料选编》（上），中国社会科学出版社1992年版，第199、200页。

求，驯至焦炭出炉，坚光切响，巨细成条，化验则灰磷磺质俱轻，到厂炼铁，果合炼钢之用"。[①]经过了夏秋两季的摸爬滚打，张赞宸他们把安源周围的情况摸了个通透。

三、矿址选在安源

萍乡煤矿开矿已成定局，但矿址未决。经赖伦与张赞宸再度考察商定，矿址最后选择萍乡县东南6公里的安源。

关于安源得名的由来，张振初在《安源轶事》中是这样描述的：

安源地处江西省萍乡市（原为县），位于天磁山脉中段的武公岭脚下，面积原为2平方公里左右。周围皆山，岭峰不高，为690公尺，与牛形岭对岭相望。这里原遍长茂林修竹，风景秀美。山下狭长的盆地盛产稻谷与苎麻。入口处有一古庙名仙桂社，香火不断，节日参拜者络绎不绝。它既是人们生息的好地方，又是我国江南久负盛名的煤炭产地。

安源得名史志均无记载，据老人相传，古时武公岭上下有三座庙宇，脚庵于武公岭后侧山下，名葛仙庵；中庵位于山腰；顶庵则在山巅。

一天，中庵方丈梦见菩萨托梦，说是这里只有万年香火，无万年神位。意思是说，万年有人烧香朝拜，可因乌龙翻身（即开发煤炭），庵宇难保万年不损。于是方丈决计将三座庵宇迁往武功山。

武功山为江西有名的第三高山，离安源60余里，山上庵宇和安源武公岭原有庵宇规模大体相同，亦分脚、中、顶庵。武功山原名"兹山"。据《萍乡县志》记载："晋时有武氏夫妇修炼于此，故名'武公山'。陈武帝讨侯景之乱时，楚人欧阳顾助义，梦武仙拥骑前驱，因以告帝，帝以为平景之谶，遂改称'武功山'。"葛仙庵在武功山麓，俗称脚庵，传

---

① 张赞宸:《奏报萍乡煤矿历年办法及矿内已成工程》，光绪三十年十二月（1905年1月），引自湖北省档案馆编:《汉冶萍公司档案史料选编》（上），中国社会科学出版社1992年版，第206页。

说晋代葛洪在此修炼，得道成仙。茅庵即武功山顶庵，又名金顶，在佛语中意为最高处。

安源武公岭的庵宇迁走后，这里的村民希望神灵继续保佑他们"安"定生息，又因武功山葛仙坛等3座庵宇曾起"源"于此，故将武公岭脚下盆地取名"安源"，流传后世。[①]

光绪二十四年（1898年）五月三十日，张赞宸电复盛宣怀说："赖审地势，测煤路，考磷质，已一月，日内择定安源罗姓地。""东南矿山以安源地势为低，罗地更低，土井林立，怕水不能深入，洋矿在极低处动手可避险。现筹挖平巷两条，一取上槽，一取下槽，见煤必速，并购相距里许之李姓井，拟先三路分挖，继将三路打通，直取紫家冲、王家源挖取，必旺且佳。"稍后向盛宣怀保证："若有款、有轨（指铁路）后，矿无大敌，五年内不收回成本，请坐赞以重罪。"[②]这时广泰福商力匮乏，土法浅显，运道迂滞，难以为继；请求给予优惠价格，自愿将所经营的一切业务转让。从而于光绪二十三年冬收并了该商号设于紫家冲等处同顺等七厂十八井，作为建矿基础。

表3-1　汉阳铁厂收购广泰福商号的厂井清单

序号	字号	厂井	序号	字号	厂井
1	紫家冲	炼焦厂	10	广生	煤井
2	同源	炼焦厂	11	四和	煤井
3	同庆	煤井	12	太平山大中坑	炼焦厂
4	同福	煤井	13	平福	煤井
5	同源	煤井	14	森盛	煤井
6	同茂	煤井	15	鸿福	煤井
7	同泰	煤井	16	全福	煤井
8	王家源	煤井	17	德福	煤井
9	广泰	煤井	18	升福	煤井

① 张振初：《安源得名的传说》，《安源轶事》，1995年未刊稿，第3、4页。

② 《萍乡矿务局志》，1998年内部资料，第61页。

序号	字号	厂井	序号	字号	厂井
19	善竹林	炼焦厂	23	双凤冲	炼焦厂
20	同德	煤井	24	安字	煤井
21	张公塘	炼焦厂	25	协字	煤井
22	三多	煤井			

说明：1897 年广泰福商号因财力不继，被迫将所属炼焦厂 7 处、煤井 18 处出售于汉阳铁厂。

资料来源　《江南煤都　工业重镇——萍乡煤矿历史专题陈列》。

当时安源地方，共分六区，俗称六境。经过 200 多年土法开采，废窿新窿，触目皆是。要用机器开采，必须将这些小煤井归并，再另行分布。矿局根据已颁矿章，先对安源境内的山场进行清查，把逼近机矿的商井，先行优价收买。近矿一带，不准另挖窿口。对于废窿，给以适当的津贴，禁止续开。凡因办矿而损坏了的田园、塘陂、沟渠、屋宇乃至树木，都分别定价，由矿赔偿。复垫土运料，妥迁庐墓，填筑桥梁，以尊民俗。并约定在机矿开办以后，对于六境居民，以廉价售给烧煤，以示优待。这些措施，都照顾到地方人民的利益，有利于机矿顺利进行。

为了保证煤矿的长远利益，矿局与地方民众签署了购买山场协议。

> 立杜卖水田契人方三才堂，缘我堂内所管安源台上水田四坵，今因矿局需用，商议将该田卖与机矿局管业，其田顺水作向上下左右四至矿业为界，当日公同丈量，共计二百二十二丈八尺四寸，每丈价洋一元四角，共得受地契价洋三百一十一元九角七分六厘正，亲收未欠，其官粮银五分正。现在长一二九方中和堂户内，卖后任拨入矿局，完纳其田。未卖之先，并无典当，卖后任局自便施为。今欲有凭，立卖契为据。
>
> 凭中：王守恩、贾旸谷、蓝玉山均押 ①

---

① 萍矿档案：萍乡煤矿产业契据（全宗号 2-7-124）。

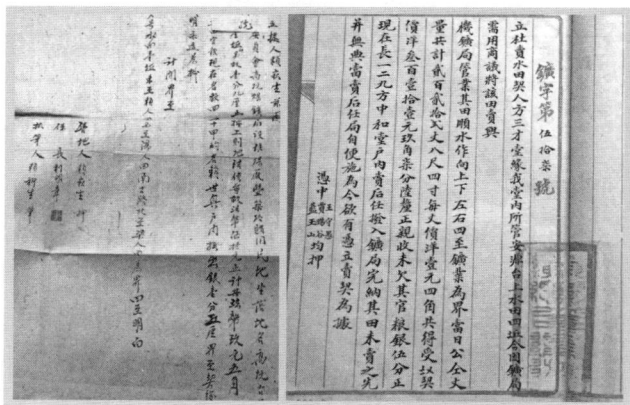

卖地契约矿字第五十七号　　　　　　萍矿官矿局界石碑

签完约，即开始埋桩，桩用麻石做成，镌刻"官矿总局"字样，有的还标明山场四向、至何地点。

为了照顾十几万家居民烧煤，更进一步提供方便，特规定：（一）距矿较远，煤质较次，而又不关机矿正脉之处，准留民间开挖烧煤，并移县立案，永禁将井售给洋人，免致外权侵入。（二）距井较近，有关机矿正脉之处，民间所需烧煤，即由矿局各于扼要之处，酌留一二井，派专人负责，定价低廉。（三）安源烧煤，由机矿出售。紫家冲、小坑、双凤冲等处烧煤，由紫家冲、小坑分矿出售。

对于其他多家商井，虽距矿稍远，但煤质极佳，合炼焦炭适于铁厂使用，于是在光绪二十五年（1899 年）二月，由矿局帮他们组成"保合公庄"。遴选士绅，负责经理，办理调查、登记、管理等事宜。并且将他们所出之焦炭，按照化验的结果，根据灰磷轻重，分别定价，由矿局统一收购。

光绪二十四年（1898 年）三月，萍乡煤矿成立。萍矿成立时，盛宣怀颁发了"萍乡等处煤矿总局关防"①，所谓萍乡等处，意在萍乡地方兼办购置的铁、锰、锑、铅多处矿产企业，以煤为主，多种经营，向联合企业方向发展。"局"，按照当时业务划分，通常比部级小，比处厂矿大。况且中国早有上海

---

① 关防：这里指大印。萍矿关防系朱文篆字，长 9 厘米，宽 5.5 厘米，边宽 4 厘米。萍乡"等处"系包括上珠岭铁矿、白茅山锰矿、盆形岭锑矿、白竺山铅矿等而言。

的江南制造局、福州船政局、湖北铁政局等，称局为当时时髦名称。由此可见，盛宣怀给萍乡煤矿取名时，就拟在萍乡创办类似德国鲁尔重工业区，以煤为主，冶炼钢铁所需要的矿产，组成联合企业，称为"总局"。至于除煤矿办成外，其他矿产未曾开发，是话外之事。因矿址设在江西省萍乡县的安源村落，民间俗称为安源煤矿。信笺署名萍乡煤矿总局，电函中简称萍矿，对外使用萍乡煤矿公司或中国萍乡煤矿局名称。

六月，萍乡知县顾家相遵旨发布告示，保护机矿进行。根据《矿务章程》并结合萍乡具体情况，规定：在观仙、观清、观崇之一二图[①]境内，在五月建矿以前，既经开挖民窿，应准照原开挖；在五月建矿以后，不准另开新窿，已停已废各窿，要全部封闭。愿意出售的当酌给优价。并列出名单，准开复顺等十四井，禁开全裕等十六处废井。

萍乡煤矿由张赞宸任总办，李寿铨任机矿处长，赖伦任总工程师。考虑到文廷式不仅是萍乡鼎鼎大名的京官，而且文家势力极大，"城乡户疏密，强半是姻家"[②]，管得住人。萍乡煤矿遂聘请文廷式以地方首绅地位，协同照料。由于萍乡地处内陆，物资运输困难，而创办萍乡煤矿，又不是国家拨款，而是靠自己凭着皇上的牌子，到处去筹款，一句话，白手起家。三人作了分工，张赞宸筹钱，李寿铨办矿，赖伦掌管工程。

"安源罗姓地"——总平巷口

---

① 三观是乡的名称，"里""图"相当于"保""甲"。

② 文廷式：《萍乡郊行杂诗》之五，李汝启主编：《萍乡历代诗荟》（第六册），线装书局2019年版，第3143页。

四、筹措办矿资金

萍乡煤矿创办之初，对于盛宣怀来说，缺乏资金是个棘手的问题。因为他的手中并没有资金，而创办这样一个超大型近代化企业，对于一般人来说，没有数百万两银简直是不可想象的事。可是盛宣怀只有朝廷的谕令。然而，谕令其实就是一块金字招牌，盛宣怀凭着谕令去办事，可以畅行无阻。根据萍乡煤质量好、蕴藏丰富、市场前景广阔这一特点，盛宣怀向国内招股，向国外借款，大胆创办萍乡煤矿。

萍乡煤矿有限公司招股章程

光绪二十七年六月

此矿系在江西省袁州府萍乡县境，故曰萍乡煤矿。叠经泰西著名矿师赖伦及克利马等详细履勘，佥称质佳苗旺，数百年开挖不尽，实为中国难得之矿。本为湖北铁厂急需焦炭，而该矿煤质至佳，尤胜于开平，既可炼制焦炭，又合轮船、铁路之用。光绪二十四年三月，督办铁路大臣兼督湖北铁厂、上海轮船（招）商局盛，会同湖广总督部堂张具奏，钦奉谕旨：萍乡煤矿，现筹开办，请援照开平禁止商人别立公司，及多开小窑，招价收买，着德寿即饬所属随时申禁，以重矿务等因。钦此。钦遵在案。查萍乡煤矿，创办两年有余，经之营之，规模业已初具，矿务已见成效。当创办之初，尚未召集商股，惟轮、电两局及零星附股，共已收得库平银一百万两；而置办机炉等项，需款不赀，又向德商礼和洋行借马克四百万，合计中国规银一百十余万两，以为陆续购置机器之用，分期本息归还。今矿务已见成效，自应赶紧筑造铁路，以应运煤之用。查萍乡自安源业已造成铁路十四里，名曰萍安铁路，今须展设至醴陵铁路九十里，与萍安铁路十四里相衔接。据洋总矿师赖伦估计机矿工程，铁路总公司洋参议李冶估计萍醴路工，总共约需股本库平银三百五十万两，则运道可以畅通；礼和借款，可以如期归还，利权自保，不落外人之手。是则除已收得股本库平银一百万两外，尚须添招股本库平银二百五十万两，庶几一气贯通，将后之利源大沛，可操左券。所拟详细章程，条陈于后。设有未当，幸不吝赐教焉。

一、煤矿及铁路股本，共计应需库平银三百五十万两，除已招收一百万两外，尚应添招库平银二百五十万两。惟上海为各口商务总汇之地。一应出入，皆以规银汇兑。若以库平而论，须按一零九六申作规银，则现在兑收股本，将后兑交股息，皆有奇零之烦。故议得前后所招股本一律改为规银，计共作股本规银四百万两，前所收过之库平银一百万两，再向原根找收规银四千两，作为一百十万两。今应添招股本规银二百九十万两，除已允江西众绅商留起五十万两，轮船招商总局一百万两外，净应添招商股本规银一百四十万两。

一、本公司股本规银四百万两，每股计规银一百两，共计四万股。每股印票一张，随给息折一扣，一股至千股，均可随意附搭。本公司以萍乡为总公司，他埠为分号。将后上海、汉口等处，皆须设立分号，以便生意出进，可以就近交接。现在各海口之分号，皆寓在招商局内。凡欲附股者，或在萍乡总公司，或各海口招商局，皆可挂号，先行报明姓字籍贯。如搭一股者，先收规银十两，由招商局代出收条一纸。俟挂号截止，添付股票息折之时，再找收规银九十两，以成一百两之数，其银当时收足。此为有限公司，如挂号之后，不来领取股票息折，则挂号先收之银，概不还给。应于何时截止挂号，填发股票息折，届时再行登报声明。

一、股息按年八厘，闰月不计。每至年终结账，除官利及一应开销之外，盈余若干，分作十成，以二成缴部以伸报效，其余八成，应酌量将机器、房屋、轨道、路车折旧若干成，股商余利若干成，员司花红若干成，届时再行秉公酌定，刊明账略，以示大公。

一、凡事先难后易，将来生意丰盛，如或别有推广，应议加股之时，亦照各公司大例，先尽老股，以昭公允。

一、本公司系轮船招商局经办，而股本亦系招商局为多，年终结账，必先缮呈盛总办宪，及招商局总办总董核鉴，然后刊印账略，分送股商。

是以股息及余利，须五月初一日，乃能凭折照发。

一、生意大例，最忌账目混杂，本公司进出银钱、煤焦数目，立流水簿，逐日过清，不得囤积。按月月结，年终则总结，庶几眉目清楚。招股等事，虽由招商局挈其纲领，至平时账目，本公司另有司事专责，各清界限。

本公司专招华人股本，所以股票必须填明府县籍贯，以免含混影射。如或转售与人，须将票折持向萍乡公司，或上海分号，更名换票，亦只准换华人姓名籍贯，本公司注明底册方为本公司实在股东，倘有并未更名注册，而所持股票，非本人姓字籍贯，至本公司自称为股东者，本公司概不承认。[①]

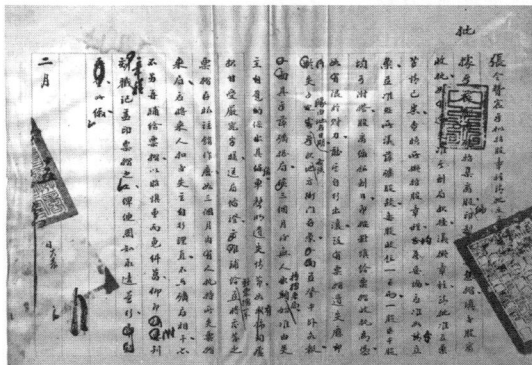

萍矿股票章程批文

萍乡矿务公司股票存根

萍乡煤矿公司借款合同

（光绪二十八年七月初四日）

订立合同人：一、萍乡煤矿公司（合同中称煤矿公司）；一、轮船招商局、汉阳铁厂及督办铁路兼汉阳铁厂、轮船招商局盛宫保（合同中称担保者）；一、上海等处礼和洋行（合同中称礼和）。兹因立此合同之前，已有合同，礼和允借与萍乡煤矿马克三百万，其前合同年、月、日及立

---

① 《萍乡煤矿有限公司招股章程》（光绪二十七年六月），引自全汉昇：《汉冶萍公司史略》，台北文海出版社 1971 年版，第 298—300 页。

合同人，即与此合同所载相同。又因议该合同（此后称正合同）时议定，礼和须照此合同所载条款，再借与萍乡公司马克一百万，为购买机器等用，故立条款如左：

一、煤矿公司与礼和彼此合意，此合同画押之后，由礼和借与煤矿公司马克一百万，任听随时陆续取用。

二、还本付息，均须缮具期票，盖用煤矿公司关防，并由担保者批行加盖关防。

三、期票所载之数均用马克，按期在上海交付，照该日之德国马克电报汇价核算。

四、期票所载借款，全数作为煤矿公司存款，由礼和流水登记。其煤矿公司未支之款，给回息常年四厘。

五、马克一百万，常年七厘起息，自出期票日起，照借本全款不折不扣计息，并照后粘本息期单，每半年一付；至借本全款，亦不折不扣于八年内匀摊还清，并照后粘本息期单，每半年一付。其第一次摊还礼和借本，系在一千九百零六年正月一号。

六、此项款，礼和付法如下：煤矿公司或担保者于购办机器等件须付款项，随时可请礼和照发票付交承造此项机器等件之厂，礼和即应照付。而发票上所开此项机器等件装运保险，均归礼和经理，费从最廉。所有经理此项事应用之费，及照中国交货价九五扣用之费，礼和均可在煤矿公司存款内照划（见第四条）。

七、一千八百九十九年四月八号彼此（汉阳铁厂不在此内）所订合同内载，倘煤矿公司不能付款，允给礼和利益及所有担保允许之事，准其得行于此合同，与载入此合同无异。再汉阳铁厂允保礼和，凡期票未曾付清以前，不得将该厂地基、厂屋、机器等交割出售与人，或向人借钱，或抵押与人。设使于合同期内欲将以上所指厂业抵押与他人，则除尽正合同外，应先酌提若干，按照格式抵押与礼和，或礼和之替人，足数保实该时尚欠礼和垫款息本之数。又盛大臣允保，倘煤矿公司至还款

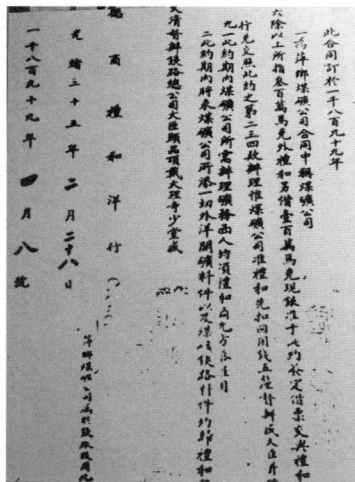

萍乡煤矿向德国礼和洋行借款合同

之期无以应付，则以大冶售予日本矿石之价，除尽正合同外，抵还借款。该矿石合同，尚有十二年期限，至煤矿公司所出期票，倘有一次逾期三个月不付，则所有已经煤矿公司及担保者批行盖印之还本期票，无论系何年月，均作到期之票，同时向煤矿公司索还本款，其息则仍按长年七厘计算，至还本为止。又凡遇此种情形，除照一千八百九十九年四月八号所订合同内载礼和所得利益外，并准礼和代管汉阳钢铁全厂及产业，遵照中国政府现在或将来所给该钢铁厂之利益办事，俟期票还清后，再行将汉阳铁厂交还。惟合同虽载此款，仍不干碍礼和向担保者索偿，与合同未载此款一样。而倘至礼和收执煤矿公司之矿或汉阳钢铁厂地步，应用矿石白石，由盛大臣择最佳者供给，其价即照与日本人所订之合同数目相同。又礼和应用公司煤焦价值，照便宜卖价核算。礼和所用矿石、白石及煤焦，一概不付现款，均登礼和账上，作为煤矿公司存款，以便抵还欠款。

八、倘一千八百九十九年四月八号合同及正合同，或有所行，或有所不行，均不得借口废此合同。若此合同或有所行，或有所不行，亦不得借口废一千八百九十九年四月八号合同及正合同。

九、煤矿公司准礼和将此合同呈由德国驻京大臣报明外务部存案。此合同共缮五份，盛宫保持一份，汉阳铁厂持一份，萍乡煤矿公司持一份，礼和持两份。

大清钦差大臣督办铁路总公司、轮船招商局、汉阳铁厂、太子少保、工部左堂盛

总办汉阳铁厂事宜三品衔湖北候补道盛

会办汉阳铁厂事宜三品衔候选正郎李

总办萍乡煤矿事宜湖北候选道张

德商礼和洋行

光绪二十八年七月初四日（一千九百零二年八月七号）①

订立合同人：一、萍乡煤矿公司（合同中称煤矿公司）；一、轮船招商局，汉阳铁厂，及督办铁路兼汉阳铁厂、轮船招商局盛宫保（合同中称担保人）；一、上海等处礼和洋行（合同中称礼和）。

兹因煤矿公司向礼和借马克三百万，礼和应允，故立下列各款：

一、此合同画押之后，煤矿公司与礼和彼此合意，由礼和借与煤矿公司马克三百万，系现款，由公司总办或汉阳铁厂总办出票签字声明何用，任听随时陆续取用，而煤矿公司于此项借款，允准礼和九五扣用。

二、马克三百万，常年七厘起息，自出期票日期，所借全款不折不扣计息，照后粘本息期单，每半年一付。至所借全款之本，亦照上不折不扣应于八年内匀摊还清，亦照后粘本息期单，每半年一付。第一次摊还礼和借本，系在一千九百零五年正月一号。

三、还本付息。均照缮具期票，盖用煤矿公司关防，并由担保者批行加盖关防。

四、期票所载之数，均用马克，按期在上海交付，照该日之德国马克电报汇费核算。

五、期票所载借款，全数作为煤矿公司存款，由礼和流水登记。其煤矿公司未交之款，给回息常年四厘。

六、一千八百九十九年四月八号彼此（汉阳铁厂不在其内）所订合同，内载倘煤矿公司不能付款，允给礼和利益及所有担保允许之事，准其得行于此合同，与载入此合同无异。

七、汉阳铁厂允保礼和，凡期票未曾付清以前，不得将该厂地基、厂屋、机器等交割出售与人，或向人借钱，或抵押与人。设使于合同期内欲将以上所指厂业抵押与他人，则应先酌提若干，按照格式抵押与礼和，或礼和之替人足敷保实该时尚欠礼和垫款息本之数，又盛大臣允保，

---

① 全汉昇：《汉冶萍公司史略》，台北文海出版社1971年版，第300—302页。

倘煤矿公司至还款之期无以应付，则以大冶售与日本矿石之价，抵还借款。该矿石合同，尚有十二年期限。至煤矿公司所出期票，倘有一次逾期三个月不付，则所有已经煤矿公司及担保者批行盖印之还本期票，无论系何年月，均作到期之票，同时向煤矿公司索还本款，其息则仍长年七厘计算，至还本为止。又凡遇此种情事，除照一千八百九十九年四月八号所订合同内载礼和所得利益外，并准礼和代管汉阳钢铁全厂及其产业，遵照中国政府现在或将来所给该钢铁厂的利益办事，俟期票还清后，再行将汉阳钢铁厂交还。惟合同虽载此款，仍不干碍礼和向担保者索偿，与合同未载此款一样。而倘至礼和收执煤矿公司之矿及或汉阳钢铁厂地步，应用矿石白石，由盛大臣择最佳者供给，其价即照与日本人所订之合同数目相同。又礼和应用公司煤焦价值，照便宜卖价核算，礼和所用矿石白石及煤焦，一概不付现款，均登礼和账上，作为煤矿公司存款，以便抵还欠数。

八、倘一千八百九十九年四月八号合同，或有所行，或有所不行，均不得借口废此合同。若此合同或有所行，或有所不行，亦不得借口废一千八百九十九年四月八号合同。

九、煤矿公司准礼和将此合同呈由德国驻京大臣保明外务部存案。此合同共缮五份，盛宫保持一份，汉阳铁厂持一份，萍乡煤矿公司持一份，礼和持两份。

大清钦差大臣督办铁路总公司、轮船招商局、汉阳铁厂、太子少保、工部左堂盛

总办汉阳铁厂事宜三品衔湖北候补道盛

会办汉阳铁厂事宜三品衔候选正郎李

总办萍乡煤矿事宜湖北候选道张

德商礼和洋行

光绪二十八年七月初四日（一千九百零二年八月七号）①

---

① 全汉昇：《汉冶萍公司史略》，台北文海出版社 1971 年版，第 302—304 页。

本合同后因礼和洋行要指实轮船招商局产业作保而作废。因为找不到光绪二十五年萍乡煤矿向礼和洋行借款四百万马克的合同，故抄录本合同以供读者参考。

在创办之初，盛宣怀以招商局在上海洋泾浜一带产业作抵押，向德国礼和洋行贷款 400 万马克（合中国银 144 万两），其中 100 万马克用于基建，300 万马克存于德国礼和洋行购买当时世界最先进设备，年息 7 厘，12 年还清。任命张赞宸为安源煤矿总办，筹办矿业。

由于向礼和洋行借款须先付息，至 1901 年盛宣怀仍处于"通年呼吁，恒作摇尾乞怜之状，一朝不能周转，全局立时败坏"的境地。同年六月，盛宣怀为了摆脱困境，拟将萍乡煤矿归并上海轮船招商局，以资缓急而保利权。

为归还礼和洋行借款的本息，盛宣怀动用身兼轮船招商局督办的权利，由轮船招商局首期投资 100 万两作为启动资金。光绪二十七年（1901 年）十月，招商局发布招股启事：

轮船招商局经办萍乡煤矿有限公司招股启

光绪二十七年九月

江西萍乡煤矿叠经泰西名矿师赖伦、克里马等详切履瞰，质佳苗旺，数百年采之不尽。光绪二十一年盛大臣会同张督宪专奏，奉旨开采，两年有余，已见成效。其煤炼制焦炭，足供湖北铁厂之用，煤质之佳尤胜开平，轮船、铁路最为合用。初仅零招商股一百十万两，嗣因购置机炉，需款不赀，又向礼和洋行订借马克四百万，约合规银一百十余万两，分年归还。兹因添设铁路九十里，庶能畅通运道，总计成本以及归还礼和借款，共需规银四百万两，除前已招商股一百一十万两外，拟添招股本规银二百九十万两。除已允江西绅商附搭五十万两，轮船招商局认搭一百万两外，净应添招商股规银一百四十万两，每股规银一百两，即在萍乡煤矿总公司以及各通商口岸招商局挂号，每股先收规银十两，出给收条，俟挂号截止，添给股票息折，每股找收规银九十两。本公司专招华人股本，凡入股者须请填明姓字籍贯，以注明根册。所以招股章程，另有刊本，请向各口招商局取阅可也。谨启。[1]

除借礼和洋行和招商局等资金外，资金缺口仍然很大。光绪三十三年（1897年），萍乡煤矿又向日本大仓组借款200万日元。合同如下：

日本大仓喜八郎、中国萍乡煤矿局为了给发借票事，今由日本大仓喜八郎承认借与中国萍乡煤矿局日本金元二百万元，其条款办法开列于后：

一、本数：大仓喜八郎承认借与萍乡煤矿局日本金元二百万元，言明在上海、汉口两地交付。俟交到后，萍矿驻汉运销局另有萍矿借款期票交与驻汉大仓经理人手收为凭。

二、息金：周年以七厘五毫计算，即每百元按年七元五角，每年分两次付息，以东历五月底及十一月底为期。

三、借款年限：此项借款以七周年为期，前三年只付息金，后四年本利按期分还，其年月载在借票，兹开列于后。再，此项借款，亦可于三年后将本金全数先还，或先还一半，惟须在四个月前知照大仓，至其息即以还本之日为止。

本　　　五十万元明治四十四年五月　　日

第一期应还　日本金元

利　　　十五万元光绪三十七年三月　　日

本　　　五十万元明治四十五年五月　　日

第二期应还　日本金元

利　　　十一万二千五百元光绪三十八年三月　　日

本　　　五十万元明治四十六年五月

第三期应还　日本金元

---

[1]《轮船招商局经办萍乡煤矿有限公司招股启》（光绪二十七年九月），引自湖北省档案馆编：《汉冶萍公司档案史料选编》（上），中国社会科学出版社1992年版，第201页。

利　　　七万五千元光绪三十九年三月　　日

本　　　五十万元明治四十七年五月　　日

第四期应还　日本金元

利　　　三万七千五百元光绪四十年三月　　日

四、借款担保：萍乡所借日本金元二百万元，以矿局所生利之财产物件均作为借款抵押，及至借款本利还清之时为止。再俟萍矿还清礼和借款，位次便以大仓为第一。萍矿亦切实声明，不将已抵之产再抵别款。

五、允认：此项借款合同，均经矿局股东承认。

六、市价：萍矿局所借大仓日本金元二百万元，言定照票按期清还。到期不还时，概照银行市价收付，彼此不得低昂。

七、收据：大仓驻汉经理人自收到萍矿驻汉运销局到期还款之银，当将合同内第三条萍矿局所立之到期借票交与驻汉运销局经理人手收，并须另给收条一纸，以为期满彼此注销合同之据。

八、合同：自立合同后，各无异言，均照合同办事。再，此次合同一式四纸，大仓喜八郎一纸，汉口大仓经理人执一纸，督办萍矿盛宫保执一纸，萍乡煤矿局执一纸，俟本利皆清，合同即为废纸，此照。

明治四十年五月初一日

光绪三十三年三月十九日

大仓喜八郎代理人　　　橘三郎（代）

驻汉大仓代理人　　　橘三郎

督办萍乡煤矿总局　　　盛宣怀

总办萍乡煤矿局　　　林志熙

总办萍乡驻汉运销局　　　卢洪昶[①]

这是全国第一个起始就借本起家的企业。创办萍乡煤矿，盛宣怀一共借

[①]《萍乡煤矿向日本大仓组订借日金二百万元合同》，光绪三十三年三月十九日（1907 年 5 月 1 日），引自湖北省档案馆编：《汉冶萍公司档案史料选编》（上），中国社会科学出版社 1992 年版，第 229、230 页。

了多少资金呢？根据张赞宸的奏报，资金数如下表：

表 3--2 萍乡煤矿股本来源

商行名称	资金数目	资金名称	单位
汉阳铁厂	200000	银	两
铁路总公司	150000	银	两
香记等	250000	银	两
招商局	230000	银	两
电报局	220000	银	两
礼和洋行	4000000	马克	马克
通商汉行	95429.46	库平银	两
协成号	36068.2	库平银	两
道胜行	131971.44	库平银	两
仁太庄	34431.242	库平银	两
元大庄	131310.22	库平银	两
惠怡厚庄	83900	库平银	两
大仓行	262639.7	库平银	两
万丰隆庄	33389.13	库平银	两
豫康庄	4259.6	库平银	两
和丰庄	19096.2	库平银	两
载昌庄	9370.1	库平银	两
庆安庄	3744.29	库平银	两
颐记号	6775.5	库平银	两
福记号	5034.5	库平银	两
升记	4685.1	库平银	两
张凯记	1883.26	库平银	两
萍矿管钱号	120000	库平银	两
总计	5079208.676	库平银	两

资料来源 张赞宸:《奏报萍乡煤矿历年办法及矿内已成工程》。[1]

---

[1] 湖北省档案馆编:《汉冶萍公司档案史料选编》（上），中国社会科学出版社 1992 年版，第 204、205 页。

张赞宸说："萍矿开办之初，并未领有资本，起首用款，即皆贷之商号。及二十五年，如借礼和洋行德银四百万马克，除四分之三仍暂存礼和，以备代购机器料物之用外，仅只现银三十余万两。以还前欠，尚有不敷，而一年两期，转瞬即届应还息本之日率，又由息借，以为应付。至所收股本，乃二十五年以后事，且系陆续零交，指作还款，不能应付济用，势不得不辗转挪移，以为扯东补西之计。借本还息，即息银变成本银，庄号月结，越滚越多；再加以马克吃亏，以故七年之间，所付庄号及礼和息银、并老商股息，共已有一百五十余万两之巨。"① 萍乡煤矿创办费用如此之巨，纯粹借用，其创建何其艰难，我们不得不佩服盛宣怀超人的胆识，佩服办事人张赞宸坚毅的精神。

光绪二十五年（1889年）四月初二日，正当盛宣怀借到资金信心满满开办萍乡煤矿的时候，有人向朝廷告他以招商局洋泾浜各产抵保洋行借款修萍乡煤矿铁路。军机处奉皇太后、皇上旨意要张之洞查处这件事："着张之洞详细查明，即行知照盛宣怀，毋得轻许，致滋流弊，是为至要。"这件事说大就大，说小就小，因为查处二字，可能不分情由照办就是，这是皇上的旨意，出了事有皇上顶着；另一方面，谕旨只是诫勉的意思，要求不要轻易作抵押，以免有碍大局。六月十七日，张之洞在《奏明招商局借洋款扩充萍矿有益无碍折》② 中作了详细说明。

首先，张之洞强调了萍煤对汉阳铁厂的重要性：

> 各国富强之道，不外铁路、轮船、枪炮，数大端皆以铁厂为根基，而炼铁、炼钢尤以得佳煤炼焦炭为先务。湖北前经奏办铁厂，遍觅煤矿而不得佳质，后经访得江西萍乡煤矿最合炼焦之用，历年饬铁厂购用不

---

① 湖北省档案馆编：《汉冶萍公司档案史料选编》（上），中国社会科学出版社1992年版，第204、205页。

②《张之洞奏明招商局借洋款扩充萍矿有益无碍折》，光绪二十五年六月十七日（1899年7月24日），引自湖北省档案馆编：《汉冶萍公司档案史料选编》（上），中国社会科学出版社1992年版，第226—228页。

少，实为铁厂化铁、炼钢造轨之根本。因路僻运艰，故未能尽量采购多开炉座。上年三月间，经督办铁路大理寺少卿盛宣怀会同奏明购用机器，筑路设线，派员总办，力筹大举，并援照开平，禁止商人别立公司及多开小窑、抬价收买，以济厂用而杜绝流弊。仰蒙谕旨钦遵在案。

其次，说明借洋款修路的重要性：

盖开矿不用机器不能深入得佳煤；炼焦不用洋炉不能去磷质成佳钢；运道不用铁路、轮驳不能接济急用，而轻成本。目前造轨，将来行车，需用焦煤皆属极巨。路厂与萍矿相互关属，皆为杜塞中国漏卮要举。至轮船招商局每年用煤为出款大宗，上年因为开平煤不及接济，多购洋煤虚糜二十多万金，以致竭力筹办萍煤。至今已用银五十多万两左右，系由湖北铁厂认股二十万；均以其相需甚殷也。现在每日出煤二三百吨，运道节节艰阻，所运不敷所用，必须先由矿山造铁路一条，至萍乡河口，由湘潭至汉口置造轮剥各船，使每日可运数千吨，足供铁厂、轮船、车路之用，然后路厂可相持不敝，招商局亦受益。而萍矿得可恃之销路，即操获利之券。但购办机器，营造铁路、轮剥，需款至紧，事当未成，利尚有待。华商之股，未容立时召集，盛宣怀当因机器各件，多由德商礼和洋行垫购，为数已巨，故与该行议借四百万马克，分十二年摊还，统由萍乡煤矿公司商借商还。惟向来借用洋款，必须给予办矿事权，并须分得矿中利。此次盛宣怀议明，萍矿仍归自办，仅给借息七厘。彼既无办矿之权，又无利可得，不得不照商例，切实以保借，因将招商局产业以作保之据。当经议订，借款合同分别咨呈总理衙门、路矿总局核准存案。此盛宣怀以招商局保借礼和洋款、扩充萍乡煤矿办法之情形也。

再次，解释这次借款招商局只是作保而非抵押，有益无害：

此次奉寄谕当将此项借款每年还款本利共须若干？是否以招商局各

项产业抵押，抑止上海洋泾滨（浜）一处机房产业作保？现在全局各项产业，共值银若干？洋泾滨（浜）一处产业值银若干？至抵押与作保有何区别？设将来借款本利万一无着，洋商能否将全局占据管理，有碍大局各节，向盛宣怀详细咨查，旋准咨复，并详考案。

据查借款合同载明，招商局允保礼和垫款四百万马克息本，其息本未还以前，不将上海洋泾滨（浜）南北地皮、栈房产业出售，或抵押于他人等语，实系招商局仅止作保，并未将产业抵押，且止上海洋泾滨（浜）一处栈房产业作保，并未将全局各码头及轮船作保。查光绪十一年向旗昌洋行赎回招商局之时，因无款可筹，曾将全局各码头、轮船按照商例抵押与汇丰银行，其时经律师将各项地契、船照均缮押契赴英领事衙门，过立汇丰行名，至光绪二十一年，还本清楚，始收回契据，仍是招商局户名，系属洋商抵押之一定办法。现借礼和之款，止有合同载明作保字样，并未将地契交给，亦未赴领事处过户，是招商局产不作抵押之明证。又光绪二十四年，商局结账载明，全局码头、轮船、栈房各项资本六百八十六万两，其中上海洋泾滨（浜）南、北、中栈房产业值本一百六十八万八千两，以保礼和借款，系专指此项洋泾滨（浜）栈房产业，是并未将全局资本作保的明证。

接着说明抵押与作保的区别及萍矿有能力还清礼和借款的依据：

至于抵押与作保区别之处，查抵押则产业已属于人，作保则产业现在仍在我。现在不过由招商局作保，设将来借款本利无着，应先将礼和四百万马克购办之煤矿、机器、铁路等物以及该煤矿公司自己股本五十万所办之矿产各物，尽其所有以归借款，必不至将招商局保产作抵。如煤矿公司各物不敷还款，再由保人如数补足赔还了事。如保人不能将欠款赔补，始将合同内所指作保之产业变价补足。此作保不能遽抵之明证。兹查礼和借款，前三年不还本，后十年每年摊还四十万马克，约合银十三万两左右。预计此矿三年后，每日至少出煤一千吨，一年出煤三十万吨，每吨提银五钱，已足敷归还本利。就使意外之变，出煤不多，该煤矿尚有股份及借款所值铁路、机器各项产业，不难作第二次借款，以归还前欠。就使该煤矿及铁路机器各项产业不足以抵偿，而所短之数已属有限，铁厂、铁路公司、轮船公司应照商例按股摊赔，至多不过数十万两，断不致将作保之洋泾滨（浜）产业为被所占，更不能将全局占据管理。此又查明盛宣怀保借洋款不难筹还，与招商局无碍之情形也。

查该少卿盛宣怀此次以招商局保借礼和洋款，实因商股一时难集而萍矿煤矿所关铁政需钱甚巨，不得不力图其成，核计借款本息。每年只摊还十余万两，为数不巨，必能还清。盛宣怀综核素精，断无将成本数倍借款之商局送与外人之理。

最后说明招商局为萍矿作保有益无碍：

恭绎此次谕旨，原只诚其勿得轻许作抵，致碍大局，然则此事之有无流弊，应否阻止，自以招商局是否有妨碍为断。体察合同办法情形，实在与招商局并无妨碍，且此事既经咨明总署及路矿总局，均经核准在案。而洋行久经订立合同，既与招商全局无妨，似不必另起波澜，致外人别滋口舌。合无仰恳天恩，仍准以此款扩充萍矿，不独与铁厂有益，而地产工作日盛一日，于萍乡人民之生计裨益犹宏。现仍一面召集商股办理，拟有章程，并当多留矿股，专待江西富商附入，以示公享美利之意。计股票拟定一百万两，铁厂及铁路公司并轮船公司招商局入股五十万两，其余五十万两由盛宣怀将章程、股票咨送江西巡抚藩司，就地招股。如有不敷，再向他省召集。其所认股分限六个月缴足，以免观望、贻误。如此办法，盛宣怀借款之难，任开凿洗炼修路转运之劳，而江西商富享入股获利之逸；有盈，则江西商富分一半之利；无效，则盛宣怀一人全数支款，似亦极为平允。

所有遵旨查明招商局保借样款，办理萍乡煤矿并未轻许抵押，不致有碍大局，且实有益于萍民生计各情形，理合恭折，据实复。伏祈皇太后、皇上圣鉴，训示。谨奏。

张之洞奏明以洋泾浜地产作保的好处，杜绝了一些人的口舌，也让盛宣怀开办萍乡煤矿变得更加顺利。

五、仿西法大举建设萍乡煤矿

光绪二十四年三月初一（1898 年 3 月 22 日），安源煤矿开工（矿井正式动工为同年公历 7 月 26 日），在划定的范围内，掀起了大建设高潮。收窿口、征地、赔偿青苗，开挖东平巷、上平巷、西平巷、八方井、六方井等井口，购买原材料、买船、修筑萍安铁路、修公路，建萍矿总局大楼、东、南、西、北四座洋人住宅以及东、南、西、北窿工住宅，修建洗煤台、锅炉房、电厂、煤砖厂、耐火砖厂、土炉炼焦处、洋炉炼焦处、火车房、修理厂等工程。

（一）收买山田煤井

张赞宸、李寿铨、赖伦他们在安源大兴土木了。勘定了从萍乡城外校场坪起，中经大罗坪、竹篙坡、双凤冲、社上、黄泥塘、许家坊、大塘下、周家坊、燕塘里、乱石岭、荷田坳等处，复环绕校场坪止，周围共长 92.7165 里，面积 504.506 平方里（126 平方公里）。购买了宋家山、桐梓坡、大冲尾、蟹形嘴、罗家

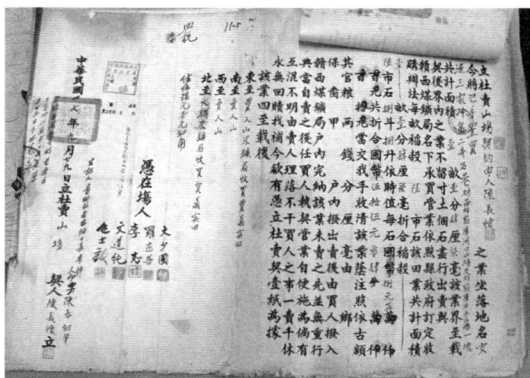

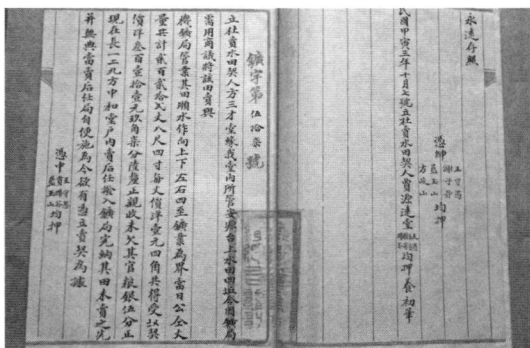

购山田契约

坡、栎树下等处 1700 余亩山田，对圈定在矿区内的商井，采取优价收买，共耗银 51.9797 万两。然后按照布局，开始修轨道、造浅水驳轮、设官钱号、派兵筹防、勘定界线、设电报、修运道、筑铁路、建仓积谷、兴学储才等各项具体工作。

圈定在矿区外的土煤井、炼焦商厂，虽距矿稍远，但煤质极佳，宜炼焦炭。光绪二十五年（1899 年）二月，矿局帮他们组成"保合公庄"，举派董事严令开井界限，订立章程。其生产的焦炭，由矿局收买，按照灰磷轻重，分别价值等差，秉公办理。

保合公庄成立后，矿局派卢洪昶会同保甲长，根据矿章，进行萍乡机矿 10 至 4 里的查勘工作。初步调查了矿区范围：东至观化乡清江里 2 图，毗连名惠乡 3 保 2 图，地名张公塘屋赖姓屋后的山岭为界。东偏南至长丰乡 2 保 1 图，地名王家源钟能公祠门首河为界。南偏东至长丰乡 5 保 1 图，地名紫家冲的横冲山为界。南至长丰 7 保 1 图，地名双凤新桥苏家屋后的杉木岭为界。南偏西至观化乡仙桂里 1 图，地名五陂下牛屎岩（亦名大罗坪）的笔山岭为界。西至钦风乡，萍乡城大西门外校场坪为界。西偏北至观化乡仙桂里 2 图岭下冲杨姓门首为界。北至观化乡清江里 3 图，地名白源的荷田坳为界。北偏东至观化乡清江里 2 图过云居埠的乱石岭为界。

光绪二十八年（1902 年），萍醴铁路尚未通车，存焦过多，搁本甚巨，矿局与土煤井各厂暂停炼焦炭，商厂所存煤焦听其另行出售。如无水脚，矿局雇船垫款代运。但商厂以各家存焦俱多，急切难得销路，并搁不开，必即倒坏；若仍雇工抽水修窿，则又经费难筹。经公庄董事到局再三恳求，情愿将土煤井与焦厂一律归并萍乡煤矿。

光绪二十九年（1903 年）七月，萍乡煤矿与保合公庄签订了商井收购协议。

文国华、黄士霖、李位堂、文廷钧、萧端翼、苏志林、李文沼、彭用世、李资堃、黄以筠、张弼汉、钟应德、文廷直、黄序明、苏灏、甘醴源、文乃麒、黄显章、黎慕尧、黄廷芬、张可嘉、萧嵩彬、李日华、易炳昭、李景勋、刘跃鋆、颜承筹、李显廷、倪镜蓉、李景云等公呈，谓庚子乱后，银根奇紧，销场困滞，若非酌给价值归并萍矿，则土井竟有不了之势，其要求归并之理由，即援据矿章，谓依脉不应再开，当时萍矿经费虽极艰难，仍勉筹二十余万元，准予并收商井数十座，由绅耆分请立案，以垂永久。[①]

光绪三十二年（1906 年）七月进行第二次土煤井普查。连同建矿前者萍收并的商井共达 321 口，至此，矿区内无一私商煤井。

（二）创办企业银行

创办萍乡煤矿这样一家大型企业，首先是资金来源问题，盛宣怀只有一个经皇上批准的萍乡煤矿总办官衔，而经皇上批准的官衔就是信誉，他凭着这个官衔去筹集资金，"萍矿开矿之初并未领有资金起首用款，即贷之庄号。及至二十五年（1899 年）始借礼和洋行四百万马克，除四分之三仍存礼和，以备代购机器料物之外，仅只现银三十余万两。"[②]

萍乡煤矿的开办，每天需要大量现金开支，正如张赞宸在创设之初所说："日需现钱现洋给各井厂挖炼经费及挑煤脚力、运煤船力等项为数繁浩……"[③] 张赞宸筹集到资金后，并不能立马解决问题。中国的钱用的是银子，这是种硬货币，可以铸成锭，也可以敲碎成碎银，还可以做成工艺品。这里面就有了弊端，整的不易交换，碎的熔成砣少了重量。又有汇水的问题，兑换成银圆时，价格时高时低，萍乡平银比湖南湘平银每百两多了二两四钱。总之吃亏的时候多而占便宜的时候少。工人干了一天活，领工钱时，只有几斤米钱，矿方总不可能拿锤子把银锭敲成碎碎的，把碎银放在戥子上一点点称吧？可

---

① 《公司董事会咨李烈钧文》（1912 年 6 月 17 日），引自湖北省档案馆编：《汉冶萍公司档案史料选编》（上），中国社会科学出版社 1992 年版，第 283 页。

② 张振初：《开矿资金》，《安源轶事》，1995 年未刊稿，第 73 页。

③ 李锡正：《简说萍矿官钱号》，江西省政协文史资料研究委员会、萍乡市政协文史资料研究委员会合编：《萍乡煤炭发展史略》，1987 年内部资料，第 132 页。

是不用碎银，还真的没有办法。另外，银子的成色也有差别，有的是杂银，杂银肯定不能与纯银相等，兑换时看杂质的多寡……总之，银子使用起来很不方便。萍矿解决的办法，一是向醴陵、湘潭一带兑办。当时火车尚未开通，运输只能走水路或旱路，但这不仅路远费重，而且有危险，容易遭遇抢掠。二是与本地各钱店往来。由于萍乡不是大宗商业聚散地，商业不发达，钱庄很小，如遇支兑，钱店便以资金周转问题即抬高兑价，而且现钱有限，正如张赞宸语所说"甚至有时向取数十千、数十元辄无一应"。

矿上采用的是包工制，包工头手下管一批工人，工人每天干完活，到包工头手里拿工钱，包工头有文化水平低的，有脑子笨的，有想在工人身上克扣工钱的，有手上只有整银而无碎银的……工人找包工头要工钱，他左算右算还算不出个名堂来，拿不出就发生口角和斗殴，所以打架斗殴经常发生。由于吵架多，安源还催生了一种新职业，即做和事佬，民间叫作"穿烂屁眼鞋"。一般的工人或打赤脚或穿草鞋，先生则穿鞋，而这种人介乎先生与工人

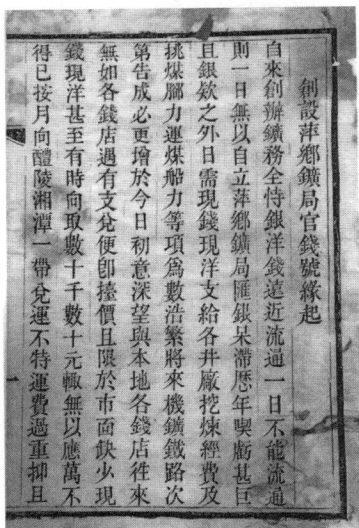

创设萍乡矿局官钱号缘起

之间，懂得几句之乎者也，社会上有一定的人脉，生活状况比先生差，脚指头钻穿了鞋面，故名。他们是帮闲，有人打架闹事，他们就去劝架，把人拉到茶馆里去，一碟瓜子、几杯茶，两头劝和，谈妥了，捏住双方拉一拉手，当然茶水钱还得归打斗双方出，他另外还要分点余润。这一切都是因为银子惹出的祸，弄得张赞宸伤透了脑筋。"自创办矿务，全恃银、洋、钱远近流通，一日不能流通，则一日无以自立。"[1]

在此之前，盛宣怀接管汉阳铁厂后，认为日本所以强盛的原因，一个重要的因素就

---

[1] 李锡正：《简说萍矿官钱号》，江西省政协文史资料研究委员会、萍乡市政协文史资料研究委员会合编：《萍乡煤炭发展史略》，1987年内部资料，第132、133页。

是理财得法，以银行调节资金，把企业联系起来，受到彼此利用和相互维系的效果。他在上海创办了中国通商银行，收到了很好的效果。光绪二十四年（1898 年）底，盛宣怀委派张赞宸筹备设立萍矿官钱号，光绪二十五年（1899 年）五月，萍矿官钱号正式成立。官钱号创办后，在支持与调剂了萍乡煤矿的生产建设资金方面发挥了重要作用，同时，又活跃了萍乡一带的市场经济。

萍矿官钱号金库

（三）规划设计矿山

早期德国人葛特拉夫来安源进行地质调查，绘有安源煤田地质图和剖面图，是萍乡煤矿文字记载最早的地质图纸。同时推测高安煤田为古生代石炭纪煤田。光绪二十二年（1896 年）马克斯与赖伦到萍乡考察。马克斯测得高安煤田含煤面积 45 平方公里，煤路显现 3 条，煤厚总计 7.5 米。光绪二十三年（1897 年），张赞宸、赖伦来萍复察，测绘王家源至湖南醴陵渌口陆路图和萍乡至湖南湘潭水运图各一卷，汉阳铁厂在煤务局自购土煤井图一卷，为萍乡煤矿最早的勘察测量记载。

光绪二十六年（1900 年）后，矿局正式聘用德籍地质、测量师，并从德国购进挂罗盘 5 只、水准仪 2 部、经纬仪 2 台、50 和 20 米钢带尺各 5 把及部分绘图工具。后又添置经纬仪、水准仪 10 余台，用于铁路勘测、指示矿井工程方向坡度、地面工程测量放样等。

安源煤矿是总工程师德国人赖伦设计的，他根据安源的地形地貌特点全盘设计，在安源两平方公里范围内设计了矿井、工厂、铁路、建筑、商业街道、娱乐场地、绿化，布局合理，紧凑而不拥挤，在今天看起来仍然是很合理的。

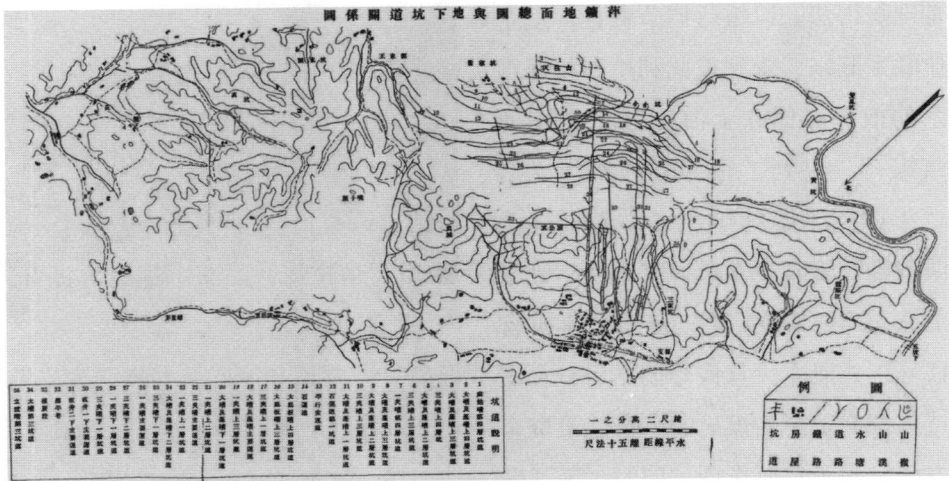

萍矿地面总图与地下坑道关系图

首先进行的是矿井设计。

安源煤矿可采煤层有：砚子槽（旧称一号大槽），煤厚 1～3 米；硬子槽（旧称二号大槽），煤厚 0.5～2.5 米；大槽（旧称三号大槽），煤厚 2～4.5 米；麻姑槽，煤厚 1～2 米。

赖伦根据安源的地形地貌精心设计矿山。安源的煤分布为三个部分，一处在安源境内，另一处在山腹，还有一处在安源山上。安源境内的煤不多，且有一个石隔与山腹煤隔断开了，煤自成体系。山腹煤在小冲、紫家冲、高坑、黄家源、龙家冲一带，为主要煤层，需要打通石隔才能采到。安源山上小煤井多，小煤井由于受到条件限制，都是浅部开采，深处的煤无法采到，尚有许多煤炭可以开采。赖伦把安源矿设计成四个区段：一个是东平巷，做成隧道，取山腹煤；上平巷（双巷掘进）高出 50 米，与东平巷平行，采北翼土煤井未挖尽的煤；在东平巷西南 200 米，同一标高向南开掘西平巷，采上平巷以下北翼浅部的煤；八方井、六方井开一对直（也叫竖）井，井口高出地面 10 米，布置在北翼煤层底板，北距西平巷口约 150 米，单翼分水平开拓北翼深部煤层。直井到位后，先布置井底车场，石门见煤后沿煤层再开运输大巷至煤层尽头。相邻水平（包括与西平巷及上平巷之间）亦用上（下）山斜巷沟通。整个矿井采取先上后下、由近及远的前进式开采。八方井三个水平生产，六方井两个水平生产。两井相距 60 米。由于两井相距太近，且安源地形狭窄，还要安排其他建筑，对两井出煤不利，又在距地面 10 米开掘了一条西平巷，西平巷除采上平巷以下北翼浅部的煤外，还与八方井、六方井相通，兼顾直井的煤车和各种管路摆布，使之不与地面发生关系，避免了相互干扰。竖井的煤运往小洗煤台洗选，矸渣倒在西窖，另成系统。他根据安源境内断层坡度小、煤量不多特点，井下采用骡马拉煤、吊车（罐笼）提升，平巷为单行架线铁路，与东平巷平行。

　　在巷道设计方面，原荚设计紫家冲、王家源两条挂线齐头并进开两支巷道。为了解决铁厂急需煤的问题，使萍乡煤矿及早见到效益，又能节省资金，赖伦决定改变原拟的两支巷道方案，并提出五条理由：一、集中力量开拓东西两平巷，可省费用，加快工程速度；二、欲取磷少、合乎汉阳铁厂急须的煤焦，除天磁山、小坑所产之煤，"自安源开起外，并无他法"；三、平巷开在安源，"至山深处，将所有槽路，尽行开深，巷内运道既便，煤可尽数运出，而挂线路有限制"；四、"省造挂线路，并安源以下一段轨路工程，将来所要之煤，均可聚在一起，总理人员易于招呼"管理；五、"一俟平巷遇到天磁山煤槽，每日可出煤 5000 吨，天下

八方井和六方井

西平巷

无再盛之煤矿。"①

东平巷采用机工窿钻眼、放炮掘进，净断面8.5平方米，坡度0.4%，敷设双轨，架线电机车运输。巷顶安以电灯，墙施以白粉，巷道光线明亮，每50米做一个躲避洞，在行人与列车相遇时行人进入躲避洞保障自身安全。平巷行至800米处向西偏，径直掘至2700米，沿山上通小坑地面；在1600米处向东掘约3000米处，沿上山通紫家冲地面。并在1600米处安装直流发电机组补偿电机车电压降。东平巷为安源矿主力矿井，产量占当时总产量的三分之二。

东平巷口为天门洞。天门洞口平行开凿了2条巷道，即东平巷、东付巷，东平巷为运输大巷，东付巷为人行道兼管路、电缆悬挂及水道排放。为便于开拓矿渣运输起见，另外在东平巷、东付巷的偏东斜对面还开掘了一条巷道，便于矿渣直接上东窑。如此多巷道集中于此，不仅外观难看，而且来安源参观的人多，人、车熙来攘去聚集井口，极易造成慌乱及事故。总工程师赖伦想了个主意，将巷道向外延伸145米，全部用砖镶砌而成，高3.8米，宽3.4米，断面16平方米。其巷道比东平巷更阔，有四股道，供电机车在此编组列车。因这条延伸巷道缩毂了以上三条巷道，因此叫总平巷。赖伦又特意设计了一个天窗，该天窗宽约为10米，长30米左右，顶上无覆盖，仅边上以齿状围墙围着，能直接见天光，故总平巷与生产巷道之间的联络部分称为天门洞。参观者止于总平巷口，既不影响生产，也不会对人身安全构成威胁。

总平巷天门洞口

为了不让工人遭受日晒雨淋，萍乡煤矿又设计了用钢架铁瓦搭雨棚，直接与大洗煤台相连，于是，

①《萍乡矿务局志》，1998年内部资料，第61页。

总平巷巷口牌坊

由总平巷到洗煤台运输、行人都不受风雨阴晴影响，工作条件是良好的。

总平巷兴建于光绪二十四年（1898 年）六月初八，洞口挂面造型仿如一座牌坊，面积 80 平方米，两边有楹柱，东边的为"文明开矿"，西边的为"仁义至上"。正中间一个大三角形，两旁各一个稍小的三角形，中间的主洞是通衢大道，两边各自一个耳室，却是盲室，大三角形下面有总平巷三字，下面为岩尖、平头锤相交的图案。其造型非常独特，融汇了中西文化的众多元素。它的上部由三个等边三角形构成，中间大、两边小，既是几何造型，更是中国字的"山"，凸显了安源山特点。同时，那高高耸立的三角形尖顶，又像欧洲文艺复兴时期哥特式建筑造型，象征企业复兴。有四根立柱，中间两根长，两边两根短，可以书写对联，很富中国牌坊传统特色。两边各一个装饰体盲洞，中间一个主洞，符合以小衬大、以低补高的美学要求。中间的平头锤与岩尖相交煤商标图案，不仅表示出企业的性质，而且大方美观，是画龙点睛的纹饰，取到了恰到好处的效果。井口造型线条简洁流畅，好画易识，具有动漫特点。两边装饰体低、中间主体高，显得端庄稳重、堂堂正正。

除安源境内主要矿井外，萍矿还开了四个分矿。

1. 紫家冲分矿。原系私人商井茂福号钰盛煤井，开挖数十年。在湖南长

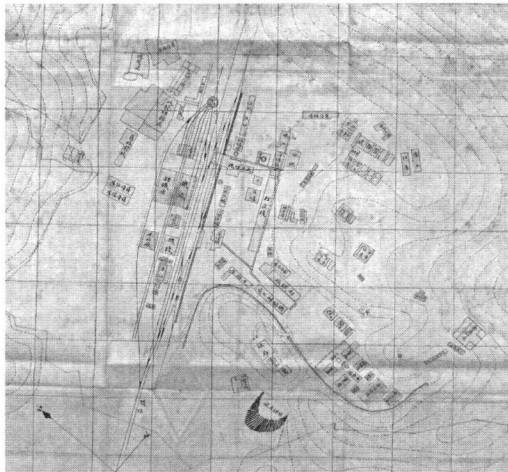

萍乡煤矿地面建设图

沙、湘潭、醴陵等处曾设号售煤，且有湘潭天主教堂资本在内。1905年12月售给萍矿，更名紫家冲分矿，供售居民用煤。1907年后停办。后为总平巷6、7、8段与分甲段驻地。

2.高冲分矿。由机矿创建时购买高坑信顺、森顺两土井组成，供售居民用煤。1920年后停工。

3.小坑分矿。建矿时为与总平巷对通而设。1905年购茂福商号钰和土煤井，拨归其管，供售居民用煤。1907年后，收缩看守。

4.小花石煤矿。位于湖南湘潭城西南。1901年11月，因湖南抚宪及湘绅恐利权外溢，归并萍矿管理。购机开挖，旋即停止。

另外，萍矿在湖南设立了湘潭转运局杨梅洲栈基地、株洲转运码头煤栈、岳州稽查兼转运局城陵矶栈基地等多处地产，租赁湖北城外复兴洲栈基地，在汉口筑码头等。

矿井设计完成之后，开始地面工程的设计。

安源是一条东西走向的水槽坑，三面为山，只有西面一个小小缺口连接五陂下河谷平原。建矿初期，总工程师赖伦即以安源区域布设小三角控制网，点间距一般150～300米，最大1200米；控制面积2平方公里；采用假设坐标系统，以安源火车站台平面为标高零点，东平巷方向为零方向。零坐标确定后开始全盘设计。依据火车站布局铁路，铁路两边（北南方向）布局工业和商业街道。

南面主要布置生产线。在生产线布局方面，巧妙地利用安源的地形，从出煤、洗选、炼焦系统，布局合理、科学，是一条龙生产线，东平巷高出铁路，为第一台阶。煤车从东西平巷各过铁桥，直至大小洗煤台内进行洗选。

原煤一经洗净，从煤仓放入底矿车，顺轻便道（第二台阶）至各焦炉顶自卸入炉。焦炭炼熟后，推焦机将焦炭推出至炉前坪上（第三台阶），用水浇熄，下临火车支线（第四台阶）直接装车。三大系统，顺依山势，梯次排列，紧凑合理，省工求速，可见设计者独具匠心。

安源山沟地势起伏不平，需要填很多土石方，受当时运输条件限制，不可能出动更多的人力填平地基。赖伦搭建木垛修筑铁路，再用开拓矿渣、修山坡余土和洗选煤渣填埋路基，这样做到了资源的综合利用。据史料记载，萍乡煤矿"洗煤台倾出壁末（洗渣），铁路两旁曼衍堆积，自开办以来，多历年所，数目当以亿兆计"。[1] 这些洗渣都是用来充填路基的，以后又将炼焦炉渣填于河谷作建筑用地。

八方井两头的山岭也作了充分利用，东边为桐梓坡，建有东、南、西、北四院洋人住宅和职员住宅，建有篮球场、公园，上面遍植香樟树，于繁华中显出几分宁静。西面为炮台岭，建有萍矿总局大楼（1916 年盛宣怀病逝后改为盛公祠），前面有矿警队看守。1906 年为镇压萍浏醴起义，还建有两座炮台。

地面工程于 1898 年 5 月 21 日与矿井工程交叉进行。当时张赞宸致盛宣怀电说："车站、机厂、洗煤厂、炼焦厂、总局及一切屋厂统聚，此脚跟已立，大局已定。"至 1904 年，已建成大小洗煤台各 1 座，机械厂 1 座，耐火砖厂 1 座，西法炼焦炉 114 座，土法炼焦炉 50 座，机电房与打风房各 1 座，总局大楼（电报电话房在内）及员工宿舍等[2]。

（四）大举建设矿山

建矿之时，各类能工巧匠云集安源，"但机土各矿，并官商各厂，以及船

---

[1]　俞燮埕：《十二年二十日上总办林禀稿》，引自湖北省档案馆编：《汉冶萍公司档案史料选编》（上），中国社会科学出版社 1992 年版，第 214 页。

[2]　《萍乡矿务局志》，1998 年内部资料，第 63、64 页。

八方井建设工地

洋焦炉建设工地

户挑脚丁夫等不下万数人"[1]，人声鼎沸。安源会聚了各类建筑人才，主要是土木工程匠人。各项工程同时兴工，地域狭小，运输不便，材料短缺严重，工匠们都没有多少修养，短了他的材料，延了他的工期，就把泥刀斫得叮咚响，骂这骂那；木工师傅遇着那脾气古板、暴躁的，下手稍有一点没到位，就是一木尺，打得徒弟嗷嗷叫；那运输材料的，推着土车子，蹚着泥水，奋力推着，脚上青筋暴起，颊上那汗水像黄豆一般滚下来，扯皮斗殴时有发生。由于当地官民守旧排外，地方士绅更是借口风水祖茔遭受破坏，对铺铁轨、安装机器、拉电缆、启动马达等工程横加阻挠，使营造施工极为困难。李寿铨为了工程进度按时完成，要去赶材料、费唇舌，没有时间观念，整天围着工地转，弄得筋疲力尽，真是艰苦备尝，才使建矿工程得以快步进行。

萍乡煤矿是中国早期引进西方先进技术的煤矿，采用蒸汽开动打风机、泵鼓（水泵）、绞车、洗煤机等机器进行生产，而蒸汽靠的是烧锅炉而产生，因此锅炉房是矿上动力的命脉，而要建两座20余丈高的烟囱，两烟囱相隔不远。有几个能工巧匠都建了，可是建到数丈高后就倒了。赖伦负责整个工程

---

[1] 张赞宸：《奏报萍乡煤矿历年办法及矿内已成工程》，光绪三十年十二月（1905年1月），引自湖北省档案馆编：《汉冶萍公司档案史料选编》（上），中国社会科学出版社1992年版，第205—207页。

的技术指导，他牢记着自己的职责，每日穿梭在工地，查看材料准备情况，了解工程进度。此刻，他格外关注锅炉房两根烟囱的建造。

有个叫陈盛芳的年轻人对赖伦说，两根烟囱相隔太近，却一先一后分别施工，一根建好后，再建另一根，这样的施工方法不对。就像挑担一样，一头重、一头轻，重的往下一压，新的倒了，老的也同时倒了。赖伦觉得有道理，就将建烟囱的任务交给他。陈盛芳两根烟囱同时建，建到数丈高了就停工歇墙，好让墙体干透不至下挫。很快烟囱建成了，巍然矗立。赖伦看着这两根高耸入云的烟囱，那整齐的勾线、平整的墙体，赞叹他的技术好，就请示张赞宸奖励他 500 块大洋，又允许他承包建造了洗煤台、机械制造修理厂、耐火砖厂、发电厂等近代大工厂厂房和办公楼的大半工程，特别是大洗煤台，高 6 层，为湘赣最高建筑，被誉为当时的"安源六境"之一。

萍乡煤矿建筑上注重中西文化的结合。萍矿总局大楼（盛公祠）向着正北方，彰显"北极朝廷终不改，南方寇盗莫相侵"的气概；为欧式围廊抱厦

大洗煤台

小洗煤台

制造处

压煤砖厂

建筑，中间和屋顶则采用中国式天井和四角亮亭。公务总汇大楼外形为西式前后围廊、铁艺栏杆，内面则是中国式回型布局。医院外围是西洋式的，内面则是中国的四合院，门诊部和住院部各一个天井，既有中国文化内涵，又增加了室内亮度。1912年设计的黄兴桥，为木质桥梁，跨三股铁路，中间四角形亭子飞檐翘角，漆成红红绿绿的，完全是中国园林廊桥式建筑。尤其是"礼和龙"号机车的命名，中西文化融合十分明显。张振初在《安源轶事》中记载："第一辆火车头是向德国礼和洋行订购的（当时称礼和龙头），因体积较大又重……因考虑到萍水河仅是十二三吨的船才能行驶，议定由制造厂家在德国装运前将火车头拆开（计26件），运到萍乡后组装。车头由'泸鸭屁股船装来'汉口。再分装几船经湘潭、株洲，光绪二十五年（1899年）八月，乘萍水河开闸间抵达宋家坊。十月萍安铁路竣工试车，火车头经赖伦负责组

萍矿总局大楼旧影

萍矿总局大楼今景

公务总汇旧影

公务总汇今景

装试开安源，挂车辆 8 个，每辆车轮 4 个，载重 10 吨。"[1] 为什么取名"礼和龙"呢？这既有中国的图腾，又有德国礼和银行名字，彼此互不相让，而又互不吃亏，这关系到民族的尊严，因而两国都照顾到了。这体现了洋务派"中体西用"思想。

东、南、西、北四院

（五）萍乡煤矿组织架构

萍乡煤矿的组织架构如下页图所示。矿长在对整个矿井进行总体监督的同时，与非技术部门进行直接的联系。总工程师则负责监督所有技术部门。矿长和总工程师都直接与上海总部进行业务往来。由于组织的规模和范围，只能对部门进行一般的控制，更直接的控制取决于各部门负责人。每个部门都相对独立。事实上，矿区采取特殊的措施以避免部门之间互相干扰。萍乡

德国工程师赖伦的办公室兼住房——南院

北院

煤矿实行着半合同制度的劳动方式，承包商或队长从煤矿那里获得一份工作合同，自己去雇佣一队矿工。因此，煤矿当局对这些矿工的控制只能通过队长来间接实现。矿工们会经常变化，或者从一个采矿队转到别的采矿队去，煤矿对此无力阻止。

---

① 张振初：《第一辆火车怎样进入安源的》，《安源轶事》，1995 年未刊稿，第 29、30 页。

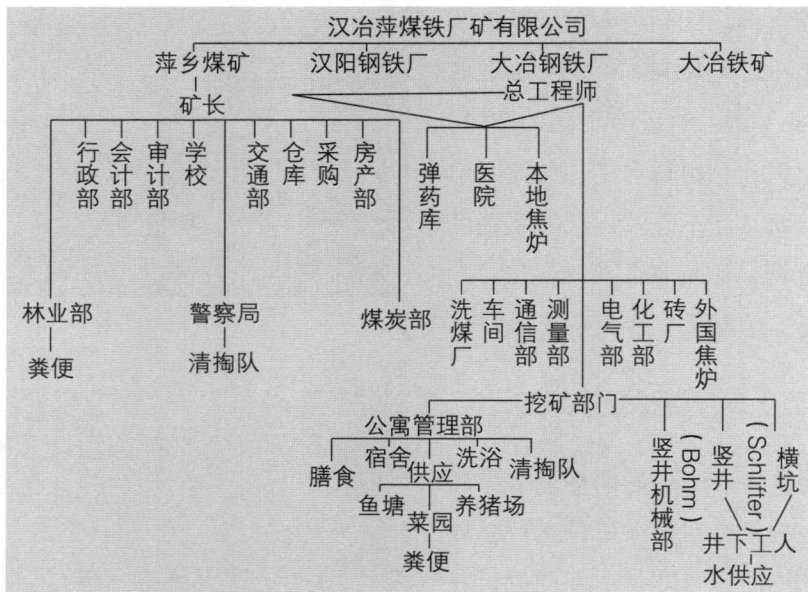

萍乡煤矿组织架构图

表 3-3　1915 年、1916 年和 1917 年 11 月萍乡煤矿的职工数量和职工分类

部门		1915 年	1916 年	1917 年
井下矿工		6794	7414	7240
井下官员		105	99	105
地面矿工		589	636	556
地面官员		67	73	73
洗煤厂员工		299	311	320
竖井机械部门		73	78	73
锅炉设备部门		124	125	131
建筑部门		5	6	6
警察局		300	300	300
士兵		600	600	600
学校	学生	185	207	207
	教师	19	18	18
	工人	13	9	9

部门	1915 年	1916 年	1917 年
车间	284	378	246
公寓管理人员	36	36	34
砖厂	112	112	112
外国焦炉	358	358	358
医院	15	19	19
林业部门	14	14	14
行政部门	37	37	37
蔬菜场和猪场	46	46	46
本地焦炉	1000	917	1380
弹药库	34	35	26
化工部门	13	13	12
合计	11122	11841	11916

资料来源　颜福庆、韦彩萍译:《湖南萍乡煤矿钩虫病感染报告》,《中华医学杂志（上海）》1918 年第 4 卷第 3 期、第 4 卷及 1919 年第 5 卷第 1 期。

（六）建立煤矿管理制度

近代企业创办以前的中国社会，是以农业为主体的小生产方式，在这种低效能生产过程中，统一的规章制度是不存在的，基本上是由老板说了算，朝令夕改是经常的事，它适应的是小生产的发展。萍乡煤矿作为一家超大型企业，人员多、岗位多、产能多、对外交往多，所以必须要有统一的规章制度，用以规范人们的行为，提高效能及产品质量，适应对外交往等。从一开始便从规章制度建立健全入手，许多方面做了开创性工作。

早在光绪二十三年（1897 年），汉阳铁厂驻萍乡煤务局便与萍乡各厂户订立了《萍乡各厂户公立条规》，它规定了煤炭采掘方法、质量要求，并有详细的奖惩办法。据《汉冶萍公司事业纪要》称，这是当时所见最早的一件有关生产的规章制度。

萍乡煤矿运输煤焦早期靠船，为了防止中途倒卖、掺杂和短吨，萍乡煤矿建立了船户奖惩制度，规定：民船由株洲到武汉交卸，短焦一吨，罚钱二十二千文；短煤一吨，罚十八千文。如有赢溢，每焦一吨，奖钱十一千文；煤一吨，九千文；其运长（沙）、运岳（阳）者，如此递减。如有盗卖，除照章罚赔外，分别轻重，送官惩治。①

萍乡煤矿是座近代化企业，对于机械化生产，尚无现成技术可循，一切依靠洋人，但如果过分依靠洋人而不加以约束，他们便会肆意行事。洋人在矿工作，应有个行为规范问题。盛宣怀与总矿师赖伦曾签订《萍乡煤矿局聘请德国矿师合同》计16款及章程。合同规定三年为一期，期满可续订。如规定：凡应聘洋人须听"该管之员吩咐"工作，"查有不能胜任，不听指挥"或犯大过错即辞退。洋人"因牢记系在中国局所办事，须与华人和睦，倘彼此龃龉，则外洋新巧之法风行中国者，亦恐被其阻止，或于各洋人关系甚重"，立即开除，并注销合同，这样就可以把主动权牢牢掌握在自己手中。

设立奖金奖励有功人员。萍乡煤矿出煤之初，赖伦即呈请张之洞设立奖金制度，奖勤罚懒，提高员工积极性。这项奖金专为窿工处而设，窿工处也设两种：一系进窿监工人员，每月按照出煤数、灰分、车量、经费四项，比较超额而定，除正副矿师不给外，从华洋总监工起，以下均可得奖，多寡不一，悉视各项工程，由洋总监工，照上四项分别计算核发；一系窿工程在窿外办事人员，人数不多，亦有奖金，月有定数，每月由华总管按照定数发给，如有增减，必呈请矿长、矿师核夺，通计每月窿工员司奖金，比薪水约十分之六。洗煤厂也有奖金，以洗煤数多、灰分轻给奖，大约每月总在二百元上下，除处长外，该处员司及机匠分得之。

总公司对驻矿主要领导人也有制度约束。民国六年（1917年）六月一日，公司总经理夏偕复、副总经理盛恩颐致函公司董事会，对萍矿矿长、正矿师责任进行了分工：

---

① 《汉冶萍公司事业纪要》，引自湖北省档案馆编：《汉冶萍公司档案史料选编》（上），中国社会科学出版社1992年版，第18、33、34页。

（一）矿长责任权限

一、矿长受董事会委任，管理全矿事务、工务，应受董事会暨总、副经理之监督指挥，对于事工两部负完全责任。

二、矿长负有保守全矿产业及整饬秩序、保护公安之责。

三、矿长对于全矿负有督饬进行计划改良之责。

四、矿长对于全矿工务负有扩充产额、减轻成本之责。

五、矿长对于全矿事务、工务之费用负有考核撙节之责。应将每年应兴事业之计划及每年收支预算拟定，报由总、副经理查核，转陈董事会议决实行。

六、矿长对于每年预算，如有临时支出逾于预算以外应行追加者，得详具理由事实，报由总、副经理核转董事会决定。

七、矿长应将每年决算报由总、副经理转陈董事会。

八、矿长对于矿工所需材料，负有核实考察、严杜糜烂之责。

九、矿长对于煤焦输出、材料输入，负有设备完全、运卸便捷之责。

十、矿长对于款项及材料之支出，于各主任签字后，均由矿长审查加签，如认为不合事，得驳查之。

十一、矿长对于全矿员司负有督率指挥、考核功过之责。关于各机关主任有缺额之时，矿长报请总、副经理转陈董事会委派，如董事会无相当人员之时，矿长可报荐于总、副经理，如总、副经理认为可用，转陈董事会决议施行。如各机关主任有不胜职之时，矿长应叙明事实，报由总、副经理查核，转陈董事会；如有渎职之时，矿长可先令停职，一面叙明事实，报由总、副经理查核，转陈董事会正式免之。至各机关主任以下之员司，应有进退之时，矿长可先行之，仍行报告总、副经理查核，转陈董事会立案。但亦须先得各主任之同意。

十二、矿长于应有职务照章执行外，如遇事有兴革、动支巨款及临时发生重要事项，得详具理由，报由总、副经理查核，转陈董事会议决施行。

十三、矿长对于矿山办事章程如有增损时，得报由总、副经理查核，转陈董事会议决施行。

十四、矿长应将每年全矿事工两部进行各事，分类汇编，报告总、副经理核转董事会，以觇成绩。

（二）（正矿师责任权限）

一、正矿师管理全矿工程，商承矿长，妥慎办理，负工程上完全责任。

二、正矿师对于全矿工程上员司，如窿工、机器、电机、炼焦等机关，负有督率指挥之责。

三、正矿师对于矿工员司，应有进退之时，须商承矿长行之；如矿长以为矿工员司有须进退之时，亦须会商正矿师同意后再行之，其重要者，应由矿长转报总、副经理查核，转陈董事会。

四、正矿师应照事业计划所定，负有增加产额之责。

五、正矿师对于出产，凡关于工程上之成本，负有减轻之责。

六、正矿师对于工程上之费用，负有核实支配之责。

七、关于工程上款项及材料之支出，得先由正矿师审查签字，再交矿长加签发给，如认为不合时，得驳查之。

八、正矿师负有随时测探矿量、以期保全将来产额增加之责。①

汉冶萍公司成立时，盛宣怀将萍矿、大冶铁矿和汉阳铁厂三家独立企业合并为一家总公司，于是订立了《商办汉冶萍煤铁厂矿有限公司推广加股章程》。《章程》共分十章八十八节。第一章为"宗旨"，规定了名称、经营性质等。第二章为"股本"，明确了只收华股、不收外国人股份；说明"老股"来由、金额及优惠政策；说明"二等优先股"来由及优惠政策；本次招股额数等。第三章为"股东会"，说明股东会分定期和临时两种、股东权利等。第四章为"名誉员"，名誉会员虽无股份，但对公司有真实帮助。第五章为"董

---

① 湖北省档案馆编:《汉冶萍公司档案史料选编》（下），中国社会科学出版社 1992 年版，第 382、383 页。

事、查账员"，规定查账人职数、职责，董事、查账人任期年限等。第六章"总协理"，"总协理"代理"总理"负责公司全面工作。第七章"办事员"，说明办事员的职责。第八章"预算"，大冶、萍矿、汉阳铁厂对生产都要进行预算。第九章"会计"，讲收支职责。第十章"附则"，讲今后还须完善的工作。①

职员上下班有考勤制度。辛亥革命后，萍乡煤矿随着时代的变迁，职员办公到职也点名。各办公处置签到簿一本，职员每日上午8时、下午2时到办公室，须亲自签名于上，规定超过时间半小时，须注明迟到时刻的原因，由所在工作处主管负责查验。还规定迟到10次者扣除一日例假，当时规定职员每年享受例假21日，迟到次数多了不仅影响奖金还不利晋升。因职员按时上班被视为工作作风的表现之一，这样又使部门领导掌握每日职员出勤情况。

有的章程属于临时性的，如对新监工的使用情况，基本属于告知类。

开矿之初，萍乡煤矿所使用的监工为洋员，随着洋员的逐步退出，华员逐步接替洋员工作，可是华员大都未经专门学习，管理松懈，造成工程质量粗劣，经常发生事故，给公司带来严重损失。为了加强质量管理，培养品学兼优而又学有专长的人才，公司于1921年分两批面向全国招收大专以上文凭的毕业生为监工，合计正选20名，备选2名。萍乡煤矿给这批监工订了章程：

详　章

一、监工须能看图并画草图。

二、监工须有建造钢梁、钢骨屋、水管、钢筋、三合土及土方工程之经验。

三、绘图器自备，并须自备一准确之时表。

四、工程师如命监工于夜间工作，监工不得拒绝。

五、监工如不称职，工程师得用罚薪办法惩戒之，罚薪后仍不称职，

---

① 湖北省档案馆编：《汉冶萍公司档案史料选编》（上），中国社会科学出版社1992年版，第236—239页。

工程师随时将其职位解除。

六、前四月每日薪大洋一元五角，星期日与休假日如不工作，均不给薪。

七、星期日、休假日或十日以外之特别工作，均照正薪开半给予酬劳。

八、每月七号发薪。

九、医药费与他员司一样办理。

十、来往旅费由各监工自备，惟公出差不在此例。

十一、公司得随时将上项日薪办法改为月薪，惟第五条之执行毫不因以妨碍。

十二、录取者应觅妥实保人。

十三、本详章系指示录用后双方应行了解之条件，切勿误为录用之书件，至录用与否，为另一问题，须待本公司通知方生效力。①

制定规章制度是件繁浩工程，汉冶萍公司对各厂矿稽核、收支、统计处、医院、承包小工头、门卫、出入厂矿、来客入厂券、特准执照、放行单、领料、会计、商务分销处、转运栈、簿记改良、同人请假、职员出差、雇佣工匠工人、包工、查工、驻东京事务所等都有章程。作为汉冶萍公司的组成部分，萍乡煤矿建章立制具有开创性意义，往后公司所订立的规章制度逐渐在全国推广。

中国的第一代工人是从农民中来的，性情散漫，组织纪律性差，不受时间约束，为此萍乡煤矿引进了西方管理制度。第一，引进汽笛，因用蒸汽的尾气推动，故工人又称拉尾子，或者叫号。这种汽笛声音嘹亮、凄厉，在十几里外也能听清楚，在近处则心惊肉跳，大声说话都听不见，给人以紧迫感，人的脚步会不由自主地快速前进，生怕落后，赶到进班室，迟到了不准派工，

---

① 湖北省档案馆编：《汉冶萍公司档案史料选编》（下），中国社会科学出版社1992年版，第392页。

用严明的纪律约束人。第二，引进监工，监工手执皮鞭，对那些不服从管理、工程质量差、工作速度慢以及对洋人和上司不恭者实行肉刑，迫使工人服从，以强迫的手段压制人。第三，用定额考核劳动工效，测定工时，以科学的手段管理生产。员司在测定工时时，手拿计时器，从工人拿起工具进行生产算起，每个时段测定一次，根据工人的疲劳程度、煤层硬度、地质条件、运输距离，分段进行考核，测算出具体的数据，然后根据数据组织生产，这种方法具有一定弹性，隔不多久就测算一次，或者地质条件变化较大，根据工头要求测算。这样可以了解生产全过程，生产管理也更科学，以科学的手段管理人。第四，引进质量管理制度，对煤质好的奖、差的罚，以奖励制度调动人的积极性。

萍乡煤矿非常注重防范外权暗侵。光绪二十三年（1897年），湖南就出现洋人勾结奸商私买矿山之事。以往萍乡也有过一个名为刘美才的教民，曾经勾结法国教士串买龙家冲的商井。安源建矿开始以后，传闻还有人暗中勾结日本商人，打算在萍乡合资开矿，正在秘密进行中，张赞宸闻讯立即驰赴汉口，向汉口日本领事严重交涉，对方终于不得不销毁契约，阴谋未能得逞。在前后归并商井过程中，有一个商号的老板，原在紫家冲开了一个钰盛井，在小坑开了一个玉和井，并在长沙、湘潭、醴陵等处开设字号售煤，实际资金主要是湘潭天主教堂的股本。商号老板看到境内商井纷纷请求归并，又知道钰盛、玉和两处正当机矿冲要之地，以为奇货可居，竟扬言洋人愿出高价买产权准备自行开采以相威胁。矿局早已洞察其奸，不受要挟，宁可暂缺，断然拒绝。如此迁延数年，直到境内其他商井全部归并，教士感到大势所趋，自己处境孤立，无可奈何，只得托人向矿局表示情愿按时价出售。于是双方在光绪三十一年（1905年）十二月立据成交。光绪三十二年（1906年）七月，矿局派俞燮埜、文从渼、张德煌进行第二次商井普查工作，至此，机矿范围内321口小煤井全部归并，界内已无一口私井。其后矿局将钰盛改名安顺，玉和改名吉顺，并分别建成紫家冲分矿和小坑分矿。

（七）建成中国"第一之实业"

经过了九年的建设，到光绪三十三年（1907年）盛宣怀来验收，整个工程完工，工程包括"机矿平巷三条，直井一口，矿轨、煤车、电车、钢缆、起重、打风、抽水、钻石各机俱全；又矿山基地，及总局与各厂栈房屋，大小机器制造厂、大小洗煤机、洋式炼焦炉、造火砖厂、电气灯、德律风一切矿内外工程；又天磁山、紫家冲、小冲、黄家源、铁炉冲、善竹岭、张公塘、高坑、锡坑、楠木坑、霸善冲、五陂下、太平山一带周围数十里内土矿、山地、炉厂；又湖南小花石煤矿机器产业；上珠岭铁矿、白茅锰矿、盆头岭锑矿、白竺铝矿，又各外局基地、房栈、轮驳各船"。[①] 以及修筑铁路（萍安段）。"截至三十三年八月止……煤矿轮驳已用商本银七百四十余万两。"[②]

萍乡煤矿的建设取得了巨大成效，"工费虽巨，煤焦出数愈多，则所摊成本愈少。时值二十四年起，结至三十年十一月底，萍矿运到汉阳铁厂焦炭三十二万一千余吨，生煤十九万一千余吨。即就焦价一项计之，每吨洋例银十一两，较之从前购用开平焦，每吨连运费一切开销需银十六七两者，实已为铁厂省银一百六七十万；若购用洋焦，则更不止此数矣。"[③] 这样，中国十大厂矿之一的萍乡煤矿雄踞在赣西土地上，在全国排名第三，而以独立矿井及中国人自办产业而论，实则"萍矿为吾中国谈矿务者所注目之一大实业"[④]，

[①]《张赞宸：奏报萍乡煤矿历年办法及矿内已成工程》，光绪三十年十二月（1905年1月），引自湖北省档案馆编：《汉冶萍公司档案史料选编》（上），中国社会科学出版社1992年版，第205—207页。

[②]《盛宣怀奏办汉冶萍厂矿现筹合并扩充办法折》，光绪三十四年二月十一日（1908年3月13日），引自湖北省档案馆编：《汉冶萍公司档案史料选编》（上），中国社会科学出版社1992年版，第232页。

[③]《盛宣怀奏办汉冶萍厂矿现筹合并扩充办法折》，光绪三十四年二月十一日（1908年3月13日），引自湖北省档案馆编：《汉冶萍公司档案史料选编》（上），中国社会科学出版社1992年版，第232页。

[④] 顾琅：《中国十大矿厂调查记》，上海商务印书馆1916年版，第57页。

萍乡煤矿全景

"所有一切设施，悉仿西法，诚为吾国完全极大之矿厂。"[1] 从此，萍乡从土法采煤走向了西法机械生产。英国《泰晤士报》特派记者来萍专访，赖伦则在德国报纸上撰文介绍。萍乡煤矿以其丰富的资源，引进国际先进水平的技术设备，而煤焦质优价廉，蓬勃发展之势蜚声中外。

盛宣怀敢于凭空创造一个萍乡煤矿，与他有着过人的胆识、掌握着巨大财力有关。他在光绪三十二年（1906 年）一月三十日致张之洞函中承认，他之所以"敢于冒昧承办，所恃招商、电报、铁路、银行皆属笼罩之中，不必真有商股，自可通筹兼顾，故支持铁厂，余力尚能凭空起造一上等煤焦矿。"[2]

萍乡煤矿创办之初的历史，李寿铨在《萍矿说略》序中作了详细的记载：

> 萍乡煤矿肇于南皮相国张文襄公，而成于毗陵宫保盛侍郎之手。溯
> 自光绪廿四年，盛宫保会同张文襄，奏准仿用西法，购机大举开采萍煤。

---

① 《萍乡煤矿最近之调查》，《时报》，光绪三十四年正月十七日（1908 年 2 月 18 日），引
　自汪敬虞编：《中国近代工业史资料》第二辑（上），科学出版社 1957 年版，第 486 页。

② 胡政主编、张后铨著：《汉冶萍公司史》，社会科学文献出版社 2014 年版，第 127 页。

仅历十稔，而荒僻无人之境，一变为通衢繁富之场。矿以外天梯石栈，厂房云连；矿以内毂系肩摩，煤巷如市。萃西欧各名厂之新机，开东亚数千年之宿蕴，皇皇乎一巨观也。然当创办之初，内地风气未开，百计阻挠，事多棘手。基础甫立，旋值庚辛之岁，风鹤频惊，地方不靖，工程因之窒滞。嗣后又遭匪乱，工程未辍，屡濒于危，此皆开矿以来叠经之磨折也。而卒以当事者坚忍镇定，上下一心，历尽艰难，得有此成功之一日。萍煤产富，甲于全球各大名矿。脉绵层厚，得未曾有。盆式大槽在东南小坑，紫家冲、黄家源、龙家冲、高坑等处。周围九十余里之遥，包孕五百兆吨之多，均在萍矿范围之内。无如山岭连绵，不便运道。惟距城十四里之安源，地势平坦，而又得峰峦回抱，洵天然之绝大工场也。从此入手，开巷凿井，钻石通隧，历时八九年，费款数百万，始由山腹取直径达盆式大槽之煤田。今则煤槽铁轨，六通四达；煤窿电车，往来不绝。外面洗煤机、煤砖机、炼焦炉，附设之机器厂、火砖厂；余如医院、学堂、米仓、料库之属，因地制宜，规模完备。用工几及万人，沾利奚止万家，实业之兴之大有造福于地方也如此。现在日出煤二千吨，月可炼焦一万二千吨，年可造砖六七万吨，造火砖数万吨。尚在推广炉座，展拓运道，逐有进步。而转运分销，如湘之株洲、湘潭、长沙、岳阳；赣之九江、南昌；皖之安庆、芜湖、大通；苏之南京、镇江、常州、上海，各有分局。而在汉口设运销总局，以汇上下游各分之总。轮艘囷储之厂栈，逐年加增，咸足备用。额定销路，除专供汉阳铁厂焦煤外，如长江各项商轮，京汉铁路火车，长江各埠各局厂，及其他西洋之兵轮，东洋之制铁所，咸取给焉。而美属旧金山各厂商，亦以货高价廉，远来议定。蓬勃之势，声震遐迩，此诚我国之第一之实业也。[①]

---

① 李为扬:《李寿铨与安源煤矿》，江西省政协文史资料研究委员会、萍乡市政协文史资料研究委员会合编:《萍乡煤炭发展史略》，1987年内部资料，第66、67页。

六、殚精竭虑的张赞宸

萍乡煤矿的创办，张赞宸功不可没。

盛宣怀接手汉阳铁厂后，因煤焦问题影响了炼铁计划，派员到萍乡购煤而用非其才，运购仍然故我。派张赞宸来萍乡开矿，他对张赞宸一开始并不放心。盛宣怀对郑观应说："绍甄甚精细，肯用心，而资望太浅。厂务更生，务望公面授机宜，并请转属各总董、总稽查、总翻译、总文案，均宜照常认真，各尽其职，并收集思广益之助。想诸君子皆为鄙人心腹，股肱之友，更得我公倡之以忠义，勖之以清勤，必能与绍甄和衷共济也。"[①] 张赞宸对于铁厂事务还处在熟悉摸索阶段，便被盛宣怀授以大任创办萍乡煤矿。但他凭着吃苦耐劳精神，不辞劳苦辛勤奔波，殚精竭虑创办管钱号，精打细算替企业节约每一个铜板，克己奉公节约每一份公款。长年的辛劳使张赞宸健康状态每况愈下，以致积劳成疾，酿成大病。在盛宣怀的催促下，于光绪三十三年（1907年）二月赴上海医疗。作为萍乡煤矿总办，他的医疗费用完全可以公款报销，但他坚持用自己的薪金支付医疗费用，为此而耗尽了家私。萍矿职员得知他的情况，纷纷捐款给他，由于人情难却，他将人们送他的礼金铸成"萍乡煤矿纪念"牌，回送给萍矿每一个员司。

张赞宸

张赞宸洁身自好、善理财政，以及殚精竭虑创办中国第一大实业的事迹，被正来萍乡考察江南制造局南迁的兵部尚书铁良看见了，铁良为他的精神所

[①]《盛宣怀致郑观应函》，光绪二十二年十一月十七日（1896年12月21日），引自陈旭麓、顾廷龙、汪熙主编：《盛宣怀档案资料选辑之四：汉冶萍公司（一）》，上海人民出版社1984年版，第314页。

感动，奏准朝廷擢升他为天津银行总办，为二品顶戴。

在张赞宸离开安源去天津就任的时候，萍矿同仁依依不舍，李寿铨作序写诗记载了此事。

奉送张观察入都有序四首

岁戊戌，绍甄观察以南皮、武进两宫保连奉天子俞允，总办萍乡煤矿，购机兴工，设轨通运，开山陬之风气，立实业之基础。艰苦卓绝，克底于成。甲辰冬，铁尚书衔命来萍，考察矿务，以成绩闻于朝。奉调入都，往理财政。旌节频行，吟揣纷赠。铨从事萍矿最久。溯曩之艰难，诵将来之勋业，附见谫陋，不能无言，勉步旗亭外史七律四章原韵。

吴楚东南接大荒，千年霸业素称强。由来地宝推中土，历数人才出上庠。秦代英雄遗草泽，汉家符瑞重芝房。累朝专制成贫弱，计利纷纷鄙孔方。

宝蕴萍山势累巘，曲江风度驻高轩。宏开矿政求新法，独辟机缄请辩言。（初从外洋运机器来萍，土人颇有微言）同轨居然齐马力（运煤轨路起点，矿造萍安十四里，是假欧美工程），冲霄早已卜鸿骞。中部财学从今理，不畏西风海浪掀。

云龙风虎庆遭逢，不为浮荣称万钟。沧海回澜资砥柱，群山环峙仰高峰。匡时才大情尤重，赠别诗多意更浓。最少百工□可笑，愿随飞舰到吴淞。

星使征求一载余，举朝慰望竟何如。两钱忠孝刘安世，三策天人董仲舒。曾为名山接梓椷，还须清庙□璠玙。功成实业名贤继（无锡林真候观察接总矿务），创始当年愿不虚。[1]

光绪三十三年（1907年）三月初一日，正是张赞宸办矿九周年之际，他不幸在上海病逝，享年45岁。

---

[1] 李汝启主编：《萍乡历代诗荟》（第七册），线装书局2019年版，第3515、3516页。

《汉冶萍公司事业纪要》评论说：

> 张赞宸，字韶甄，江苏武进人，湖北候补道，初充汉厂提调，旋寻
> 获萍矿，即专办矿事，创义大举，购办机器，规划窿井，修造铁路，设
> 置轮驳。经之营之，无间昕夕，卒致职劳成病，以身殉矿。盛公尝曰，
> 君与一琴，为吾左右手。其卒也，盛公哭之，痛挽曰："失吾臂助"，纪
> 实也。其于工人，视若子弟，教养兼施，宽严互用，故人人得其心腹，
> 终其身无工潮之发生。殁后张公祠之建，所以念其劳，亦以顺众情也。

张赞宸去世后，盛宣怀撰挽联道：

> 开萍乡实业，殚精竭虑，成绩昭彰。身后勋名，当与山岳同不朽；
> 自芝罘来游，集益推诚，相期远大。生前气谊，有非铭述所能传！

光绪三十四年（1908年）五月，盛宣怀等照军营立功后积劳病故从优议
恤援案，奏准朝廷将事迹付史馆，在安源及原籍江苏武进县自行建造张公祠，
以资纪念。可是张赞宸生前并未留有为自己建馆的资金，还是萍矿员工集资
为他建馆，以纪念这位建矿元勋。

七、聘请洋专家

萍乡煤矿作为一座新型近代化的企业，不论是对机械的使用还是企业管理
等都没有现成经验可供借鉴，只能向洋人请教。再就是按照国际通例，凡借哪
国的钱便使用哪国的人。因此当萍矿借德国礼和洋行款的时候，合同规定"煤
矿公司所需办理矿务西人，均须礼和商允方能雇佣。"聘用德国人来管理。

光绪二十四年（1898年）三月，湖北总督张之洞大理寺正卿盛宣怀启奏
创办萍乡煤矿原折说："再萍乡煤矿现筹大举，造端宏远，规划繁难，且筑路

设线，运用机器，均须洋人。"①此前汉阳铁厂煤务局曾借用湖北铁政局所聘洋人马克斯、赖伦来萍乡勘测煤炭，两人勘测的结果令盛宣怀非常满意，尤其是赖伦认为萍乡有5亿吨煤炭储量的勘察结果，铁厂前景非常光明，提振了他的信心。于是，盛宣怀聘用赖伦为萍乡煤矿总工程师。

盛宣怀首先聘请赖伦负责开发萍乡煤矿的技术工作，在给他的训条中写道：

矿司赖伦知悉：

此次派尔赴萍察看煤矿，度地开井，一切事宜分谕于左。

一、萍乡等处煤矿总局事宜，本大臣派张提调为总办。向来总厂提调本有节制黜陟全厂洋人之权，今张提调暂住萍乡，总办一切，本大臣给予全权，不为遥制。所有开井挖煤一切工程，凡关涉西法开矿之事，尔须一一就近请示。

一、尔专为助理西法开矿一切工程并西法炼焦事。所有购地、用人、支款、运料各事及各处所开土矿炼焦运煤，均张提调全权经理，与尔不涉。

一、添办机器须开详单，呈请张提调酌定，准驳悉听吩咐，以签字为凭。

一、萍乡地僻，购带物件甚为不便，开矿所需机器抽水各件，尔须逐一开单禀由张提调购备齐全带去，以免到萍费事耽搁时日，彼处于铁厂往来动须一两月也。

一、如造小铁路，一切工程本大臣另行派人经理。

一、湖南民情强悍，萍乡与湖南连界，颇有楚风。尔到萍后赴乡间等处，必须禀明张提调给尔护照，张提调遴派本地妥人引导，方准前去。仍须小心，切勿多事。倘尔不请护照，擅自经往各处，张提调并未得知，你或被人侮辱，酿出事端，或有意外之事，致遭不测，此系不遵本大臣训条，且不听张提调节制，本大臣及张提调均不能为尔理论。此系为爱

---

① 《鄂督张之洞铁路督办盛宣怀会同奏办萍乡煤矿原折》，光绪二十四年三月二十六日（1898年4月16日），引自顾琅：《中国十大矿厂调查记》，上海商务印书馆1916年版，第5页。

尔之故，特谆谆切嘱，原为慎重保护起见也。再，如果斐礼同去，应即照此训条办理为要。

督办盛华十二月二十八日。西正月二十号①

盛宣怀之所以给赖伦训条，与他刚刚接办汉阳铁厂时洋员难管理有关。当时一些外国专家凭一技之长瞧不起中方管理人员，德籍总监工德培作风恶劣，擅作主张，西方国家一座炉子每天24小时炼钢5炉，而德培则只白天炼一炉，炼完一炉才下午3点左右，炼第二炉完全可以，德培以洋匠只有一人为理由拒绝再炼。而实际有洋匠三人，另两人拿着高薪却不做事，所以盛宣怀把德培开除了。有了前车之鉴，盛宣怀便要在新办企业给洋人严加约束。此后，萍乡煤矿陆续聘用了三十余名洋人参与技术和管理工作，这些人中有赖伦、马克斯、施密特、拉克司、爱斯特、密海礼、士㩆莱、伊士特拉、西礼夫特、布奄却脱、斯脱兰嘉、道尔伦、哈德里、徐福史、梯尔、史奈德、哈斯拉、白米、小白米、非已那、邓考士、乌生勃里克等。盛宣怀在这个训条中强调说："再，如果斐礼同去，应即照此训条办理为要"，也就是说训条适用于所有外籍专家。这些德国专家虽然良莠各异，但总体上为萍矿建设作出了贡献。

洋人在矿工作，应有个行为规范问题。盛宣怀与总矿师赖伦曾签订《萍乡煤矿局聘请德国矿师合同》计十六款及章程。合同规定三年为一期，期满可续订。如，规定凡应聘洋人须听"该管之员吩咐"工作，"查有不能胜任，不听指挥"或犯大过错即辞退；洋人"因牢记系在中国局所办事，须与华人和睦，倘彼此龃龉，则外洋新巧之法风行中国者，亦恐被其阻止，或于各洋人关系甚重"立即开除，并注销合同。

洋人给萍矿带来了先进的科学技术和理念，为矿山的创建和发展起了重要的作用。如英国皇家地学会矿学会会员瓦理士·布卢特到萍乡视察工程，

①《盛宣怀致赖伦训条》，光绪二十三年十二月二十八日（1898年1月20日），引自陈旭麓、顾廷龙、汪熙主编：《盛宣怀档案资料选辑之四：汉冶萍公司（一）》，上海人民出版社1984年版，第730、731页。

萍矿职员与在萍矿供职的德国矿师合影。从左至右为：赖伦、李寿铨、哈德礼、高寿林、史密特姑息养奸造成的"。[1]

他在《勘察萍乡矿务报告》中提出增开一口直井、炼焦炉收副产品、加强地质测量工作、开办医院、多用华员等诸多建议，他的建议得到采用，使建矿工程更加完善。

但也有洋人不守合同，甚至为非作歹欺压工人。据当时报载工人的信中指出：这"是政府和汉冶萍公司懦弱无能，

在众多洋人中，赖伦的口碑是最好的。他虽然是自学成才，但有真才实学。光绪二十年（1894年）赖伦来华，建矿后任萍矿总工程师，合同期二十年。他埋头苦干，专心干好自己的工作，为萍矿作出了重大贡献。

表3-4　赖伦在汉冶萍公司经历简表

时间	事件
1896年9月	赴萍乡煤矿勘探
约1898年	因暴乱和传教士被害事件，被迫离开
1900年	重返萍矿
1904年	与李维格同赴欧洲，协助订购设备和聘用新工师
1911年10月	辛亥革命爆发，撤到武汉
1912年1月	多数工程师乘船返德，赖伦决定留下，获汉冶萍公司电函，重新管理萍矿
1913年4月	返回萍矿，开始工作
约1914年	聘用期满，辞去总矿师一职，留汉冶萍公司任顾问
1917年	第一次世界大战爆发，汉冶萍公司致函政府，请留德国工程师赖伦
1923年3月	受公司委派，调查萍乡煤矿和永和煤矿事

　　资料来源　方一兵：《汉冶萍公司与中国近代钢铁技术移植》，科学出版社2011年版，第61页。

---

[1] 张振初：《聘任洋人》，《安源轶事》，1995年未刊稿，第28页。

光绪二十二年（1896 年）八月，盛宣怀派恽积勋陪同德国矿师马克斯、赖伦等人来萍勘查，先后勘查了安源天磁山、锡坑、紫家冲、高坑、王家源、大屏山、胡家坊和青山马岭等一带。同年 10 月呈报勘查结果，马克斯估计煤的储量为 2 亿吨，30 度以下的倾斜煤层可供炼焦的煤甚多。赖伦勘查后作出了萍煤"脉旺质佳，迥非他处可比"，"如每年采用一百万吨，可供五百年之用"的预测报告。

光绪二十三年（1897 年）夏秋，赖伦再次来萍勘矿，复查了萍乡东南等处，张赞宸得出了"焦炭为养命之源，萍乡为必由之路"的结论，呈报盛宣怀。据《萍矿节略》记载：张赞宸、赖伦他们"周历县治东南一带，凡产煤之山，必逐井考验，均属脉旺质佳，迥非他地所可及。因专就炉座考较，并预杜商厂居奇之渐，由局自购土井采炼，以为之倡，创为平底炉法，督率官商各井悉心试炼，逐节讲求，驯至焦炭出炉，坚光切响，钜细成条，化验灰磷磺俱轻。到厂炼铁，果合炼钢之用"。[①] 从而为盛宣怀创办萍乡煤矿提供了重要的决策依据。

光绪二十四年（1898 年）三月二十六日，张之洞和盛宣怀启奏清廷创办萍乡煤矿原折说："萍乡煤矿现筹大举，造端宏远，规划繁难，且筑路设线，运用机器，均须洋人。"并聘请了德国工程师赖伦、施密特等多人。盛宣怀对赖伦既器重又担心，早在光绪二十二年八月二十六日给他的"训条"中说："此次派尔赴萍查勘煤矿，度地开井……凡关涉西法开矿之事，尔须一一就近请示"总办张赞宸。他又向张赞宸面授机宜："赖有无本领，当予此次见之。"

赖伦很能吃苦，为勘炭萍乡的山山水水都走遍了，他认为萍乡的煤炭储量有 5 亿吨，主张矿井设在地势较低的安源。经过反复斟酌，盛宣怀最后决定采纳赖伦的方案。从百余年后的今天来看，不论是对煤炭的估量还是选址，赖伦的判断都是最正确的。

赖伦建矿、建厂功不可没，为萍矿做出了突出贡献：

[①] 张赞宸：《萍乡煤矿节略》，江西省政协文史资料研究委员会、萍乡市政协文史资料研究委员会合编：《萍乡煤炭发展史略》，1987 年内部资料，第 124 页。

　　一是引进资金。萍乡煤矿在缺乏资金的情况下，他牵线搭桥从德国礼和洋行引进了 400 万马克资金，其中 100 万马克用来建萍安铁路，300 万马克用来在德国购买机器。

　　二是引进设备。通过引进西方先进技术设备，使萍乡煤矿在风动机械凿岩、电动机械通风、矿山救护、西法炼焦、煤质化验等方面得到了迅速发展，尤以机械化洗煤和矿井使用架线电车运输，与欧美各国矿井达到了同步水平。

　　三是负责设计。赖伦设计并绘制了安源煤井开发图纸，力主以平洞、立井多水平开拓煤层群的作业方式，为萍矿所采用。赖伦按照安源的地形采用台阶式布局生产流程，煤炭采出来后，进入洗煤（第一台阶）到炼焦（第二台阶）、出焦（第三台阶）、装车（第四台阶），一条龙进行，工作流程顺畅，不需要过多人工。有的甚至达到了自动化程度，如洗煤装进煤车、顺小铁路来到洋焦炉顶部、煤车经过时底板栓揿着炉顶栓即自动开启煤卸入炉内，煤炭焦化后用自动清焦机耙出、洗焦后自动进入火车厢，这一系列工艺令人啧啧称道，既充分利用空间，又节省了不少人工。

　　四是帮助建设了中国第一个煤砖厂和第一个耐火砖厂。萍乡煤矿是汉阳铁厂的配套矿山，萍矿的煤开采出来后，需要洗选、炼焦，然后运到汉阳铁厂炼铁。炼焦炉的外壳是从德国进口的，可是里面的耐火砖属于易碎产品，而且需求量大，经常需要更换，如果从德国进口，在装卸和运输途中经过碰撞，损耗率会很大，汉阳铁厂就因为进口耐火砖损耗量大而耽搁了炼铁时间。赖伦认为这种普通物应该就地解决。1898 年萍矿开矿之初，赖伦在距安源 15 公里的萍乡峡山口发现了耐火泥。耐火泥就是瓷泥，它经过磁化过程后成为耐高温材料。赖伦主持设计、筹建了耐火砖厂，使萍矿摆脱了完全依赖进口耐火泥的局面，萍乡从此而多了一门产业，产品还远销全国各地，成为市场的抢手货。

　　五是因洋焦炉不合格为萍矿打赢了官司挽回了损失。光绪二十六年（1900 年），萍矿建有德式高林炉 1 座计 24 格。1903 年建比利时式科别（Cappee）炉 2 座。3 座炉计 114 格，月产焦炭 6000 吨。1907 年和 1908 年，又新建科别焦炉 2 座，共 114 格。机焦月产能力增至 1.2 万吨。

近代炼焦设备为长方格平形火砖炉，数十格连接成排，按次编号，以两排为一个号，共有 5 号，计 262 格。其中，一号炉共 24 格，德式高林炉，每格可装煤 5 吨，共装 120 吨，24 小时成焦。2 号炉共 30 格（2 号至 5 号焦炉均为比利时科别式），每格可装煤 4.8 吨，共可装煤 144 吨，平均烧 50 小时，每格成焦 3.4 吨，每次共产焦 102 吨。3 号焦炉位在大洗煤台西，共 60 格，烟囱高 30 米，每格可装煤 4.8 吨，共可装煤 288 吨，平均烧 50 小时，每炉共成焦 204 吨。4 号焦炉在发电所锅炉房旁，共 88 格。5 号焦炉在小洗煤台西，共 60 格。萍矿日产焦可达 650 多吨。

光绪三十年（1900 年），当工人们第一次打开炉门开动清焦机出焦时，洋焦炉火焰冲天，工人们持水管冲洗焦煤，热气遮蔽得日月无光。热气刚刚散去，热度仍在升腾，赖伦就踏着吱吱响的焦煤，指挥工人用箩筐装煤过磅，看洋焦炉是否与设计相符。过磅后实际与炉子的要求不相符，赖伦于是向礼和洋行追赔，罚银 29114 两，为公司挽回了损失。这是中国企业第一次打赢了洋官司。

六是设立奖金奖励有功人员。萍乡煤矿出煤之初，赖伦即呈请张之洞设立奖金制度，奖勤罚懒，提高员工积极性。这项奖金专为窿工处而设，窿工处也设两种：一系进窿监工人员，每月按照出煤数、灰分、车量、经费四项，比较超额而定，除正副矿师不给外，从华洋总监工起，以下均可得奖，多寡不一，悉视各项工程，由洋总监工，照上四项分别计算核发；一系窿工程在窿外办事人员，人数不多，亦有奖金，月有定数，每月由华总管按照定数发给，如有增减，必呈请矿长、矿师核夺，通计每月窿工员司奖金，比薪水约十分之六。洗煤厂也有奖金，以洗煤数多、灰分轻给奖，大约每月总在二百元上下，除处长外，该处员司及机匠分得之。奖金制度的设立，大大提高了员工积极性。

光绪三十四年（1908 年）四月十九日，清廷军机处批复外务部与盛宣怀的奏文说："萍乡煤矿创办之初，所有安机设炉，一切事宜责任繁难，奚系已故道员张赞宸及总矿师赖伦循序布置，历十余年始观厥成。查赖伦系德国人，由前督办张之洞延聘来华，光绪二十四年勘办萍矿之时，派令随同张赞宸前往办理。并因大冶工程浩大，复经派为萍冶总矿师。洋员心地忠实，办事勤敏，经营缔造，实心实力，卒能打穿石隔，洞见大槽……"[1]中国人开办的萍乡煤矿，在光绪三十三年（1907年）提前建成，当年出产煤炭402000吨，炼焦119000吨，成为江南第一大煤矿，震动中外。《汉冶萍公司事业纪要》称

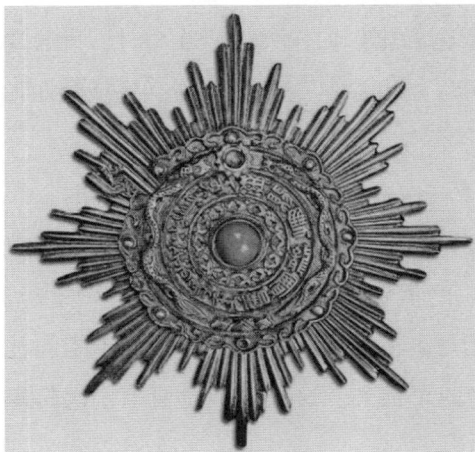

三等一级宝星勋章

赖伦"襄助张公（赞宸），同心协力，克底于成，厥功最伟"。

盛宣怀参照各省办理洋务所用得力洋员授勋前例，奏请清政府恩赏授予三等一级宝星勋章。赖伦是汉冶萍厂矿中荣获中国政府宝星的第一个外国人。赖伦后来一度兼任大冶和马鞍山矿师。株萍路通车后，又曾兼管铁路行车，民国三年（1914年）十二月合同期满，退休后驻上海汉冶萍公司任顾问。

八、萍乡煤矿代管的永和煤矿

永和煤矿公司隶属汉冶萍公司，经济上由萍乡煤矿代理，地处萍乡县湘东地区凤鸣乡长坡里附近五口塘等处，故习称湘东煤矿或萍乡煤矿分矿。宣统年间，由萍乡煤矿朱祖荫、屠鹤清等少数职员私购土井并扩充，原资6万元，加招商股12万元，矿区范围9方里282亩。

矿井煤炭成煤时期，按瑞典地质家哧勒博士1917年调查报告称，属近古侏罗纪（无烟煤）。1919年1月试采，有工人2000余名。1920年3月注册。后因经济困难，且发现煤层多系鸡窝煤，未正式开工。后由屠鹤清托人与萍矿商量，愿将该矿转让。为此，萍矿先派刘朗、汤尚松两矿师前往调查，称：

---

[1] 张振初:《赖伦与宝星勋章》,《安源轶事》,1995年未刊稿,第78页。

"该煤矿自经开办，已历三年，所出煤焦，闻尚优美，近因困于经济，无力进行……均称尚有希望。"[①]"复派冶厂黄副厂长锡赓详加复勘，据报告称：询据该公司声称，先后共领三矿区，共占面积十六方里有余，距株萍车站九华里，距安矿四十里，矿石层及煤槽与安源大同小异。大煤槽，其性较硬，须参和近处小煤槽之煤，即可炼焦，约估煤量，有五六百万吨，按照目前情形，该矿约加布置，日可出煤一二百吨，如能合并安矿，作为附属机关，似尚合算等语。查核报告情形，似沿有承受价值，当电汉厂许收支恒，亲到该公司调查账目股票及欠债各数，以凭核办，旋据报称，股本及欠人各账，总计约在四十万元等语。"由此，报告经理层研究决定，并由总经理夏偕复、盛恩颐致公司董事会："经理等以冶厂开炉后，安矿岁产之煤，悉数炼焦，仅足供汉冶化铁之需，而厂矿锅炉车船所用烧煤，岁需二十万吨，尚须另购，现值煤介翔贵，即此购煤一项，岁费不赀，该矿煤质既佳，而又接近安源，密迩铁路，工作既注有资，运输亦极便利。该公司既愿移转，似应收回，量予扩充，取携自便，不惟免购外煤，且去安源之一敌。经与该公司当事人朱祖荫、屠鹤清一再磋商议转让条件、代价一层，该公司于股本及实用外，尚须酌偿优利，总须四十五六万元，惟转让手续，频繁研究，因之尚未定议，而朱、屠两人需款孔急，暂以该公司股票票面十万元，即二千股，抵押三万元应用，订立转让永各股票预付款项合同，声明将来转让契约成立，此项预付之款，即为转让之一部分；如不能成立，即照数偿还，并按月一分计息，如朱、屠不能偿还时，即将抵押二千股之股票转让于汉冶萍，不另索价等语。比时因贵会会期尚远，而朱、屠又立待需款，未及承报，已于七月十九日签订。兹将该项合同照录，送请贵会追认，并将筹议转让该矿详情，一并陈明，黄副厂长报告照抄附送。转让条件，一俟妥商就绪，即行陈核议示复施行。"[②]

---

① 《夏偕复、盛恩颐致公司董事会函》，引自湖北省档案馆编：《汉冶萍公司档案史料选编》（下），中国社会科学出版社 1992 年版，第 535 页。

② 《夏偕复、盛恩颐致公司董事会函》，引自湖北省档案馆编：《汉冶萍公司档案史料选编》（下），中国社会科学出版社 1992 年版，第 535 页。

公司董事会致夏偕复、盛恩颐函

民国十年八月三日

总、副经理钧鉴：

昨接七十号来函，以永和煤矿商请转让于本公司承受，先以十万股票抵借三万元，订约录请追认等因。兹于民国十年八月一日率十一次常会提出，公议：永和煤矿接近安源，照总经理函称，为免购外煤起见，本公司有承受之价值，现将股票十万元抵借洋三万元，业已过付，本会准予追认，仍俟将让渡条件妥议就绪，并永和自开股东会，全体股东通过之后，再行报会公议，云云。相应函复，即希查照。此颂均绥

董事会启 ①

1921 年 7 月 19 日，永和煤矿公司与汉冶萍公司达成转让。

江西永和煤矿公司转让合同

民国十年七月十九日

汉冶萍公司（以下简称汉冶萍）与朱祖荫、屠鹤清（以下简称朱屠）商议转让江西永和煤矿公司股票预付款项，订立合同如左：

一、朱、屠愿将己名下及经手所招友人名下之江西永和煤矿公司票面十四万元以上，即二千八百股以上，票面十七万八千五百五十元以下，即三千五百七十一股以下之优先、普通股票转让与汉冶萍管业。

二、朱、屠担保永和煤矿公司所发股票不超过优先股洋十万元、普通股洋七万八千五百五十元，业经汉冶萍查明列表，如于所列股数之外有所增加，汉冶萍不能承认，由朱、屠负责料理取消。

三、转让价汉冶萍允付每股价洋如左：

甲、优先股 每股价洋七十五元

---

① 《公司董事会致夏偕复、盛恩颐函》，引自湖北省档案馆编：《汉冶萍公司档案史料选编》（下），中国社会科学出版社 1992 年版，第 536 页。

乙、普通股　每股价洋六十五元

惟朱、屠索价优先股每股价洋八十元，普通股每股价洋七十元。此节留待双方再行协议。但汉冶萍允不再减前允之介，朱、屠允不再增前索之价。

四、汉冶萍因朱、屠现有急需预付洋三万元，朱、屠允以己名下及经手所招友人名下之永和煤矿公司股票票面十万元，即二千股为此项预付款之担保品抵押，于汉冶萍将来转让契约成立实行转让之时，此项预付款即为转让价之一部分。

如转让契约不能成立，朱、屠允于接到通知后一个月内将预付款照数以现洋偿还，并按月以一分计息，汉冶萍即将抵押之股票如数交还朱、屠。如朱、屠到期不能偿还本息之时，允以上抵押于汉冶萍之江西永和煤矿公司股票票面十万元即二千股转让于汉冶萍，不另索价，前项债务即为两讫。

五、转让契约议定以后，汉冶萍需经董事会核议通过方生效力，如不通过即不成立。所有本合同之预付款项抵押股票照第四条所开办理。

六、汉冶萍与永和煤矿公司订有借款合同。该项合同与本合同有连带关系，如永和不履行，以致无效时，本合同亦即无效；所有本合同之预付款项抵押股票照第四条所开办理。

如因其他事故以致本合同无效时，所有本合同之预付款项抵押股票照第四条所开办理。

七、朱、屠将经手招友人名下之江西永和煤矿股票抵押于汉冶萍时，应于本合同签订后即向各股东取得授权书，声明愿托朱、屠抵押或转让于汉冶萍，此项授权书须于签订合同后两星期内交于汉冶萍收管。

八、汉冶萍与永和所订借款合同内声明，代表担保阳历本年五月三十一日以前，永和之负责不超过汉阳铁厂收支许笠山所查账上数目，如有超过之数，由代表自行筹还。阳历六七两月，永和一切开支约加增债务两万元左右，代表担保，如数目溢出过巨之时（如两万五千元以上）亦由代表自行筹还等语。查代表即系朱、屠二君，如有此项情事发生，代表不能筹还之时，汉冶萍可代为偿还，计需若干即于应付转让价内扣除，如不足时，仍由代表自行凑足。

九、朱、屠允于汉冶萍取得股东权利接收采办以前，担保矿山窿工机器房屋均无毁伤损害情形。

十、本合同由朱、屠两人签名，两人之中如有一人不能出席之时，由一人负其完全责任。

十一、本合同缮具两份，双方各执一份。

朱祖荫

屠鹤清

汉冶萍公司总经理　夏偕复

中华民国十年七月十九日 [1]

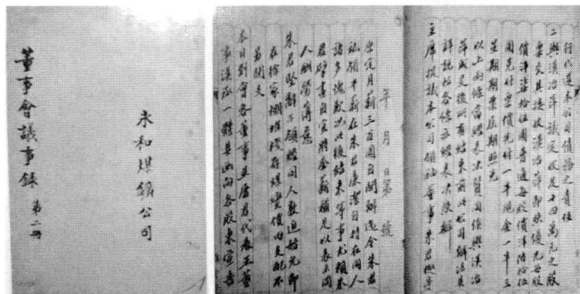

永和煤矿公司董事会议记录

1921年10月11日，在上海召开永和煤矿公司股东大会，到会股权六千六百九十权。"公推周厚坤为临时主席，宣布移沪开会宗旨，并增股改组以过情形。" [2] 主席宣称："上层临时董监、现经股东赞成准予辞职，应请照章投票选举董事七人，监察二人。" [3] 选举夏楝三等七人为董事，陈安生等四人为次多数董事，赵炳生等二人为监察，孙景扬等二人为次多数监察。制定了《永和煤矿公司章程》，章程第二十五条确定"本公司于矿场设矿长一人，由

---

① 《江西永和煤矿公司转让合同》，引自湖北省档案馆编：《汉冶萍公司档案史料选编》（下），中国社会科学出版社1992年版，第535页。

② 《永和煤矿公司股东会议案》，引自湖北省档案馆编：《汉冶萍公司档案史料选编》（下），中国社会科学出版社1992年版，第538页。

③ 《永和煤矿公司股东会议案》，引自湖北省档案馆编：《汉冶萍公司档案史料选编》（下），中国社会科学出版社1992年版，第538页。

董事会选任之。"① 事后，公司确定由安源煤矿副矿长舒修泰为永和煤矿矿长。

舒修泰上任矿长后于 1921 年 12 月 22 日下井察视煤矿，发现情况不宜乐观，随即给汉冶萍公司总经理夏偕复去函："泰昨详察本矿窿内，途途皆壁，余煤甚少……"② 并将永和近两年煤矿出煤吨数列表报告公司。

表 3-5　永和煤矿民国九、十两年出煤吨数清单 ③

年份	月份	采煤吨数	年份	月份	采煤吨数
九年	1	1830.945	十年	1	
	2	721.843		2	
	3	1310.770		3	615.500
	4	1370.0010		4	1494.500
	5	1712.931		5	983
	6	138.243		6	1010
	7	45.063		7	236.500
	8	59.653		8	467.500
	9	414.426		9	255
	10	1151.891		10	250
	11	1451.551		11	111.500
	12	1350.327		12	

民国九年（1920 年）一月起至十二月止采煤 11557.653 吨；民国十年（1921 年）一月起至十一月止采煤 5423.500 吨。

公司随即派矿师赖伦赴永和煤矿察视。1923 年 4 月 26 日，赖矿师在监工引导下"履勘窿内外各处，连日以参观附近土井，现已履勘完竣，于三十号

---

① 《永和煤矿公司章程》，引自湖北省档案馆编：《汉冶萍公司档案史料选编》（下），中国社会科学出版社 1992 年版，第 539 页。

② 《舒修泰致夏偕复函》，引自湖北省档案馆编：《汉冶萍公司档案史料选编》（下），中国社会科学出版社 1992 年版，第 541 页。

③ 《舒修泰致夏偕复函》，引自湖北省档案馆编：《汉冶萍公司档案史料选编》（下），中国社会科学出版社 1992 年版，第 541 页。

起程赴湘。据赖矿师云，可暂以原有工人向第三区东北正窿试探……"①。

1925 年 4 月 16 日，永和煤矿公司董事会致永和煤矿第二任矿长魏允治函"查该矿自接办以来，仅出煤七千八百余吨，近年出数益减，每月仍需支用三四千元，而出煤尚不敷自己烧用……"②可见，公司流传的"公司收买永和煤矿，初因接收交割未清，继因有该矿无煤之说……"③是真的了。可见，汉冶萍公司花巨资买了一座废井。

自 1921 年汉冶萍公司确定永和煤矿为探煤矿井，1923 年 8 月开工，工人220 余人，平均日产煤 20 多吨。11 月，窿内起火，烧毙工人 5 人，伤 10 余人。1924 年窿内又穿水，全矿井淹没。1926 年 5 月永和煤矿停工。

九、修筑株萍铁路

萍乡是我国较早开通铁路地区之一。萍乡煤矿的兴建，主要是解决汉阳铁厂的燃料问题。建矿前，萍乡小煤窑所产煤炭外销，都是通过两条水路运输。一条是从萍乡的长潭里萍水（也叫渌水、渌江）起运，经醴陵的渌江转入湘江再往长沙、岳阳、武汉等地销售；另一条是从萍乡的芦溪、宣风起运，经袁州（现宜春）、新余、樟树的袁水（又称秀水、秀江）转入赣江，运往南昌、九江等地销售。因萍水河水浅道窄，只能行驶小木帆船，进入湘江后才转驳大船，然后进入长江驶往汉阳。"萍水河在丰水期过往船只穿梭不停，单就县城长潭里码头而言，每日输出的煤和其他货物就达 1000 多吨"④"萍乡至株洲，水陆均一百八十里，水运有坝百零八处。又有石滩，如大西滩、石嘴

---

① 《魏允治致永和煤矿公司董事会函》，引自湖北省档案馆编：《汉冶萍公司档案史料选编》（下），中国社会科学出版社 1992 年版，第 541 页。

② 《永和煤矿公司董事会致魏允治函》，引自湖北省档案馆编：《汉冶萍公司档案史料选编》（下），中国社会科学出版社 1992 年版，第 546 页。

③ 《夏偕复致公司董事会函》，引自湖北省档案馆编：《汉冶萍公司档案史料选编》（下），中国社会科学出版社 1992 年版，第 542 页。

④ 《萍乡市志》，方志出版社 1996 年版，第 364 页。

岩等处，其石滩断续数里，或长连数十丈，曲折狭浅，常拥船百余只，地最艰险，无计可施。"[1] 但水运不仅多次转运，运费昂贵，而且一遇涸水季节，萍水不能行船，煤炭就会因外运不出而滞销，汉阳铁厂"如无萍煤，只好停炼，不得不专足催萍煤来。"[2] 因此如何克服水运的

萍乡长潭里渡口遮雨亭

不利，打通其他的运煤渠道，关系到汉阳铁厂的命脉。"其可施力者，厥为陆路，沿途宽阔平坦，最宜开筑铁路。且萍乡矿产极旺，不独煤炭为然，而铁路一通，运煤之外，官商往来所得水脚亦巨，故不同大冶运道之无生色也。"[3]

作为近代中国最大的西式煤矿之一的萍矿煤矿，建矿初期的原煤年产量就达到几十万吨，1911 年产量最高达 111.5 万吨。如此庞大的煤炭运输量，仅仅靠窄窄的一条水运是远远不够的。1898 年 5 月 30 日，张赞宸致电盛宣怀的建矿方略中提出："一筹巨款，二修铁路……"[4] 只有靠现代化的运输工具——铁路，才能保证萍乡煤及时运往汉阳。

（一）修筑萍安段铁路

光绪二十四年十二月（1899 年 1 月），萍乡煤矿开始动工兴建从安源至萍乡县城宋家坊的铁路，由赖伦勘测设计并负责修筑，次年五月开始征地，萍

---

[1]《许寅辉上盛宣怀条陈》，光绪二十二年十月五日（1896 年 11 月 9 日），引自陈旭麓、顾廷龙、汪熙主编：《盛宣怀档案资料选辑之四：汉冶萍公司（一）》，上海人民出版社 1984 年版，第 250 页。

[2]《郑观应致张赞宸函》，光绪二十三年五月十九日（1897 年 6 月 18 日），引自曾伟：《〈筹办萍乡铁路工牍〉整理与研究》，江西师范大学硕士研究生学位论文，2010 年，第 126 页。

[3]《许寅辉上盛宣怀条陈》，光绪二十二年十月五日（1896 年 11 月 9 日），引自陈旭麓、顾廷龙、汪熙主编：《盛宣怀档案资料选辑之四：汉冶萍公司（一）》，上海人民出版社 1984 年版，第 250 页。

[4]《萍乡矿务局志》，1998 年内部资料，第 61 页。

乡县令顾家相负责征地。

征地之前，顾家相先出示简明告示，以让县民通晓：

> 安源以至长潭，先修铁路一条。其路先已勘定，沿途插立长标。标内占用田地，例应给价报销。业主停止买卖，佃户勿种生苗。现在绘图造册，丈量查验肥硗。禀定传知领价，免至争论低高。标内坟茔数处，以及屋宇空寮。限期给价迁让，断难违抗阻扰。上宪奏明办理，谆谆严谕寅僚。事关各省大局，不容恃蛮逞习。本县责成绅保，诰戒莫惮烦劳。倘敢不尊示谕，定提惩究不饶。[①]

征地是件很繁难的工作。中国是个传统的农业国，人们视土地为祖产，子孙只能让土地升值，而决不能让其贬值或者变卖，否则视为出卖祖业，是大逆不道，萍乡民智未开，抵触很大，必然会引起社会动乱。中国历史上的每次农民起义，无不与土地有关系。顾家相曾两任萍乡知县，他深深懂得土地与农民的关系，因此对萍矿修铁路征地慎之又慎。

顾家相抓住主要环节——士绅阶层，只要做通了士绅阶层的思想工作，他的工作就好办了。因为士绅介于官民之间，起着上传下达作用，在群众中影响大，由士绅帮着征购土地，将矛盾化解在乡间，不使胥吏经手，不让乡民进城，避免发生暴动事件，自己肩上的担子就轻了很多。

顾家相遇到的第一个难题是萍乡人不知道亩分。他们收购土地的依据是《芦汉干线及湖北大冶设轨运煤购地章程》。虽然在清初修订的土地面积制度已经实施200余年了，可是萍乡人计算田亩有自己的一套。"卑职民间俗规：凡买卖田地皆以巴计，或以收租几石计，或以播种几桶计，向不知有亩分。虽国初曾经清丈，迄今二百余载，鱼鳞册[②]久已不存，民间所谓巴数以及用

---

① 《萍醴铁路简明告示》，光绪二十五年十月（1899年11月），引自曾伟：《〈筹办萍乡铁路公牍〉整理与研究》，江西师范大学硕士研究生学位论文，2010年，第42页。

② 鱼鳞册："核实每块田亩、山塘，标明坐落、形状和面积，绘制成图，形似鱼鳞，集结成册，称鱼鳞册。"水延凯、江立华等编：《中国社会调查简史》，中国人民大学出版社2017年版，第2页。

种几桶不过由老农约略估计，并无确凭，且田有肥硗，租即有多寡，亦非一律。"[1] 究竟一巴田有多少亩分，连绅士都说不清。顾家相就派了绅士黄显章、彭鹤年及熟习算学的李光彝，并邀请萍矿谢逢定等人一起到乡间测算田亩，又访问乡民，测算出了每亩约计 20 余巴，早晚两稻合计上等田可收获八九石，以其中半数纳租，因此每亩纳租四石至五石不等，由此推测出每亩时值六十千[2]。可是查询汉口办法，则上等田官价仅二十六千，不及萍乡时值半价。后写信给盛宣怀，盛宣怀认为各地情况不同，应即在萍乡地价时值基础上减去五千文。得到盛宣怀的批准，顾家相即根据土地优劣将所应征地分为五等，第一等每亩钱 55 千文，二等 49 千文，三等 43 千文，四等 31 千文，五等 19 千文。虽然减去了 5 千文，即与邻省醴陵上等田 40 千文及后来的南浔铁路地价上等田价格 40 千文比较，萍乡征购土地费用仍高出 15 千文，是当时最高的。从此萍乡有了统一的计量单位亩、分。

原计划铁路从紫家冲修起，到宋家坊水次有 30 里路。铁路宜平直，而紫家冲山高林密，山道迂曲，须钻地洞方能到达，在当时条件下不仅修路难，还费工费时，造价高昂，很不划算。赖伦砍掉了紫家冲到安源一段路，山腹煤直接走总平巷出，这样就截去一半路程，节约了不少资金。

在修造过程中，顾家相、张赞宸要求尽量避开坟茔，宁肯弯一点，因为中国人对祖坟特别敏感。每迁一座坟，遵照卢汉章程，每家给予迁费钱 10 千文，由嫡属子孙具领尊迁，还要就近规划一座义山，由官矿出资，安葬那些无主之坟。

由于南方山多，种田不易，数千年来中国人因地制宜地创造了许多水利设施："凡沿溪河之处，皆安设筒车，该车被河流冲动，其轮自转，即将河水注入高岸，沿河田亩奚赖灌溉……其最妙者高山土脉皆润，泉水甚多，山

① 顾家相:《禀萍乡县田价昂贵未便酌定官价据实沥陈通稿》(戊戌十二月)，引自曾伟:《〈筹办萍乡铁路公牍〉整理与研究》，江西师范大学硕士研究生学位论文，2010 年，第 21 页。

② 千，也叫千文。中国古代钱以文为基本单位，一文为一个铜钱，铜钱有四方形孔，穿绳子吊起来，一千文也叫一吊钱，约等于一两银子。

间层叠垦辟成田，其泉水即层叠灌荫而下，上面盈满自然流入下田……其田旁或开小沟，宽深不过数寸，土人呼为水圳，凡泉水自高其下，河水由远而近，皆赖圳以流通，又有竹笕以渡水者，亦必顺其自然之势，全不费力。"①这些水利农田设施有的经过了好多代人不断修缮才得以完工，是农民的命根子，谁断了他们的水源就跟谁急。顾家相深知水利对农民的重要性，水利是农业的命脉，修筑铁路，路基高于农田，就会让水路改道，人为阻断了水路流向，也就给局、民间种下了矛盾。修筑铁路的时候，顾家相把水路考虑周到，"如欲设法保全，必须于修筑之时，每隔数丈之远即留一涵洞，虽泉流细微，涵洞不必甚大，但路有数丈之宽，涵洞即有数丈之长，必须使日后不至堵塞，即遇堵塞亦易于开通，方为妥善。""如遇设法保全，必须于沟面修造竹枧、木枧，之类，一头接田塍，一头接涵洞，使水从田归涵洞，复从涵洞归田，而不至于落于沟底，方为有益无损。如铁路经过之地，有占及池塘者，必须于附近另开一塘，方将原塘填塞，如原设筒车有碍形势者，必须量为移植安设稳固，或遇应添建筒车之处，亦需酌量办理。""如保全水利各节，总期于铁路有益，于民生无损，颇蒙张令采纳。"②

业主多将田地、山林、屋宇牵连合并立契，其原价无从知道，并且遭兵燹，契据不全，又价值在变，如果仍然照原契计价，实难照办。顾家相就请示上宪适度变通，使业主不吃亏。"禀奉宪台及各宪批示，并先蒙藩宪传谕，应查察田地肥瘠荒熟，照依民间，分别按市给价，毋任高抬，亦勿抑勒等因。由善后局提调林守电致卑职在案，卑职当将准予照市价给价之处，宣示绅民，无不踊跃欢呼，歌颂恩德。"③

---

① 顾家相：《禀修筑铁路宜设保全农田水利通稿》(己亥三月录禀抚宪一通)，引自曾伟：《〈筹办萍乡铁路公牍〉整理与研究》，江西师范大学硕士研究生学位论文，2010年，第36、37页。

② 顾家相：《禀修筑铁路宜设保全农田水利通稿》(己亥三月录禀抚宪一通)，引自曾伟：《〈筹办萍乡铁路公牍〉整理与研究》，江西师范大学硕士研究生学位论文，2010年，第36、37页。

③ 顾家相：《禀萍安铁路购地迁坟各事办竣通稿》(己亥六月)，引自曾伟：《〈筹办萍乡铁路工牍〉整理与研究》，江西师范大学硕士研究生学位论文，2010年，第28页。

萍安铁路修筑十分顺利，未出现闹事，获得萍乡民众交口称赞。

由于开行火车尚属首回，县民好奇，常有人在铁路上走动，这对行车和人身安全都不利。1899 年古历十一月，顾家相写了《禁止闲人铁路行走示》，告知人们一些铁路常识：

> 照得萍安铁路业已工竣，择日开车。查铁路火车在萍邑事属创建，近日轨路上下常有人来往游行，将来开车之期，远近观看之人自必云集。惟火车行驶最速，每点钟可行一二百里不等，而且力量极大，易放难收，更非人力所能阻止。如人在轨路之上望见车来，转眼即到，已觉避让不及。大则性命攸关，小则伤损肢体，是以各省章程轨路之上，均应禁止闲杂人等往来行走。现将附近轨道两旁官路整修，以利行人，其有必须横穿轨路之处，亦仿照各省章程修立木栅，派丁照料，专司启闭。倘遇火车将到，预将木栅关闭，以昭慎重。凡来往行人一见栅门已闭，应即停留片刻，静候车过放行，万勿性急绕出木栅之外，自向铁路横过，致遭失碰伤害。所有妇女、孩童责成该家长约束，只可在沟外观玩，断不可在轨道游戏，其豢养牲畜之家，亦当妥为收管，勿任向轨道冲撞，致受损伤，合行剀切①晓谕。为此示仰阖邑绅民士庶及经过客商人等一体知悉。尔等须知铁路专走火车，并非人行之路，不准在轨道行走，其修造木栅之处，亦只可从栅门横过，不得绕越斜穿。总之，火车猛烈神速，血肉之体当之立即糜烂，切勿轻为尝试，自蹈危机。务当父诫其子，兄勉其弟，家喻户晓，其知趋避，毋负先事，谆戒保全性命之至意，慎勿视为具文，噬脐②莫及，各宜凛遵，切切特示。

光绪二十五年（1899 年）六月购地完毕兴工，萍安铁路长 7.23 公里，开始设计用德制 33 磅轻轨，后改用汉阳铁厂造 85 磅轻轨。八月萍安铁路填砌

---

① 剀切：切实。

② 噬脐：比喻后悔已晚。

枕木、铺设钢轨，轨距宽为 1435 毫米的准轨，于冬月二十八日试车，火车头经赖伦负责组装，挂车辆 8 个，每辆轮子 4 个，载重 10 吨，素称小火车。预备安源的煤焦运到长潭宋家坊后，卸车装船沿渌江运至醴陵渌口，再装大船沿湘江运到汉阳铁厂。

可是萍水只是一条溪流，行不了大的船舶，并且只能在上半年丰水期可行船，到了下半年，天旱少雨，农民就要修筑柴坝拦水救灾，从宋家坊到渌口，百多公里水路，筑有百多座柴坝，水全部被拦到田里去了，有的地方已经干枯见底，完全不能行船。这样就只能是上半年运煤焦，那么铁厂下半年生产怎么办？因此，修筑株萍铁路解决煤炭运输难题又提上了议事日程。因资金拮据，盛宣怀决定分段修，先修萍醴段。

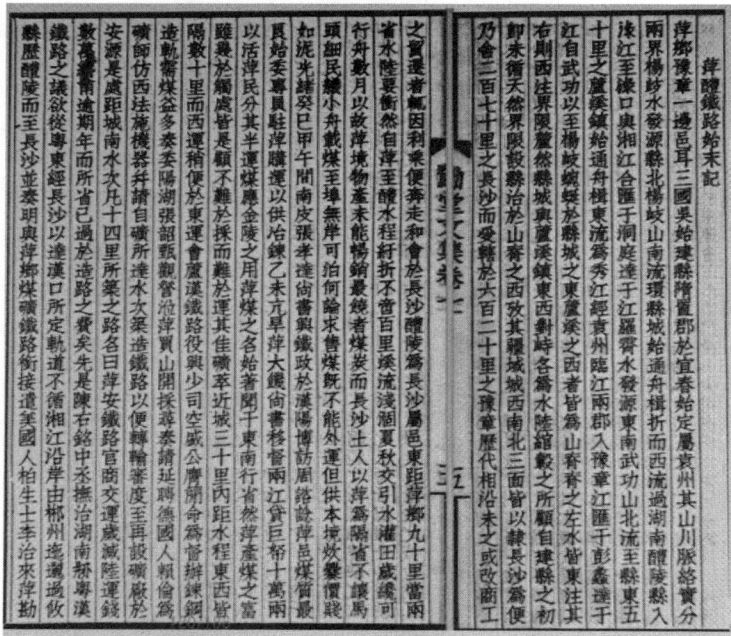

顾家相《励堂文集》卷七《萍醴铁路始末记》

（二）修筑萍醴段铁路

修筑萍醴铁路工程浩繁，并且事涉江西、湖南两省，光绪二十四年

（1898年）十二月，盛宣怀委派美国人柏生士、洋参赞①李治等来萍探视，1899年9月委湖南候补知府薛鸿年为总办，与顾家相一同办理购地事宜，并且委派了铁路总公司洋参赞美国人李治勘探铁路。为了确保萍醴铁路保质保量按时间节点完成，顾家相遴选乡绅设立购地局，采取分段包干方法，以明确责任，加速工程进程。由宋家坊起至大西门外十里止，地段绵长，首当冲要，派黄显章、张家树办理。自青山铺以西至乌石铺附近，派彭鹤年、段树楠办理。自乌石铺以西至湘东市为止，派杨树北、黄绍乾办理。各绅在各自划分地段内各负其责，不相侵越。又派老成持重在萍的两淮候补盐大使李有林为总监工。而洋参赞工师等往来勘探察视，另派专人伴护照料。

修筑萍安铁路只有十四里，自光绪二十四年（1898年）十二月征购土地至1899年五月才购定给予农民价钱，历时将近半年。现在从宋家坊到湘东有30里，路程是萍安铁路两倍有余。若仍旧按照萍安铁路征购土地办法，未免动工遥遥无期。顾家相同薛鸿年商议，将宋家坊至湘东划作三段，分设三个购地局，在洋员插长标②之后立即开始工作。又因为洋员急于开工，要多延请善于计算土地的算手，再就是每局所管地界又划作上下段，分头丈量，以期格外迅速，到了明年春天或者可以渐次兴工。现今十月将近，即刻又到年关，局绅司事人各有私事，均须回家过年，而算手又多系应试学生，屈指一算学校又开学了必须请假。且江西天气春雨绵绵，对于丈量多有关碍，但购地所重的全在丈量，假设有疏忽则业主得以凭借口，造成的麻烦必多。唯独其中最难的事是本县田亩向来称肥沃产量高粮价便宜，客民乐于购买，其业主仍旧在原住地，比如南昌、吉安、抚州、临江以及邻省的湖南等地，更有由原籍外出贸易旅游人员，若必须待业主亲自到场订立契约，不但杳无定期，且正可借端推诿。现萍醴铁路在本县境内约有七十里，其中外籍客民必多，如果事先不筹划好，势必延误工期。顾家相认为："客民置业的，本人虽不在萍，必有经理收租之人，又各帮均有同乡，如本省有吉安帮、临江帮、湖南

---

① 参赞：参谋协助。

② 长标：最后固定的标号。

人有禹王宫会馆①之类,此等人固然不能代理业主订立契约,而未尝不可邀为见证人。凡铁路界内如有客民田业,一俟绘图造册定后,即由本县传令该帮首事及代为经理收租之人同佃户一道将丈量的尺寸看明,摹绘确实的图,比照邻田等则照章核定价值,专款存储,先行立案,应除钱粮若干,亦即预为登记,一面函告业主来萍乡订立契约,倘至规定时间还未赶到,即一律动工决不能停工以待。俟业主随后赶到,再令补行立契领价。总之,田亩显然非坟墓可比,无论达官巨室、祭产学田无非为收租起见,决不容他违抗。"②

为了划清界限购地,铁路路基两边插标为界。"界标一经插定,即由局绅令地保传各佃户从界之外先筑田塍一条,宽一尺五寸(此照萍安铁路办法,即使标虽遗失,界已分明,可省许多争持,其田塍每一丈工力钱9千文)。铁路应用之土若从他处运来,运费不够,又无处可买。就近在铁路毗邻之地,两边另买田若干坵,即在该田取土,等到铁路竣工后,此田即为公司产业,田虽低洼仍可找佃耕作,收租谷以为补贴(此取土之田总以近用土之处为是,大约地势地处用土垫高,则应买取土之田较多,凡业户之田都有零星割剩坵堨买以取土,亦属两全)。湘东以下三十里必须接着勘定,先将应购界址划清,多不至农民误行耕种,虚费工力。铁路如果循着驿道而行,占去了驿道,应该从旁边买地另开驿路一条,以利行人(驿路为官道,无须价购,今另买补还驿路其价正属相当)。萍乡田水注入各有界限,兴工以前必须先将水道修好,此前已禀明在案。铁路经过如有占及池塘之处,须先行给价,由该业户在附近另开一塘蓄水,再将原塘填塞。"③

为了让老百姓知道修筑萍醴铁路的有关情况,顾家相采用通俗易懂的诗歌体裁将这事告知于民:

---

① 会馆:同籍或同行业在京城及其他各大城市所设立的机构,建有关索,供同乡同行集会、寄寓之用。

② 《禀豫筹萍醴铁路应购客籍田亩办法通稿》(己亥十月),引自曾伟:《〈筹办萍乡铁路公牍〉整理与研究》,江西师范大学硕士研究生学位论文,2010年,第44、45页。

③ 《禀豫筹萍醴铁路应购客籍田亩办法通稿》(己亥十月),引自曾伟:《〈筹办萍乡铁路公牍〉整理与研究》,江西师范大学硕士研究生学位论文,2010年,第44、45页。

萍醴铁路简明告示（己亥十月）

安源以至长潭，铁路将已修成。本县悉心筹划，一切俯顺民情。现从长潭接修，直接湘东河滨。一面再行接展，便过湖南醴陵。督抚会衔出示，薛公总办来萍。洋员翻译工师，性情均属和平。本县会办购地，厘定条款分明。首在顾全水利，流通荫注无停。勘路极为斟酌，并未多占坟茔。果系万难绕避，给予迁费钱文。惟有购买田地，断难违抗不遵，派员测量丈尺，算明坵墩亩分。分别高低等则，酌中禀定章程。传知业户立契，定期业价两清。不准借端推诿，亦无克扣侵吞。倘系他乡业主，责成保正相邻。眼同管庄佃户，绘图立案为凭。此系钦奉要件，工程克日当兴。严禁造谣阻挠，合行示谕谆谆。各宜遵照办理，违者有犯必惩。

征购土地，需要算学人员，顾家相临时征调萍乡鳌洲书院童生面试，以备征购使用。

调考算学生童面试条规牌示（己亥十月）

为牌示事，照得鳌洲书院算学月课卷业已依限交齐，现行评阅，除酌挑若干名，饬礼房传知定期来署面试外，所有条款开列于后：

——定为分日面试，每日止试七八人，本县预备点心一次，午饭一餐，如为时过久再加点心，应由各生童在寓吃早饭，于九点钟时入内面试。

——定为分题面试，每人各有题目，各不相谋且监场耳目众多，代倩捉刀之弊自绝。

——无论取与不取，本县于面试后当面赏给盘川[①]，绝不使该生童赔贴，倘有立时录用及应候再行复试者，更加给伙食钱文。

——面试名单一面牌饬礼房传知该生童，一经到城即向礼房报名，

---

① 盘川：路费、旅费。

切勿违耽误，倘因事故误期，准于次日补试，如有未届示定之期先已来城者，亦可提前以补误期未到者之缺，俟临时酌定。

——各生童准带书籍，惟卷由内备，其笔墨均须自带，本署家丁不得需索分文，合行牌示一体遵照，特示①。

为了便于征购土地，顾家相他们订立了统一的标准、制度、计算方法等，操作起来有了依据，更加简便：

萍醴铁路购地局办事次序章程（己亥十一月）

——洋员勘定路界插立边标之后，即雇募土工于两边，各挖浅沟一道，以清界限。（既有浅沟即使标桩遗失，亦易查考）

——现于洋员所插号标添注华字，各局绅即督同地保将某号在何图地界，归何局管理，逐一查明登记。凡两图交界及两局分界之处，尤应彼此当面认明，以免参差，而专责任。

——界内业主佃户姓名，责成地保先行查明，归踏勘田亩之绅履查确实，核定坵墩界址，须挨次顺查，不可凌乱造成底册，以便丈量。

——界内坟墓、房屋、池塘应提出先行查明，禀报谕饬迁改，并先行丈量绘图呈案，此因迁改颇需时日，不能不提前办理。

——萍安铁路曾谕饬佃户先于沟界之外筑田塍一道，计宽一尺五寸。每田塍一丈给钱五十文，系因一时丈量不及，既恐界限不清有误春耕，兼恐水涝忽兴湮没沟界，现在应由该局绅分别缓急情形，仿照办理。

——除坟茔、房屋、池塘提出先行办理外，其田地应按照所分段落，俟一段全完即造图册呈送，查核以凭，饬传业主立契。

——外籍业主住居隔府隔县者，应由绅保具禀到县，由县传集该业

---

① 《调考算学生童入署面试条规牌示》（己亥十月），引自曾伟：《〈筹办萍乡铁路公牍〉整理与研究》，江西师范大学硕士研究生学位论文，2010年，第42、43页。

主之同乡首事[①]前往，眼同管庄佃户人等履丈绘图存案。一面函报业主，所有应除钱粮亦即先行查明立案，其契价另款存储，倘至兴工之期业主不能赶到，即先兴工，万不能停工以待，俟该业主到日再饬补行立契领价，此条已禀请各上宪立案矣。

——籍隶本邑各业主，俟图册完竣，将次立契之时先由驻局地保传知该佃户前往邀请，并有局绅加具信函，以尽礼貌，倘逾限不到，再由本县谕饬该业主现居图分之地保，派乡差一名赍送协传，以示体恤，倘再不到则是自取扰累，定行差传不贷。

——本邑业主如有住址在百里内外，并公会之业房，分股分众，多难以刻日齐集者，应由局绅提前作函，宽约限期，稍示区别，倘约期不到，无故不来，仍照前条办理。

——萍安铁路兴工后，概用包工，每工头包筑土方数十丈或数百丈，最为善法，惟所包地段过长，则工程不能迅速，所包地段过短则工头众多，良莠不齐，而客民承包，尤有恃势凌人之弊，且与土民格格不入，易起衅端。现拟准各购地局绅举荐包头之人，既可受绅士约束，自不致与地方滋闹，至总局自行承包之工头，无论本籍、外籍务将姓名地段告知各局绅士，倘有细故即可排解息事或工头实系不法，许由该绅指禀以凭究惩[②]。

萍醴铁路购地局办事条规（己亥十一月）

——承办绅士二位总持局务，事无大小悉归管理，凡局内之人自司账[③]以下均属稽查节制。

——各图帮办绅士，凡其本图之事，固责无旁贷，即邻图之事既同在一局，亦应不分畛域，一体会商处置，与同事各绅和衷共济。

---

① 首事：主持事务的头面人物。

② 《萍醴铁路购地局办事次序章程》（己亥十一月），引自曾伟：《〈筹办萍乡铁路公牍〉整理与研究》，江西师范大学硕士研究生学位论文，2010年，第46、47页。

③ 司账：指负责财务工作的人。

——账房^①一位，专司银钱收付，重在谨出纳，禁透支，另有详细条规。

——文案^②一位，专司信札及帮写册籍。

——踏勘田亩二位（或一位），于地保查明业主佃户姓名之后，即将标界内各田坵塅并邻田界址荫注来脉去路，逐一查实，先立简明册一本，每丈量之日应偕同算学生前往田主坵塅，逐一指明此事，责成极重，切勿稍有错误。如某处应通水道，或窨阴涵，或留沟圳，先需查明大致，仍商由局绅核定，其标界内坟墓、房屋、池塘等业尤应提前查明，以便预先谕饬迁改。（简明册底稿须踏勘田亩人自造，或有不善楷法者，将来铁路局或县署之册可有善手代誊）

——算学生以两人为一班，于查明界址坵塅之后，即偕同踏勘田亩之人，逐一丈量核算，绘成图册，此项上图下说之册应使算学生承办，他人不能代劳。（另有量田详细条规）

——书手^③现用一人，帮写一切信札、册籍、清折等项。将来立契后，誊写契册之时，如人手不敷，再由局绅酌量添用，尽可包给工资，或酌用一两月以后节省。

——地保每图一名，饬令在局当差，凡业主佃户及坟墓、房屋、池塘等件均由地保查明，再由绅友复查，倘有阻挠违抗不遵谕饬者，均由该保正出名指禀。该保正在局应由局给予饭食，果能当差勤慎事竣，量予赏犒^④。

购地局量田条规（己亥十月）

——见方五尺为一步，积步二百四十为一亩，此定法也。前办萍安

---

① 账房：办理钱财、货物出入的人。

② 文案：指旧官府中草拟文稿和管理档案的人员。

③ 书手：担任抄写工作的书吏。

④ 《萍醴铁路购地局办事条规》（己亥十一月），引自曾伟：《〈筹办萍乡铁路公牍〉整理与研究》，江西师范大学硕士研究生学位论文，2010年，第47、48页。

铁路时，因萍俗不谙亩分，故图册内概以见方一丈起算核明登载。积六十丈为一亩，不但乡愚易晓，且积成几十几丈，只用六归便得亩分，尤为简易，此次仍旧照办。

——量田以分割裁量截长补短为要诀。南方之田塍绝少直者，故丈量为最难，前办萍安铁路有将一坵分作七八段者，有一坵分作五六段而连他人之田，并量在内，复扣减虚积者，其种种割截总不外三角及弧矢两法，而三角之用尤广，必须不惮烦劳，划成三角直线及弧背、弦矢形，方能算准，其毗连数坵同一业主者，则又可通盘合计，以从省便。

——三角形止量底线中垂线相乘折半便得积步，诚为简便，故前办萍安铁路多用此法。然亦有一弊不可不防，则恐所取中垂线之或有未正，但割截裁量已形琐碎，若因恐中垂线不确，而兼量大少，腰毋乃太劳，今鄙人思得一法，用横木一根直木一根镶成丁字形。（或直木稍出头，似十字而短亦可）随身携带，还有量中垂线之时，置于地上比较，则底线是否已平与中垂线之是否适正，一目了然。

——俗本算书歌诀云："弧矢、弦长并矢步半之，又用矢相乘。"此法不论弧背专算弦矢，本属疏阔，然欲求密合，须用割圆八线，又未免太烦。

按：近代算学名家无锡华若汀[1]太守云："算田一事尽可沿用俗法，以所差无几也。"前办萍安铁路如弧矢田仍用俗法，此次亦当照办，以省割圆八线之烦。

——牛角形田，《屈氏通考》[2]谓："借内弯而作斜圭，并外弧而减内弧。"其理至确。俗本算书则但从居中顺势弯量，以下宽乘之折半，得积步于法，亦颇简便。如果一头尖锐，一头最宽，中间渐狭渐弯，则依

---

[1] 华若汀：即华蘅芳，江苏金匮（今无锡）人，字若汀，精研数学旁及地质学、矿物学等。

[2] 《屈氏通考》：即《九数通考》，清屈曾发作。屈曾发，清江苏常熟人，字省园。原书本名《数学精详》，戴震以与《数理精蕴》书名相近，改为《九数通考》，是融合了中西算法的数学著作。

俗法算之，原无不合。倘有宽狭弯直不均者，自当临事变通截算，以求的确。

——眉形田理应依弧矢算，而下面更减一小弧矢。俗法则系居中顺势弯量，而以中间最宽处乘以折半，得积步，法亦简便。然亦须宽狭停匀方合，否则尚须变通割截，盖眉形即二牛角并也。

——俗本算书圆田有四法：曰周径各折半相乘，曰周径相乘以四，归之此两法皆合，曰周自乘之十二约，曰径自乘之七五，乘此两法则拘于周三径一之古率，故不能密合《屈氏通考》于歌诀中，删去二语。而以周自乘、径自乘宜用密率之法附后，可谓卓识。然圆形既有周有径，以周径互乘，于理既正，于法并不繁重，则亦何必舍康庄，而趋荆棘哉。（乡间谅无正圆之田，此不过因论算理，算法故附及之。环田、椭圆田算书虽载有法，亦不过理应如此，实亦无此恰合之田也。）

——前办萍安铁路田亩分上则、上中则、中则、中下则、下则五等及沙推田、苎麻土、废屋基、草坪土、沙洲地各项，以及某处应通水道应留涵洞、沟圳虽均由局绅及踏勘田亩之人勘明核定，与丈算无涉，而图册内却应将等则水道逐一载明，以资稽考，此次应照办。（洋员所立号标图内亦应载明。）

以上仅系大概情形，至于变通割截，则所谓运用之妙存乎一心，非笔墨所能殚述。若长方、斜方、梯形、箕形、三广勾股等形，法均易知，不复赘叙，此外有已见办事条规者亦不复述[1]。

为了让沿途县民知道并照办铁路购地情况，顾家相又出示通告。

饬萍醴铁路经过图绅照料购地谕（己亥十一月）

为谕饬遵办事，案奉钦差督办铁路大臣大理寺少堂盛奏办萍邑迭奉谕旨尤准，并蒙抚藩各宪行知，暨札委本县会办购地事宜。所有安源洋

---

[1]《购地局量田条规》（己亥十月），引自曾伟：《〈筹办萍乡铁路公牍〉整理与研究》，江西师范大学硕士研究生学位论文，2010年，第48、49页。

矿起至长潭、宋家坊止十四里轨路工程业已告竣，兹由长潭接续开办，直达醴陵。将来即与湘粤干路衔接，名曰萍醴铁路。复奉督办宪盛札，委湖南候补府正堂薛驻萍开办，并派洋参赞李带同工师周历乡间，勘明轨路。查照前次萍安铁路办法在乡间专设购地局，遴委绅士照洋工师勘定插标处所，逐一丈量，分别上、中、下等则，绘图造册，查明业主，协同本境绅保传知该业户立契领价。其不能让避之坟冢、房屋照章与迁费，先期立限起迁，惟此路地段绵长，业经割分数局，遴绅坐办，一律开局。查该图系铁路经过之处，该绅保等均有责成合行谕饬。为此谕仰该绅保遵照谕内事理，督饬牌里长会同局绅妥速照章办理，毋任违抗诿延，是为至要。再查醴陵绅士有情愿以地入股之议，是以督办宪告示，内载明萍邑绅民，亦准其参酌仿办，或须仍给现银，悉听业主自便等因。但各处情形不同，决不勉强，且地段零星之处，仍以给价为宜。总之，无论照章领价，以及变通入股，而地段已经工师勘定，万无更改，倘业户抗不遵照立契，惟有按照督办宪前札，即将该田地先行入官，以免贻误要工，决不宽贷，切切特谕[1]。

顾家相还会同湖南候补府正堂薛鸿年出示购地迁坟公告。

会萍醴铁路总办薛饬购地局绅开塘迁坟谕（己亥十二月）

为谕饬遵办事，照得铁路所占塘、井因系有关荫注，前经查照铁路办法，按所占大小，丈尺另行购地开塘，其工力即照铁路土方定价核给。兹查本总局现已议定路工土方，每方洋二角四分，所有挑塘土方应即照此核算以归一律，又查应迁坟墓萍安铁路系照芦汉章程。每冢给迁费钱十千，由嫡属子孙具领遵迁。此次仍应照办，惟无主之坟前经萍安铁路购有义山，应由局绅经手代为妥协迁葬，不容他人冒领，合行谕饬。为

---

① 《饬萍醴铁路经过图绅照料购地谕》（己亥十一月），引自曾伟：《〈筹办萍乡铁路公牍〉整理与研究》，江西师范大学硕士研究生学位论文，2010 年，第 50 页。

此谕仰该绅等一体遵照办理，切切特谕①。

制定了土方承揽章程。

附铁路总局土方承揽章程（辛丑八月）

——挖土之处与垫土之处均须遵照工程司指定地方，不得随意挖取，如由指定应挖之处至垫土之处，相距不过三十丈者，不加挑挖力钱。承办人须知，挖一处以垫一处，只算所垫若干方给价，不另给挖土工钱。若所指应挖之处，所垫之处相距过于三十丈者，承办人亦须在所指定之处挖取，惟挑土工钱可以酌加。

——将路旁之土挖取垫路，路旁便成为沟，沟不费工，不另给价。

——新垫土泥松浮，必须照所定号标每丈加高一尺，以补日后亏缩，不另加价。

——承办人须遵工程司指挥，所垫之处非工程司验称妥善不可。

——承办人须于光绪廿七年　月　日兴工垫土，限光绪廿七年　月　日完工，如有逾期自包定完工之日起，每日罚洋一元。

——承办人所用工人如有不敷，工程司可令其加添人数，或另与他人订垫。

——言明工程司量准尺寸，每方给工价洋二角四分。每月底由工程司估计给价九成，余俟垫完后，工程司验过妥善具报总局，再行清给。

——承办人自觅保人，如有不遵以上各款办理，悉惟保人是问。

——承办人领款须先工后，价不得预领分文，倘万一有亏空等弊，保人应自认赔补。

——既三面议定包揽之后，不得翻悔，或因工程畏难，或因亏空银钱半途而废者，定即送县重办。

——承办之人以及各小工人等，均听工程司指挥约束，如有违误，

---

① 《会萍醴铁路总办薛饬购地局绅开塘迁坟谕》（己亥十二月），引自曾伟：《〈筹办萍乡铁路公牍〉整理与研究》，江西师范大学硕士研究生学位论文，2010年，第53页。

自愿坐罪，一并送究保人，亦不得辞其咎。[①]

由于中外风俗的差异，中国人在年关时不办公事，而洋工程师没有中国年习惯，他们仍按自己的时间节点工作。而节假期间由于疏于管理，致使一些地痞无赖寻衅闹事。为了保护洋工程师安全，顾家相致函洋参议李治，告诉他中国的风俗，并要他转告洋工程师们中国春节期间不要在野外工作，赶紧回城。

致李参议年终宜饬工程师回城暂停勘路函（己亥十二月）

李参议台鉴：

　　径启者：查贵国及西洋各国每七天休礼拜一次，是日概不办事，核计每年礼拜五十多次，共可歇息五十余天。而中国风俗与贵国大不相同，周年并无歇息，所有公务私事账目事件，均于年底清结，士、农、工、商各有家务，且乡俗以十二月二十四为过小年，从此以后只可收取账目，别事均不暇办，至华历正月，无论贵贱概须歇息，少则半月，多则廿余日，其正月初旬，店铺概不开张，诸事务取吉利，除至亲密友外，生人概不往来，禁忌最重。而国家定例，自十二月二十日封印[②]，至正月二十日前后开印，此一月内，地方官概不办事，痞棍无赖之徒以为官法不能禁止，乘便滋事，乡间僻远之处，此风尤甚。现在已届封印，油糖铺[③]距城五十里，罗、马、白[④]三位在彼勘路，敝处实难照料，前与绅士商议只可勘至十二月二十三日止。二十四日必须回城，诸绅均应回来料理家务，

---

① 《附铁路总局土方承揽章程》（辛丑八月），引自曾伟：《〈筹办萍乡铁路公牍〉整理与研究》，江西师范大学硕士研究生学位论文，2010年，第101页。

② 封印：官府封闭印信，停办公事。

③ 油糖铺：又名油塘埠，位于老关东4公里，西边是山，中间地势较高，相传明末有游姓居此，在村内建有十多个店铺，形成一小埠，村内有塘，故名游塘埠。清乾隆年间，肖姓由陂头洲徙此，改名油塘埠。该铺东有长春古铺，连接黄花驿站，是出入江西的要铺。

④ 罗：即美国人罗德玛。马：即美国人马克莱。白：即英国人白兰德。

至来年正月，则须在初八、初九方可开勘。计停两礼拜之久，若照国家定例，本应停止一个月，今因工程紧要，鄙人与薛太尊向绅士再三熟商，始议定如此办法。用特专函奉布，务祈函致罗、马、白三位于廿四日回城，是为至要。再查旧岁参议在湖南、广东勘路，年底正初并未停止，因系过而不留，地方官与绅士只要照料一两天，故可勉强从事，与现在情形大不相同。至于油糖铺地方，此时万不可久留，鄙人有保护之责，不得不先为陈明也。敬请日安。[①]

按照规定，在购定田地立契之时，先付现洋一半，其余在九月下旬给予期票，待到路基工竣，再拿期票盖戳领现。可是有的农户损毁路桩、毁坏田塍，这样就给丈量路基带来了困难。顾家相要求农户恢复路基原貌方准兑现。

饬各业户修复田塍载明阴注以便清业兑价示（庚子九月）

为出示晓谕清业事，照得萍醴铁路自湘东河背至插岭关外三十五里，购定田地前，于立契之时，先付现洋一半，其余给予九月下旬期票，约俟届期清业照兑在案，兹已将届清业之期所有应付洋元早经储存候兑。惟各处田塍多被毁坏，中桩、边桩亦有损坏，实属不成事体，又铁路标桩之外，前因各业户恳求，间有带买余业，此不但在铁路外界并为取土所不及，原系通融收买，将来必应招佃，应先向原业主查明阴注，补载入契，方不致弃同石田[②]。现经本县拟定章程，饬局绅逐一查明，如果田塍标桩均无损毁，即由该业主将原给期票送局，加盖戳记。倘田塍标桩有毁损之处，勒令该农佃即日修补完竣，由局验明，其带买余业，应传原主查照原契阴注，补载契内，亦一体于期票加盖戳记，统限本月十五日办竣。倘逾期未将田塍修复，余业阴注登载票内，未加戳记者，管钱

---

① 顾家相：《致李参议年终宜饬工程师回城暂停勘路函》（己亥十二月），引自曾伟：《〈筹办萍乡铁路公牍〉整理与研究》，江西师范大学硕士研究生学位论文，2010年，第54、55页。

② 石田：多石不可耕地田，指贫瘠之地。

号不能兑付。仍须赴局补盖戳记，方能照兑。除饬地保传知外，合行出示晓谕。为此示仰各原业户一体遵照办理，以便清业兑价，毋得违延自误。切切特示①。

萍醴铁路原定为粤汉铁路支线，与粤汉路捆绑一起向美国借款，中国驻美大使伍廷芳正准备与美商签字时，爆发了庚子年义和团运动，八国联军攻入北京城，中国政府西迁，造成中外重大外交事件，借款事遂终止，帮助修建铁路的洋员出境避难，铁路修筑未有定期，而路基已经购定，延时久了民间就会以无主之地占为己有。为保护国家财产不受损失，顾家相出了饬谕以保护铁路路基。

严禁侵占铁路地基示（辛丑正月）

为出示严禁事，照得侵占官地，大干例禁，萍醴铁路自湘东河背起至插岭关外止，计程三十五里，所有应购田地均已立契清业，现在和议渐定。今岁春间，洋员即当开筑土方，惟是道途遥远，开工日期或正二月，或三四月，尚难预必，转瞬春耕伊迩，诚恐无知农佃借见土方未筑，界址易淆，辄敢挪移侵占，贻误要工。除委绅查究，并谕饬各图绅保谕各户，族、牌、里转饬各农佃，一体遵照，免于治罪外，合行出示严禁。为此示仰各该农佃知悉。须知侵占官田，大干例禁，自示之后，务各分清界限，各管各业。倘有串弊故违情事，一经查觉，定即拘带赴案，照律治罪。本县言出法随，决不稍从实贷，其各凛遵，毋违特示。②

光绪二十六年（1900年），义和团运动由北而南，并且在萍乡煤矿内蔓延，洋员纷纷外出躲避。六月十六日，张赞宸在湘潭给盛宣怀电中，说到义

---

① 《饬各业户修复田塍载明阴注以便清业兑价示》（庚子九月），引自曾伟：《〈筹办萍乡铁路公牍〉整理与研究》，江西师范大学硕士研究生学位论文，2010年，第54、55页。

② 《严禁侵占铁路地基示》（辛丑正月），引自曾伟：《〈筹办萍乡铁路公牍〉整理与研究》，江西师范大学硕士研究生学位论文，2010年，第89页。

和团运动对萍矿的影响:"洋人行后,匿名揭帖,谣论横生,竟有抢炭、硬坐火车、打毁车窗等事。并指路矿上谕是假,欲先毁电杆。张赞宸即连夜赴萍料理。北方事起,四处震惊,萍民情尤浮动。"二十二日又电盛宣怀:"前萍地见中外失和谕旨,视路矿皆为无主之物,拔电杆,打机器,抢煤炭,几酿大祸。"[1]义和团运动肯定会殃及正在修建中的萍醴铁路,因此顾家相出谕令严加防范。

晓谕合邑士民铁路系中国自办勿受匪徒煽惑示(辛丑五月)

为谆切诰戒事,照得萍邑开设官局,委员采办油煤,督饬商厂炼成焦炭,并在安源自开办机器大矿,兴修铁路,火车由安源至宋家坊,复接至湘东,再过插岭关入醴陵境,所有焦炭油煤均系运往湖北铁厂应用。因小河船运艰难,非火车不能畅运,中国匠人于机器铁路未能谙练,不得不延用洋人修造,此乃国家自办之事,一切章程均由委员与地方官悉心商酌,禀候上宪裁定,洋人为我所延用,并不率意经行,至铁路虽设在湖北汉阳府地方,并非湖北省之事,乃系朝廷公事,钦差为朝廷所派,委员为钦差所派,凡在萍司事丁匠、夫役又系委员所派,其中各省籍贯均有不止湖北一省之人,计数年以来洋矿师赖伦等在安源,颇与地方相安。监修萍醴铁路之洋员李治等,旧岁来往城乡,与绅民亦毫无嫌隙,此皆洋人能与委员及本县和衷商办之明证。旋因中外失和,暂将各洋员辞退,亦系照《万国公法》办理。现在和议大定,各洋员均应回萍照常办事。乃访闻里巷歌谣,有小曲名曰"铁路十杯酒"[2]刊刻成帙,沿途售卖,其中语句多涉荒谬。近日又有会匪在各城门粘贴伪示,显系不逞之徒编造煽惑,实堪痛恨。本县在任十年,深知萍民驯良者多,横暴者少,

---

[1] 张振初:《义和团运动中的安源矿工》,《安源轶事》,1995年未刊稿,第42、43页。

[2] 十杯酒:一种民间小曲。

况有光绪十八年匪乱[1]前车可鉴，目下断不至有从匪昌乱情事。但恐乡僻地方于矿物铁路原委尚未周知，或误谓是洋人所造，至被匪徒诱惑，亦属不可不防。除责成各图严查，保甲暨派兵役随时严密访拿匪类外，合行谆切诰戒，为此示谕各图保甲、绅士、牌里长、十递户首、各姓族房绅耆、各学生员、各塾业师傅谕土著、寄居军民人等，一体知悉。须知萍邑煤矿、铁路，均系遵旨兴办，所用洋人系随同委员办事，迭奉上谕，责成地方文武认真保护，如有匪徒敢于毁坏机器、铁路、伤害洋人，即是违背朝廷，应照土匪例，从严惩办。尔等务当父诫其子，兄勉其弟，勿受匪徒煽惑，尤宜各清各境，勿得囤留面生意歹，免致连累地方，是为至要。各宜懔遵。毋违特谕。

——此项谕单兼作告示之用，发交保甲及地保，着于要路及人烟稠密聚集之处壁间，多为张贴，以便观瞻。

——各处公所、义祠、各姓祠宇，每处发帖一张。

——各处学塾，发交业师各贴一张。

——移请儒学，每生员发给一张。[2]

修筑铁路需要很多石子，有人见有利可图，便把持河道，抬高价格以牟利。顾家相出示谕令不准把持河道生利。

谕铁路经过民人不准把持河中取石示（辛丑七月）

为出示晓谕事，照得萍醴铁路自宋家坊至湘东铺轨在即。所需石子，业已遴委员绅专司其时，先尽铁路经过本地民人包办，尚议价不合，即

① 光绪十八年匪乱：指1892年七月二十八日，邓海山率9000余众在大安山区起义，顾家相督促芦溪、南坑、桐木、赤山、下埠等地方团练会同清兵清剿，起义很快被镇压了。

② 《晓谕合邑士民铁路系中国自办勿受匪徒煽惑示》（辛丑五月），引自曾伟：《〈筹办萍乡铁路公牍〉整理与研究》，江西师范大学硕士研究生学位论文，2010年，第94、95页。

另召外处工人承办。惟各段情形不同。有须就山场①采取石块者，有即在河干搬运碎石者，山场业各有主，自应由包办之人出资批定。若河流系公共之物，断不准借口阻挠，除俟各段包齐后，将包公姓名、价值出榜张贴外，合行出示晓谕。为此示仰铁路经过军民人等知悉。尔等须知此系奏办要工，今先尽本地人包办已属格外体恤，倘自揣成本不足、人力不齐不能办理，即应任听他人承包，毋得抬价居奇，把持抗阻，致干严究不贷，各宜懔遵，毋违，特示。②

有人在铁路界内挖土做砖，损公肥私，顾家相出告示禁止。

严禁在铁路界内挖泥造土砖示（辛丑八月）

为出示严禁事，照得铁路界内禁止侵占耕地，如敢故违，照侵占官田律治罪，久经示谕在案，乃风闻近日竟有乡民在铁路界内挖泥造作土砖，实于路工大有妨碍，须知业各有主，即民间私业亦不能越界取土，何况已经官买，岂容妄为？合行出示严禁。为此仰该附近居民人等知悉。嗣后倘敢仍在铁路界内取土造砖，一经拿获，定当严行惩究，决不宽贷，切切特示。③

萍乡与醴陵交界处的插岭关④，设有关口，关门低矮，修萍醴铁路时，因两边高山夹峙，铁路只能从关口经过，而经过关口必须拆掉关门和数个垛口。顾家相要求铁路稍偏，可以少拆垛口，并有利于溪沟畅流，增高关门，以利禁闭。

---

① 山场：山边。
② 《谕铁路经过民人不准把持河中取石示》（辛丑七月），引自曾伟：《〈筹办萍乡铁路公牍〉整理与研究》，江西师范大学硕士研究生学位论文，2010年，第94、95页。
③ 《严禁在铁路界内挖泥造土砖示》（辛丑八月），引自曾伟：《〈筹办萍乡铁路公牍〉整理与研究》，江西师范大学硕士研究生学位论文，2010年，第100页。
④ 插岭关：在今萍乡湘东老关，是连接湘赣的关口。

禀拆插岭关垛口另造火车出入之门通稿（辛丑十一月录抚宪一通）

敬禀者：窃萍醴铁路经过皂县插岭关，该处向筑关墙一道，关门一座，为驿路所经。原设关门尺寸低狭，不能容火车出入，且驿路亦未可侵占。前经皂职与总办铁路薛守，及勘路洋员商定，须拆开关墙垛口数个，专为火车出入之途，并于路成后修改成门，以便启闭。曾经筹议办法情形，于光绪二十六年四月二十日附禀宪台及各宪在案，嗣奉宪台批，所拟插岭关拆过垛口，修改成门，专为火车出入，仍严关闭与原设关门并行不悖，事属可行，届时当再察勘定夺。又奉前宪松批据禀：铁路经过插岭关须拆开垛口数个，应修改成门，仍可关闭，责成该汛弁就近照料，其费毋庸民间捐派，既于大局无碍，自可准予照办各等因。到县奉此。本年二月间，皂职因公经过该处，勘得插岭关地方南北两边均系山岭，关门迤南有关门一道，直接南面山岭。中间墙高丈许数尺不等。南面近山处逐渐加高，驿路南边一带田亩中，有溪沟一条，其水从关墙下水洞流出关外。前经洋参赞李治勘定铁路轨线，即在溪沟左右，其田亩已给价购定，因旧岁洋员有事回沪，旋值奉匪扰乱应拆关墙、垛口，尚未动工。本年秋间，洋员重到，刻下正在勘定醴陵线路。昨准总办铁路薛道移会，以现勘醴界线路与萍境关内外线路衔接，若不先将关墙拆开，则线路方向轨道高低均不能定，请派员督率拆墙，以便勘办。并据绅士欧阳煦禀称：现经工程委员罗国瑞会商洋工师马克莱，以李治原定轨线，须从关墙中间直出，兼须占塞溪沟，不无滞碍，今将轨路略该，从南面挨山而过，不但所拆垛口较少，且于溪沟出水毫无阻塞，尤属官民两便。皂职察核所议实更周妥，于控制形势亦甚相宜，即经札委署典史[①]陆炳，于本月初六日驰往该处，会同铁路局工程委员，督饬绅士地保，照现在勘定线路经过关墙之处，垛口拆开，以凭勘办。兹据典史回县禀复，业已遵办，惟拆去关墙、垛口须俟铁路工竣，轨道铺定，方能改筑新门，

---

① 典史：中国古代官名，设于州县，为县令的佐杂官，但属于"未入流"，即无品阶。元始置，明清沿置，是知县下面掌管缉捕、监狱的属官。

目下并无防务，事属无碍等情。卑职复查无异，理合将办理情形禀报大人俯赐察核立案，实为公便。①

为了在修路期间保护人民的安全以及不上当受骗起见，顾家相还根据现实情况张贴了一些有关告示：

严禁鳌洲书院肄业生童暨军民等在铁桥行走示（辛丑十月）

为晓谕严禁事，照得鳌洲书院后所修铁路，系专为铁路火车而设，并非官路可比，不容任意行走，致碍工程。况桥未铺板，设一失足致伤性命，尤属危险，除谕饬监院传谕遵照外，合行出示严禁，为此谕仰书院生童及军民人等知悉。须知铁桥非为行人而设，况值工程未毕，危险可虞，只可遥为观望，切勿擅自登桥，及近桥前拥挤致碍要工，自示之后，士子务当自重，军民一体凛遵，倘有故违，定行拘究，勿谓戒不预也，切切特示！②

晓谕城厢内外居民严禁容留来历不明等示（辛丑十月）

为出示晓谕事，照得萍醴铁路自湘东以上之三十里，应填土方业经告竣，湘东以下之土方亦由工程处招雇熟手陆续包定，向不滥用生人以致漫无稽考。近有外来面生之人，妄称铁路局委员以及公司等项名目，甚或带有亲兵号衣③等件，似此来历不明任意招摇，无知愚民希冀包工，难免不受其撞骗。凡我居民人等须知，路工所用工头，均由工程司当面议订承揽，并无丝毫费用。此外无论何项人等，即无雇用工头之权，除

---

① 《禀拆插岭关垛口另造火车出入之门通稿》（辛丑十一月），引自曾伟：《〈筹办萍乡铁路公牍〉整理与研究》，江西师范大学硕士研究生学位论文，2010年，第105、106页。

② 《严禁鳌洲书院肄业生童暨军民等在铁桥行走示》（辛丑十月），引自曾伟：《〈筹办萍乡铁路公牍〉整理与研究》，江西师范大学硕士研究生学位论文，2010年，第101、102页。

③ 号衣：旧时兵士所穿的制服，因带有记号，故称。

由本县谕饬保甲局绅董随时严查外，合行会同出示晓谕，为此示仰城厢内外居民人等，及烟馆、饭店一体知悉，凡遇来历不明之人毋许逗留，及租与房屋，以致良莠混杂，贻害地方，自示之后倘敢食利容留，定将该店主、房东拘案严究，决不宽贷，切切特示。①

鳌洲书院在萍乡城小西门外，建在萍水河中一块滩涂地，洲长二里，广可十余丈，是萍乡文脉所萃，也是萍乡的一道美丽风景，明万历时兴建，以为萍乡文脉独占鳌头之意，明末曾因战火被毁。乾隆四十七年，知县胥绳武重建鳌洲书院，其所《记》曰："萍有金鱼洲，其形如鱼溯水；继名金鳌，鱼小而鳌大也。鳌象形，金则并象色矣。小书院耳，曾以二言受名。余于落成时，额曰'鳌洲'……书院建高阁，悬当城西一面。阁以外，沓嶂环青，修林染黛，朝旭夕阴，悠然天际。俯视其下，但见平桥浅岸，沙碛水陂，小艇一篙，波光入影，亦槛前韵致也。初名'占鳌'，今曰'冠山'，左太冲赋句也。扁曰'学钓鳌手'，联曰：'以诗书作线，以笔墨作钩。'祀文公于上，姑从旧，其可乎？阁以下为堂，堂远对晴峰，蕴

萍乡鳌洲书旧影

新建的萍乡鳌洲书院

① 《晓谕城厢内外居民严禁容留来历不明等示》（辛丑十月），引自曾伟：《〈筹办萍乡铁路公牍〉整理与研究》，江西师范大学硕士研究生学位论文，2010年，第102、103页。

藉可人。前有深院，春风小柳，绿意红情，一叶一文心，一花一诗味……"①

这次铁路要从书院后面经过，并且总工程师李治要在此取土填高路基，士子们有意见了，进士张德渊等给顾家相上了一封禀帖："邑西鳌洲书院肄业士子讲习其中，多历年所，今岁又蒙拨款扩充，加意培植，原系一邑文教所关，此次铁路经过院后，虽逼近墙址，咸以事关要工，不敢别生异议，惟闻将于院后挑取泥土添筑路基，而该院地近河唇，其地址沙多土薄，每至河水涨溢，即受冲刷。若再加锄挖挑成深沟，恐河水益易灌入，全洲势必冲塌。查该洲地段经铁路所横过者仅二十三丈，若往对岸取土填筑，糜费无几，保全最大，会与工程处婉商，请其免在该地取土，未承见允，禀恳调护等情。并据合邑正绅面禀到县。"顾家相答复："敝县复查所禀委系实在情形，此系合邑公业，舆论所关，敝县不能违拂禁制，合行移请。为此备移贵总办（薛鸿年）请烦转商洋员李参议及工程师等俯准，勿在该洲取土以顺舆情，并恳预禀督办宪立案，实为公便，切望切须至移者。"②"但揣诸绅之意，原不过借此为词，犹之张进士德渊等去冬请免在鳌洲取土之禀请，恐河水冲坏屋宇，其实仍在保全形势名胜。"③这样，在鳌洲书院旁取土的事解决了，也保住了萍乡一脉文脉和胜景。

对遇到的一些特殊情况，顾家相则灵活处理。在湘东购地时，发现铁路竟然要经过屯田数处。屯田是历代政府为取得军队给养或税粮，而由政府直接组织经营的一种农业集体耕作制度，它的性质是官田。而按照铁路章程规定，官田一概不给价。但这些屯田户守望田地已经数百年了，一旦无偿失去土地，情形确实可怜，而且政府也失却了税收。若按民价购买，则向来没有

---

① 刘洪阔：《昭萍志略》（上），江西教育出版社 2016 年版，第 298、299 页。

② 顾家相：《移萍醴铁路总办薛免在金鳌洲取土保全书院稿》（己亥十二月），引自曾伟：《〈筹办萍乡铁路公牍〉整理与研究》，江西师范大学硕士研究生学位论文，2010 年，第 53 页。

③ 顾家相：《拟定鳌洲书院铁路经过田业办法与兴贤堂绅士辩论》（庚子二月），引自曾伟：《〈筹办萍乡铁路公牍〉整理与研究》，江西师范大学硕士研究生学位论文，2010 年，第 63 页。

这个规定。"卑职与薛守辗转思维，因访查萍邑民间业户，有因他人田业与己业毗连，或另有田业毗连，如果垍壒科则不甚悬殊，往往互相商允，彼此兑换写成契据，名曰'兑契'。拟即仿照办理，由卑职查明铁路所占屯田几处，每处若干，按其肥硗、丈尺、亩分，择民田之相当者，由局价买，给予军丁，以抵所占屯田之数。该军丁既未失业，且抵换之田肥硗、丈尺、亩分必使相当，仍应由该军丁照旧完纳屯粮余租，以符原额。其局中新买之田，虽已抵给军丁，仍应由局完纳民粮，以抵铁路所占屯田之数。而免国课虚悬，似此变通办法，似尚平稳。"① 妥善处理了屯田征用与赋税的问题。

对群众不明白的情况，顾家相详细说明。如：谣传凡卖土地业主需写两份契约，一份存萍矿，一份抵押给洋人贷款。一时间群众议论纷纷，有绅士钟爱菊写信给顾家相询问此事。顾家相立即回复了他的信，进行释疑："查契据向以亲笔画押为凭，断无令业主写契两张之理。至于已管之业契，或抄誊簿据，或刊入谱牒②，萍之人多有行之者，更无论他省矣。前办萍安铁路各契据均照造清册送县备案，此指县中而言，若原契则存矿局，以该路系矿局委员自管，故无须抄誊也。此次萍醴铁路稍有不同，缘此路系在萍地，原契固须留在萍局，而委员薛太守系总公司（此衙门名目也）委来，其契又须总公司验明。是以薛太守初议，本欲令业主写契两张，一名正契，一名副契。鄙人以为萍邑民间无此办法，力持不可，不如照萍安铁路办法造册为善。而薛公则谓伊曾在盛钦宪处亲见庋有铁柜多口，其中皆各处铁路契据，必须照誊一份解去，方合办法。弟始与诸绅商议，即由局中用刊板契照抄一份，（比照册字数反少，然册亦仍须造以县中善册立案也。）以备解验核算，至原契仍存萍局，毫无出入。"③

---

① 顾家相：《禀铁路所占屯田拟陈办法恳请示遵通稿》（庚子四月录禀抚宪一通），引自曾伟：《〈筹办萍乡铁路公牍〉整理与研究》，江西师范大学硕士研究生学位论文，2010年，第71、72页。

② 谱牒：记述氏族或宗族世系的书。

③ 顾家相：《复绅士钟爱菊稿》（庚子四月），引自曾伟：《〈筹办萍乡铁路公牍〉整理与研究》，江西师范大学硕士研究生学位论文，2010年，第70页。

鳌洲书院是由六堂①集资兴办起来的，并靠田业生利来维持书院运转。因修萍安铁路需要征收书院部分田产，光绪二十五年（1899 年）铁路兴工时并无人提出异议阻拦，待到这年冬天有人上诉，也只是请不要在该洲上取土，并未说田价应比其他地方增加的事，并且兴贤堂董事文颂平已将购地款领取，领纸尚存在购地局中。到了光绪二十六年（1900 年）二月春祭，兴贤堂捐户不愿将书院（土地）交出来，于是谣传纷起，以已经付清房租的房子指为未落实，不肯交出来，并且说因文颂平等是由他人举荐任兴贤堂董事，兴贤堂捐户并不知情，说他们不应擅领田价房租。因鳌洲书院属于多家单位共同产业，他们不能卖断，而想涨价。顾家相识破了这些捐户要归咎文颂平之意，一面嘱咐文颂平速将房租 48 元，已领田价洋 300 元，缴存县衙，以明并未侵吞；一面告知兴贤堂捐户，书院田产，如不愿卖，可由铁路局另买田业归书院收租，以抵还失地之数，也就是通行的换地办法。此谕到兴贤堂讨论后，群议已息，愿意交出地契，只是卖与盛宣怀，不能卖与洋人。顾家相正欢喜兴贤堂捐户爽快，不料忽生变故，由书院首事倡议，说书院土地每亩须卖银 50 两，若不卖而作批（价），每亩再加 55 千文，仍须额外纳租。顾家相甚为诧异，若说公产不可绝卖还是有道理的，若说坐地起价，绝无此理。再说六堂中如尚宾、乐泮等堂，已经领价，如果照兴贤堂这样一变，其他堂也应变价，这怎么行呢？经顾家相这么一辩，兴贤堂捐户自知理亏，将书院田产、存款交出，归新绅管理，按照购地局的条规办理。

但顾家相对不合理要求和故意刁难决不姑息。廪生李耀南以铁路经过田坟为理由提出一些过分要求。李耀南的事带有普遍性，故顾家相回复他，以杜其他人之口。首先他开宗明义亮明态度："查建造铁路所占民间田地，名为圈购，各省办法大略相同。圈者只取地势相宜，并不问业主愿卖与否，购者酌定官价，饬业主领价立契，俾不至业价两空也。"就是说这是官买，容不得讨价还价，以此堵塞李耀南开口。

---

① 六堂：萍乡"六堂"，是清朝 200 多年来当地士绅捐资兴建的资助、奖励读书人上学、赶考费用的公益机构。为兴贤堂、育才堂、乐英堂、乐泮堂、尚宾堂、劝贤堂。六堂财力雄厚，各自都有众多房屋，商铺和田产收入巨大。

　　继之说明理由："今中国事属首创，不能不稍事变通，是以矿局总办张大令，及萍醴铁路总办薛太守会同本县，先后向洋矿师赖伦、洋参议李治，迭次婉商于未经勘定之先。凡遇坟墓、祠堂、庙宇预为留意，苟可避者，无不绕避。然毕竟有不能绕避之处，故各省铁路章程均有给费迁移之条，坟则每冢十千，屋则酌量估价，饬令起迁别葬，立限出屋，即已经绕避之坟，不过仅于坟堆无碍，而铁路从坟之前后左右经过，仍难阻止各业户，倘于洋员勘路未定之先婉为商恳，间或通融，若中桩、边标一经插定，实无更改之理，盖恐让却此处又碍别处，势将无所适从也。至于田地一节，普天之下莫非王土，即莫非民田，各乡所设购地局系于勘定之后始行查询业主，以便传知立契领价。若勘路之时，则但取地势相宜，原不问业主为谁，绅商士民毫无区别也。"就是说已经根据中国的具体国情有所变通了，但毕竟照顾了此而照顾不到彼，总有吃亏之处，各省修铁路莫不如此。至于屋宇、田地一节，更是没有商量的余地。

　　同时揭露李耀南作假之处："查折内止有李焕斋立，如公塘一口，被铁路占去一截，按照本县所定章程，应于本塘毗连处所，开还一截塘基，至于坟墓现今查明距铁路边标有九弓[1]之远，亦属毫无妨碍。该田既可收租四十余石，铁路仅占二坵，乃谓除所占外，概系不毛硗业，似无此理。铁路所占之业，自应按照等则给价，界外余业，无论肥硗概与铁路无涉，尤不容有所借口。"并义正词严道："查前奉盛钦使札开，倘有违抗阻挠，即先将该田地入官兴工，宪谕森严未可漫为尝试。"[2]

　　已经坐牢革职的监生[3]李有艿，以坟茔事相威胁，说他学有《易筋经》，

---

① 弓：旧时丈量地亩的工具和计算单位，一弓为五尺。

② 顾家相：《批廪生李耀南以铁路经过田坟恳请设法禀》（己亥十二月），引自曾伟：《〈筹办萍乡铁路公牍〉整理与研究》，江西师范大学硕士研究生学位论文，2010年，第51、52页。

③ 明清两代取得入国子监读书资格的人称国子监生员，简称监生。

可以报复顾家相。顾家相警告说："但该革监以曾习《易筋经》①沾沾自喜，则本县亦不能不为提醒，凡一切拳棒技术，倘遇单身远行猝遭强暴，如能以一人而捍御多人诚有急救之用。若亲临行阵，则古今战法迥异，即中国之抬枪、劈山炮已非拳棒所能御，况近日西洋枪炮精益求精，即北方响马②强盗亦均带有洋枪，倘仅用易筋经之法御之，诚未见其有当也。再外间谣言或谓该革监虽在图圄，而族中附从之人尚属不少，可以一呼百应。此等谣言本县非但不信，且欲严禁。缘该革监系尚未定罪之犯，可轻可重，万一此等谣言传入上宪之耳，恐非该革监之福。本县苦口婆心，不惮详细揭出该革监务当安分守法，以待他年否极泰来，切勿误蹈迷途自贻伊戚也。切切。"③

顾家相的回复打消了损公肥私者的念头，但仍有人企图蒙混。按照规定，路基低隰处需要填土时，在路基就近处购买山田取土，而该取土处仍归萍矿产业，今后或成塘或成田对外招租，可是就有人对这些取土处打主意。比如在第二局地段，各农户认为是无主产业，在界内栽禾，有的甚至将原筑田塍毁坏，希冀蒙混；有的甚至将田塍改移，藉图侵占。这些事就发生在第二局管事人身边，顾家相责令这些管事之员彻查："立即督同查勘田界之刘耀南、欧阳澍及算学生李光彝，按照原造图册，逐一履勘核对，勿得含糊，务将移改田塍图占官业之农佃，指名禀出，以凭拘案究惩。倘田塍稍有毁坏，尚无移改情弊，即勒令修补完固，姑免传案。其余界内已栽之禾，概应拔弃。一面照萍安铁路办法，绘画余业细图，以凭查核。至算学生况荣、叶润生、吴种鑫三名均已调六局，此项图册应责令李生一手经理，倘实有须调原手面质之处，准函知本县饬令暂时回局，一转合并谕明，切切特谕。"④

---

① 《易筋经》：旧题达摩撰，般剌密谛译义二卷，内容论锻炼身体之术，分内外功，内功主静，外功主动，或取其十二图，与十二段锦合刻，统名内功图说。

② 响马：旧称结伙拦路抢劫的强盗，因马带铃自远闻声即知其来，故名。

③ 顾家相：《批监候待质革监李有芗禀》（庚子二月），引自曾伟：《〈筹办萍乡铁路公牍〉整理与研究》，江西师范大学硕士研究生学位论文，2010年，第61页。

④ 顾家相：《饬第二段购地局绅清查毁坏铁路田塍谕》（庚子五月），引自曾伟：《〈筹办萍乡铁路公牍〉整理与研究》，江西师范大学硕士研究生学位论文，2010年，第80、81页。

从萍乡县城到醴陵县城有九十里路程，其中萍乡境内地界 65 里。这条铁路从宋家坊与萍安铁路相接至县城西门外，基本是循驿道而行，以湘东为适中之地。自县城到湘东三十里，抵近城市，民俗驯良，加上看见萍安铁路情况，知道铁路于民生有利，洋员往来勘察，并无梗阻，颇为顺利。到十一月初间，业已勘定，顾家相与薛太尊遴选绅士设购地局三处，逐段丈量，加快了勘察速度，到年底封印前已经一律完事，只是年终立契领价已到的，不到十分之三四。这是当时萍醴铁路勘察购地的基本情形。

从湘东到萍醴交界处插岭关三十五里，入湖南醴陵县界，与湘粤铁路正线相接。插岭关，萍乡称之为"老关"，而醴陵称之为"新关"。

萍乡是江西西部咽喉要地，与湖南毗陵。作为地方官，都希望地方肃静，因此在萍乡边境设立关卡，派部队驻防，是地方绥靖的必要。据史料记载，萍乡到醴陵的驿道有 90 里，中间以插岭关为界，插岭关距醴陵县界 5 里，于明朝所建，久已倒塌，行迹无存，只是

老关关口

地方叫老关。咸丰二年，在老关的西面五里，另筑关墙台座，名字叫作插岭新关，共 35 个垛口，中间开关门，旁边设营房三间，出关数步即湖南境界。

关于插岭关，《昭萍志略》有详细记载：

插岭关，一名"卡岭关"，在县西六十里结茅岭。明嘉靖时，知县杨自治于岭下建营房，计十二间，置关楼，地方赖之。甲子，知县蒋时谟移草市司巡检防守。万历时，知县陆世绩请移本县精兵二十名并袁州卫军卒十名守之。明末寇起，知府田有年详设标兵百名，领以把总一，哨官二防守。丁丑，临蓝贼起，署县陈瑛更立营房于结茅岭，筑城为防，历久城塌。

国朝咸丰二年，粤逆滋扰，知县马九功倡绅修筑，四年，水圮；代理知县徐道昌倡绅修复。

计关墙横过四十二丈一尺二寸，连垛高二丈八尺三寸，宽一丈零七寸，连亭高四丈三尺六寸。关前自桥边塍上连田二十五丈一尺，关后自塘房、店房，后至关脚，三十丈三尺为官地。内有塘房三间，店房七间。六年，拨设外委一，防兵十四，据守之。后渐圮。同治九年，知县王明璠修葺①。

晚清时期，老关一带湘赣界上烽火弥天，匪患四起。官府和豪绅日夜不宁，袁州知府与萍乡知县便保举赋闲在家的翰林萧景霞负责重修插岭关。萧景霞命关址不变，只把城墙重新筑起，仍叫插岭关。因为这次修关规模较大，又是彻底重建，故有"新关"之称。出关数步即湖南境界。新关之内属萍乡境，新关之外属醴陵境。关内左侧有鹅形岭，与鹅形岭隔垄相望的是蛤蟆岭，关外正前方约一华里有犬形岭，关外左侧两边还有所谓"二狮而象"（即狮形岭、象形岭）。一头与云盆岭相接，另一端与黄土岗相交而又等高。云盆岭下有城门一道，高丈余，门楣之上大书"插岭关"三字于外边，大书"江西锁钥"四字于里边（萍乡方向）。城门旁边嵌有五尺许的石碑于墙内，上刻重修纪事。城墙之宽在八九尺之间。城墙下截以长二三尺不等，宽一尺至一尺五寸不等，高一尺至一尺五寸不等的长方形石头砌成，上截以一尺五寸的青砖砌成。整个城墙未用夯土，全以砖、石、三沙（一种以三份沙、二份土、一份石灰拌匀后加水反复捣练的黏合性较好而干后又坚固的混合物）砌成，相当坚固，加上地锁咽喉，确有一夫当关，万夫莫开之势②。

光绪二十五年（1899 年），萍矿筹办修萍醴铁路，洋员反复勘察，认为要经过新关边上，如果修筑铁路，就要侵占驿路，而关门是驿路所经过的地方，若被铁路侵占，不但阻碍了行人，而且原建关门低狭，也容不得火车出

---

① 刘洪闢：《昭萍志略》（上），江西教育出版社 2016 年版，第 28、29 页。
② 彭江流主编：《萍乡风物》第一辑，1985 年未刊稿，第 46、47 页。

入。洋员因此将铁路定线在驿路旁，这样就要拆除垛口数个才能通过。顾家相经过调查、论证，认为垛口拆除后，可设大的关门，白天火车经过，晚上火车不过时关闭关门，同样起到了严城紧闭效果。"卑职伏查卑县与湖南醴陵等县壤地毗连，犬牙相错，并无高山大川可作自然界限。凡蹊间曲径，田畔斜塍，处处可通，实难枚举。该处所设关墙不过因驿路所经，聊壮瞻观，藉资讯察。"[①] 原来顾家相在老关（新关）设关门不单单是为了夜警，而是在萍乡设一景致，为文化萍乡吟风弄月设一场景，可见他胸襟之不俗。

因县西民情强悍，地势逼仄，勘路定线不厌详慎，再将改路划分两截：从县城至湘东三十里先行丈量购买，兴筑土工，其湘东河背至插岭关外三十五里，至 1900 年二月始得勘定。四月开始，一律丈量完毕。因此路经费原议向美国借款，即附于湘粤铁路款内，这时合同甫经订定，尚未画押，款未寄华，仍准民间耕种一年，先于立契时给予半价，其余一半俟秋后清业给付。五月，驻美大使伍廷芳正准备与美商签字时，由于庚子年义和团运动，借款事遂终止。六月，顾家相将洋参赞工师等保护出境，其时仅将湘东以上三十里土工筑毕，因为帮助修建铁路的洋员已离开，亦即将总局暂撤，所有局务归矿务局张赞宸兼办。九月间，因秋收已毕，顾家相请张赞宸将契价按期付给，所余未立各契，亦于冬间陆续办理。到了十一月，湘粤铁路画押成，美款已筹，清廷与八国联军和局已定，萍醴路改向美借款为筹款自办，洋参赞李治、洋工程师马克莱等已来萍，萍醴铁路又开工了。

光绪二十七年（1901 年）六月，詹天佑受清政府铁路总公司督办盛宣怀委派，到萍乡协助美国铁路工程师李治、马克莱修建株萍铁路的萍醴段。

李治为省钱、图快，在设计方案中准备用 600 毫米宽的窄轨铺路。这种铁轨一旦铺就，行驶的就是手推式的翻斗车，如此，这条铁路只是中转货物的专线。詹天佑据理力争，说如果采用窄轨距，无法与已修建好的萍安路段

[①] 顾家相：《禀萍醴铁路经过插岭关拟添设关门办法通稿》（庚子四月），引自曾伟：《〈筹办萍乡铁路公牍〉整理与研究》，江西师范大学硕士研究生学位论文，2010 年，第 73 页。

詹天佑（1861—1919），字眷诚，号达朝。祖籍徽州婺源（今江西上饶市婺源县），生于广东省广州府南海县。12 岁留学美国，1878 年考入耶鲁大学土木工程系，主修铁路工程。中国近代铁路工程专家，负责修建京张铁路等工程，有"中国铁路之父""中国近代工程之父"之称。

衔接，除了运煤，别无用场。其他中国工程师们表达了同样的立场。李治理屈词穷，于是改用中国 1435 厘米的标准轨距。

李治等虽然在轨距上让了步，可是心里不服，带着修湘东大桥的图纸撤走了。盛宣怀见洋人撤走，心里非常着急，劝说詹天佑服从李治，采用美国铁路轨距。詹天佑断然否决了。

詹天佑在无图纸的情况下，利用一个多月的时间，重新进行勘测和设计，并调集人马立即动工。湘东大桥横跨萍水，水面宽 130 多米，水流湍急。詹天佑采用土洋结合的办法，调来数只小船，配以足够的沙袋和草袋，围住桥墩地基，拦住水不往内面流；在桥墩地基周围挖一个水池，用水车将水车干，即行打桩，稳固墩座。詹天佑还亲自与铁路工人一起踩踏水车除去桥墩里的积水，桥墩完成后，又亲自指挥架梁，不到三个月的时间，湘东大桥便铺上了钢轨。随后，他又用同样的办法架通了路段上另两座大桥。1902 年 11 月，萍醴铁路竣工通车，铁路长 38 公里。

萍醴铁路通车之日，顾家相又出了一通告示，提示人们小心勿撞上火车：

会衔晓谕火车开驶简明告示（辛丑十一月）

照得火车，现已开行。往来轨道，电掣雷奔，诸色人等，各自小心，只可远立，万勿近临，车前速避，车后勿跟，人在车后，防打倒轮，倘或误撞，立即伤身，为此告诫，不惮谆谆。

萍醴铁路通车后，又一鼓作气往西延。1905 年 12 月 13 日，醴陵至株洲铁路建成通车，此时粤汉铁路尚未完工，株洲以下可以利用轮驳和民船，取道湘江运往汉阳。从此，萍矿煤炭外运能力大增。

争得了标轨，不仅长了中国人的志气，同时还为株萍铁路与以后的粤汉铁路和浙赣铁路接轨铺平了道路。

（三）株萍铁路全线贯通

萍乡铁路属于运煤铁路，包括萍安段、萍醴段以及醴株段，其资金来源为国库，属于国有铁路。其中，萍安铁路修建是由矿局自行筹款，归矿局管理，费银约百万两。萍醴一段工款系指定芦保与淞沪建筑余款项下拨用库平银 152 万两，折合银圆 217.2 万元。醴

株萍铁路管理局

株萍铁路管理局二门

株段工款亦系指定芦保、淞沪及萍醴建筑余款项下拨用库平银 141 万元，折合银圆 201.7 万元。1905 年 11 月醴陵至株洲铁路竣工，整个工程费时 2 年 9 个月，修建整条铁路的经费由盛宣怀造具清册，奏请批发邮传部并案核销，至 1908 年统计，株萍铁路建设费用合计 449.52 万元，其中购地费用 38.2 万元，筑路费 283.87 万元，设备费用 27.01 万元，其他费用 48.64 万元，该段建成后，将原来的萍安、萍醴二段合并，统称萍潭铁路。萍潭铁路全长 90.2 公里，共有安源、萍乡、峡山口、老关、板杉铺、醴陵、白关铺、株洲 9 个站，而安源、萍乡、醴陵、株洲为大站，其余为小站。在安源设有机车库（又叫火车房）、制造厂、材料分处，而且车务和机务二课办公处也设在安源。车站有转车盘、大给水台、磅室，岔道棋布。

萍潭铁路建成后由萍乡煤矿管理，光绪三十四年（1908 年）3 月汉冶萍

公司成立，萍潭铁路划归清政府邮传部管辖，改名为株萍铁路。

萍潭铁路通车后，安源的煤通过铁路运至株洲，再装船运往汉阳铁厂；1918年粤汉铁路武昌至长沙段开通，萍煤遂全程走铁路运输。至此，萍煤卡脖子问题全部解决。

铁路的建成，使萍乡煤炭等大宗货运运输摆脱了对水路的依赖，便捷的交通改变了人们的生活节奏，带来了更快发展速度，城镇也开始沿铁路发展。张声源在《浏市兴衰》中，以缠绵而惆怅的心情描绘了铁路修建后，湘东浏市的兴衰：

浏市是依山傍水而建的一条狭长小街。萍水河出城后，又汇集了南坑、白竺、源洴一带的水源，至此河面为之开阔，河床也更深了，便于通航。在过去陆路交通不便的情况下，地处偏僻的浏市却拥有河运的优势，加上当地生产煤炭、柑橘，因此便成了小西路的物流中心。从这里装船到湖南、湖北的煤炭、柑橘，再从那边运回南货在这里分流各地。其辐射范围，不只包括湘东镇的谷皮冲、黄塘洲、冷潭湾、湄源冲、大江边、阳干、泉塘、巨源、和平诸村，而且及于白竺、源洴、麻山、腊市、排上、东桥等乡镇，自然非同一般。

河街及街尾（佳子街）濒临河道，是煤炭聚散区，有上十家炭厂和七八个煤码头。附近如冬瓜槽、桐子坡、人形里的煤炭，都由土车推运至炭厂而后上船外销。不论天晴落雨，炭车络绎不绝，一片吱呀之声。打脚炭的人赚到力资后便买回油盐米养家糊口，肚饥也在街上买两个米咕充饥。

浏市河运有本地的船帮，但规模不大，主要靠下河（湖南）来船。下河船有大有小，小的叫"乌金子船"，一家一户地住在船上。这些船一艘一艘地来，少则七八十艘，多则近百艘，弯满了浏市河面。船一停泊，人们便上街斫肉、打酒、朝神、办生活、买东西，或卖出所带的南货，等船装满煤炭后才拔篙离去。不久，浙赣铁路恢复通车，运输能力越来越大，浏市便顿失河运优势，不复为小西路物流中心了。

关于修筑萍醴铁路，萍乡县令顾家相作了《萍醴铁路始末记》一文，详细记述了铁路建设经过。

　　萍乡，豫章一边邑耳。三国吴始建县，隋置郡于宜春，始定属袁州。其山川脉络实分两界，杨岐水发源于县北杨岐山，南流环县城始通舟楫，折而西流过湖南醴陵县入渌江至渌口，与湘江合汇于洞庭达于江。罗霄水发源东南武功山，北流至县东五十里之芦溪镇，始通舟楫，东流为秀江，经袁州、临江两郡入豫章江汇于彭蠡达于江。自武功以至杨岐蜿蜒于县城之东芦溪之西者，皆为山脊，脊之左水皆东注，其右则西注，界限鏊然。县城与芦溪镇东西相峙，各为水路绾毂①之所，顾自建县之初，即未循天然界限，设县治于山脊之西。考其疆域，城西、南、北三面皆以隶长沙为便，乃舍二百七十里之长沙，而受辖于六百二十里之豫章，历代相沿之，或改商工之贸迁者，辄因利乘便，奔走和会于长沙。醴陵为长沙属邑，东距萍乡九十里，当两者水陆要冲，然自萍至醴，水程迁折，不啻百里，溪流浅涸。夏秋交，引水灌田，岁才可行舟数月。以故萍境物产未能畅销，最饶者煤炭。而长沙土人以萍为隔省不让码头，细民舣小舟载煤至埠，无岸可泊，何论求售？煤既不能外运，但供本境炊爨，价钱如泥。光绪癸巳甲午间，南皮张孝达尚书兴铁政于汉阳，博访周咨，念萍邑煤质最良，始委专员驻萍购运以供冶炼。乙未亢旱②，萍大饥。尚书移督两江，贷巨帑十万两以活萍民，分其半运煤应金陵之用，萍煤之名始著闻于东南行省。然萍产煤之富虽几于触处皆是，顾不难于采而难于运，其佳矿萃近城三十里内，距水程东西皆隔数十里，而西运稍便于东运。会芦汉铁路役兴，少司空盛公胪简命为督办，炼铁造轨需煤甚多。奏委阳湖张韶甄观察莅萍买山开采，寻奏请延聘德国人赖伦为

---

① 绾毂：毂，车轴中心插轴的部分，比喻许多道路凑集的地方。

② 乙未亢旱：指光绪二十一年（1895 年）发生在萍乡境内大规模的干旱。

矿师，仿西法施机器，并请自矿所达水次筑造铁路，以便转输审度至再设矿厂于安源十处，距城南水次凡十四里，所筑之路名曰萍安铁路。官商交运岁减路运钱数万缗，甫逾期年，而所省已过于造路之费矣。先是陈右铭中丞抚治湖南口粤汉铁路之议，欲从粤东经长沙已达汉口。所订轨道不循湘江沿岸，由郴州迤逦过攸县历醴陵而至长沙，并奏明与萍乡煤矿铁路衔接。遣美国人柏生士、李治来萍勘视，自醴陵至萍乡即为粤汉枝路，统归美国工师承办。继而粤汉轨道复议改移循湘江直下，不经醴陵，盛公亦遂变前议，萍醴间铁路由萍矿先行借款兴筑。余宰萍有年，尚能取信于士民，自萍安建路伊始，盛公口余以购地之任，期速费省，粗著成效。泊萍醴之工踵兴，薛叔耘观察董斯役，虚心延访，请一切依萍安成法。计萍醴相距为里九十，而辖于萍者逾三分之二，湘东市处萍境适中之地，尤轨道所必经，乃民气易方隅[1]，而即异人情随时势为变迁，其措置之难有倍蓰于萍安之役者。当其初，盛公志气甚锐，期以数月集事。余为画策，多设乡局，分段丈量，迨勘路既越湘东而枝节丛生，动多阻碍。或每日止勘数里，或停勘以待熟商勘路，既缓则丈量缓，而价购尤缓。农隙蹉跎，催耕条届，不得已而有预给半价，秋后清业之议。其湘东以上先经兴筑土方，庚子五月计已刻期告口，不谓拳匪变作，北方糜烂，南疆亦因以震惊，洋工师匆匆握别，辍工者一载有余。北方事之殷，盛公欲停止购地，余谓失信于民后接日难图再举，密电力争，而乡民亦以先得半价不废耕获为利，乃悉依次购定，秋后清给价值，用昭大信。辛丑之秋，洋工师甫再莅萍，湘东以上旋即铺轨开车，而湘东以下犹有未竟之绪，余承湘抚俞公荐剡[2]，将展觐北上，深以弗克终事为歉。讵意新令伊受任，九日遽归道山。余复奉檄庖代比。壬寅五月，再解萍篆而全境土方固以竣事矣。惟占用屯田一节，余初拟买民田互易以司道吏胥，意在需索，搁置不复。薛观督乃变计与合邑宾兴公业一律改买为

租，军丁悦服，嗣奉明诏，改屯田为民田，听民买卖。余亟嘱薛公召集屯户换立卖契，仍以余名会同禀报，则已在谢事之后。云综计萍安铁路经始于戊戌十二月，造成于己亥十一月。萍醴铁路经始于己亥九月，中辍于庚子六月，至辛丑七月复行开局，余于壬寅八月去萍，其时醴境尚筑土工，是年十一月，方一律铺轨开车。余弗获目睹其盛，未免抱美中不足之憾，然余当己亥季春已拜量移之命，（戊戌冬，请调补清江县缺，己亥三月得旨，报可。）竟以是役为三年之淹，且已去复留者半载，境内工作运用有成，偶合机缘，其信有前定欤。小民可与乐成，难与图始，文牍笔札累数十万言，从儿童之请撷其精要辑为公牍四卷，前二卷草创经营，多规划章程之类，印行于庚子初春，以代文告；后二卷则于群疑众难之中为辩驳譬如之语，哓音□□不自觉其言之重所长也。壬寅数月之留，但以踵其前事，故不复存稿焉。呜呼！中国议办铁路，数十年甫得实行，顾以筹款之难乞贷于邻国，又以贷款之故授权于外人，有议者扼腕痛胸，何可胜道？萍以区区小邑深居腹地，乃萍安铁路既立中国自办之基础，即萍醴铁路初拟为粤汉铁路附庸借资美款者，亦改归自行筹办，脱离羁绊。（粤汉合同本将达萍乡之枝路载入，嗣以萍路已将告成，而粤汉兴工无期，遂归自办。公牍印行在先，其时尚无明文，特附注于此。）继且推及于醴洙，（当议修萍醴铁路之初，原拟接至长沙或湘潭故称湘萍枝路。后又议修至渌口，余于辛丑春自渌章取道长沙返萍，察看地势，力主从醴陵修至株洲，路近而费省，今竟由薛观督承修，名曰醴洙铁路，与前议吻合。）不可谓大幸矣。乃者两湖、粤东人士合力争持，欲废粤汉合同自办，而萍醴固以为先鞭之着。即江西绅士首倡公司，议办全省铁路，举李公为领袖，（李方伯有棻号芴垣，萍乡人。）亦实以萍乡为先路之导也。重椠公牍既成，爰乐得而记之。

会稽顾家相勖堂氏谨识[1]

---

[1] 顾家相：《萍醴铁路始末记》，引自曾伟：《〈筹办萍乡铁路公牍〉整理与研究》，江西师范大学硕士研究生学位论文，2010年，第107、108页。

十、盛宣怀安源验矿

光绪三十三年（1907 年）九月九日，盛宣怀来安源验矿，巡视各处，宣告萍乡煤矿建成。11 月 30 日，盛氏致张之洞密函说："赴萍履勘新通之大煤槽，乘隆内电车，约四里许，自取块煤而出。所炼焦炭每月万吨，汉厂自用。炼铁一吨只须焦炭一吨有零，与从前开平、日本焦两吨炼铁一吨大相悬殊。现又添造洗煤机、炼焦炉，月计可出三万吨，足供添炉（指汉阳铁厂铁炉）之用，兼销日本等处。只待昭山铁路接成，并造浅水轮船，使可每日出煤三千吨。以二千吨炼焦，以一千吨售块煤，并能制造火砖以济厂用。此煤矿之成大效也。"[①] 而且每吨焦煤到厂的价钱只要 11 两银，这比开平焦煤便宜很多，比洋焦便宜了近一半。当年产煤 40.2 万吨，焦炭 11.9 万吨。既解决了汉阳铁厂缺焦的最大难题，还沿铁路和水路航运沿江各省，远销日、英、美等国。时称如解决运输问题，每年可望生产原煤 200 万吨。回想萍煤未开办前，汉阳铁厂诸多困难，盛宣怀感慨颇深："接办伊始，两炉甫成，而无煤可用，一面忍痛购运开平焦，一面试挖萍乡煤。盖闻长江之水含硫质，产煤皆不合炼铁用，越洞庭而得萍铁（煤），始愿乃偿。初用土法，终之以机炉；初用小舟，终之用铁道。不知几费经营，克底于成。萍焦冶铁，初试新铏，居然京汉铁轨，除卢保一段外，二千余里，皆属汉厂自造。虽不免亏折，数年之间，得轨价四百数十万，练成一班工匠，萍矿亦借此岁月，以竟全功。"[②]

大冶铁矿博物馆的
盛宣怀铜像

1916 年 4 月 27 日，盛宣怀病故后，萍乡煤矿

---

① 《萍乡矿务局志》，1998 年内部资料，第 264 页。

② 盛宣怀：《汉冶萍煤铁矿厂有限公司注册商办第一届说略》，引自汪敬虞编：《中国近代工业史资料》第二辑（上），科学出版社 1957 年版，第 492 页。

职员为纪念这位创办元勋的胆略与艰辛，集议捐资在安源兴建盛公祠。1923年3月，萍乡煤矿矿长李寿铨向汉冶萍公司报告："惟矿区以内遍勘鲜有空地，且非崇山茂林，不足以隆杞典而肃观瞻，查有旧总局一所三层楼屋，规模宏壮"，盛宣怀当年视察安源矿井时曾居住于二楼，"拟于改建为盛公祠"。

此后，经汉冶萍公司董事会第五次常会核准，萍乡煤矿旧有总局大楼于1923年改建完成。同年12月，盛公祠由卸任矿长李寿铨与副矿长舒修泰率员工举行公祭。祠内大厅立"清授官禄太子少保邮传大臣汉冶萍煤铁厂矿有限公司董事会会长盛公杏荪之公寓"铜牌一块，并在二楼盛宣怀居住过的房间设龛像杞，铸设半身铜像一尊，大楼前额悬挂"盛公祠"三个大铜字，每个字200斤，以示纪念。

盛公祠原为萍乡煤矿总局办公楼，兴建于1898年3月，坐南朝北，为中西合璧围廊抱厦式建筑，形状如一艘乘风破浪的航船。分前后两栋，前栋为主楼，建在一座高台阶上，迎面顶有旗杆、时钟；台阶下为地下室；地面三层，建筑面积1732.37平方米。每个墩子的中间为空心，地下室的凉风从墩子里送到每个房间，各房间靠角设有通风口，为天然风扇。为解决屋顶采光而又防漏，在顶部中央建有一座四角亮亭。四周女墙。后栋为两层，建筑面积468.48平方米，为电报、电话总机室，储藏室、工友间等。总建筑面积2500平方米。楼外为花格围墙，看去特别文雅。院门为简约式西式铜雕花纹装饰，显得古朴、富丽堂皇。盛公祠周围被巨大的香樟林环抱，相映成趣。

1987年12月，盛公祠被江西省政府列为全省重点文物保护单位，2013年6月被国务院列为全国重点文物保护单位，现为原汉冶萍公司唯一纪念盛宣怀建筑。

第四章 兴盛时期的汉冶萍公司及萍乡煤矿

一、组建汉冶萍煤铁厂矿公司

萍乡煤矿建成后，解决了汉阳铁厂最重要的燃料问题。质量上，以前用开平焦和洋焦要两吨才能炼一吨铁（钢），而用安源焦后，一吨焦即可炼一吨铁（钢）。价格上，萍乡到汉厂的焦炭价钱降为每吨到厂价 11 两。"铁厂从前化炼焦炭，购诸英、比……迨戊戌年萍矿发见，悉仰于萍，始定焦价每吨十二两，后减至十一两……是铁厂之因萍矿而减轻成本，尽人皆知……以萍矿之盈余塞铁厂之漏卮。"[①]光绪三十二年（1906 年），萍乡煤矿运往汉厂焦炭 38.8 万吨，煤 20.4 万吨，用萍乡煤相较用开平煤共节省资金 200 余万两。若用洋焦则更不止此数。开办萍乡煤矿效果是巨大的，故盛宣怀称："萍乡一局关乎铁厂命根。"

在同一时期，除开办萍乡煤矿外，盛宣怀还做了两件事，一件是大冶铁矿的扩大。

汉阳铁厂的铁矿来源地为大冶铁矿。大冶铁矿为汉阳铁厂的组成部分。盛宣怀就任铁厂督办后，派员对大冶铁矿进行了重新勘查，总矿师赖伦勘测铁山、纱帽翅、龙洞、象鼻山、大石门及野鸡坪、管山、下陆各矿山，水平以上总矿量 68934375 吨，水平以下总矿量 3500 万吨，总估矿量 103934375

---

① 孟震：《萍矿过去谈》，汉口汪日升石印局 1914 年石印本，第 23 页。

汉阳铁厂总办李维格（中）及职员。李维格（1867—1929），字一琴，江苏吴县人，幼年就读于上海，后求学于英、美、日诸国，著名改良主义者。曾在湖北、湖南任教授，戊戌变法后回上海，先后任江南制造局提调兼南洋公学教授，1896 年在《时务报》馆兼职，同年任汉阳铁厂总翻译，1901 年升任总稽核。

吨。[①] 后来经补充勘测和生产勘测，截至 1985 年底，累计探明大冶铁矿 15773.6 万吨[②]。大冶丰富的铁矿储藏量，让盛宣怀有了扩大生产的想法，开辟了新采区，使其年开采能力增至 17 万～18 万吨，此后，大冶铁矿石产量更是年有增长，1907 年达 174630 吨，为 1896 年的 1096%。

　　盛宣怀做的另一件事是改造提升了汉阳铁厂。汉阳铁厂从投产以后质量一直不达标，由于焦炭短缺等原因，只维持一座高炉运行，惨淡经营，难以为继。为解决铁厂产品质量问题，盛宣怀 1902 年奏准朝廷，委派李维格出国考察炼铁新法。

　　光绪二十八年（1902 年）十月，李维格带领彭脱、赖伦等外籍专家启程，先到日本八幡制铁所考察，在李维格离开日本准备前往美国的时候，突然接到盛宣怀命令，暂时回厂。光绪三十年（1904 年），盛宣怀再次派李维格出洋考察铁政，采买机器，选雇洋匠。

---

① 丁格兰：《中国铁矿志》，引自胡政主编、张后铨著：《汉冶萍公司史》，社会科学文献出版社 2014 年版，第 40 页。

② 马景源等：《大冶铁矿志》第一卷，2000 年内部资料，第 346 页。

表 4-1　1904 年汉阳铁厂派李维格出洋之任务规定

考察矿质	1. 萍乡生煤含质如何，及其洋炉制炼之法，能成何等焦炭，以炼生铁，用足风力，化 1 吨铁须用 1 吨若干焦炭，其块煤烧汽炉能得何种火力，全厂能否合用不购外煤
	2. 大冶铁矿含质如何，用萍焦能否相配，其磷轻者可制贝塞麦钢，其磷重者可否制马丁钢，又能制何种翻砂之铁
	3. 萍乡铁矿含质如何，用萍焦能否相配，其磷质轻者能否制贝塞麦钢，其磷重者能否制马丁钢，或多麻钢，又能制何等翻砂生铁
	4. 萍乡锰质能否炼成锰精
	5. 萍乡火泥、武昌火泥、磁州火泥、上海制造厂火泥，合者可制上等火砖，为熔化炉之用
	6. 汉阳铁渣如何能做成水泥，大冶有专门可做水泥之矿，信义洋行李治带往德国化验，可做上等水泥，须用若干资本方能制造
	7. 汉阳化铁炉所出之生铁，何以不能成上等贝塞麦钢，应用何等新法，俾成佳钢
	8. 马丁钢如不用贝塞麦钢，应用何物替用
	9. 用我煤焦，生铁能否做上等马丁钢，以造顶好大钢板
	10. 萍乡化铁炉将来用萍乡铁矿，或须另造多麻钢炉，如何计算布置
考察厂务	1. 欧美大厂断不能学，须学小厂规模
	2. 萍乡焦炭洋炉成本极重，必须考求能制上等焦炭，并可取做颜色。如专雇一工匠，能否合算得上
	3. 生铁炉如何可省焦炭，可否用碎铁石、碎焦炭
	4. 生铁炉萍乡目前只造一座，是否以二百吨为合算，或以少为核算，或谓一大炉，坏则全停，不如两小炉可替换，何者为宜
	5. 生铁水如何调和，令其直达炼钢炉
	6. 贝塞麦炉如何添办
	7. 马丁炉如何添办
	8. 市面繁货钢板、钢条、轧轴如何办法
	9. 商务核算如何办法
访聘工师	略

续表

购办机炉	1. 汉厂应办调和生铁机器，又热钢坯烘炉连吊车，此二项急须先办运，因汉厂化铁炉两座必须先出好生铁
	2. 汉厂贝塞麦炉应添置风机，使其多出贝钢
	3. 汉厂马丁炉应添造，使其多出马丁钢
	4. 汉厂应添置繁货大轧轴，使其多出大钢板、钢条等
	5. 湘东应造二百七或一百六十吨化铁炉，须力求新法，除汉萍能自造各件外，应配购齐全
	6. 化铁炉内火砖，中国火泥一时恐不可靠，应购泥带回自造火砖，以省转运破损之耗费
	7. 就化铁炉须造之水泥机，工本不多，锰精恐难外售，亦只需造一小炉，以备自用
	8. 萍株路需用大火车头两部，及煤车应用之轮轴机横（模？）七十部，应即购齐，预备来年四月之用
筹补用款	略

资料来源　方一兵：《汉冶萍公司与中国近代钢铁技术移植》，科学出版社 2011 年版，第 38、39 页。

李维格为这次出洋做了充分准备，分别取大冶、萍乡的矿石焦炭样品以及汉阳铁厂的成品装箱随船携带，仅取自大冶的矿石样品就按照矿石地点分装了八箱，每箱半吨[①]。"于光绪三十二年启程，先美而欧，周咨博访，计八阅月回华；出洋时携带大冶铁石、萍乡煤焦及汉厂所炼之焦铁，进退行止，全视此原料之化验为断。伦敦有钢铁会，为名人所荟萃，到英即踵访专家，于会中得史戴德者，为一国之望，遂以所携原料交与化验。据其报告，大冶铁石及萍乡焦炭，并皆佳品；铁石含铁品相伯仲。英国克利夫伦铁石含铁，仅百分之二十至三十分，德国密乃忒石同是；而各国争购之西班牙毕尔宝铁石，亦仅百分之五十分，故大冶之铁实世界之巨擘也。据验汉厂造轨之钢，炼不合法，而零星钢件则为精品。盖炼钢有酸法、碱法之别，酸法不能去铁之磷，独碱法能之。钢中最忌有磷，大冶之铁含磷适多，而旧时炼钢系用贝色麻酸

---

① 方一兵：《汉冶萍公司与中国近代钢铁技术移植》，科学出版社 2011 年版，第 38、39 页。

法，背道而驰，宜其凿枘，沪宁铁路公司化验贝轨，亦谓磷多碳少，不肯购用。乃决从史戴德之议，废弃贝色麻酸法，遂改马丁碱法之炉，以去磷质。此十余年未解之难题，一朝涣然冰释者也。"[1]

在考核了原料和钢质之后，李维格决定听从英国专家的意见，废弃贝塞麻酸法而改用马丁碱法炼钢，并据此筹备购买新机炉之事，把新设备的购置重点放在"炼造碱法马丁钢、船料、桥料、屋料等货"。[2]

随后的机器购置，在英国顾问工程师彭脱[3]和萍矿总矿师德国人赖伦的协助下，采取了招标的方法："自开清单，招英、德、美专门名厂十数家投标，复与同在外洋之萍矿总矿师赖伦及聘定之新工师，投标之各厂家，一再讨论辩难，然后分别定断。"[4]由于是投标，汉阳铁厂第二期设备分别来自英、德、美三国的九个厂家，而且价格上也较节省。

光绪三十一年（1905 年），盛宣怀聘用李维格为汉阳铁厂总办。李维格动用日本预付的矿石价款 300 万日元，从 1905 年起改建扩充汉阳铁厂，聘卢森堡人吕柏为总监工（总工程师）。整个工程十分浩大，拆除原有的贝色麻钢炉和容积 10 吨的小马丁炉，安装容积 30 吨的碱性马丁炼钢炉 4 座，150 吨的混铁炉 1 座，同时建设轧钢厂、钢轨厂、钢板厂、轧辊厂、装货厂，扩建机器修理厂、电机厂，1907 年工程基本竣工。1908 年又拆除两座小型废旧化铁炉，兴建 250 吨化铁炉 1 座和马丁炼钢炉 2 座，整个工程全部完工，共耗银 300 余万两。

---

① 《李维格为公司招股事在汉口董事会上的演说词》，光绪三十四年十月一日（1908 年 10 月 25 日），引自湖北省档案馆编：《汉冶萍公司档案史料选编》（上），中国社会科学出版社 1992 年版，第 243 页。

② 《李维格呈出洋采办机器禀》，光绪三十年十二月十二日（1905 年 1 月 17 日），引自湖北省档案馆编：《汉冶萍公司档案史料选编》（上），中国社会科学出版社 1992 年版，第 167、169 页。

③ 彭脱（Thomas Bunt），1904 年被聘为汉阳铁厂驻英顾问工程师和驻英代表。引自方一兵：《汉冶萍公司与中国近代钢铁技术移植》，科学出版社 2011 年版，第 39 页。

④ 《李维格呈出洋采办机器禀》光绪三十年十二月十二日（1905 年 1 月 17 日），引自湖北省档案馆编：《汉冶萍公司档案史料选编》（上），中国社会科学出版社 1992 年版，第 167、169 页。

表 4-2　汉阳铁厂新建炼钢炉座及开工、完工时间表

名称	建造年份	竣工时间	生产能力	备注
混铁炉	1905 年	1908 年	150 吨	混铁炉不常使用，马丁炼钢炉 7 座，仅 6 座轮流生产，另留 1 座作为检修之用
1 号马丁炉	1905 年	1907 年	30 吨	
2 号马丁炉	1905 年	1907 年	30 吨	
3 号马丁炉	1907 年	1909 年	30 吨	
4 号马丁炉	1909 年	1909 年	30 吨	
5 号马丁炉	1909 年	1910 年	30 吨	
6 号马丁炉	1910 年	1911 年	30 吨	
7 号马丁炉	1915 年	1917 年	30 吨	

资料来源　《江南煤都　工业重镇——萍乡煤矿历史专题陈列》。

表 4-3　大冶铁厂历年产量表（1922—1925 年）

年份	炉号	开炉日期	停炉日期	产量（吨）
1922	1 号	6 月 24 日	7 月 5 日	1000
1923	2 号	4 月 4 日	8 月 30 日	86144
	2 号	9 月 5 日	—	
1924	2 号	—	12 月 31 日	117860
1925	1 号	5 月 15 日	10 月 18 日	53482
合计				258486

资料来源　《江南煤都　工业重镇——萍乡煤矿历史专题陈列》。

经过改造、扩充的汉阳铁厂，成为东亚"第一雄厂"。当时一位外国记者这样报道汉厂的生产设备和已经达到的生产能力："汉阳铁厂能够供给造船、建筑及桥梁工程所需的各种结构钢材，还有铁轨和铁钉。该厂新的机器设备，包括三座高炉（一座尚在兴建），每日能熔生铁 450～500 吨；三座平炉，每炉熔铁 30 吨，一座熔铁 10 吨的炼钢炉。一座金属搅和机，一座刮轧齿轨机、一座孔口角型轧钢轨机、一座轧钢板机以及为钢锭加热而设的煤气清尘机。这些设备每天能轧制于英国标准部件的精整产品 1000 吨……估计大冶铁矿，

仅露天开采，每年就能供应铁砂 100 万吨；而萍乡煤矿年产上等焦煤也在 100 万吨。"[1]

某国驻汉口领事这样赞叹它："登高下瞻，使人胆裂，斯奚翅美国制造之乡耶。烟囱凸起，插入云霄，层脊纵横，盖于平野。化铁炉之雄杰，碾压机之森严，汽声隆隆，锤声丁丁，触于眼帘，轰于耳鼓者，是为中国二十世纪之雄厂耶。观于斯厂，即知研究西学之华人，经营布置，才略不下西人也。设厂之地，旧为洼区，潮涨之所浸，荆榛之所丛也，立厂以来，建筑巩固，变昔日之洼泽芜莽，为中国生利之名场，曾几何时，江山顿改，地灵人杰，岂虚语欤。"[2]

早在光绪三十三年（1907 年）六月，清廷颁旨嘉奖："凡有能办农工商矿，或独立经营或集合公司，其确有成效者，即从优奖励，果是一厂一局所用资本数逾千万，所用人工至数千人者，尤当破格优奖，即爵赏亦所不惜各等因，钦此。"[3] 这条圣旨，无疑是对商家的一个重大诱因。据《汉冶萍商办调查历史》统计，从招商承办至光绪三十三年（1896—1907 年）改为公司以前，汉阳铁厂及大冶铁矿累计亏损 2703649 两，萍乡煤矿累计结余洋例银 651577 两，盈亏相抵，还亏 2052072 两[4]。八月，盛宣怀在致张之洞函中说："若将铁厂、煤矿公招，则萍煤招足其易，汉厂人皆震惊旧亏大巨，成本过重，虽老股亦不肯加本，新股更裹足不前，是以十年之久，屡招屡辍，竟无从提起。"又说："汉厂必借萍煤，而萍矿不必借冶铁，有此隐病须趁此湘岳铁路未通，萍煤尚难畅运，力劝归附。"[5] 盛宣怀开始思考一个严肃的问题：如何借萍煤的红利，把汉阳铁厂、大冶铁矿、萍乡煤矿进行合并，组成一家大的商办股份公司，赴农工商部注册，使之对投

---

[1] 胡政主编、张后铨著：《招商局与汉冶萍》，社会科学文献出版社 2012 年版，第 94 页。

[2] 胡政主编、张后铨著：《招商局与汉冶萍》，社会科学文献出版社 2012 年版，第 94 页。

[3] 《盛宣怀奏折》，光绪三十三年七月二十六日（1907 年 9 月 3 日），引自胡政主编、张后铨著：《招商局与汉冶萍》，社会科学文献出版社 2012 年版，第 129、130 页。

[4] 吴绪成主编：《百年汉冶萍》，湖北人民出版社 2009 年版，第 24 页。

[5] 张正初：《萍乡煤矿并入汉冶萍之谜》，《安源轶事》，1995 年未刊稿，第 84、85 页。

资具有更大的吸引力。

本来煤铁为一家，可是萍乡煤矿并不是汉阳铁厂的组合部分，这是为什么呢？台湾历史学家全汉昇说："铁厂改归官督商办后，盛宣怀为着彻底解决铁厂燃料问题，决定对江西萍乡煤矿利用大规模的机器设备来从事开采；因为要开采这个煤矿，他号召汉阳铁厂、轮船招商局、铁路总公司分别认股投资。光绪三十年（1904 年）十一月，萍乡煤矿共招股本银一百万两……统计在一百万两的股本中，汉阳铁厂不过投资二十万两，约只占总数的五分之一，并不是最大的一个股东。因此在官督商办时期，汉阳铁厂和萍乡煤矿是两个分立的单位，而不是一个。"①

表 4-4　1904 年萍乡煤矿招股情形

入股者	款项（库平银）（两）	百分比
轮船招商局	230000	23
电报局	220000	22
汉阳铁厂	220000	20
香记等商户	220000	20
铁路总公司	150000	15
合计	1000000	100

资料来源　《张赞宸奏报萍乡煤矿历年办法及矿内已成工程》，引自全汉昇：《汉冶萍公司史略》，台北文海出版社 1971 年版，第 124 页。

资料显示，萍乡煤矿最大的股东是轮船招商局，而非汉阳铁厂。由于汉阳铁厂对萍乡煤矿并没有控股，这就说明萍乡煤矿与汉阳铁厂分属两个独立的企业。

此时，汉、冶、萍合并不仅具有必要性，而且具有可能性。此时的汉阳铁厂由于采用了马丁炉炼钢法，扩建了炼钢炉及其他设施，六大厂四小厂的宏大规模已经形成，钢材质量足可媲美英国或德国的第一流钢材，钢轨及其他钢铁产品具有广阔的市场空间。因此，盛宣怀想将汉、冶、萍三家（汉冶

---

① 全汉昇：《汉冶萍公司史略》，台北文海出版社 1971 年版，第 123、126 页。

为一家，萍矿为一家，实际两家）合并为一家企业。

全汉昇则从资本的角度谈了盛宣怀合并三厂矿成立公司的理由：

> 谈到资本方面的原因，汉阳铁厂和萍乡煤矿的开办以后，亏欠日多，更有合并的需要。汉阳铁厂于招商承办后，招商的成绩并不理想，只能陆续招股本银二百五十万两。因为雇佣洋匠花钱太多，开平及其他煤焦售价又太贵，不到半年，铁厂日渐亏折。到光绪三十三年（1907年），已亏折二百四十余万两。因此，招募的二百五十万两股本，除了用来补救亏折的款项以外，并没有多余作为铁厂营运资金之用。至于萍乡煤矿，据总办张赞宸的报告，在开办初期，并没有资本，一切用款都是向各庄号借贷而来，招收股本，不过是光绪二十五年（1899年）以后的事。至光绪三十年（1904年）十一月止，萍矿共欠各庄号库平银1064999.942两、招商局203218.92两、德商礼和洋行779281.484两，合计2047500.346两；计七年间共付各庄号及礼和洋行息银和老商股息，多止一百五十余万两。因此，萍矿的财务状况也是不很健全的。

> 因为萍乡煤矿和汉阳铁厂的经营都不如理想，盛宣怀负责官督商办以后，不得不靠借债来过日子。他举借的债，分为内债和外债两种。内债主要为各钱庄的短期借款，缺点是借额不大而期限短促，过不了若干时候，就要归还本利，甚至后来虽然付出较重的利息也借不到。外债的举借，更不理想，原因是向外商借款，一定要有抵押，于是厂矿的权利难免落入外人之手。

> 在这种艰困的情形下，由光绪二十二年（1896）五月铁厂奉旨招商承办时起，至三十三年（1907）八月止，据盛宣怀报告，"铁厂已用商本银一千二十万余两，煤矿、轮驳已用商本银七百四十余万两。其中老商股票由二百万两加股，共成五百万元，合银三百五十余万两；商息填给股票银七十九万五千两；公债票银五十万两；预支矿价、铁价、轨价，约合银三百余万两；其余外债、商欠，将及一千万两。"在当日"抵押居多，息重期促，转辗换票"的情形下，汉厂和萍矿便时有尾大不掉之虞。

但除了要应付一般日常开支外，厂、矿亟需添置机炉，扩充设备，这笔费用又需要数百万两。因此，盛宣怀认为唯一补救的方法只有把汉阳铁厂、大冶铁矿和萍乡煤矿合并，改为商办公司（原为官督商办），赴农工商部注册，以博取投资者的信心，矿厂的业务才有发展。

盛宣怀建议把汉、冶、萍三厂矿合并所持的理由，一方面是因为汉厂自从添购机器和改炼马丁钢以后，所出产的钢在质的方面很纯净，足可与英国或德国第一等纯钢媲美；其次，当时正值各省大事兴筑铁路，汉厂出产的钢不愁没有销路，前途可说是很乐观的。另一方面，萍乡煤矿出产的煤，除了运销汉阳铁厂以外，更销售给招商局、电报局，以及其他民间商号，它在营业方面的利润相当的大，要是汉、冶厂矿和萍矿合并起来，民间商号的入股，当可较前踊跃。还有一点更重要的，是因萍矿营业所得的利润较多，不像汉厂那样老是亏本，它在借债方面的信用自然要较后者更大。例如它借德商礼和洋行四百万马克，年息七厘，从 1900 年 1 月 1 日起，至 1911 年 1 月 1 日止，分二十三批归还。这样长期的借款，和汉厂的"息重期促，转辗换票"的债务比较起来，真是不啻霄壤。而礼和洋行之所以允肯长期大量贷款，当然因为萍矿获得的利润较大的缘故。要是汉、冶厂矿和萍矿合并成功，那么，厂矿的对外信用增加的结果，自然可以筹措或举借巨额款项，并且可以使借款期限加长，再不用像从前那样要为短期借款的归还而操心了。[①]

在经过充分准备后，盛宣怀于光绪三十三年（1907 年）九月罕见地上奏清廷并附两份奏片，以表示对三厂矿合并的重视。奏折说："现在旧炉尽改，规模稍有头绪。此后重炼碱法马丁钢，比较从前酸法所制之贝色麻钢，提炼更净。经农工商部、邮传部先后通行各省，铁路均宜购用中国自造之轨桥各料。苏、浙、皖、闽、粤均已陆续商订，以塞漏卮。生铁一项，远至美国旧金山，近如日本各埠，亦经派人前往试销。如能筹款推广，似尚可望转

---

① 全汉昇:《汉冶萍公司史略》，台北文海出版社 1971 年版，第 123、126 页。

机。""（萍乡煤矿）专为炼铁而设，地质之富，按照总矿师估算，以每年出煤二百万吨计，可供一百五十年之采掘，制成焦炭，携往欧西化验，与英国上等焦炭相埒。该矿机器齐备，悉照西法开凿。"①并草拟了《汉冶萍公司组织章程》，拟招商股 1500 万元。

为了替未来的公司宣传，他豪情满怀地说："三年内日可出钢铁一千吨，十年内可与克虏伯新钢厂（按：工厂在德国，为当时世界上最大钢铁厂）相颉颃。"②盛宣怀为未来的新公司的宣传不遗余力，1907 年 12 月 15 日至 1908 年 1 月 4 日 20 天内，连续以"退圃老人"的名义致函自己，并复函"退圃老人"作答；同时以湖北铁厂、铁山铁矿公司股商名义和汉冶铁厂、萍乡煤矿股商名义分别致盛宣怀"公启"，自导自演，煞有介事，解释新老股民所关心的事，如优待老股、股东权利、股票年息、余利分配，等等。

汉冶萍公司上海总部

经清廷光绪三十四年（1908 年）三月议准，汉冶萍公司在农工商部注册。3 月 13 日，盛宣怀会同湖广总督赵尔巽向清廷上奏《汉冶萍厂矿现筹合并扩充办法折》，称"示信于商，藏富于民，内塞漏卮，外杜觊觎"。清廷当天颁发圣旨："着责成盛宣怀加招华股，认真经理，以广成效。余依奏。"同日，盛宣怀奏请《改督办为总理并改铸关防片》，公司总理只能是原督办盛宣怀。该奏片"拟请饬部另铸铜质总理汉冶萍煤铁厂矿公司事务关防"。当天奉旨："依议。钦此。"3 月 16 日，农工商部发给汉冶萍煤铁厂矿有限公司登记执照。至此，一个雄踞亚洲首位，总事务所设于上海，下辖汉阳铁厂、大冶铁矿、

---

① 胡政主编、张后铨著：《招商局与汉冶萍》，社会科学文献出版社 2012 年版，第 131 页。

② 《盛宣怀致张之洞密函》，光绪三十三年十月二十五日（1907 年 11 月 30 日），引自胡政主编、张后铨著：《招商局与汉冶萍》，社会科学文献出版社 2012 年版，第 137 页。

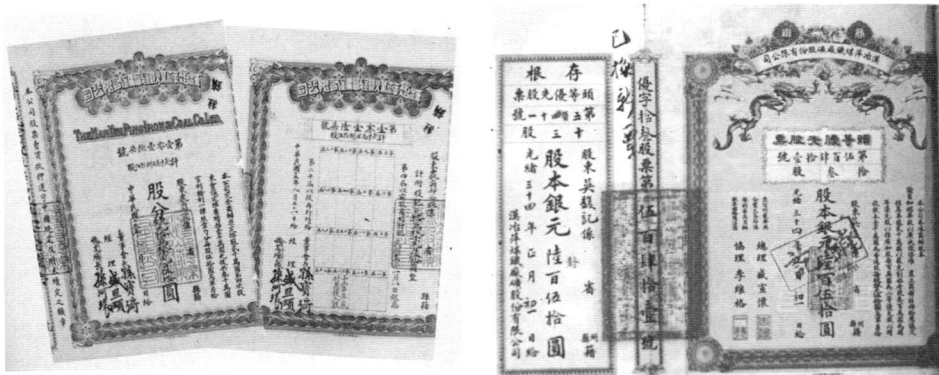

汉冶萍公司股票样张

萍乡煤矿等厂矿，集化铁炼钢、煤铁开采、焦炭炼烧于一体，企业遍布鄂、赣、湘、皖、苏、冀、辽等省，配套设施齐全、规模宏大的钢铁煤铁联合企业，亚洲最大的托拉斯[①]出现在东方。

　　在招股方面，盛宣怀、李维格大力造势，盛宣怀说："恨不能十八省百姓个个有股份。"[②]尤其以公司协理李维格在汉口商会发表长篇演讲，演讲中最精彩一句是："拯中原于涂炭，登亿兆于康庄。"[③]博得了盛宣怀的好评："读汉上演说，一腔热血发为宏论，佩服之至。"盛宣怀预言："必然先掀动其上中社会。"[④]

　　招股得以顺利进行，1908年至1911年，汉冶萍共招股7436360元。这时汉冶萍总资产已达4081万两，约合5000余万元。

---

① 托拉斯，垄断组织的高级形式之一。由许多生产同类商品的企业或产品有密切关系的企业合并组成。旨在垄断销售市场、争夺原料产地和投资范围，加强竞争力量，以获取高额垄断利润。参加的企业在生产上、商业上和法律上都丧失独立性。

②《盛宣怀致吴重惠函》，宣统元年二月二日（1909年2月21日），引自湖北省档案馆编：《汉冶萍公司档案史料选编》（上），中国社会科学出版社1992年版，第247页。

③《李维格为公司招股事在汉口商会上的演说词》，光绪三十四年十月一日（1908年10月25日），引自湖北省档案馆编：《汉冶萍公司档案史料选编》（上），中国社会科学出版社1992年版，第244页。

④《盛宣怀致李维格函》，光绪三十四年十月二十九日（1908年11月22日），引自胡政主编、张后铨著：《汉冶萍公司史》，社会科学文献出版社2014年版，第155页。

表 4-5 汉冶萍公司历年收进股本表（1908—1916 年）

时间	股本	金额（元）
1908	招收新股	1631583
1909	招收新股	3135836
1910	招收新股	1226835
1911	招收新股	89552
	收湖南公股	724800
	收本年股息拨作股本	627754
1912	同上	386613.25
1913	同上	1135311.25
1914	同上	927934.07
1915	同上	662704.50
1916	同上	147893.80
小计	股本总额（包括 1896—1916 年）	10696816.87

资料来源 《江南煤都　工业重镇——萍乡煤矿历史专题陈列》。

从 1894 年到 1908 年，汉阳铁厂的钢铁产量呈逐年递增之势，1894 年仅 5316 吨，1896 年升至 12291 吨，1908 年达到了 89036 吨，相当于 1896 年的 7 倍多，即比接办时增长 6 倍多。

汉阳铁厂投产后的 10 余年时间内，钢产量始终占全国的 100%，为全国唯一机炉冶炼钢铁厂家。

面对汉阳铁厂产量的迅速增长，一些西方记者发出这样的感叹："汉阳铁厂之崛起于中国，大有振衣千仞一览众山之势。""中华铁市，将不胫而走洋面，必与英美两邦角胜于世界之商场。""呜呼，中国醒矣。"[1]

---

[1] 胡政主编、张后铨著:《招商局与汉冶萍》，社会科学文献出版社 2012 年版，第 98 页。

"阳夏一厂，冶萍两矿，为全国命脉所系。"[①]从此汉冶萍多了重民族的使命。

二、汉厂现炼钢货为最上品

进入商办后，汉冶萍公司的产品已不再是"皇帝的女儿不愁嫁"了，而是要主动寻找市场，在市场搏杀中去寻找生存权和发展权，因此更加注重产品质量和货款回笼。

光绪三十四年（1908年）五月，汉阳铁厂与川汉铁路公司签订《订轨合同》，规定：一是确保质量，"钢轨汉阳铁厂担保五年，如此五年内如有断裂，即以新轨易换。"为了确保质量，他们制定了一套严格的质量标准，出厂钢轨必须经过试验，"试验之法，先将八十磅之轨二端，置于三英寸相离之二架上。若轨能支持四十吨之重，压有五分钟之久，而不弯至一英寸之十六分之三，则可作为良美之轨矣。然后再将二千二百磅之锤，由二十五英尺之高处，任其自行掷于轨上。倘受掷之轨，弯曲不外二英寸半，则可作纳收之轨矣。"如此严格的检验标准，使汉阳铁厂的钢轨质量得到了保证。参观过汉厂的美国钢铁工业家马而根曾撰文报告说："余游厂之时，在1908年秋冬之间，时该厂正为粤汉铁路拉轨，而该厂之副总工（程）师，美人哥特而君，适在厂验收。哥君云：验所拉之轨，百分中有瑕疵者，惟五分而已。且其致病之因，在工作而不在钢质。……哥君云：如此严试，而断者竟无。"[②]质量的优良，赢得了用户。二是先付款，后交货。规定："川路公司允于本年（指1908年）四、五、六三个月内先付轨价，计汉口洋例银一百万两。"

① 《忠告为汉冶萍事人告者》，《中华实业丛刊》第10、11期合刊，引自湖北省档案馆编：《汉冶萍公司档案史料选编》（上），中国社会科学出版社1992年版，第4页。

② 汪敬虞编：《中国近代工业史资料》第二辑（上），科学出版社1957年版，第481页。

表 4-6　钢轨质量表

成分	百分比
炭精	0.43 ～ 0.47
矽	0.066 ～ 0.085
镁	0.81 ～ 0.85
磷	0.06 ～ 0.069
硫	0.016 ～ 0.020

资料来源　汪敬虞编:《中国近代工业史资料》第二辑（上），科学出版社 1957 年版，第 481 页。

随即铁路公司接踵而至。1909 年 12 月，临城至枣庄铁路支线及利国驿车站向汉阳铁厂订购钢轨、搭板、螺丝等件共重 6300 余吨。1910 年 1 月，锦州至瑷珲铁路准备动工兴建，由于"汉厂现炼钢货为最上品，各省铁路均已购用，洋工程师亦即赞美。"双方于 1 月 25 日签订草合同，皇族成员锡良 26 日致电盛宣怀："先尽购用中国合宜材料……将来如该路开工，自应极力支持，以免利权外溢。" 11 月 12 日，津浦铁路北段总局与汉阳铁厂签订《购买钢轨草合同》，规定钢轨每吨 6 英镑，鱼尾每吨 8 镑 6 先令，并规定了鱼尾板螺丝钉、钢轨垫板、钢轨钩板、枕木螺丝钉价格，这次钢轨总重 6000 余吨。

汉冶萍公司又将目光投向了国际市场，1908 年，公司外销地为日本，销售额 106.8 万两，1909 年，公司销往美国、日本、澳洲、西贡及中国香港等地的钢铁产品销售额 113 万余两，1910 年海外销售增至 142.8 万余两，均比 1908 年有较大幅度的增长。

汉冶萍公司在国际市场上最大的一笔买卖当推与美国西雅图炼钢公司的生铁、铁矿石贸易。1910 年 3 月，汉冶萍公司与西雅图炼钢公司签订了《生铁与铁矿石合同》，双方商定，公司卖给钢厂铁每吨价 13 美元，矿石每吨价 1.5 美元。同一天，西雅图炼钢公司、美商大来洋行签订购买公司生铁合同，规定从 1910 年起，汉厂运往美国的生铁、铁矿石每年最多增至 10 万吨。不久，大来洋行"西维·大来"号轮到汉阳铁厂装载生铁。1910 年 5 月，该轮在汉厂码头留下一幅照片，并配有文字说明："这是第一批生铁货物从中国船运到美国。"① 李维格说:"美国大来总办毛根君,去年曾来我厂实验,归而报告,刊登《钢铁世界报》,啧啧称道,叹为精品。"②

汉冶萍公司生铁在国际市场上的主要销售对象是日本若松制铁所。1910年11月7日,双方签订草合同,规定1911年至1914年4年时间内,公司每年销售给若松1.5万吨,1915年销售8万吨,1916年及其以后10年,每年销售10万吨,每吨26日元。1911年3月31日,公司与制铁所签订了正合同。

宣统二年(1910年)十二月三日,暨南公司与汉冶萍签订了《在南洋包销煤铁合同》,规定上海码头交货的头号生铁每吨英洋32元,二号生铁每吨英洋30.7元,三号生铁每吨英洋29.4元;在上海交货的头号、二号焦炭每吨英洋分别为17元和14.5元。销售地点为安南、暹罗、新加坡、爪哇、仰光等地。③

表4-7　汉阳铁厂历年销售国外钢铁数量表

年份	生铁（含马丁铁）		钢货		全国钢铁出口量
	国家或地区	数量	国家或地区	数量	
1894—1895		2965		52	
1896—1897	/	/	/	/	
1898—1899	日本	4250			
1898—1899	日本	2500			
1901—1902	/	/	/	/	
1903	日本	138			138
1904	日本	12334			12334

① 胡政主编、张后铨著:《汉冶萍公司史》,社会科学文献出版社2014年版,第159—162页。

② 《李维格在第一届股东大会上的报告》,宣统元年三月二十七日(1909年5月16日),引自湖北省档案馆编:《汉冶萍公司档案史料选编》(上),中国社会科学出版社1992年版,第251页。

③ 胡政主编、张后铨著:《汉冶萍公司史》,社会科学文献出版社2014年版,第159—162页。

年份	生铁（含马丁铁）		钢货		全国钢铁出口量
	国家或地区	数量	国家或地区	数量	
1905	日本	25130			25130
1906	日本	34326			34326
1907	日本	33326			33326
1908	日本	30890			30890
1909	日本	38713			38713
1910	日本	65362			65362
1911	日本	70875			70875
1911	美国	19164			
1912	日本	15752			15752
1913	日本	14800			65954
1914	日本	15000			62487
1915	日本	50936			100186
1916	日本	40950			155914
1917	日本	49684			164516
1918	日本	50000			190514
1919	日本	60000			167681
1920	日本	75460			198293
1921	日本	65400	香港	10	163918
1921	美国	2965		340	
1921	南洋	1539			
1922	日本	121252	日本	2825	
1922	香港	630			
1923	日本	25011			
1923	美国	2150	日本	4280	
1924	日本	4446			

资料来源 《江南煤都 工业重镇——萍乡煤矿历史专题陈列》。

表 4-8　汉阳铁厂钢轨修建里数估

铁路	铺设／里	建设时间
京汉	2003.5	1896—1906
津浦	约 583.4	1898—1912
正大	486	1902—1907
陇海（徐州—观音堂）	912.5	1905—1915
沪杭甬（沪杭段）	295	1906—1909
粤汉（粤境内）	约 558	1901—1915
粤汉（湘鄂段）	782.5	1910—1918
株萍	181	1899—1905
南浔（九江—徐家汇）	157	1908—1915
四洮（四平—郑家屯）	176	1915—1917
吉长	280	1909—1912
广九	281	1907—1911
合计	约 6695.9	

资料来源　方一兵：《汉冶萍公司与中国近代钢铁技术移植》，科学出版社 2011 年版，第 89 页。

三、萍乡煤畅销长江中下游

萍乡煤矿的煤炭与焦炭两大产品以销运定产。

光绪三十三年（1907 年）机矿矿井基本建设工程竣工以前，萍乡煤矿煤焦生产主要靠土煤井与土焦炉。据 1906 年 1 月 7 日张赞宸致盛宣怀电称：萍乡煤矿"现在焦炭销路，铁厂每月用六千五百吨，汉、沪外销四千吨，湖南一带外销五百吨，共一万一千吨。生煤销路每月仅九千吨，长江、日本轮船已订合同及各户一千余吨，共一万余吨。"1898 年至 1906 年，萍乡煤矿建设期间，除自用和直接销售外，运送到汉阳铁厂冶炼钢铁的焦炭计 388000 多吨，原煤 204000 吨。

萍乡煤矿基建工程竣工后，煤焦产量逐年增长，并做到了产销平衡。1911年原煤产量高达111.6万吨，1916年焦炭产量高达26.6万吨。1913年至1924年，煤炭产量稳定在64.8万～99.2万吨。做到了矿内基本无存煤。

萍乡煤矿所产的煤，除自用和供给株萍、粤汉两铁路外，大都付洗炼焦。炼出焦炭，大部分运往汉阳铁厂，供炼钢铁。由于萍乡煤矿的煤焦质好价廉，很快占领长江中、下游市场。为此除在汉阳设立运销总局外，还在湖南的株洲、湘潭、长沙、岳州，安徽的安庆、芜湖、大通，江苏的南京、镇江、常州，江西的九江、南昌以及上海设有运销分局。长江商轮、京汉铁路机车、沿江商埠工厂和外国兵轮、日本制铁所都使用萍乡煤矿的煤焦，美国旧金山也远来订货。"运道一畅，尽用自有之轮驳装载，则无糅杂之弊，汉口各公司江轮固乐用萍煤，而外洋海舶之来汉者，亦免迁道往日本门司等处装煤回国，汉口不将为东亚一大煤市乎！至粤汉铁路成后，全恃萍煤，更无论矣。"① "调查海关贸易册，西历一千九百零六年，汉口进口东洋煤十二万吨，零七年缩至八万吨，零八年竟缩至三万五千吨。观东洋煤数跌落如此之骤，彼绌则此盈，足见萍煤增长之速。然此仅就汉口本有之销路言之也。查往来长江商轮，向来自上海必将上下水需用之煤，一次装足，故到汉后无须再购。现因萍煤质佳价廉，较沪购合算，商人锱铢必计，必改途易辙，向在上海上水时预装下水之煤，今则反于下水时并备上水之煤矣。又京汉铁路火车，向用开平、临城等处之煤，今则自河以南，全数改用萍煤矣。是萍煤不但全占汉市商场，并侵夺沪市、日本等处销路。查贸易册一千九百零八年，汉镇各项商轮进口共有一千九百二十八艘，以每艘需用煤一百六十吨计之，即此一宗，已可销三十万吨，再加以京汉铁路之十万吨，汉口各机厂之十余万吨，铁厂锅炉应用之煤数万吨，又炼焦之煤三十万吨，预计销数必达百万以外，而将来粤汉铁路需用之煤，以及东洋、旧金山欲购之焦，尚未计及，是日后每日出五千

---

① 《李维格为公司招股事在汉口商会上的演说词》，光绪三十四年十月一日（1908年10月25日），引自湖北省档案馆编：《汉冶萍公司档案史料选编》（上），中国社会科学出版社1992年版，第244页。

余吨，方足供市场之取求。"[1]"焦炭是鼓风炉用焦中最好的一种，也就是说：相当于最好的达汉焦（英国出产极优质焦炭名——原注）煤炭，极适于轮船之用，同时会很快地将日本煤从扬子江一带市场驱逐出去。"[2]

四、汉冶萍的两个黄金期

宣统元年（1909 年）三月二十七日，汉冶萍公司在上海开第一次股东大会，选举董事 9 人，查账 2 人，同时撤销督办名称，盛宣怀被众股东推荐为总理，李维格被推任为协理。从此汉冶萍公司的历史展开了新的一页。

汉冶萍公司的成立，带来了短暂的黄金时期。在 1909 年 5 月 16 日公司第一次股东大会上，公司创始人之一杨学沂赞扬公司"总理、协理艰难困苦，不仅将全身精神贯注在厂矿之中，直以性命与煤铁相博，是真所谓商战。"真正做到了"出货多，成本轻，销路广"，"成就一中国独一无二之实业，使西国钢铁托拉斯知东方骤然出一个劲敌。"[3]盛宣怀抱病在股东大会上作了报告，他说："现在大冶的铁，萍乡的煤，都是顶好的，尽我取用，几百年用不完。尤其在炼的钢是第一等货色，不但可以供中国自己用，并且可以运出洋去。"盛宣怀预言，到第二年"光汉冶萍股票至少票价总在十倍"，"只要填足资本，我可保两三年之内便要做到八个炉子，十倍其利"[4]。

当时，公司经济实力已经十分雄厚。据 1909 年第一次股东大会公布的公司第一届账略估算，1908 年公司资产总值已超过了 4000 万两。公司规模也在

①《林志熙在第一届股东大会上的报告》，宣统元年三月二十七日（1909 年 5 月 16 日），引自湖北省档案馆编：《汉冶萍公司档案史料选编》（上），中国社会科学出版社 1992 年版，第 252、253 页。

② 汪敬虞编：《中国近代工业史资料》第二辑（上），科学出版社 1957 年版，第 487、488 页。

③《杨学沂在汉冶萍公司第一次股东大会上的讲话》，宣统元年三月二十七日（1909 年 5 月 16 日），引自陈旭麓、顾廷龙、汪熙主编：《盛宣怀档案资料选辑之四：汉冶萍公司（三）》，上海人民出版社 2004 年版，第 79 页。

④ 胡政主编、张后铨著：《汉冶萍公司史》，社会科学文献出版社 2014 年版，第 158 页。

膨胀，截至 1911 年，汉阳铁厂已建成高炉 3 座，其中 477 立方米的 3 号炉日出铁约 250 吨；30 吨的平炉（马丁炉）6 座，年产钢 38640 吨。炼铁的成本也显著降低，1904 年铁焦比为 1∶1.75，而到了 1914 年的 2 月降到了 1∶1.04。公司协理李维格说："维格在外洋考察回国后，终想办到炼铁一吨用炭亦一吨，今以前月出铁用炭而论，幸已如愿，且厂中收炭时，扣除炭中所含潮气，则炉中炭时亦应扣除，实则尚不到一吨。"[1]铁厂连续 3 年盈利，1908 年盈余 61883.5 元，1909 年盈余 154000.53 元，1910 年盈余 61451.71 元，一举扭转了多年的亏损局面。汉阳铁厂的铁矿石主要来自大冶铁矿，商办初期冶矿的产量同样呈飞速增长之势，1911 年矿石产量达 359467 吨，为 1907 年产量 174630 吨的 2.06 倍。1909 年，萍乡煤矿产煤突破 100 万吨，1911 年产量达到创纪录的 1115614 吨，焦炭产量 166062 吨，分别为 1907 年煤（40.2 万吨）、焦（11.9 万吨）的 2.77 倍和 1.39 倍。1911 年萍矿煤产量仅次于开滦与抚顺，居全国第三位，约占全国煤炭总产量的十分之一，按独立矿井计煤量，萍矿实际已超越了开滦和抚顺，有后来居上之势，是我国第一座近代大型矿井。汉冶萍三厂矿的合并，不仅使铁厂获得了更多的发展资金，汉冶萍的股票也大涨。面对汉冶萍如此辉煌成就，总理盛宣怀踌躇满志："鄙人自得此铁矿以来，三十五年矣。萧萧白发，滚滚红炉，当竭吾生之心血，换成六合之交通。"盛宣怀说，汉冶萍公司的发展，"不独塞外来之漏卮，年留数千万于国中，尚可运销外洋，已取诸于地者易彼金钱，富强之基实在于此。"[2]

另一个盈余期为第一次世界大战期间。欧洲主要资本主义国家忙于战争，战争所需钢铁激增，行情大涨，公司生铁猛增，而公司受到借日本贷款条约控制，在公司一再要求下日本才给予少量涨价，公司获利颇丰，而日本更是从汉冶萍获利 1 亿元。汉冶萍在经营的时候，由于老旧的管理、腐败等原因，

[1]《李维格在第一届股东大会上的报告》，宣统元年三月二十七日（1909 年 5 月 16 日），引自湖北省档案馆编：《汉冶萍公司档案史料选编》（上），中国社会科学出版社 1992 年版，第 250、251 页。

[2] 陈旭麓、顾廷龙、汪熙主编：《盛宣怀档案资料选辑之四：汉冶萍公司（三）》，上海人民出版社 2004 年版，第 29 页。

企业形成了借债—生产—再借债—再生产这样一个循环。即使在欧战时期盈利 1137.8735 万元，完全可以还清日本的旧债，成为一家独立自主企业，可是公司却把钱给用作分红、支付工作人员奖金、建盛公祠，共用去 2940 万两银，形成倒欠。

表 4-9 汉冶萍公司成立后历年发放股息表（1908—1919 年）

年份	洋例银	折合银圆（元）
1908	398469.036	557856.65
1909	600440.993	840617.39
1910	684371.406	958119.96
1911	445705.361	623987.50
1912	274495.834	384294.16
1913	806215.189	1128701.26
1914	883641.181	1237097.65
1915	940006.424	1316008.99
1916	739469.027	1035256.63
1917	1275695.144	1785973.20
1918	1414348.766	1980088.27
1919	—	1804006.95
合计共付股息		13652008.61

表 4-10 1898—1939 年萍矿煤炭、煤焦产量表

年份	煤炭产量（万吨）	焦炭产量（万吨）	年份	煤炭产量（万吨）	焦炭产量（万吨）
1898	1.0	2.9			
1899	1.8	3.2			
1900	2.5	4.3	1921	80.90	20.61
1901	3.1	6.3	1922	82.79	22.50
1902	5.6	8.2	1923	33.69	20.90
1903	12.2	9.3	1924	64.85	19.01
1904	15.4	10.7	1925	51.23	

年份	煤炭产量（万吨）	焦炭产量（万吨）	年份	煤炭产量（万吨）	焦炭产量（万吨）
1905	19.4	11.4	1926	7.57	
1906	34.7	8.2	1927	18.33	
1907	40.2	11.9	1928	16.88	
1908	70.24	10.53	1929	23.29	
1909	101.78	11.7	1930	14.78	
1910	61.05	17.25	1931	14.79	
1911	61.00	17.00	1932	19.21	
1912	22.57	2.98	1933	12.79	
1913	68.69	17.68	1934	22.71	
1914	80.00	19.44	1935	25.86	
1915	92.74	24.92	1936	26.07	
1916	95.00	26.64	1937	29.58	
1917	94.61	23.99	1938	34.91	
1918	69.44	21.60	1939	5.65	
1919	79.50	24.90			
1920	82.45	24.49			

资料来源 安源煤矿统计资料。

表4-11 1894—1924年全国和汉阳铁厂钢铁产量统计表

年份	全国钢铁产量（万吨）	汉阳铁厂钢铁产量（万吨）		
		生铁	钢	合计
1894	5.316	4.636	0.68	5.316
1895	5.040	4.360	0.68	5.040
1896	12.292	11.055	1.236	12.291
1897	32.440	24.022	8.418	32.440
1898	42.996	20.490	22.506	42.996
1899	45.470	25.483	20.257	45.740
1900	48.026	25.892	22.134	48.026

年份	全国钢铁产量（万吨）	汉阳铁厂钢铁产量（万吨）		
		生铁	钢	合计
1901	41.256	28.805	12.451	41.256
1902	38.731	15.825	22.906	38.731
1903	38.875	38.875	—	38.875
1904	38.771	38.771	—	38.771
1905	32.314	32.314	—	32.314
1906	50.622	50.622	—	50.622
1907	70.686	62.148	8.538	70.686
1908	89.036	66.410	22.626	89.036
1909	113.406	74.406	39.000	113.406
1910	169.509	119.396	50.113	169.509
1911	131.977	93.336	38.640	131.976
1912	180.510	7.989	3.321	11.310
1913	310.150	67.512	42.637	110.149
1914	355.850	130.846	51.252	182.098
1915	385.016	136.531	48.369	184.900
1916	414.858	146.624	45.045	191.669
1917	400.966	149.929	42.653	192.582
1918	385.794	139.152	26.996	166.148
1919	442.594	166.096	4.851	170.947
1920	497.808	124.947	38.760	163.707
1921	476.213	124.360	46.300	170.660
1922	431.844	148.525	185	148.710
1923	371.487	73.752		73.752
1924		61.268		61.268

资料来源　《江南煤都　工业重镇——萍乡煤矿历史专题陈列》。

五、汉冶萍资产估值萍矿最高

汉冶萍公司是中国最早按照公司制建立起来的近代股份制企业，其核心企业是汉阳铁厂，萍矿和大冶铁矿只是其原料和燃料供应基地。按照股份制要求，在合并前，先要对每个子公司进行评估。那么三家子公司究竟谁的资产更多呢？宣统元年（1912年）正月，汉阳铁厂总工程师吕柏和大冶、萍乡煤矿总矿务司赖伦对三家单位的资产进行了评估。

（一）汉阳铁厂基地、房屋、机器、炉座各项现时估值

铁厂厂基 47000 方，每方估价 50～100 两银不等，共估值洋例银 300 万两。山南莲花湖及山田共 5516 方，每方估银 10 两，共估洋例银 5.5 万两。西总门外洋员住宅基地共 600 方，每方估价银 50 两，共估洋例银 3 万两。汉口万家庙、堡垣、宗关各基地 28175 方，估值洋例银 66.5 万两。以上 4 项共估值洋例银 375 万两。

1、2 号旧化铁炉两座（打风房、高白炉、汽炉，机器一并在内），共估值洋例银 120 万两。3 号新化铁炉一座（打风房、高白炉、汽炉机器一并在内），共估值洋例银 140 万两。4 号新化铁炉地脚（高白炉地脚已完工），共估价洋例银 20 万两。天桥全座估价 20 万两。以上 4 项共估价洋例银 300 万两。

钢厂（新马丁炉 4 座，内第 4 座未完工；又老马丁炉 1 座，连铁屋、电吊车一并在内）共估价洋例银 220 万两。轧钢厂（头道钢筒机、地坑烘钢炉）及拉钢条、钢坯、钢板、钢梁、钢轨机（铁屋、电吊车一并在内）估银 160 万两。电机房两处机屋一并在内，估银 60 万两。以上 3 项共估价洋例银 44 万两。

修理厂（木模翻砂、打铁、打铜、洋砖、机器、钩钉各厂机屋一并在内），共估银 40 万两。化学堂及实验机器房材料、机屋，共估银 2 万两。火车、吊车、矿车等，共估银 20 万两。全厂铁路估银 10 万两。洋员住屋估银 7 万两。华员住屋估银 5 万两。全厂公事房估银 3 万两。医药房药料、器具

共估银 1 万两。全厂机图估银 20 万两。栈房及堆料房估银 4 万两。以上估银 112 万两。

汉阳铁厂总估价洋例银 1227 万两。

（二）大冶铁矿基地、轮车、房屋、码头各项估现时值价目

铁山、纱帽翅、龙洞、象鼻山、狮子山、得道湾铁矿至少长有 3750 米，厚有 60 至 70 米，高有 100 到 200 米，矿石含铁约有 65%，全山皆铁，并无夹杂，浮面约有铁 1 亿吨，地面以下深约 500 米，即有 5 亿吨铁。约计每年采铁石 100 万吨，每吨余银 1 两，每年即可余银 100 万两，以周息一分核计，共估价洋例银 1000 万两。

修理机器厂估价 20 万两。

各处房屋估价 10 万两。

统共估价，洋例银 1130 万两。武昌铁矿、兴国州锰矿，皆不列作资本。

（三）萍乡煤矿基地、井窿、洗煤台、炼焦炉、制造厂、房屋各项估价情况

煤矿蕴藏佳煤约 5 亿吨。内约 300 万吨，目前所做工程完备，无须做工程即可采煤。如日产 3000 吨，年采煤 100 万吨，每吨余银 1 两，每年即可余银 100 万两，以周息一分核计，共估价洋例银 100 万两。

洗煤机两副，大者日可洗煤 3000 吨，小者日可洗煤 400 吨。

炼焦炉 254 格，每年可炼焦 30 万吨，可余银 30 万两，以周息一分核计，共估价洋例银 300 万两。

炼焦可得旁生物（在西国炼焦 1 吨，除去工料折旧可得旁生物值银 5 钱，计炼焦 30 万吨所得旁生物料，可值银 15 万两，以周息 1 分合计），可作资本银 150 万两（尚须添办机料）。

煤砖机器（每年可出煤砖 5 万吨，每吨余银 1 两，可得余利 5 万两，以周息 1 分核计），可作资本银 50 万两。

矿之附属机器厂、火砖厂共实用银 50 万两。

统共计估价，洋例银 1550 万两。小花石煤矿、上珠岭铁矿、白茅锰矿，皆不列作资本。

从汉冶萍三家子公司的估值来看，萍矿比汉阳铁厂估值银多 323 万两，比大冶铁矿估值银多 420 万两。因此，在汉冶萍三厂矿产业估值中，萍矿最多。

表 4-12　汉冶萍煤铁厂矿产业估值（1908 年）

名称	款项（两）
汉阳铁厂	12270000
大冶铁矿	11300000
萍乡煤矿	15500000
码头轮驳估值	1750000
扬子江公司（扬子机器制造公司）股份银	50000
合计	40870000

资料来源　汪敬虞编：《中国近代工业史资料》第二辑（上），科学出版社 1957 年版，第 493、494 页。

第五章　汉冶萍公司及萍乡煤矿的衰落

刘少奇说："汉冶萍在东亚，他的存在比平常产业有更深几层的重要。他不独在国民经济上占了极重要之地位，且为发展东方'物质文明'之根据。在汉阳、大冶、萍乡各厂矿之下直接倚为生活的工人有四万人，连同此四万人之家属，不下十余万人；再依各处厂矿间间接生活之商民各业等亦达数十万人，联株萍、粤汉铁路，湘江，长江直至上海日本一带之直接或间接或有连带关系之人民，亦不下数十万；故汉冶萍之存在与否，实为百余万人民生计所关。担保此百万人民之生计不恐慌与不流为游民土匪，及收容中国各种游民土匪化为有职业之正当国民，均为汉冶萍前途之责任。"①

汉冶萍公司作为中国最大的产业，它在中国的重要性是不言而喻的，但仅仅存在了58年时间，便尘埃落定了，这不得不让人反思。全汉昇说："汉冶萍公司从清光绪十六年（1890年）汉阳铁厂官办时候起开始，直至民国十四年（1925年），汉阳及大冶熄炉停炼为止，它的盛衰，正反映中国钢铁工业的盛衰。在近代中国工业化的初期，它的历史，可以说是中国钢铁工业的历史。不幸得很，它并没有逃出清末民初一般实业的命运，终于走上失败的道路。它的失败，着实是中国近代工业化过程中的一个大损失！故研究它的历史，不只可以窥见我国近代工业化成绩恶劣的一斑，还可以看到导致工业化失败的一些因素。"②

---

① 刘少奇：《救护汉冶萍公司》（1924年6月），《安源路矿工人运动》（上），中共党史出版社1991年版，第237、238页。

② 全汉昇：《汉冶萍公司史略》，台北文海出版社1971年版，第10页。

曾任汉冶萍公司总经理的李维格对公司评价最有发言权，他曾作过《汉冶萍公司历史说略》一文，将其原因归纳为五点：

> 东亚创局，事非素习，自张盛二公以及前后所用之人，无一非门外汉，暗中摸索，何能入室升堂？
>
> 官款不继，后招商承办……又以张公铸成大错，……指摘之不遑，何来附股？……及至三十四年新厂告成，铁路渐新，……始有大批股份投入。然迄今仍债多股少，不但付利，兼须拨还债本；
>
> 事未办成，何来余利？而华商股款附入，官利即起……岂有难如制铁事业，方在购机建厂，而即付利；
>
> 汉厂之大希望在路轨，……及各路开工而洋厂争竞，各国保其本国钢铁事业，加重进口税，使外铁不能侵入。中国不但不能加重，且并值百抽五之轻税亦豁免矣，……且铁路洋工程司于汉厂之轨种种留难，以达其外购目的；
>
> 萍矿之大希望在合兴公司之粤汉铁路，而当时赎路风潮剧烈，卒至废约，停顿十余年，萍矿间接直接之损失不知凡几……[①]

然而李维格于1929年即病逝，此后的事他是无法预料的；况且他在生的时候很多当事人还在，有的事情即使他知道也不便说不能说，所以，汉冶萍公司衰落的原因远不止这些。

汉冶萍公司及萍乡煤矿的衰落是多方面的，它的衰落是在中国独特历史演绎下的必然结果。

[①] 湖北省档案馆编：《汉冶萍公司档案史料选编》（上），中国社会科学出版社1992年版，第5页。

一、时局动荡汉冶萍发展受阻

（一）辛亥首义公司受损

汉冶萍公司自组成以后不久，受到了民国时期国内政治上、社会上不安定的影响，一直是在战乱频仍中生存的，这个不安定的环境，对于公司的失败，起着极其重大作用。关于这点，我国社会学家吴景超[①]在《汉冶萍公司的覆辙》一文中，有很详尽的说明。他说："无论什么事业，都要在安定的社会里，才可以生长。民国自成立以来，二十余年，内战时时发生。辛亥革命之时，汉厂已逼近战线，炉毁厂垮，损失至巨。赣、宁之役，武汉转兵，将厂方运料轮驳，悉索一空，厂炉几至停辍。以后又叠受军事的影响。萍乡煤矿虽僻处赣省边境，但民国成立以来，常因战争而停工。矿中食米，常被征作军粮；开矿工人，常被军队拨去当运输的工作。这种有形无形的损失，实在是不知凡几。而且在别的国里，像汉冶萍公司这种事业，政府认为与国防有关，是特别爱护的，但在中国，汉冶萍公司，除在前清宣统三年，曾向邮传部预支轨价银三百万两，及民国元年，曾向工商部请得公债五百万元之外，没得到政府一点补助。就是在前清时代预支的轨价，到民国三年，交通部向公司替陇海、吉长、张绥等铁路购轨时，便以此借口，拒不付现，而以旧欠作抵，以致公司向政府发出'矢绝道穷，不亡何待'的哀鸣。"[②]

1911 年，由于盛宣怀实行铁路国有政策，在四川等地兴起保路风潮之时，孙中山等革命党人趁机发动起义。为了平息民众的愤怒，清政府于 1911 年 10 月 26 日下令将盛宣怀革职，"永不叙用"。

辛亥革命的首义地为武昌。汉厂与武昌仅一江之隔，起义部队将大炮架在大别山，而汉厂恰在大别山下，如同大炮架在了头顶上，枪炮声隆隆，值

[①] 吴景超（1901—1968），字北海，安徽歙县人。社会学家。

[②] 全汉昇：《汉冶萍公司史略》，台北文海出版社 1971 年版，第 241 页。

辛亥首义时高炉内熔成的铁砣

班人员吓跑了，三座高炉铁水凝结成块，事后用炸药才炸开。铁厂所属造砖厂被军方侵占。建于伯牙台（今琴台）准备给洋匠居住的洋房也被军方占用，均长"借"不还。萍乡煤矿也因战争和土匪骚扰而不能维持正常生产。盛宣怀忧心忡忡说："汉厂新炉受炮揭，华洋人均星散，萍矿尚无消息，冶矿幸无恙。"① 公司第四届账略这样描述所受损失的惨状："武昌起义，烽火弥天，警号迭至，保护洋匠出险，资工匠回籍，机炉熄火停炼，材料委弃遍地。当南北鏖战之时，移铁作墙，炉顶架炮……"汉冶萍公司因这场战争损失达 372.48 万规元两。②

有意思的是首义部队是张之洞亲手创建的新军，是用张之洞建造的汉阳兵工厂武器"汉阳造"，推翻张之洞深爱的清政府，正如他的幕僚所说："辛亥革命曷为成功于武昌乎？论者以武昌地处上游，控扼九省，第居形胜，故一举而全国相应，斯固然矣。抑知武汉所以成为重镇，实公（张之洞——编者注）二十年缔造之力也。其时工厂林立，江汉殷赈，一隅之地，足以耸动中外之视听。有官钱局，铸币厂，控制全省之金融，则起事不虞军用之缺乏；有枪炮厂可供战事之源源供给；成立新军，多富于知识思想，能了解革命之旨趣；而领导革命者，又多素所培植之学生也。精神上、物质上，皆比较彼时他省为优。以是之故，能成大功，虽为公所不及料，而事机凑泊，种豆得瓜。"③ 张之洞因此而被人称为"不是革命的革命家"。

---

① 《答李伯行函稿》（1911 年 10 月 17 日），引自胡政主编、张后铨著：《汉冶萍公司史》，社会科学文献出版社 2014 年版，第 187 页。

② 《汉冶萍公司辛亥军兴损失总细数目册》（1914 年 6 月），引自湖北省档案馆编：《汉冶萍公司档案史料选编》（上），中国社会科学出版社 1992 年版，第 315 页。

③ 张继煦：《张文襄公治鄂记》，政协武汉市委员会文史委、政协武汉市汉阳区委员会主编：《中外名人学者论张之洞》，2009 年 9 月未刊本，第 6 页。

汉阳兵工厂所造七九式步枪"汉阳造"并武装的新军

（二）军阀割据争权夺利

可是事情远没有就此结束，一场政治和财物争夺战又开始了。皇帝一倒，中国就成了一个没有统属的国家，群雄竞逐，各省闹起独立来，争夺胜利果实。汉冶萍分属鄂、湘、赣三省，人家手里拿着枪，于是都来瓜分汉冶萍公司，尝一脔"唐僧肉"，尤其是萍乡煤矿的夺矿风波，搅动了从中央到地方。

萍乡煤矿地处江西，而路走湖南，矿由湖北的汉冶萍公司创办，处境十分尴尬。地在江西，而偏安一隅，江西鞭长莫及，管理难以到位；路走湖南，利被湖南人取走了，江西没捞到好处，反而要派人维持治安；矿由汉冶萍公司开，江西只有干瞪眼的份，资源挖走了，地表破坏了，留下了工农矛盾和工业垃圾要江西来管。因此有皇帝在的时候，各种矛盾都潜伏了起来；皇帝一倒，矛盾就凸显出来了，萍乡煤矿成了各路诸侯抢夺的对象。

武昌首义后，江西尚未独立，受总公司掣肘，其境内萍乡煤矿万余工人饥寒交迫，界连萍乡的湖南立即借给萍矿 5 万两，"以济眉急"，从此湖南在萍矿有了更多发言权。湖北军政府派人来接办萍矿，而江西方面认为萍矿"应归赣主持"，三省势力在萍矿顿成鼎足之势。湖南都督谭延闿 1912 年 2 月咨询副总统黎元洪："鄙意不如暂时不动声色，汉阳铁厂、大冶铁矿则由尊处

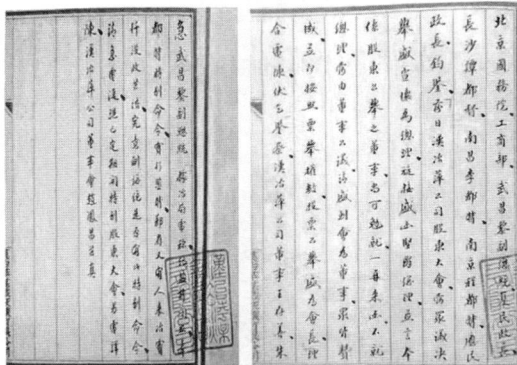

汉冶萍公司致工商部及黎元洪等的函

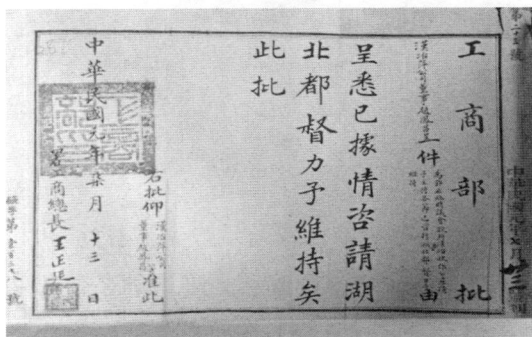

1912 年 7 月 13 日工商部要求黎元洪对汉冶萍公司
"力予维持"的批文

派人，萍矿则由敝处派人。"①即由湖北、湖南两家分掌汉、冶、萍三厂矿，黎元洪接受了该建议，撤出了所派人员。

但是，江西都督李烈钧并未放弃对萍乡煤矿的接管，1912 年 6 月 29 日咨汉冶萍股东会："汉冶萍公司中日合办既经取消，应由赣鄂积极筹办，以杜觊觎，查该公司内容复杂，纠葛极多，入手办法，须派员赴沪调查一切，以为筹办根据，请派员赴沪调查等因。当饬实业司选派委员周泽南前往调查在案。兹据该员呈复，汉冶萍公司光复以来停办情形，并该公司现在进行之计划，又揆察本省对于萍乡煤矿应有之善后办法，拟于萍乡设立分银行，筹备公股，投入萍矿公司，以为扩张地步。所陈各节颇为详审。查萍厂（矿）在江西行政区域之内，又为出产丰富之区，自应共谋整顿，非再派令该员驰往萍矿实地调查，无以筹善后而策进行。"②8 月，李烈钧委派欧阳彦谟为总理，周泽南、刘树堂为协理，并以

---

① 《谭延闿咨黎元洪文》《谭延闿答李烈钧文》（1912 年 2 月上旬），引自陈旭麓、顾廷龙、汪熙主编：《盛宣怀档案资料选辑之四：汉冶萍公司（三）》，上海人民出版社 2004 年版，第 205—208 页。

② 《李烈钧咨汉冶萍公司股东会文（第十六号）》（1912 年 6 月 29 日），引自湖北省档案馆编：《汉冶萍公司档案史料选编》（上），中国社会科学出版社 1992 年版，第 283 页。

武力作为后盾，准备接管萍乡煤矿。汉冶萍董事会 8 月 13 日致电北洋政府大总统、工商部称："商情万分疑惧，务恳工商部查照大总统批示，电咨赣都督取消委状，实行按法保护。"同一天又致电李烈钧取消委状，致电湖南都督请其"协助维持"。工商部特于 16 日致电李烈钧："汉冶萍实系商办公司，本部亦有股本在内，成案俱在，自应照章保护。"

李烈钧并未接受工商部和公司的要求。八至九月，李烈钧设萍乡煤矿总局，耗资 13.7 万元，在锡坑、高坑、张公塘一带延绵十余里收买土井山田，拟投资 200 万元进行开采，以便与汉冶萍竞争。在这一举动的影响下，萍乡那些豪绅地主纷纷抢占地盘，在萍乡煤矿矿界范围内圈地开矿，倏忽间小煤井达 60 余口，大有瓜分萍矿之势。

汉冶萍董事会和北洋政府工商部获此消息后，纷纷来电，"商情万分悚惧，恳咨赣督取消委状"。萍乡煤矿更是"全矿哗然，结团抵御"。

武昌首义之时，矿长林志熙出逃，矿内只留下会办李寿铨负责。1912 年 9 月 5 日，欧阳彦谟、周泽南要李寿铨将全矿产业一律清点交出。李寿铨和矿员薛宜琳等表示："只知保矿，不知送矿"，态度非常坚定。同时，李寿铨向总公司发电文称："合矿同人，矢志虽坚，力量太薄"，请公司速电大总统、副总统、湘督，恳请他们出面解决。欧阳彦谟、周泽南态度蛮横，拍桌子，拔枪威胁，一时成剑拔弩张之势。为了缓和气氛和拖延时间，李寿铨等人放下身段，与他们反复商谈，延展交权时间，终于与赣方达成了延展到 12 日接收的协议。为了凝聚人心，9 月 7 日，萍乡煤矿召开全矿大会，推举李寿铨为萍乡煤矿临时矿长，全权办理矿务。9 月 9 日，公司董事会正式委任李寿铨为萍乡煤矿临时矿长，以后又任命他为矿长。

湖南都督谭延闿接电后，首先电复李寿铨，表示"湘省断难漠视"。接着致电李烈钧："延闿曾言及萍矿为公司产业，非得股东承认，政府未可遽行干涉。"请"和平解决，总以保全东南大实业为心，知必采纳"。同时致电欧阳彦谟、周泽南："去年光复时，萍矿系湘省全力支持，现在赣省如此举动，必启争端，祸不独萍乡一隅；应静候李都督电示和平解决，切勿暴动。"并立即指派驻醴陵李培之旅长就近来萍乡护矿，李培之所部谢安国第三团即于9月6日进驻安源。赣、湘两支部队同时进驻安源，剑拔弩张，一旦擦枪走火，小小的安源将立即化为兵燹。

9至10月，国务院、工商部、赣督、湘督、汉冶萍公司、李寿铨之间电文交织，气氛肃杀。9月上旬，工商部派员赴萍查办矿事，黎元洪派员赴沪调查此次萍矿事件，随时报告矿事，矿务总长黄兴也到萍乡煤矿视察，进行斡旋。这是工商部和鄂湘两省的联合行动，使李烈钧倍感压力，被迫发出"和平解决之电"，撤走了部队。萍矿之争终于烟消云散。

"此次保卫萍矿全赖李（寿铨）俞（彤甫）诸君镇静之功。"萍矿人对李寿铨赞誉有加："李寿铨才长心细，识力过人，在矿十余年，留心研究，经验甚深，遇事任劳任怨，不矜不伐，且居心公正，银钱丝毫不苟，为全矿中第一品端之士。以之举称矿长，绰有余裕，且众情悦服，将来必大获效果。"他们认为"李君诚为全矿不可多得之人"。① 盛宣怀说："大冶徐增祚、萍乡李寿铨皆为该厂矿创始之人，熟练地方情形，此次保守矿业有功无过，堪胜会办之职。"②

工商部10月22日电告汉冶萍公司："已由国务院及本部电知赣省取消前令。"③ 后来公司"议准以十万元填股，收买李烈钧购置矿地，即以贴还赣省损失"。④ 喧闹一时的江西接管萍矿案终于以这种特殊方式宣布结案。

这里尤其要提到黄兴，不论在萍矿组织会党，还是解决江西与萍乡煤矿矿界矛盾，他都为萍乡煤矿作出了杰出贡献。

---

① 《刘康遹致盛宣怀函》（1912年9月28日），引自陈旭麓、顾廷龙、汪熙主编：《盛宣怀档案资料选辑之四：汉冶萍公司（三）》，上海人民出版社2004年版，第350、351页。

② 《盛宣怀拟总经理权限及整顿公司办法》（1915年7月25日），引自湖北省档案馆编：《汉冶萍公司档案史料选编》（上），中国社会科学出版社1992年版，第374页。

③ 《工商部致公司董事会电》（1912年10月22日），引自湖北省档案馆编：《汉冶萍公司档案史料选编》（上），中国社会科学出版社1992年版，第292页。

④ 《汉冶萍公司呈江西巡按使文》（1914年6月8日），引自湖北省档案馆编：《汉冶萍公司档案史料选编》（上），中国社会科学出版社1992年版，第295页。

光绪二十九年（1903年）五月，黄兴作为国民教育会的运动员，从日本回国。夏秋之交，返抵湖南长沙，受聘为明德学堂教员。11月4日，他以过30岁生日为名，约集宋教仁、刘揆一、章士钊、周震鳞、翁巩、秦毓鎏、柳聘农、柳继忠、胡瑛、徐佛苏等，在长沙保甲巷彭渊洵家举行秘密会议。议决建立名为华兴会的反清革命团体，努力发展会员，举行起义，推翻满清政府。为了掩人耳目，防止清兵破坏，对外伪托兴办矿业，称华兴公司。

黄兴（1874—1916），原名黄轸，字克强，一字廑午，号庆午、竞武。湖南长沙人。近代民主革命家，中华民国的创建者之一。

黄兴了解到萍矿机矿处长李寿铨思想进步，是个很有担当的人才，于是与李寿铨联络。黄兴曾多次来安源，与矿长李寿铨结下了深厚友谊，并吸纳其为华兴会会员。

1905年春夏之交，长江中游发生水灾，奸商趁机哄抬粮价，造成民不聊生，饿殍遍野。1906年湘赣又发生旱灾，朝廷不与救援，人心更加浮动，灾民纷纷向萍乡靠拢。孙中山、黄兴乘机发动同盟会，在湘赣边界领导萍浏醴起义。清王朝震动不已，赶快调来重兵镇压。因起义仓促，还有很多义军没得到消息而未起来，起义很快被镇压下去了。清兵到处捉拿起义人员，矿工们纷纷回到矿山躲避。李寿铨一方面对矿山内的工人进行保护，禁止清兵到围墙内捉拿工人；另一方面，与地方搞好关系，尽量简化矛盾，获得地方的支持，这样就很好地保护了起义工人。黄兴对李寿铨的做法表示赞赏。

民国初年，黄兴任南京孙中山临时政府陆军总长。不久，袁世凯任临时总统，政府北迁，黄兴任南京留守，曾有意邀约李寿铨来留守处襄助。由于时局变化而受阻，不久袁世凯撤销南京留守，迎孙、黄进京定国是，孙中山任铁路督办，黄兴任矿务督办。

这个时候，围绕接收汉冶萍公司地方政府正在酝酿一场闹剧。矿业属于黄兴行政权力内事务，对协调、处理这件事有着不可推卸的责任。民国元年

冬，黄兴返湘省亲，并来安源参观。11 月 9 日，李寿铨亲赴长沙迎接。16 日，黄兴率 70 余人在李寿铨陪同下正式访问安源，李寿铨在张公祠举行盛大欢迎会。黄兴在广州黄花岗起义时右手受伤，于是练习用左手写字，练就了一手左手书法。他当场写下了"襟怀欲吐天开朗，意气相倾山可移"及"铲除一切障碍者"予以留念。于 21 日返湘。不到一周，李寿铨应黄兴电邀，于 27 日去长沙，盘桓多日，畅叙友情，疏通萍矿与赣督之间的隔阂，后黄兴到南昌与李烈钧、李寿铨进行斡旋。

黄兴与李寿铨友谊深厚，李寿铨对黄兴极其敬重，将黄兴像放大成巨幅半身照悬挂在弹子房大厅墙上，以供敬仰，并修建"黄兴桥"一座，以纪念黄兴。

（三）土井泛滥侵入主井

萍乡煤矿接收案结束后，却又产生了一个"副产品"——商办集成公司私挖土井，而其背后的支持者是李烈钧。

早在开矿之初，萍乡煤矿共关闭小煤井 321 口。武昌首义后，江西局势一度失控。1912 年，萍绅萧景霞、段斐如联合湘绅龙天锡及段鑫等创办集成公司，私发矿照。5、6 月间，"集成公司混入界内穿凿土窿……其数综计百余座，概在界内乱挖，悉以机矿为壑，其势必将萍乡全矿蹂躏殆尽而后已。"[1] 集成公司还请江西军政府政事部在萍乡张贴允许开矿的布告。汉冶萍董事会遂于 6 月 17 日咨请李烈钧、谭延闿，谕令政事部速行吊销允许集成公司开采萍煤的布告，并勒令其即日停闭。7 月 5 日，董事会呈工商部文称："务祈贵部严行查禁，并咨明湖南、江西都督令饬萍乡县知事，即行封禁，以副贵部保护商业之意。"[2]

李烈钧对集成公司持庇护态度，7 月 6 日咨汉冶萍文称："集成公司创办

---

[1] 《汉冶萍公司董事会常会记录》（1913 年 5 月 9 日），引自陈旭麓、顾廷龙、汪熙主编：《盛宣怀档案资料选辑之四：汉冶萍公司（三）》，上海人民出版社 2004 年版，第 493 页。

[2] 《公司董事会呈工商部》（1912 年 7 月 5 日），引自湖北省档案馆编：《汉冶萍公司档案史料选编》（上），中国社会科学出版社 1992 年版，第 284 页。

煤矿，业经前政事部核准立案……未便遽令取消牌号，封闭井口。"①在李烈钧的纵容或默许下，萍乡当地人在萍乡煤矿矿界内私挖土井达60余口。

不久，李烈钧下台，由李烈钧创办的萍乡煤矿总局也因为他的下台而终结，集成公司私挖土井的问题已易于解决。1913年10月20日，盛宣怀致函新任江西都督李纯时指出："集成公司混入界内穿凿土窿"，希望赣督"迅赐将前此李烈钧委萍绅文启划界之乱命取消，一面撰印示谕，令行萍乡县封禁王家源、紫家冲、龙家冲、高坑一带私开土井。并告诫萍民声明萍乡煤矿界内嗣后不得有搀越乱挖情事"。

工商部1913年12月3日做出批示："本部咨行江西民政长，饬（萍乡）县将所有土井一律查封。"②至此，萍乡煤矿范围内私挖小井才得以有效遏制。

可是，不久之后各地方势力互不买账，老章程形同废纸。作为偏安一隅的安源，更是土皇帝猖獗，拒不承认光绪二十四年萍乡煤矿所划定的矿区范围。他们提出划界未定，他们在机矿周边建小煤井，特别是1917年以后，土井愈开愈多，越来越逼近萍乡煤矿矿区。双凤人甘鼎乡在王坑开一小煤井，已经深入到了萍乡煤矿井田范围，威胁到萍乡煤矿煤田安全，萍乡煤矿咨请萍乡知县封禁该井，甘鼎乡藐视不遵，更加明目张胆地造炉炼焦，县政府也无可如何。甘鼎乡的行为为当地一些人张了胆，他们纷纷仿而行之。如，汉口翕合销煤处经理张德熏领采萍乡县煤矿，所开位于亲爱乡虾蟆石的灵溪冲井口，已经入侵到了萍乡煤矿矿界范围，县政府却替他庇护，说"惟该矿区系在亲爱、居仁、贞睦三乡毗连之地，所开窿口尚在所领矿区以内。又勘虾蟆石与灵溪冲山岭相连，并未间隔，相距只有二里许，现因安矿在划界案未清以前，尚不能确实指定矿区，必俟划界确定之后，方可着手切实查明指定界限等情，未便令其封停。"③由于县政府庇护，小煤井渐渐猖獗起来，自

---

① 《李烈钧咨汉冶萍公司文》（1912年7月6日），引自湖北省档案馆编：《汉冶萍公司档案史料选编》（上），中国社会科学出版社1992年版，第285页。

② 胡政主编、张后铨著：《汉冶萍公司史》，社会科学文献出版社2014年版，第301页。

③ 《汉冶萍公司致农商部函》（1920年11月22日），引自湖北省档案馆编：《汉冶萍公司档案史料选编》（下），中国社会科学出版社1992年版，第487页。

1912 年至 1919 年，萍乡煤矿境内各处共开私井 61 口，虽经政府出面停开 24 井，其余仍在挖。之后，私煤井不断新开，均未注册给照，属随意乱采乱掘。到 1924 年，新开小井竟达两三百口之多，官府也没法制止。

小煤井对大井危害巨大。第一，小煤井破坏了煤田。大井采煤，是按一定程序采，像切豆腐一样，一块块切，一点也不浪费。小煤井采煤则是无序开采，由于受条件限制，没有开拓延伸，只有煤巷掘进，见煤就采，由于受到通风、抽水、运输的影响，只能浅部开采，加上无序竞争，小煤井密如蜂巢，互相争夺煤炭资源，造成废窿遍地，这样就破坏了煤田。第二，小煤井给大井留下安全隐患。他们采完煤后不充填，巷道积水或发火就会对大井造成影响。第三，小煤井雇佣的工人都是萍乡煤矿工人，由于他们浅部开采，开采成本较低，工资相应比萍矿高，萍乡煤矿为了自身生产只有增加工资把工人夺回来，这样无形中增加了生产成本。第四，萍矿炸药、木料等材料常被人偷盗卖往小煤井使用，给萍乡煤矿治安带来隐患。第五，株萍铁路已经脱离萍乡煤矿，小煤井为了销售煤炭，往往会给予非正常的运价，这样就致使萍乡煤矿少车皮而煤焦运达不畅。第六，小煤井雇工工价更昂，挑夫多被吸收，致萍乡煤矿常有缺少挑夫之虑。特别是小煤井对萍乡煤矿正窿的威胁，更令矿长李寿铨忧心忡忡："所开私井倘穿过机矿正窿，则汉冶萍用千数百万资本、费二十余年心血所开之机矿，顿然成废，危险情形，迫于眉睫。"[1]

针对小煤井对大井构成的威胁，李寿铨咨请县府封小煤井。而商绅黎景淑则以矿地代表名义出面干涉封禁，并设立矿业维持会。矿业维持会表面上借口萍乡煤矿矿界未定，要代表和维持村民利益，实际上是私设机构收取规费，与萍矿为难。这些乡绅抓住萍乡煤矿怕小煤井深入主矿区，势必会以高价收归公司的弱点，为所欲为，变着法子敲诈萍矿，索取土地规费。当地人开井，到他这里开具开井证明，每开一井规费为 1 元，还要另外收税，税收根据地质条件赋存情况分成甲乙两种价位，甲价为每月缴纳 2 元，乙价为每月 1 元。到 1924 年，每一土井注册费收致 20 元，比最初高出了 20 倍。这些

---

[1] 胡政主编、张后铨著：《汉冶萍公司史》，社会科学文献出版社 2014 年版，第 301 页。

收费既未解归实业厅，又没汇缴农工商部，都被乡绅黎景淑等中饱私囊了。萍乡煤矿明知私挖者和矿业维持会的目的"不过借矿为名，为敲竹杠之计耳"①，但为了避免节外生枝，只得忍气吞声。

村民私开土井之初，面对李寿铨要求萍乡知县封禁请求，萍乡知事沈桂华奉江西省实业厅训令，转奉省公署指令，到厅查此案件，办案尚公正。但随着乡绅黎景淑打通关节，江西省省长和实业厅应他的要求，公开要县府不要封禁土井，并责问沈桂华在划界未定以前所有各商井何以辄行封禁，导致小煤井私开之风盛行。对村民甘鼎乡在萍乡煤矿矿区范围开挖土井一案，1919 年 4 月间江西省实业厅令萍乡县依法封井。到了 5 月，实业厅又依据黎景淑案例，下令将此案归入划界案内，暂缓封井。沈桂华起初对萍乡煤矿热心维持，但面对省厅弛禁压力也唯有叹息，后来再收到萍乡煤矿要求封禁的请求，就以未接到省令为由迟疑拖延。李寿铨心急如焚而又束手无策，叹息说："姑无论现开私井悉在本矿矿界之内，即泛言开矿，凡无凭照者，一任其到处乱开而莫之禁，恐寰球各国无此矿章"②。

乡绅是萍乡地方的"土皇帝"，有着一定的关系网，靠山硬，能呼风唤雨。萍乡煤矿就想以邪压邪，借助他们来理清与地方关系。萍乡煤矿矿警局户籍员王世桢，系本地巨绅之子，颇具威信，且与萍绅张汉民、省议员刘存一等为戚友，气息相通。1924 年，矿长舒修泰在请示总部后委任王世桢为交涉员，提高他的薪资，让他出面与萍绅交涉，设法疏通，办理矿界及土井等事，但效果不佳。矿警局长杨文麒也向汉冶萍公司建议以绅治绅，给公司信函说："附近矿区四面土井林立，查其中实有重大障碍。愚见不若就地方绅董中挪用一二位，以之抵御破坏分子，或者弭大患于无形。"③ 之后，萍乡煤矿果然请了些地方乡绅做什么"咨议""顾问""交际"，可是这些人都是些只拿钱

---

① 胡政主编、张后铨著：《汉冶萍公司史》，社会科学文献出版社 2014 年版，第 301 页。

②《汉冶萍公司为请禁私开煤井事的函》，汉档案号 LS56-3-352，引自蔡明伦《汉冶萍公司治安环境探析（1912—1937）》，《第一届汉冶萍国际学术研讨会论文集：中国·黄石》，长春出版社 2016 年版，第 301、308、309 页。

③ 胡政主编、张后铨著：《汉冶萍公司史》，社会科学文献出版社 2014 年版，第 301 页。

不干活的，事情没做好，又不能清退他们，形成了尾大不掉局面。

（四）连年战祸任人宰割

1917 年的护法战争，是以孙中山为首的南军与以段祺瑞、吴佩孚为首的北军之间的战争，南军从湖南发难，北军占据着湖南、湖北，战争在两湖间交织，可怜萍乡煤矿恰恰在两湖间的粤汉线上，饱受了战争的磨难。

1917 年 11 月，南军占领了长沙，禁止萍乡煤矿煤焦向湖北运输，萍株、萍豹铁路被拆，车辆被扣，运输中断，很快南北两军对垒于岳阳，你来我往，打得非常热闹，进入相持阶段，为了装备自己，双方都抢掠萍乡煤矿的商船运兵，萍乡煤矿的煤堆积如山，就是运不出去，而铁厂眼睁睁看着燃煤将尽，只好购买开平煤以济急。1918 年 3 月 7 日，汉阳铁厂第 4 号化铁炉只好"压火"，第 1、2 号炉因煤焦短缺只好停炼。公司总经理夏偕复、副总经理盛恩颐致董事会函说："汉厂铁炉势将全停，纯由萍矿煤焦不能下运，燃料缺乏所致。"[1]

汉冶萍公司董事会会长孙宝琦面对战争对汉阳铁厂的影响，准备另想他策："安源至袁州运道，木斋谓添此运道实为公司无穷之利。据云，安源存煤数十万吨，现在萍株路每日所运不过数百吨，日后即能照常通车，计每日所出之煤恐难尽行装运，能将袁州一路接通，既可运销存煤变价，可值数百万；且万一再遇兵事，即可两路分运，有备无患。倘公司无力造路，伊拟设法借款造此路，但须公司发起，为疏销存煤起见，招商筹画此道，订定合同包运，路工盈亏公司可以不问，似此公司有益无损，当可赞成。木斋业已请人调查路线，颇为热心。……鄙见以为能添此运道，自必与公司有益。"[2] 护法战争于 1918 年 5 月停止，此议遂寝。袁路虽未办成，可也现出公司风鹤频惊地步。

进入 20 年代，湖南和江西军阀之间的战争更加频繁了，萍乡煤矿和株萍

---

[1]《夏偕复、盛恩颐致公司董事会函》（1918 年 3 月 21 日），引自湖北省档案馆编:《汉冶萍公司档案史料选编》（下），中国社会科学出版社 1992 年版，第 640 页。

[2]《孙宝琦致李经方函》（1918 年 7 月 16 日），引自湖北省档案馆编:《汉冶萍公司档案史料选编》（下），中国社会科学出版社 1992 年版，第 485 页。

铁路成了"唐僧肉",环绕着路、矿你争我夺,进入相持阶段,后来干脆以老关为界,老关东为江西,老关西为湖南,设立两个铁路局,两头收税。1921年2月,退驻袁州的张宗昌一师,忽然逼近距安源35里的芦溪镇,势将进入安源,就地索饷。这时赣西镇守使方守仁奉赣督命令,带兵迎堵,要萍乡煤矿派千余窿工随军做挑夫,矿局逼于没法,只好中断窿内工程,派人给他。直到后来工人返矿,矿上才恢复正常工程。到8月,湘鄂战争又起,交通又断绝两月有余,又不得不节减工程。正当萍矿苦苦支撑之际,1926年,北伐战争又起,工人赴两湖参加战斗,汉冶萍大小司员惊恐万状,纷纷请假避祸。随着北伐军的推进,战事对矿业的影响愈显,萍乡煤矿向汉冶萍公司汇报说:"水路交通因之梗塞,运输事业几乎全停,株洲所存煤焦,除当地及运销长沙外,运汉之货可云绝无。"[①] "路线截割,双方对垒,不但萍煤无输出之望,即行旅亦裹足不前,以致矿之生机为之断绝,几有悬斧待毙之象。"[②]9月,北伐革命军总司令蒋介石来安源,其时由于战争影响,萍乡煤矿已经停止生产,工人生活非常困难。在蒋介石的过问下,萍乡煤矿工会邀集24个民众团体,成立了赣西人民维持萍矿运动委员会,通过萍乡煤矿开工的工程、运输、销售、外交、还债等项计划,发表宣言,并推举刘义为代表,前往湘、鄂两省联络,共同进行。其时"外交、运输、销路均成问题:株萍路车辆缺乏,须设法添置,湘东桥为水冲断,须集资修复,萍煤方可出山销卖"[③]。诸多困难没有难住俱乐部干部,俱乐部加强对矿山生产和运输的管理,进行生产自救。工人开展生产自救后,原煤日产量由自救前的100吨左右增加到700多

① 《冯启祥致盛恩颐、赵兴昌电》附件一《十三年至二十一年份运输情形》(1933年4月3日),引自湖北省档案馆编:《汉冶萍公司档案史料选编》(下),中国社会科学出版社1992年版,第656页。

② 《汉冶萍公司关于萍矿警局改组、判决逃兵、调查警局枪弹等问题的函、报告》(自1926年5月起),汉档案号LS56-3-388,引自蔡明伦《汉冶萍公司治安环境探析(1912—1937)》,《第一届汉冶萍国际学术研讨会论文集:中国·黄石》,长春出版社2016年版,第313页。

③ 刘义《汉冶萍公司应收回国有》,《安源路矿工人运动》(上),中共党史资料出版社1991年版,第611页。

吨，复业人员增加到了 4100 多人，翻了一倍；由于是工人自己管理，免除了资本家的剥削，工人的收入也由自救前的每天最低一分五厘工钱增加到了每天三四毛钱。1928 年，萍乡煤矿被江西省政府不明不白接管，也就与汉冶萍公司断绝了关系。

军队和政府对企业明目张胆勒索，借款长期不还，也加深了企业负担。

表 5-1　1922 年萍乡煤矿出借款项记录

出借对象	金额（元）	出借对象	金额（元）
张宗昌	45895.12	驻醴司令部	373.40
李团长	800.00	地方公债	1900.00
崔营长	500.00	赣军司令部	546.00
山东旅	696.80	萧镇守使	20000.00
长沙司令部	253.39	桂军招待费	3125.56
萍镇署	765.50	总计	74855.85

资料来源　李寿铨家藏稿，引自杨丽娟、范贤慧：《李寿铨〈药石轩日记〉与安源大罢工爆发原因之分析》，《萍乡学院学报》2021 年第 4 期，第 10 页。

二、汉冶萍计划不周又缺乏后援

全汉昇说："计划不周，由张之洞开之于前，盛宣怀则继之于后。"

关于张之洞创办汉阳铁厂的没有计划，有人曾经作这样的批评："盖张之洞创办汉阳铁厂，其功在为人所不敢为，造兹伟业；而其过在为人所不敢为，遗此弊薮。如度地则己耳目，不问其适用与否；……购机则谓大须可以造舟，小可以制针钉。喜工好大，以意为师，致所制机器，半归无用。故不数年而智穷力竭，拱手让人。始机已坏，善后亦难。"[①]公司经理叶景葵记汉冶萍说："时张之洞为两广总督，谓修铁路必先造钢轨，造钢轨必先炼钢厂，乃先后电驻英公使刘瑞芬、薛福成，定购炼钢厂机炉。公使茫然，委之使馆洋员马参

---

① 全汉昇：《汉冶萍公司史略》，台北文海出版社 1971 年版，第 255、237、238 页。

赞，亦茫然，委之英国机器厂名梯赛特者，令其承办，梯厂答之曰：'欲办钢厂，必先将所有之铁石、煤焦寄厂化验，然后知煤、铁之质地若何，可以炼何种之钢，即可以配何种之炉，差之毫厘，谬以千里，未可冒昧从事。'薛福成据以复张，张大言曰：'以中国之大，何所不有，岂必先觅煤、铁而后购机炉，但照英国所用者，购办一分可耳。'薛福成以告梯厂，厂主唯唯而已。盖其时张虽有创办钢铁之伟划，而煤在何处，铁在何处，固未遑计及也。""盖梯厂初定机炉时，以不得中国煤、铁之质，故照英国所用酸法配置火炉，另以碱法制一小炉媵之，其意不过为敷衍主顾而已，而我则糜去十余年之光阴，耗尽千余万之成本，方若夜行得烛。""综计官办时期用去五百六十余万元，除厂地、机炉可作成本二百余万两外，其余皆系浮费之款，于公司毫无利益……假使张之洞创办之时，先遣人出洋考察，或者成功可以较速，糜费可以较省。"[1]

中国的近现代工业是各列强用坚船利炮逼出来的，由于对冶炼技术的不了解，造成了中国钢铁工业巨大损失。全汉昇在论及汉阳钢铁厂无计划的教训时说：

创办一个现代化的钢铁厂，是一件大事，必先要经过缜密的研究与计划，才可以着手进行，并且还要具备以下的条件：

一、每年有二百万到三百万吨铁砂的供给，故铁矿储量最少要有三千万至五千万吨。

二、每年有一百五十万吨煤的供给，故煤储量要达二千四百万吨；并须确证煤质的方面，足可以炼成优良的焦煤或焦炭。

三、每年有五十万吨石灰石的供给。

四、厂址要适中，须接近市场，并具备水和电力的供应。

[1]　汪敬虞编:《中国近代工业史资料》第二辑（上），科学出版社1957年版，第468、470页。

五、要预算铁砂和煤运至钢铁厂的运费，及把制成品由钢铁厂运至市场的运费。

张之洞只是一个政治家，并不是一个有经验的实业家，他完全不知道创办铁厂有这许多"苛求"。他平日的作风，据清史稿说："莅官所致，必有新作。务宏大，不问费多寡。爱才好客，名流文士多趋之。"可见他好大喜功，不务实际，而又不脱书生的本色。

盛宣怀所犯的错误，在经费方面，也像张之洞一样的毫无预算。他应付公司经费困难的方法，并不从根本着手，光是四处借债，以致日本人有机会插足来加以控制。到了欧战时期，公司赚了不少钱，又不晓得趁着这个机会把日债清偿，而只顾虚糜浪费和分派红利，以致不能摆脱日本的控制，故后人有批评盛宣怀这个借外债以解决经费问题的方法，无异是"饮鸩止渴，作茧自缚"。[1]

由于缺乏计划，公司"糜去十余年之光阴，耗尽千余万元成本"。

这种缺乏计划性与日本八幡制铁所作比较，更能看出它的不足。甲午战争后，日本以中国部分赔款，选定在九州福冈县远贺郡八幡町创办制铁所，所址前临海湾，交通便利，有储量丰富的筑丰煤矿，但唯一的缺点是铁矿储量不够丰富。1897年6月动工，1901年2月投产，时称八幡制铁所，亦称若松制铁所或枝光制铁所，泛称日本制铁所。自创办到1930年，它每年的生铁产量占日本全国总额百分之七八十，钢则占百分之四五十。

八幡制铁所比汉阳铁厂晚办了七年。"日本铁矿石非常贫乏，储量只有六千万至八千万吨；如果专供本国制炼，不到二十年就要用完。因此，她必须向国外想办法，而最近和最方便的莫如中国。"[2] 八幡制铁所建成后，便为原料问题紧盯一衣带水的中国。如果汉阳铁厂当时弄懂了冶炼技术，日本的狼

① 全汉昇：《汉冶萍公司史略》，台北文海出版社1971年版，第255、237、238页。

② 全汉昇：《汉冶萍公司史略》，台北文海出版社1971年版，第10页。

子野心就会破产，那样汉冶萍的历史就会要改写。

有学者对公司经营失败与八幡制铁所的经营成功进行过比较后认为：第一，在技术储备和经验积累方面，制铁所的优势十分明显。制铁所虽然比汉阳铁厂晚开办七年，但准

日本八幡制铁所

备阶段较中国早了二十多年。早在 1871 年，日本成立了专业的矿冶教育机构，另外，进入 19 世纪 70 年代，日本政府和民间社会从经营釜石铁山的实践中积累了宝贵的经验。第二，在市场需求方面，制铁所的市场空间和市场环境较汉冶萍要优越得多。1901 至 1912 年间，制铁所极力扩张产能，生钢产量从 4956 吨增加至 207279 吨，其产品约一半由官方的企事业机构消纳。而在中国，工业化发展程度低，钢铁需求不旺，"据侯德封说：'每年最高钢产量不过一万五千吨'，产钢能力远落在日本之后。当日本钢铁工业突飞猛进而以中国铁矿为主要原料取给地的时候，汉冶萍公司竟然陷于熄炉停炼的命运，自然只好专门开采铁砂，运交日本来还债了。"[1] 两相比较，两家企业的命运有天壤之别。第三，在政府扶持方面，制铁所的优惠条件让汉冶萍望尘莫及。开办之始，两家企业均为官办。但汉冶萍 1896 年改为商办后政府基本撒手不管，而制铁所的资本却一直增加，如资金扶持方面，从最初的 2000 万日元，至 1908 年，高达 6000 万日元。第四，在社会秩序方面，制铁所的经营发展一直有一个较为稳定的社会环境做保障，即使在日俄战争期间，由于日本本土未遭受战争蹂躏，反而给制铁所提供了发展机遇。而汉冶萍公司则在战火频仍中挣扎。

---

[1]　全汉昇：《汉冶萍公司史略》，台北文海出版社 1971 年版，第 10 页。

三、贪污腐化造成汉冶萍资产被侵吞

办企业是以盈利为目的，集聚各种生产要素，尽快占领市场，进行扩大再生产，形成正规循环和可持续发展，以此来赢得生产主动权。但汉冶萍公司不是这样，公司是在旧体制下建立起来的，骨子里仍然是旧的东西，从公司集团、股东和各级职员，他们不是关心企业壮大，有的甚至打着各种幌子来侵吞和瓜分企业资产，正如汉阳铁厂总工程师欧仁·吕柏所说，铁厂的大小官员们"只想着如何去满足他们自己的私人利益。工厂的兴衰对他们来说，就像宇宙中最遥远的恒星距地球那样遥远"。[①]

一方面，是经济腐败。

领取股息、红利、酬金、奖金、高额工资以及营私舞弊、侵吞各种款项等，比比皆是。从 1896 年改为官督商办后到 1919 年，共发放股息 1551 万元，比 1913 年底股本总额 1533 万元还多 18 万元，占 1919 年股本总额 1752 万元的 88.5%。在股本总额中，盛氏家族约占 30.9%[②]，因而股息的三分之一左右（即 500 多万元）为盛氏家族占有。1916—1918 年发给办事人员酬劳金和奖金总额达 105.5 万元。其中董事会和正、副总经理占有 34.8%。董事会长孙宝琦和副总经理各占着 5 万多，总经理夏偕复得到 6 万多。[③] 公司章程规定，有盈利才分红，但事实上，各矿厂亏损也"分红"。1915 年 12 月 9 日上海《时报》一篇披露萍矿腐败情形的报道提到，萍矿每年亏损 50 余万两银，但"许多员司，近年多有红利分派"，甚至自行决定薪酬和红利数额。报道说：窿内管工"均可自由定薪工，请总办批准，总办无有不从，有加至 10 倍

① 吕柏：《中国的采矿业和钢铁工业》，《汉冶萍公司及其档案史料概述》，引自湖北省档案馆编：《汉冶萍公司档案史料选编》（上），中国社会科学出版社 1992 年版，第 4 页。

②《汉冶萍公司志》，引自刘善文主编：《安源路矿工人运动史》，上海社会科学出版社 1993 年版，第 37 页。

③《汉冶萍公司志》，引自刘善文主编：《安源路矿工人运动史》，上海社会科学出版社 1993 年版，第 38 页。

者；其薪工之厚，为全球所无。每人每月 250 元至 500 元，分为两项，薪工花红各占一半。而开滦煤矿管工，虽有 30 年资格，每月薪工不过 70 元，次者三四十元耳。两相比较，萍矿即此一项已每年多费 8 万余元。"这篇报道揭露，矿局稽核处、采木处、巡警处等十几个处，职员通同作弊，所得额外收入每年达数万两银，每人分得百数十两、一千余两乃至几千两①。欧仁·吕柏说："如果中国在这条道路上一直稳步向前发展——就像 50 年前的日本那样的话，今时今日便很有可能是另外一个情况。但官僚社会里标志般的不诚实性、黑暗性及其对任何形式的扩张所表现出来的强烈欲望，都深深地阻碍了政府企业的发展。数量庞大的原本用于购置生产设备的钱财源源不断地流入了官僚们自己的腰包，与此同时，稍微显现了一丝光明的将来也随之消逝在了他们的阴影之下。"②

巧立名目，恣意挥霍，明吃暗拿，乃至大宗偷窃侵吞，从上到下，比比皆是。安源矿有个把矿警局当"家"的局长。1923 年，吴连庆任萍矿矿警局局长，到差后，假借赣西镇守使肖安国之威势，视财如命，一意孤行，毫无忌惮，成为萍矿的"内耗子"，借公济私、私吞烟土、谎报公费、吞没罚款、私用公人、乱用私人等弊不胜枚举。③

上海《时报》1913 年 3 月 4 日所载《汉冶萍公司之悲观》一文写道："汉冶萍虽名为商办公司，其腐败之习气实较官局尤甚。从前督办到厂一次，全厂必须悬灯挂彩、陈设一新。厂员翎顶衣冠脚靴手本站立迎迓。酒席赏耗之资每次二三百元之多，居然列入公司账内。督办之下复设总会办，月支薪水二百两、一千两。一顶绿呢轿、红伞、亲兵号挂以及公馆内所需一切器具、伙食、烟酒、零用均由公司支给。"公司职员总共不下 1200 余人，其中许多是"盛宣怀之厮养及其妾之兄弟，纯以营私舞弊为能"。"即如汉口扬子江机

① 刘善文主编：《安源路矿工人运动史》，上海社会科学出版社 1993 年版，第 38 页。

② 方一兵：《汉冶萍公司与中国近代钢铁技术移植》，科学出版社 2011 年版，第 24 页。

③《黄达夫等致夏偕复、盛恩颐函》（1924 年 5 月 2 日），引自湖北省档案馆编：《汉冶萍公司档案史料选编》（下），中国社会科学出版社 1992 年版，第 397、398 页。

器公司，即是由汉阳铁厂搬出的机器组成，并由铁厂抽银五万两作为股本，由汉厂总办李维格出名承办，得利由各厂员均分，实则厂员并无一钱股本在内，即窃汉厂之旧机器及五万金为彼数人之私产耳。"民国初年，公司发生的四大贪污侵吞巨款案之一的林志熙案，一次贪污 30 万两，令人瞠目结舌，这在当时经济情况极端糟糕的情况下真是触目惊心。

林志熙是福建闽侯人，为湖北候补道出身，修筑株萍铁路萍醴段期间担任财经支出工作，张赞宸在离开萍乡煤矿到天津任银行总办时，向盛宣怀保举了他。盛宣怀虽然对张赞宸很信任，但对林志熙的能力还是有所担心，便先委任他为会办（副矿长），1908 年汉冶萍公司成立时，林志熙终被委任为萍乡煤矿总办（正矿长）。

据汉冶萍公司董事会于 1913 年 2 月 20 日致工商部文记载：

案查敝公司前充萍乡矿务局总办兼运销局事林志熙，即林虎侯，在公司任职有年，会值辛亥八月国事多故，忽萌异志，捏造假账，侵蚀公司款项至三十万两之巨。民国元年十月，大部（农商部）派员调查，经部员王君治昌[①]查出萍局账内，有付汉局（汉阳铁厂）垫款银四万八千五百四十三两九钱六分一款，显系浮冒，至上海后，即在总公司面诘林志熙理由，林招承认账目不实，惟捏称款系运动湖南政府所用，由吴章经手过付，其时公司经理李维格、董事陈廷绪在座亲闻，敝会当经公举董事陈廷绪前赴长沙、萍乡确查。旋据各股东函列林志熙侵吞数目，要求董事会彻查追缴，复经敝会函知董事陈廷绪就近并案查办。嗣据陈廷绪查明报告到会，计林志熙侵吞各款已有据者：一、浮报汉局垫款银四万八千五百余两；一、侵吞兑换盈余款七万余两；一、浮报煤焦损失银十七万余两；一、侵蚀股票作价银二万六千余两；一、浮报运费一万五千两，共计银三十余万两，均有账簿表册可凭。此外，疑似之端

---

① 王治昌，字槐青，1876 年 12 月 19 日生于直隶天津县。早年公派出国留学日本早稻田大学，学习经济、法律和商科。曾任北洋政府代理农商总长。

甚多，因证据不备，尚未提出。[①]

林志熙案传到安源，萍矿人无比愤恨，当时还是机矿处长的李寿铨痛恨地说："十五年心血付之东流，林某磔尸万段不足以蔽辜。总公司以重薪养几辈昏庸，失此萍乡一大实业，恨极，恨极。"[②]

此后不知何故，林志熙案戛然而止。1913 年 1 月 11 日，《捷报通讯》揭穿了秘密："星期四一项相当重大的案件，吸引了会审公廨推事孙君及会审官汉德烈·德尔利君的注意。被告林侯赫（译音，即林志熙），被控伪造账目，企图贪污汉阳铁厂通过他付给盛宫保的纹银 300000 两。"[③] 原来真正的主角是盛宣怀，林志熙不过是个捉刀人。

《汉冶萍公司之悲观》文中继续说："然汉冶萍公司开办以来侵款自肥如林志熙者殆不可胜计，不过互相包庇，无人发现耳。"[④]

公司还发生了一次令人啼笑皆非的腐败案。据 1915 年 7 月 9 日《时报》刊载《汉阳铁厂二十八万元之弊混》的文章说：

> 去年大冶欲扩充铁炉一具，吴任之赴美购办机件，坐办一职，即托卢鸿沧之子卢成章代理。不料成章一改其常态，舞弊营私，遍置同乡，以厚势力，大有喧宾夺主之志。满拟接吴任之为正式坐办，千方百计，以冀达其目的，与其同乡在汉口私结一团体，终日花天酒地，对于本地人及非其同乡一概排斥，不许掺入其内。及吴任之由美言旋，幸成章尚未运动成熟，不得已一再延宕，于前日始行交出，吴任之细核账目，竟亏二十八万元之多。

---

① 湖北省档案馆编：《汉冶萍公司档案史料选编》（上），中国社会科学出版社 1992 年版，第 462、463 页。

② 胡政主编、张后铨著：《汉冶萍公司史》，社会科学文献出版社 2014 年版，第 263 页。

③ 汪敬虞编：《中国近代工业史资料》第二辑（上），科学出版社 1957 年版，第 475 页。

④ 刘善文主编：《安源路矿工人运动史》，上海社会科学出版社 1993 年版，第 38 页。

还有滥发抚恤的问题。日本人大岛道太郎是根据 1913 年签订的汉冶萍向日本借款合同规定聘用的首位最高顾问工程师，1916 年 3 月又被公司委任大冶铁厂总工程师兼工程股股长。5 月 13 日，公司董事会致大岛函中规定："关于建筑方面一切工程，均隶属总工程师管辖。"他独断专行，我行我素，建设大冶高炉时，按照技术规范，冶厂高炉的热风炉应建 4 座，但大岛擅作主张只建 3 座，结果造成检修困难。同时，热风炉未建电力除尘装置，使高炉煤气中含有灰尘，造成火孔常被堵塞，风量大减。大岛指挥建造的 1500 吨贮水塔，因设计失误等原因，工程质量低劣。1921 年 7 月 24 日装水试压时水箱坍塌，几百吨水从 20 多米高的空中倾盆而下，"塔中之水向下倒泻，竟将墙砖冲至五十尺以外。"造成房屋、设备、人员的重大损失，高炉随之迟开 4 个月。事故发生后，大岛倍受各界指责，于 10 月 11 日突然死去。汉冶萍公司派人前去大岛寓所吊唁，向其家属赠送抚恤金 10 万日元，后又呈国民政府批准，追授大岛"嘉禾"勋章一枚。事实上，大岛对这一事件负有重大责任，对负有如此重大责任的人员，汉冶萍公司却给予如此优厚待遇。

可是汉冶萍公司对中国雇员则极度不公。李维格从 1905 年起历任汉阳铁厂总办、汉冶萍公司协理等要职，为公司作出了重大贡献。他"担负重大，劳心焦思，致牺牲健康，疾病丛集，意谓鞠躬尽瘁，公司必有以安其老病"。结果是"送洋 5000 元，以示酬劳而资结束"。1929 年李维格病逝，公司送赙仪 1000 元。另一名曾任大冶铁厂厂长兼总工程师的吴健，遵"会长盛宣怀面嘱，不领兼薪，事后则特别酬劳"。于 1927 年 3 月解职，公司"酬予 5000 元"。[①] 两人待遇与大岛相比有天壤之别。

另一方面，是用人腐败。

盛宣怀在主持汉阳铁厂及汉冶萍公司期间，基本执行一条任人唯亲路线。早在担任湖北开采煤铁总局督办期间，盛宣怀就任命自己的堂兄盛宇怀担任

---

① 胡政主编、张后铨著:《汉冶萍公司史》，社会科学文献出版社 2014 年版，第 313、314 页。

该局提调（秘书长）。此后，盛宣怀在主持汉阳铁厂和汉冶萍公司期间，又相继大量提拔亲朋故旧担任总办或其他重要职务，仅盛宣怀家族中的子侄辈就有盛春颐、盛恩颐、盛重颐、盛渤颐、盛慕颐等在公司担任要职。而盛宣怀之子盛恩颐、盛昇颐、盛重颐，其孙盛毓邮等人都是占有 500 股以上的大股东。孙宝琦是盛宣怀的姻亲，盛宣怀任命他为公司董事会会长，孙身兼国务总理、外交次长等多职，哪有时间管公司事务？他颇有自知之明，曾说："宝琦于实业素少经验，猥承各股东选举董事，又以羁身政界，未能躬亲其事。"[1]孙宝琦 1925 年被任命为驻苏大使，仍保留会长之职，"所有会长夫马公费仍照旧例支送"。1931 年孙宝琦病逝，公司在极度困难的情况下赠送赙仪 5 万元，治丧费 1 万元并配祀盛公祠。

总经理盛恩颐是个纨绔子弟，缺乏管理汉冶萍公司这种大型企业的学识和能力。他除了喜欢豪赌、贪恋美色外，还嗜食鸦片。安源的"九月惨案"[2]就是他勾结军队实施的。

更可笑的是，一个矿警局长职位竟然群雄竞逐，闹得安源山里鸡犬不宁。萍乡煤矿开矿以后，小小安源山遂成繁华之地，集聚着八万之众，俨然一不小城郭。萍乡煤矿成立矿警局后，官厅接着发起委令，矿警兼办安源市警，以辅官厅之不及，这样矿警局权力更大了。于是，环绕着警局局长这一位子，便展开了多方博弈。

在筹办矿警的早期阶段，萍乡煤矿力图坚持独立自主办警原则，以为"萍矿人众事烦，设团自卫，专为稽查工匠保护营业而设，与地方行政范围，绝不相涉。"[3]但民国元年围绕萍乡煤矿接管发生的事件改变了这种现状。江西

---

[1]《汉冶萍公司第八届账略》（1916 年 8 月），引自湖北省档案馆编:《汉冶萍公司档案史料选编》（下），中国社会科学出版社 1992 年版，第 695 页。

[2]　九月惨案：1925 年 9 月，资本家勾结军阀强行关闭安源路矿工人俱乐部，制造了震惊中国的安源"九月惨案"，杀害了俱乐部副主任黄静源等三人，伤数十人，一万余工人被开除。

[3]《公司董事会呈工商部文》（1913 年 12 月 27 日），引自湖北省档案馆编:《汉冶萍公司档案史料选编》（上），中国社会科学出版社 1992 年版，第 464 页。

督军李烈钧染指萍矿，乘警员请假离矿之机，强派驻萍营长高锡庚兼带矿警，造成既成事实，经过汉冶萍董事会与工商部紧急磋商以及军方调处，双方达成妥协：萍矿以公司的名义"邀请"高锡庚兼带100名，由董事会呈赣委任，以表示主权在矿；其余200名，仍归该矿坐办自带。萍乡煤矿委曲求全一年多，表面相安无事，实际非常别扭。到了1913年12月再次呈请，要求由萍矿遴员自带，经农商部批准，"咨请江西民政长立案，将高锡庚所带矿团撤销，归由萍矿自行带管。"①

1922年9月11日，汉冶萍公司董事会会长孙宝琦得知萍乡煤矿矿警局长空缺，便向赣西镇守使肖安国推荐吴连庆接任矿警局长。孙宝琦给公司总经理、副总经理密电中说：肖、吴都是自己门下的，特为推荐，希望公司考虑。于是公司委任吴连庆为萍矿矿警局长。可是吴连庆不争气，任职一年半，便因"警务废弛"而撤了职。

1925年1月底至2月底，一个月内萍乡煤矿矿警局长空缺，围绕矿警局长人选，多方请托。在备选人员中，赣西镇守使李鸿程推荐胞弟李鸿诏。萍煤往湖南运，株萍铁路跨湖南，需要保护，湖南省省长赵恒惕保荐沈开运，说他是湖南省驻萍军事委员，又是方督办的旧属。前矿警局长杨文麒推荐李鸿诏，因为杨文麒为李鸿程部下。萍乡煤矿代矿长舒修泰和马稽核电请委任李鸿诏，是因为便于与李鸿程合作。任用矿警局长本是公司内部事务，但因矿警兼及市警，"地方官遂反宾为主，举荐者既以矿警为位置私人之地，奔竞者即以矿警为兼冈市利之场，且倚上官护符，视矿长为氓隶"②，致使萍乡煤矿矿警局长任用非人，频繁更换，仅1918至1926年间，矿警局长便七易其人，平均任职时间一年多，最短的仅半年而已。各方势力视萍矿为唐僧肉，汲汲

---

① 《公司董事会呈工商部文》（1913年12月27日），引自湖北省档案馆编：《汉冶萍公司档案史料选编》（上），中国社会科学出版社1992年版，第464页。

② 《汉冶萍公司关于萍矿警局改组、判决逃兵、调查警局枪弹等问题的函、报告》（自1926年5月起），汉档案号LS56-3-388，引自蔡明伦：《萍矿警长之争：汉冶萍公司人事管理上的博弈（1918—1926）》.《第二届汉冶萍国际学术研讨会论文集：中国·武汉》，武汉出版社2018年版，第108页。

于安插亲信，照顾裙带，以期染指矿利，至于矿警管理和公司利益则全然不在考虑之列。李寿铨无奈感慨："本矿警察历办不得其人，受累匪浅。"①

四、落入圈套汉冶萍受日本人挟制

（一）合同受骗损失巨大

1897 年，日本在福冈县八幡村（今北九州市八幡区）创办了八幡制铁所。由于日本缺乏铁矿石，他们便把目光锁定了大冶铁矿。当时萍乡煤矿还在创建阶段，汉厂缺煤，日本便瞅准这个机会，用他们的煤焦换取大冶的铁矿。这个看起来是公平的交易关系，可是却暗藏着日本人的天大阴谋。

1899 年 4 月 7 日，经过讨价还价，盛宣怀与八幡制铁所长官和田维四郎签订《煤铁互售合同》，其要点为：日本制铁所预购大冶铁矿石，第 1 年为 5 万吨，第 2 年以后所需数由日本议院批准后订定，至少亦以 5 万吨为度。汉阳铁厂、招商局等企业须由制铁所经手，每年向日本购煤 3 万～ 4 万吨。合同规定：1. 日本制铁所因订购在先，大冶铁矿矿石必须先尽日方购买，每年至少 5 万吨，"如日本要加买矿石，亦必照办"；2. 日本制铁所委派委员二三名常驻石炭窑、铁山两处，以便处理购矿石等一切事宜，所住房屋由汉阳铁厂免费提供；3. 本合同以 15 年为期，期满后可展续 15 年。这就使得汉阳铁厂、大冶铁矿开始丧失自主决定铁矿石出口的权利。

这份合同附有《购办大冶铁矿矿石定准成色清单》，对磁铁矿中铁、锰、磷、硫黄、铜等化学物质所占百分比、褐色铁矿中锰的含量、磁铁矿石价格等均作出了极其严格的规定。其中磁铁矿含铁量 65% 以上，不得少于 50%；含锰量 0.5%；含磷量 0.05%，不得超过 0.08%；含硫量 0.1%，不得超过

① 《汉冶萍公司更换萍矿矿警局长的函》（1920 年至 1923 年），汉档案号 LS56-1-284-2，引自蔡明伦：《萍矿警长之争：汉冶萍公司人事管理上的博弈（1918—1926）》，《第二届汉冶萍国际学术研讨会论文集：中国·武汉》，武汉出版社 2018 年版，第 109 页。

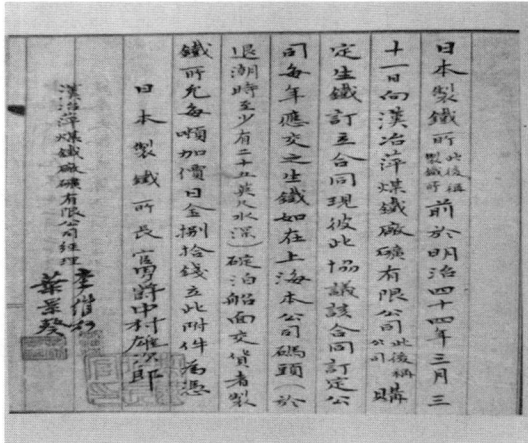

汉冶萍公司与日本制铁所预购大冶铁矿石

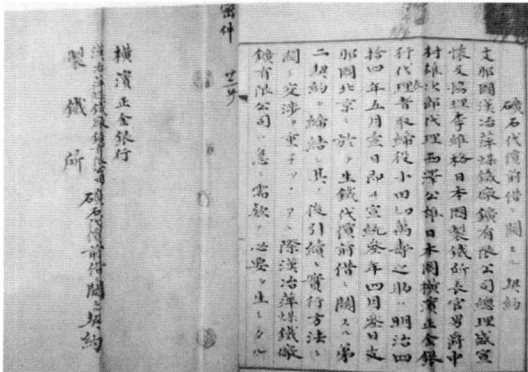

汉冶萍公司同日本横滨正金银行所签订的契约

0.5%；含铜量不得超过 0.4%；并视各种成分的实际含量增减价格。合同规定，磁铁矿价格从合同签订之日至光绪二十七年（1901 年）十一月止，每吨定价 2.4 日元，合同期满后另行商议。

合同对矿石价格过低和质量要求过于苛刻，盛宣怀经与日本制铁所长官和田、驻沪代理总领事小田切万寿之助多次商谈，分别于 1899 年 6 月 21 日和 8 月 29 日签订第一次续订条款和第二次续订条款，将头等矿石价格提高到 3 元，含铁量改为 62% 以上，同时对磷、硫、铜的含量作了相应变动。

由于萍乡煤矿建设和汉阳铁厂改造需要大量资金，1904 年 1 月 15 日，盛宣怀向日本签订了《大冶购运矿石预借矿价正合同》，合同规定：

（1）大冶铁矿向日本兴业银行借款 300 万日元，以 30 年为期，年息 6 厘；

（2）以大冶得道湾矿山、铁路、矿山吊车并车辆房屋及修理机器厂为担保；在借款限期内，上述担保"不得或让或租与他国之官商"；

（3）聘用日本矿师；

（4）此次借款，言明以制铁所按年购矿石价值还本息，不还现款；

（5）日本购买大冶铁矿头等矿石 7 万～ 10 万吨，头等矿石每吨 3 日元，二等矿石每吨 2.2 日元。

对于以上合同，张之洞揭露了日本人的诡计："借款三百万元，息六厘，每年计利息十八万元，订明每年至少收买上等矿石六万吨，每吨价银三元，计价十八万元，仅敷还息；又订明不能还现银；设使日人每年仅运六万吨，三十年后虽已还过五百四十万元，而本银丝毫未还。是日本仅借予我三百万元，永远须我每年供彼矿石六万吨。虽合同有制铁所应允我为多运之语，究属空言，殊不足据。倘彼不少六万吨之数，便不为违背合同，我亦无词以责之。即或不然，初数年仅敷还息，将还本归在后数年，则我亦吃亏利息甚巨。"[1]

这等于大冶每年 6 万吨铁矿石白送，可见日本人在合同上是老谋深算的。

汉冶萍公司经过提升改造后已经有了不错的市场，除了供应国内钢轨外，逐步向国外销售。公司生铁在国际市场上的主要销售对象是日本若松制铁所（即八幡制铁所）。1910 年 11 月 7 日，双方签订草合同，规定 1911 年至 1914 年的 4 年时间内，公司每年销售若松生铁 1.5 万吨，1915 年销售 8 万吨，1916 年及以后 10 年，每年销售 10 万吨，每吨 26 日元，1911 年 3 月 31 日，汉冶萍公司与日本制铁所正式订立《购售生铁合同》，正式确认上述合同。

然而这些合同的签订，像给公司上了道紧箍咒，给汉冶萍公司带来的负面影响慢慢显现出来了。

第一次世界大战后，钢铁业大涨，东京市场的生铁价格一度高达每吨 480 日元，最低也有 460 日元。而汉冶萍公司同期输往日本的生铁多达 20 余万吨，大冶铁矿运往日本的铁矿石亦达 151.9 万余吨。铁矿石 151.9 万余吨可炼生铁约 91 万吨，加上输日生铁 20 余万吨，欧战时期输日生铁总可达 111 万余吨，若按战时生铁平均市场价每吨华币 160 元计算，汉冶萍输往日本的生铁、铁矿石可值 1.77 亿元，除去成本 4000 万元，公司可净赚 1.37 亿元。但

① 《卸任两江总督张之洞致盛宣怀》，光绪二十九年十月十三日（1904 年 11 月 19 日），引自汪敬虞编：《中国近代工业史资料》第二辑（上），科学出版社 1957 年版，第 501 页。

是，由于受到合同的约束，定价权掌握在日本人手中，汉冶萍生铁只能以市场价五分之一到四分之一的价格卖给日本，铁矿石销售情况也大抵如此。这样，汉冶萍公司便痛失了一次发展良机。

第一次世界大战结束后，各资本主义国家加大了钢铁产业的发展，国际市场供大于求，价格猛跌。日本东京市场，汉阳1号生铁1918年市价曾高达每吨435日元，1919年降至170日元，1920年跌至119日元，1921年降至74日元，1923年更是跌至64日元。[①] 在中国国内市场，钢铁价格更是一落千丈，1920—1921年，生铁每吨约40元，钢每吨约80～110元，1924年头号生铁降至31～36元，竹节钢降至55～62元。

表 5–2　第一次世界大战后日本东京生铁市价

单位：日元 / 吨

生铁类别	1918 年	1919 年	1920 年	1921 年	1922 年	1923 年
汉阳 1 号	435	170	119	74	65	64
汉阳 2 号	—	—	—	70	—	—
汉阳 3 号	—	—	—	—	59	—
鞍山 1 号	—	152	—	62	62	62
鞍山 2 号	—	—	—	60	59	60
鞍山 3 号	—	—	—	58	58	
本溪湖 1 号	—	148	119	70	63	
本溪湖 2 号	—	—	—	62		

表 5–3　汉冶萍公司日债利息表（1927—1931 年）

单位：元

年份	债息	备注
1927	2574162.30	年利按 6 厘计算
1928	2526832.98	
1929	2636379.82	
1930	2360087.65	年利按 5.5 厘计算
1931	2360489.66	

[①] 谢家荣：《第二次中国矿业纪要》，引自胡政主编、张后铨著：《汉冶萍公司史》，社会科学文献出版社 2014 年版，第 308 页。

表 5–4 汉冶萍公司历年盈亏表（1916—1927 年） 单位：元

年份	盈数（+）	亏数（−）
1916	1878496.83	
1917	2801872.20	
1918	3797904.47	
1919	2918463.63	
1920		1279588.44
1921		511835.03
1922		3666876.36
1923		2952609.86
1924		4034736.00
1925		3181301.00
1926		2901092.00
1927		2985606.00

资料来源 《江南煤都 工业重镇——萍乡煤矿历史专题陈列》。

　　汉阳铁厂迅速陷入停顿和萧条。1923 年 9 月，汉厂 4 号高炉停炼。1924 年 10 月，3 号高炉熄火。至此，汉阳铁厂的 4 座高炉全部停歇，中国第一家也是最大一家钢铁厂完全停止了生产。当汉冶萍公司一片萧条的时候，日本则像一条蚂蟥一样紧紧地吸附在公司身上，将公司的血吸干，壮大了自己。据《大冶铁矿志》称：欧战期间，日本降低大冶矿砂价格，从矿砂差额中获得暴利 10787102 日元[①]，连同生铁一起，日本从公司总共搜刮掉 1 亿日元以上资产。

　　汉冶萍公司排名迅速后移。自 1890 年张之洞创办汉阳铁厂并大冶铁矿起，到抗战前夕，全国开采未久即停办的铁矿多达十多处，其中包括大冶铁矿、象鼻山铁矿、辽宁庙儿沟铁矿、辽宁弓长岭铁矿、辽宁鞍山铁矿、安徽繁昌铁矿、安徽当涂铁矿、安徽铜官山铁矿、山东金岭镇铁矿、江苏凤凰山铁矿、河北滦县铁矿、察哈尔宣龙铁矿、河南修武铁矿等。随之停办的还有一批钢铁厂，如汉阳铁厂、大冶铁厂、本溪湖制铁所、鞍山制铁所、扬子机

---

① 马景源等主编：《大冶铁矿志》（未刊本）第一卷（上册），第 71、72 页。

器公司、龙烟公司、和兴铁工厂、阳泉铁厂、上海钢铁机器股份有限公司等。
汉冶萍公司由 1911 年前国内钢铁产量 100%，1912 年陡降为 6.2%，此后，所
占比例长期徘徊并呈下降趋势，1925 年之后，汉冶萍属下的钢铁厂全部停产，
汉阳铁厂在全国钢铁业一枝独秀的局面一去不复返。

表 5-5 汉冶萍钢铁产量在全国钢铁业所占比例 　　　单位：吨，%

年份	全国钢铁产量	公司钢铁产量	公司钢铁产量占全国钢铁总产量比例	备注
1912	180510	11310	6.2	
1913	310150	110149	35.5	
1914	355850	182098	51.1	
1915	385016	184900	48.0	
1916	414858	191669	46.2	
1917	400966	192582	48.0	
1918	385794	166148	43.0	
1919	442594	170947	38.6	
1920	497808	163707	32.8	
1921	476213	170660	35.8	
1922	431844	149810	34.6	含冶厂 1000 吨
1923	371487	159896	43.0	含冶厂 86144 吨
1924	–	179128	–	含冶厂 117860 吨
1925	–	53482	–	含冶厂 53482 吨

资料来源　汉厂、冶厂产量见《汉冶萍公司钢铁产量表》，引自湖北省档案馆编：《汉冶萍公司档案史料选编》（下），中国社会科学出版社 1992 年版，第 444 页。

　　萍乡煤矿的煤炭生产同样受到严重影响。随着各资本主义强国在华投资大
增，开滦（中、英）、福公司（英）、抚顺（日）、本溪湖（中、日）、山东德华
（德）、井陉（中、德）、临城（比利时）七大煤矿，在 1899 至 1913 年的 15 年

间，投资扩充了 40 倍，1913 年的产量就超过 600 万吨，单是开滦、抚顺两矿就各占 200 万吨，而当时全国煤产量，却不过 760 多万吨[①]。萍乡煤矿在全国的排名不断后移，其生产能力已落后于抚顺、开滦、中兴、中福、井陉、鲁大、门头沟、六河沟、本溪湖等煤矿，在全国十大煤矿中排名末位[②]。

公司好处没捞到，而倒霉的事却轮到了，这是中了日本人给公司下的圈套的结果。国民政府农矿部司长胡庶华认为："吾国钢铁事业，首推汉冶萍公司……其失败原因，皆办理之未善……兼之历年军阀的斗争，颇受影响，复因日债关系，处处都受到日人之操纵与牵制……"[③]

（二）落入圈套不能自拔

盛宣怀最初对日本有一个基本认识：中国要富强，必须以日本为师。1908 年东游日本后他在一封信中写道："该国地狭民穷，而于财政上不遗余力，讲求实业，处处维持工商，不似吾家空文敷衍。倘能起而学之，择善而行，地大物博，富强指日可造。"[④]

汉冶萍进行了雄心勃勃的改造扩张，需要很多经费。可是中国是个贫弱的国家，资金严重匮乏，进行招股，入账远远不能满足要求，只得求助于外国银行。此时，日本经济高速度发展，钢铁的需求量不断增加，八幡制铁所在 1906 年至 1909 年间扩建为年产钢 18 万吨，紧接着又制订了年产钢 30 万吨二期规划。然而日本铁矿资源极度贫乏，他们早把目光紧盯中国，尤其是大冶铁矿。汉冶萍公司求助于外国银行为日本提供了可乘之机。1898 年 12 月

---

① 汪敬虞编：《中国近代工业史资料》第二辑（上），中国社会科学出版社 1992 年版，第 4、5 页。

② 中国工程师学会主编：《三十年来之中国工程》，台北华文出版社 1967 年版，第 4、5 页。

③《汉冶萍公司及其档案史料概述》，引自湖北省档案馆编：《汉冶萍公司档案史料选编》（上），中国社会科学出版社 1992 年版，第 5 页。

④《盛宣怀致张望屺函》（1909 年 2 月 25 日），引自湖北省档案馆编：《汉冶萍公司档案史料选编》（上），中国社会科学出版社 1992 年版，第 538 页。

18 日，日本驻沪代理领事小田切万寿之助致密函给日本外务部次官都筑，有一段很值得玩味的话："我相信此际由我国提供此项资金，将铁政局和大冶铁矿管理权，掌握在我国手中，实属极为必要之事。""除营业上一般利益外，还获得下列利益，第一，有运出我国焦煤而回运生铁矿利益；第二，有在中国扶持我国势力之利益；第三，有东方制铁事业由我国一手控制之利。"日本政府支持他的建议。汉冶萍公司由于老旧的管理、腐败等原因，企业形成了借债—生产—再借债—再生产这样一个循环。即使在第一次世界大战时期盈利 1137.8735 万元，完全可以还清日本的旧债，成为一家独立自主企业，可是公司却把钱用作分红、支付工作人员奖金、建盛公祠，共用去 2940 万两银，形成倒欠。这正是日本求之不得的大好事。

第一次世界大战爆发后，欧洲各国忙于战场厮杀，日本却阴谋趁机独吞中国。日本宣布参加英、法、美等组成的协约国集团，正式对德宣战。1915年 1 月，日本向袁世凯提出"二十一条觉书"①，其中别纸第三号"为顾及我方对汉冶萍公司之关系，拟为该公司将来讲求最善方案者"，这个"最善方案"主要内容有：

　　第一款：两缔约国互相约定，俟将来相当机会，将汉冶萍作为两国合办事业；并允：如未经日本国政府之同意，所有属于该公司一切权利、产业，中国政府不得自行处分，亦不得使公司任意处分。

　　第二款：中国政府允准：所有属于汉冶萍公司各矿之附近矿山，如未经该公司同意，一概不准该公司以外之人开采，并允此外凡欲措办无论直接间接对该公司恐有影响之举，必须先经公司同意。

汉冶萍公司经历了辛亥革命炮火的兵燹，躲过了与日本合办、国有化和"二十一条"风波，但终究没有逃过日本人魔爪这一劫，日本人在 1913 年借款给汉冶萍公司时设下了一个圈套：借给公司 1500 万日元，"本利还清，主

---

① 觉书，即备忘录，意思是双方为了启动下一轮谈判而签署的一份非正式文件。

要以铁矿及生铁充当，约 40 年还清。"[1]

"40 年还清"是个什么概念？就是说在 40 年内要输送日本铁矿石、生铁两项共计折合铁矿石 3000 万吨。著名地质学家、曾任国民政府行政院长的翁文灏就此发表评论："其中大冶铁矿为汉冶萍公司所有的实

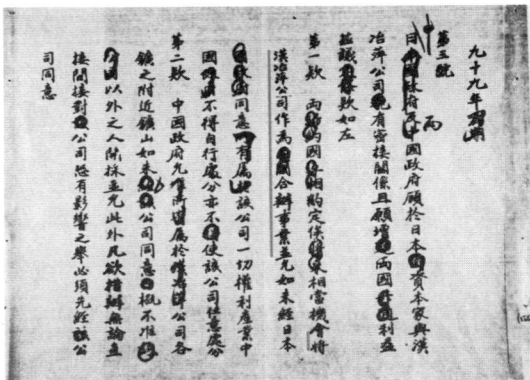

1915 年 1 月，日本向袁世凯提出"二十一条觉书"

际不过 2000 万吨，所以他们把大冶铁矿整个卖尽了，还要倒欠日本 1000 万吨。"[2] 这倒欠日本人的 1000 万吨铁矿只能靠中国其他矿山的铁矿石来弥补。

其后，汉冶萍公司完全在日本人的圈套中运作。据日本官方透露，他们将通过各种手段攫取冶、萍两矿的采掘权、管理权，这是一个深谋远虑的侵略计划。日本在自身欠有大量外债的情况下，不断向汉冶萍公司贷款，截至 1930 年 5 月共贷款 32 笔，计 5060 万日元、银 396 万两、洋例银 82 万两。这些以公司全部产业作抵押，利息又偏高的贷款将汉冶萍牢牢捆住。公司在大冶矿的一切权利，包括矿山开采权、经营自主权、矿山管理权、产品定价权都被剥夺。汉阳铁厂在炼铁亏本情况下，于 1924 年完全停止了生产。日本自身有煤炭资源，不要萍乡的煤炭，只有大冶的铁矿石还源源不断地供给日本八幡制铁所作原料。

盛宣怀创办了中国最大实业汉冶萍公司，同时又是他断送了公司。盛宣怀是个颇具争议性人物，历史上褒贬不一。

对于盛宣怀的成败得失，盛宣怀说："至责其（指盛自己）化私意而出公理，其所谓私者，创轮船与洋商争航路；开电政阻英、丹海线不准越中国海

---

① 《日外务大臣牧野伸显致驻华公使山座密电》（1913 年 10 月 22 日），引自武汉大学经济系编：《旧中国汉冶萍与日本关系史料选辑》，上海人民出版社 1985 年版，第 408 页。

② 翁文灏：《日本人如何取得铁矿砂的供给》，引自胡政主编、张后铨著：《汉冶萍公司史》，社会科学文献出版社 2014 年版，第 351 页。

面；建纱布厂以吸收洋纱洋布之利；造京汉以交通南北干路；恢张汉冶萍，以收钢铁权利；他人坐享海关道大俸大禄贻之子孙，我则首先入股冒奇险而成兹数事。私乎公乎？……试问天下有十个盛杏荪，实业便于数十件。可惜天下人才莫不鉴其吃亏，苦太甚，俱各援以为戒，竟无一人肯步其后尘！"①这不免有自夸之嫌。他曾豪迈地说："鄙人自得铁矿以来，三十五年矣！萧萧白发，滚滚红炉，当竭吾生之心血，蔚成宇宙之大观"②，也曾痛定思痛地告知于人："此策（指官商合办）定后断不能再借外债"③。在他的晚年还曾诚恳地告诫同仁："宣怀老病危殆，来日无几，惟预料此十五年后，中华民国必成一庄严巩固之制造工厂，惟政府实图利之。"④"弟一息尚存，终想布置头绪，以待来者。"⑤垂死老人之言道出了拳拳之心。

而汉冶萍公司内部对盛宣怀是一致表示认同的，一名职员这样称赞盛宣怀："伏念会长白发苍苍，消磨于煤铁几数十年，构成东方独一无二之实业，卧薪尝胆，抱冰卧火，宁苦于此！"⑥

对盛宣怀持肯定态度、执较为全面评价的，是见于1913年的一篇《汉冶萍公司历史评论》文章。文章一是肯定盛宣怀的贡献，"只就汉冶萍着想，大冶是伊勘获，萍乡是伊创办。当年张南皮智尽能索，无力再办之汉阳铁厂，是伊拼命接办，竭力扩张，方有今日之局面。"二是肯定盛宣怀的人品，"仅

① 盛宣怀：《寄孙中丞（慕韩）函》，宣统二年三月二十九日（1910年5月8日），引自夏东元：《盛宣怀传》，上海交通大学出版社2007年版，第302页。

② 陈旭麓、顾廷龙、汪熙主编：《盛宣怀档案资料选辑之四：汉冶萍公司（三）》，上海人民出版社2004年版，第94页。

③ 《盛宣怀致孙宝琦函》（1915年11月29日），引自陈旭麓、顾廷龙、汪熙主编：《盛宣怀档案资料选辑之四：汉冶萍公司（三）》，上海人民出版社2004年版，第983页。

④ 《盛会长报告书》（节略）（1915年5月27日），引自湖北省档案馆编：《汉冶萍公司档案史料选编》（上），中国社会科学出版社1992年版，第277页。

⑤ 《盛宣怀致叶景葵函》（1914年1月24日），引自湖北省档案馆编：《汉冶萍公司档案史料选编》（上），中国社会科学出版社1992年版，第307页。

⑥ 《孟震致盛宣怀函》（1914年2月19日），引自陈旭麓、顾廷龙、汪熙主编：《盛宣怀档案资料选辑之四：汉冶萍公司（三）》，上海人民出版社2004年版，第783页。

操守论：盛氏任督办总理，未曾开支公费分文，所集股份、所借款项，无不归总公司收支员直汇汉口交明汉萍收支处列收。"文章甚至说："盛氏但有筹款之权，而无用款之事。"三是肯定盛宣怀用人之道，"就用人论：今日我股东所推崇之实业专家李一琴，即是盛氏所识拔"。文章认为盛氏所选拔的吴健、卢洪昶、张赞宸等人"皆一时之彦"。四是肯定盛宣怀的招股功绩，盛氏"一面招股，一面垫款，一面挪借商款，居然集到商股 1300 余万元。数虽不多，公司如此艰难，若无信任，亦难遽集"。五是肯定盛宣怀的借债功劳，"就借债论：萍乡先借礼和马克，后还礼和，续借大仓一款，非此不能成萍矿；大冶先预支矿石价，非此不能成汉厂。嗣后九江矿借正金生铁价一款，非此不能续成汉、萍两处之扩张"。[①]

著名学者夏东元认为："作为资本人格化的盛宣怀仍不失为有民族性的资本家。"[②] 这或许是对他最公允的定论。

五、汉冶萍债台高筑运输成本高昂

汉冶萍公司产品成本高昂的原因有两个：一个是债务上的影响，一个是原料与燃料运费的负担。

汉冶萍公司前后向日本举借巨额的债款，因为要分年归还本息，每年须用大冶铁砂和铁厂生铁来支付。再次，公司又向各钱庄、洋行举借不少短期债款。这些债款的利息都很高，平均值九厘至一分三厘左右。据估计，在1907 年公司因欠这些短期债款而支付的利息，约多至 60 万至 70 万两。计自商办以来至民国初年，它共发债息 9855531.026 两。由于这一大笔债息的负担，公司产品的生产成本自然要特别加重了。

汉冶萍公司分属四省，公司总部在上海，主厂房在武汉，原料在大冶、

① 《汉冶萍公司历史之平论》（1913 年 3 月中旬），引自陈旭麓、顾廷龙、汪熙主编：《盛宣怀档案资料选辑之四：汉冶萍公司（三）》，上海人民出版社 2004 年版，第 434、435 页。

② 夏东元：《盛宣怀传》，上海交通大学出版社 2007 年版，第 301 页。

萍乡，运输线路在株萍、粤汉铁路以及湘江、长江，从萍乡到上海总计有2000多里。如此漫长的运路，必然加重运输成本。运费方面，包括大冶铁砂和萍乡煤焦的运费。大冶每吨铁砂的采炼成本，李维格在光绪三十年（1904年）约估为银一两。此后，每吨成本约为洋例银一两二钱八分二厘。这个数目看起来好像很小，但汉阳铁厂长期消费大冶铁砂，数量庞大，因此这笔费用累计起来也是一个不小的数目。另一方面，因为萍乡和汉阳、大冶的距离都要比大冶至汉阳为远，煤焦成本比大冶铁矿的成本要高得多。煤焦由株萍铁路运至昭山后，由于粤汉铁路尚未通车，只好利用水路运往汉阳，利用民船运输的煤焦大约占总数四分之三，其余则利用汽船来运输。1918年9月，长沙至武昌的铁路修成后，萍乡的煤才能完全利用铁路运往汉阳，此时第一次世界大战快结束，汉冶萍公司的营业状况已开始走向下坡。

表 5-6　萍乡煤矿出煤每吨成本

项目	款项（洋例银）（两）
毛煤洗净七折	2
洗费	0.14
窿外经费	0.4
出井税	0.1
正半税	0.15
起卸装船出舱费	0.2
火车运费	0.56
由株洲至汉水道运费	1.5
共计	5.05

资料来源　全汉昇：《汉冶萍公司略史》，台北文海出版社 1971 年版，第 246 页。

表 5-7　各煤矿煤焦至武汉运费表

矿名	与武汉距离（公里）	每吨运费（元）
井陉煤矿	931	7.54
临城煤矿	873	6.74

矿名	与武汉距离（公里）	每吨运费（元）
磁县怡立煤矿	756	5.84
六河沟煤矿	721	5.71
中原煤矿	594	4.97
萍乡煤矿	509	5.75

资料来源　陈维、彭黻：《江西萍乡安源煤矿调查报告》，江西省政府经济委员会，1935 年。

近代钢铁工业的发展，和煤炭资源有非常密切的关系，因为钢铁炼成生铁，再转炼成钢，要消耗大量的煤作燃料才成。世界上钢铁工业最早发展的英国，在一九二五年要消耗三四吨煤才能炼成一吨的钢轨。因为要消耗这样多的煤，煤的费用的大小自然成钢铁生产成本的低昂发生密切的关系。因此，汉阳的萍煤成本的高昂，对于汉冶萍公司的失败，着实要发生一种决定性的作用。[①]

其实，为节约生产成本，盛宣怀在接办汉阳铁厂的时候就考虑将铁厂南迁。光绪二十二年（1896 年），盛宣怀接管了汉阳铁厂和大冶铁矿，改官办为官督商办。官办与商办的最大区别在于，官办可以不计成本，而商办就要考虑赚钱的事了。1901 年 5 月，李维格致函盛宣怀，尖锐指出铁厂的四大弊病："曰章程未定，曰人才未养，曰料贵，曰货呆。章程未定则局势散漫，人才未养则外人挟制，料贵则难以减轻成本，货呆则无以广筹销路。"[②] 由于汉阳铁厂选址从商业考虑不合理，盛宣怀就考虑选择新址办厂了。新址有两个，一个是萍乡，以铁就煤；另一个是大冶，以煤就铁。也就是靠近资源办厂。

最早提出以铁就煤计划的是李维格。1902 年 9 月，李维格致函盛宣怀："汉厂本炼熟铁，因煤价昂贵，不能与洋铁争胜，故机炉虽具，而已废置多

① 全汉昇：《汉冶萍公司史略》，台北文海出版社 1971 年版，第 245 页。
② 胡政主编、张后铨著：《汉冶萍公司史》，社会科学文献出版社 2014 年版，第 86、88 页。

年。夫煤价昂贵，由于运艰道远。"① 他提议按照以铁就煤，在萍乡设立炼熟铁炉，将生铁运萍后，"即由转运萍煤回空船只带往，运费可轻。"而主张在萍乡设立新厂最力的，是盛宣怀的侄子盛春颐和英国工程师利瓦伊格。他们建议就萍乡设生铁炉一座、马丁炉一座、熟铁炉 20 座，另把原来汉厂的马丁、熟铁和铁货三厂内设备，拆卸运萍，使设备完备。生产所需的铁矿石，则由大冶运去，以铁就煤。他们预计运铁矿石的费用与运煤焦的费用相当，但可免除煤焦在运输途中破碎和被掺杂浸水之弊，成本会因而得到减轻，经营自可获利，估计每年可获利一二十万两，如果加上马丁钢零件等物料，每年余利可达 30 万两之多。

为了说服盛宣怀，利瓦伊格还于光绪三十年（1904 年）特意到萍乡附近考察，寻找铁矿及建造铁厂场地，并在湘东发现了可建厂的场地，这里地域广阔，土地平展，足可供建厂之用。虽然没找到合适的铁矿，但该处位于萍乡城外 30 华里左右，煤焦供应便利，而且滨临渌江，又近株萍铁路，交通运输便利。此外，它有洞庭湖和鄱阳湖作屏障，万一发生战争，也不容易被敌人攻占。因此，盛宣怀对利瓦伊格的提议很感兴趣。

全汉昇对汉阳铁厂准备南迁萍乡与前说略有不同：

　　到了光绪三十年（1904 年），李维格在江西萍乡县近湖南处，发现一个适宜建立制造钢铁、枪炮厂的地方。这个地方叫湘东，它的优点有四：第一，面积宽广，足供建厂之用；第二，位于萍乡城外三十华里左右，煤焦的供给很方便，可以节省燃料运费的负担；第三，濒临湘河，既可利用水道运输，又可利用快要完成的株萍铁路和将要兴筑的粤汉铁路，水陆交通都非常便利；第四，深处内陆，西有洞庭湖，东有鄱阳湖为屏障，万一战争发生，也不容易被敌人攻占。因此，盛宣怀接受李维格的建议，决定把新厂建在这里。为着要减轻铁厂的负担，他并且号召江苏、安徽、江西、湖北、湖南、四川六省合力举办，但是，新厂由六

---

① 胡政主编、张后铨著：《汉冶萍公司史》，社会科学文献出版社 2014 年版，第 86、88 页。

省兴办，管理上和行政上必然会发生许多不易解决的问题，因此这个计划并不能够实现。因此，这个新厂的建议并没有实行。[①]

由于汉阳铁厂准备南迁，还顺带了另一厂家准备内迁。这家准备内迁的厂家是江南制造局。关于江南制造局，《中国近代工业史资料》进行了介绍：

> 清政府……经营的近代军用工业中，规模最大的是上海的江南制造局。自 1865 年终高昌庙建厂以来，历年不断地扩充规模、改良设备，至中日甲午战争时已具有十几座装备着优良的机器的大的厂房，一座中型的船坞，雇佣工人达二千数百人。它主要从事制造枪、炮、子弹、火药、水雷等军用品，兼营炼钢。并能制造简单的机器。它初期修造了十几艘轮船，但自 1885 年后即行停造。局中主要的技师是英国人。它历年生产的军用品主要供给南北洋，有时也调拨给各省的军队。它最初创办经费约银五十四万两，嗣后以江海关二成洋税为常年经费，每年少时达三十余万两，多时达六十余万两。在全国十几个大小不同的兵工厂中，它的经费是最充足的，因此它的生产数量和质量都优于其他各厂[②]。

李寿铨之子李为扬对江南制造局准备搬迁一事有详细记载：

> 江南制造局系同治六年（1867 年）开办于上海，规模宏敞，是我国制造军械最早的兵工厂。奈因上海地居商埠，又有外国租界，五方杂居，极易漫藏诲盗；这样一所主要的军事工业，设在上海，很不相宜。光绪三十年（1904 年），湖广总督张之洞和两江总督魏光焘有鉴于此，便会同奏请将江南制造局，从上海向内地迁移。清廷奏准特派兵部侍郎铁良，前往各地详细查勘，研究和选择可充新厂的地址。这年十二月，铁良由

---

① 全汉昇：《汉冶萍公司史略》，台北文海出版社 1971 年版，第 245、120、121 页。
② 孙毓棠编：《中国近代工业史资料》第一辑（上），科学出版社 1957 年版，第 21 页。

安徽湾沚来到了江西萍乡，最后选定安源临近的杨家场，可作新厂基址。铁良在所以选择的地址中，最后考虑湾沚和杨家场两处，在查报的奏折中有一段很详细的描述可供参考资料。其中论及湾沚有五弊，而不及湘东杨家场。奏折中写道：

"湘东在江西萍乡县境之西，自湖北武汉溯江而上，经岳州、入洞庭湖，复历湘阴、长沙，至湘潭县属之株洲镇，计水程九百八十里，由株洲陆行至醴陵，由醴陵循铁路抵湘东，共一百五十里。如由株洲舟行，经湘河沵口、醴陵以达湘东，则共一百八十五里。该镇原勘厂基，地名杨家场；嗣又添备二处，曰峡山口，曰朝天柱。峡山口地约一千三四百亩，濒河地势较低，水大时恐致冲刷；朝天柱在峡山口之西，地约六百二十余亩，土质较坚，惟较峡山口尤为洼下，均无足取。杨家场局面最广，约可得平地三千余亩，三面界山，一面傍水，以中心估计，距铁路六七里，就该处全局而论，远隔大江，深居堂奥，地势高旷，土质坚凝，界内庐墓稀少，处建厂外，隔山余地，尚可扩充。东临大河，足供厂用。其西北隅之泉塘湾，流泉清洁，于造药及汽锅亦甚相宜。安源煤矿即在临近，去安源四十里，闻尚有铁矿可开。而由武汉至株洲，江湖运道，四时可通，由株入湘东河，虽河水涨落不定，不免节节盘剥，然装载一二百石之船只，亦尚可往来。且闻萍株铁路本年四月间即可造齐，是陆运已尚便。具此格局，自较湾沚为胜。"

此奏折上后，经清廷批准。然而基址虽勘定但尚未动工之时，清廷已临近覆亡，由于款项支绌，新厂遂停建。此是后话。

铁路勘测杨家场时，安源正在大举建矿。铁良闻风，特地莅临安源，仔细参观安源规模。极为嘉许；时全国正在酝酿兴办银行，而安源建矿已完成十分之七八，为了奖掖理财人才，便向清廷推荐安源煤矿总办张赞宸任天津银行总办，这也是铁良附带完成的一项使命[1]。

---

[1] 李为扬：《铁良的特殊使命》，《萍矿工人报》1989年12月12日。

但是，萍乡煤矿总工程师赖伦提出了不同的看法，他主张在大冶设立新厂。他把设厂在大冶和萍乡的铁矿石成本分别估计出来，然后作一比较，得出的结论是两地差不多。但大冶距离汉阳近，容易得到官方的保护。

正在盛宣怀举棋不定的时候，辛亥革命爆发了，这事也就搁置了。到了1913年，铁厂已经改制为完全的商办，组成了汉冶萍公司，通过公司理事会一致公决，在大冶建新厂。于是利用在日本正金银行的借款900万元在大冶添设炉座，至此，新厂址的计划得以落实完成，萍乡也就失去了一次汉阳铁厂及江南制造局搬迁的机会。

六、灾害频发萍乡煤矿求助无门

煤矿的天字号工程就是安全。大自然时时刻刻在威胁着人的安全，小则致人身体伤残，重则使矿井报废，人与矿井俱毁。但我国近代煤矿对安全事故却鲜有详细记载，人们认为是矿主怕影响矿井声誉，对外避而不谈。

萍乡煤矿虽属近代机械化矿井，自从创办以来，亦时有事故发生。据不完全统计，1908年至1928年，在这年产煤炭百万吨的矿井内，事故死亡258人，平均每年死亡工人12.9人，百万吨死亡率为16.68人。

据当时《时报》记载，清光绪三十四年（1908年）十二月，矿井内发生大火灾，"焚毙人口百余，损失约值数十万，此条隧道（即起火处巷道）现尚泥封，火之息否，亦不得而知。"后来挖掘封闭的巷道，焚毙之人面目全非。

有的事故本来是可以避免的。1917年8月18日，正值萍乡煤矿兴旺的关键时刻，传说直井五段四号窿，当天出现几百只老鼠成群结队搬家，一些老鼠还边跑边咬矿工的脚，不少老矿工当即向值班的职员报告有灾情，却未引起重视。当晚发生重大瓦斯爆炸起火，烧至总平巷九段，为避免整个矿井报废，封闭巷道多处。善后发现，仅九段就死亡92人，"头焦身烂，伏尸累累，目击心伤，惨不忍睹。"① 当时安源山里黑了半边天，哭声大作，纸钱如雪，闻者无不揪心，许多家庭因此而破亡，情形十分凄惨。全矿被迫停产一周，经济损失达三百余万银圆，由于巷道部分被毁，煤炭产量剧减三分之一，数千工人被裁汰，矿山由赢变亏，员工生活艰难。这次火灾的原因，从今天的认识看是多方面的，但最主要原因还是人为的，例如工人使用的照明灯具为铁制手提茶油裸灯，属于明火照明，还有管理欠缺、安全投入不足、通风不良、串联通风等。矿长李寿铨也认识到了"现充正副监工者，多半粗鄙庸妄之徒"，需增加"有学识之正监工方有把握"②，可是就是没有具体措施。

两次重大安全事故之后，1920 年 2 月 25 日，总平巷大槽八段和九段又发生重大瓦斯爆炸事故，几处巷道被震坏倒塌，压死工人 39 人，所幸未起大火。萍乡煤矿从此萎靡不振，走向衰落。

除了火灾，水灾也严重威胁矿山生产和安全。1924 年 6 月，连续下了五天大雨，"湘东桥危险，车不敢过……查此次水势，闻与清光绪三十一年情形相同，火车自二十九日起仅能开至醴陵，株洲一带尽成泽国，由长至株车运亦停，煤焦既未克输出，木料亦不能运来。据株洲归客云，水势仍在继涨增高，则前途殊难以逆料也。至于西平巷突被大水，为从来所未见，想系各土井积水不消之故，当竭全力日夜营救。乃窿内大电器忽然被焚，现正更换，至少须三日藏事，幸尚有汽机可以打水，但刻下仍在危险之中。"③ 大水带来的是连锁反应，"至现在最关紧要而最难解决者，厥为木料问题，盖窿工不可一日无木，缺木必至停工。向来矿需木料专恃株洲接济。兹据采木处报告水灾情形，令人不忍卒读，所谓风浪交作，木簰飘荡，尤极为本矿有关。据云，所幸已收未运之木八千余根，当派工梭巡保险云云，仅存此数，只敷一时之用，而各木商报告损失者，计有湘南一等四家被冲去四万七千余根，总计在

① 《李寿铨致夏偕复、盛恩颐函》，引自湖北省档案馆编：《汉冶萍公司档案史料选编》（下），中国社会科学出版社 1992 年版，第 484 页。

② 张振初：《老鼠报警》，《安源轶事》，1995 年未刊稿，第 101 页。

③ 《黄锡赓、舒修泰致夏偕复函》（1924 年 7 月 4 日），引自湖北省档案馆编：《汉冶萍公司档案史料选编》（下），中国社会科学出版社 1992 年版，第 493 页。

十万根以上。"① 由于大水造成的影响，造成房屋受损，"长沙拆修街道以及株长一带大水后，重造屋宇均需大宗木料，求过于供，价遂飞涨。"② 当时正是煤焦无法外运之际，又逢矿井遭淹，此外，还有军阀盘踞木商不敢贩运、土匪绑架、厘税上涨等因素，企业如何经得起如此一而再再而三的折腾！

八方井是口竖井，是萍乡煤矿的主力矿井之一，1898 年建矿时，因其井筒形似八方形，故称八方井。八方井主要采安源山内煤，设计日出煤 800 吨，井深 163 米，煤槽分两部分，一为安源煤槽，一为紫家冲煤槽，紫家冲煤槽共有三层煤。到 1921 年，安源煤槽已经采尽，另开辟一条运煤道，全长 1800 米，已达到紫家冲各煤层。该井有排水设备电力泵两台，安放在第三煤层处，为该井主要排水设备。因为安源地区受季风影响，上半年雨量丰沛，下半年为旱季。为了做好防排水工作，安源矿砌了新旧两道排水坝储水，到了下半年旱季时，抽尽坝内水，拆掉旧坝出干净坝内的淤泥淤渣，及时砌新坝，电泵抬出地面修理，为来年抽水做准备。

1931 年 5 月，连日淫雨，井下水陡涨，水泵抽水不赢，水无法退却。恰在这时锅炉又出了毛病，导致气压不足影响电压，电泵抽水受到影响，矿局赶急关掉地面用电，电力全部用于井下。18 日夜八方井地下水骤增，水泵已不足应付，到了 19 日早上 6 点 30 分，电厂锅炉气压陡降，发电机转速率下降，这很可能会烧坏发电机。为保护发电机，电厂暂停电机，准备待锅炉气压升起后再开机发电。到 7 点气压复原，电机开动，可是井下的水已经升入到了马达，水泵已不能开动。

为了抢救矿井，矿局决定在发电厂再增加机炉一座，井下增加气泵两台排水。无奈气压不够，排水量很少，水势上涌，气泵又被水淹没了。三层已经被淹没了，只能作退至二层的打算。于是在距二层下 35 米处搭台，增设 4 寸出水泵两座抽水。但所增的水泵老旧，出水量小，且井下水来势太快，到

---

① 《舒修泰致夏偕复函》（1924 年 7 月 7 日），引自湖北省档案馆编：《汉冶萍公司档案史料选编》（下），中国社会科学出版社 1992 年版，第 493、494 页。

② 《舒修泰致盛恩颐函》（1925 年 3 月 22 日），引自湖北省档案馆编：《汉冶萍公司档案史料选编》（下），中国社会科学出版社 1992 年版，第 495 页。

了 25 日水已经漫过了二层井台。迫不得已，矿局一面将水泵拆掉运出地面，一面赶造容积一吨半铁箱两只，安放在吊桶内提水，一昼夜可提水 1000 吨，然而仍无济于事。于是又设计堵水，在八方井与六方井联络处用砖和混凝土筑填，另设通风管道，防止八方井水浸入六方井，弃八方井保六方井。由于第二层煤已经采尽，而采空区采用垒石填空法，采空区面积过大，如果砌墙堵水，一旦水漫过采空区，后果不堪设想。于是又决定在二层增设气泵两台，待到水到达二层储水池时，再全力抽水。但水势太大始终抽不赢。一直到了 7 月 2 日，矿局迫不得已放弃抽水，将二层气泵拆出，二层于同日被淹。

为了抢救八方井，矿局一方面拆东墙补西墙，从清水池、油煤池拆出两座水泵，经过两天修理勉强可用，又向湘东协成煤矿借了机师开泵排水；另一方面，向全国各地求援借泵。萍矿电致大冶厂矿借大号水泵，大冶很快回了话，告知该厂并没有这种水泵。迅即派人赴汉阳铁厂商借，然而该厂只有小水泵，不合萍矿使用。于是以汉冶萍公司所存本矿五座重约 300 吨的钢梁，向湘鄂路局押借 5 万元款项购买电泵，该路局回复："本路局对于钢梁需要虽急，但目前经费奇绌，实在无力借款，必须呈请铁道部特别拨用。"又向汉口禅臣洋行探寻出水口径 8 寸的电泵，回复称这样大号泵武汉、上海均无现货，若由德国订购，需要 3 个月才可交货。又向长沙民生工厂商借电泵，该厂回复："去年'红匪'陷城后（指红军攻打长沙），机件损失，至今尚未开工，故无法借用。"后来又到武汉、长沙商借水泵，得到的答复要么是电压不合，要么是自己要用不能相借。

此时，直井三层久不出煤，二层也只有六段、七段每日出煤一百二三十吨，只供直井锅炉房自用。由于这次水灾，自二层放弃后，六、七段又停工。矿局先后共遣散工人 632 人，每人除发清积欠伙食费外，另给遣散洋一元八角，并告知工人，如果东平巷需要增加工人时，尽量补充他们。同时与路局交涉好，拨给车辆，免费送被裁工人返回故里。有不愿返乡的工人，安源山里土井多，任由其自谋生路。

七、汉冶萍成为当局的提款机

辛亥革命时期，临时政府需要支付战争经费。据著名实业家张謇预算，临时政府一年的军费开支约 5000 万两，中央行政与外交至少需要 3000 万两，加上其他开支，一年的财政支出约 1.2 亿两，而岁入仅有海关税和两淮盐税共 4000 万两，每年的财政赤字达 8000 万两。孙中山便寄希望于盛宣怀，希望以汉冶萍公司名义向日本借款 500 万日元，并答应归还被封资产。此刻盛宣怀正亡命日本，他怕汉冶萍公司被临时政府没收，得到孙中山的消息，盛宣怀喜之不尽。日本政府也企图通过借款实现汉冶萍公司中日合办，进而吞并公司。

可是却受到了全国一致反对，湖北都督致函临时政府，认为"此次战争，武汉生命财产损失最巨，鄂省不能任该公司抵押借款。"①民社、湘赣川豫四省的共和协会或联合分会、国民协会、中华民国联合会共 7 个团体在《申报》上发表《汉冶萍合资公揭》，强烈要求将"盛宣怀所有私产概行充公"，"凡属盛宣怀家庭一律逐出民国之外"，"汉冶萍公司股东应立即反对盛宣怀合办之举"。②《申报》1912 年 2 月 28 日又发表《湖北省共和促进会致南京临时政府孙总统、各部总长及参议院各团体通电》指出盛宣怀"辱国丧权，莫此为甚"，表示"倘用以抵押借款，鄂人誓不承认"。消息传到安源，萍乡煤矿工人宣言：如要合办，丧权辱国，宁可轰毁。

临时政府内部也一片反对声。总统府枢密顾问章太炎强烈反对日本借机染指汉冶萍。孙中山 1912 年 2 月 13 日致电章太炎，在谈到临时政府财政困难时说："无论和战如何，军人无术使之枵腹。前敌之士，犹时有哗溃之势。""祈达人之我谅"。③实业总长张謇本来就对借款案持反对态度，他在致

---

① 《黎元洪致参议院》，引自湖北省档案馆编：《汉冶萍公司档案史料选编》（上），中国社会科学出版社 1992 年版，第 331 页。

② 《民社等之"汉冶萍合资公揭"》（节录），引自湖北省档案馆编：《汉冶萍公司档案史料选编》（上），中国社会科学出版社 1992 年版，第 336 页。

③ 武汉大学经济系编：《旧中国汉冶萍与日本关系史料选辑》，上海人民出版社 1985 年版，第 307 页。

孙中山、黄兴函中说:"汉冶萍之历史,鄙人知之最详。综要言之,凡他商业,皆可与外人合资,唯铁厂则不可;铁厂容或可与他国合资,唯日人万不可。日人处心积虑以谋我,非一日矣,然断断不能得志。盖全国三岛,无一铁矿,为日本一大憾事,而我则煤铁之富,甲于五洲。鄙人尝持一说,谓我国铁业发达之日,即日本人降伏于我国旗之下之日,确有所见,非过论也。"①副总统黎元洪也来电阻止,更重要的是,参议院认为此举违法,湖北参议员刘成禺、时功玖,江西参议员文群等提出提案,认为"临时政府押借外债及发行军用钞票,未交院中议决,有背临时组织大纲",提案"警告政府,另议善法"。②临时政府在各方压力下,只得取消成案。

同时,汉冶萍公司内反应强烈,股东龙黻敹、马维桂、王扬滨等致电盛宣怀说:"查公司向章,不准掺入洋股。阁下既未赏各股东开会议决,辄以私人资格擅与外人订约,不独国权,亦我等血本所关,断难承认。"③

盛宣怀要求召开股东大会公决。1912 年 3 月 22 日,汉冶萍公司临时股东大会在上海召开。对于中日合办之事,股东反应激烈,湖南代表熊秉三说:"湖南公司各股将近百万,与汉冶萍公司有着重要之关系。某等现由谭都督电举为湖南股东代表,对于汉冶萍公司拟与日本合办之草合同极端反对。某反对的理由有四端:一曰丧权。中国股东向来习惯放弃权责,股票到手,视同田产,只求官息之得失,不问成效之有无。即如本公司去年续借款六百万元及此次擅订合办之约,是类重大事件,盛氏独断专行,股东尚无一之者,遑论其他。日人权利思想最为发达,利之所在,丝毫不让。苟公司若与合办,将来相形见绌,中国股东遇事不问,所有一切公议之权,必均操于日人之手,无可疑矣。""二曰靡费。公司获利在于去冗员而节冗费,今草合同第五、六

---

① 《张謇致孙中山、黄兴函》(节录)(1912 年 2 月),引自湖北省档案馆编:《汉冶萍公司档案史料选编》(上),中国社会科学出版社 1992 年版,第 332 页。

② 湖北省档案馆编:《汉冶萍公司档案史料选编》(上),中国社会科学出版社 1992 年版,第 331 页。

③ 《公司上海股东致盛宣怀电》(1912 年 2 月 26 日),引自湖北省档案馆编:《汉冶萍公司档案史料选编》(上),中国社会科学出版社 1992 年版,第 336 页。

条，办事职员华日各一，是较从前用人经费加一倍矣。""三曰失利。照上条所言，靡费既多，则公司获利自少。倘公司任意靡费，获利日微，必不以所收买股票，概押于日本股东之手，公司将无复为中国有矣。""四曰酿祸。汉冶萍厂矿隶属于三省管辖下，彼处工人性质强悍，稍有谣传，即起暴动。"股东黄云鹏说："一曰经济。汉冶萍天然凑合成此公司，成为东亚第一物产，自能经理者，不特抵制各国输入，更足应外国之供给也。日本垂涎已久，奈何不思保存，反拱手而断送之，以自绝其生命。二曰武器。现代国家处武装平和时代，非武力自卫，不适生存，又非武器能独立，亦不适生存。日本所办枝光制铁所，政府损失不下四千万，然每年尚设法维持者，正欲谋武器之独立也。今若合办，则举此委权于人，万一不幸，国交破裂，拘束于战时国家法，既不能外购，又不能自制，束手待毙，何以为国？故就经济及武器两方考究，绝对不能与日人合办。且我辈为中华国民，亦应具有爱国之热忱，今日若能全体反对，取消合办，不留一票赞成之污点，庶可告无罪于天下。不然汉冶萍股东之名词，恐不为同胞所齿。"[1]

股东发言后实行公决，全票反对中日合办。当日在致盛宣怀、袁世凯、孙中山电中说："今日开股东会，到会者四百四十票，计二十万零八千八百三十八股，照章有决议之权，草合同自无效，请速取消。全体到会股东公电。"[2] 这样，中日合办汉冶萍公司的计划胎死腹中。

其时，汉冶萍公司停产已久，机械锈蚀，矿井淹没，洋工程师坐糜薪资，财务方面已陷于绝境，营业收入渠道几乎全部被堵死，每月还须支付借款利息等 20 余万元，三矿厂内外债务达 2440.76 万两[3]，公司必须解决资金问题谋求出路。

---

① 《公司临时股东大会议案》（1912 年 3 月 22 日），引自湖北省档案馆编：《汉冶萍公司档案史料选编》（上），中国社会科学出版社 1992 年版，第 256、257 页。

② 《公司临时股东大会致盛宣怀公电》（1912 年 3 月 22 日），引自湖北省档案馆编：《汉冶萍公司档案史料选编》（上），中国社会科学出版社 1992 年版，第 339 页。

③ 周泽南：《汉冶萍公司之内容》，引自胡政主编、张后铨著：《汉冶萍公司史》，社会科学文献出版社 2014 年版，第 199 页。

1912 年 8 月 1 日，汉冶萍公司召开董事会，讨论公司何去何从。股东中出现了两种截然不同意见。一种意见主张收归国有，一种意见主张继续维持商办。盛宣怀力挺国有。8 月 3 日，盛宣怀致电李维格："让还国有，此上策也。""汉冶萍足以扰我心胸，如焚如捣，深悔半生心血如陆沉海。"直到 1913 年 6 月，他还在为汉冶萍国有化进行奔忙，在《中华实业丛报》上发表长达六千字长文《通筹全局意见书》，全面介绍了汉冶萍的历史、债务、优势及对策等，着重分析了公司实行国有的必要性，并强调："诚能合各省铁矿为一大钢铁会，名曰中华钢铁会，先以已成之汉冶萍为初基，再行次第推广，必足与欧美抗衡，为中国自强之大端。"①

1912 年 8 月 12 日，汉冶萍公司股东特别大会经过投筒检验，赞成国有的股东占股东总数的 94.4%。但是，当时的北洋政府根本拿不出资金来拯救汉冶萍公司。时间一天天挨下去，公司债务却日加沉重。 1913 年 3 月 29 日，公司股东大会在上海召开，一致通过决议："取消国有，主张完全商办即另举总理。"至此，汉冶萍公司收归国有案落下帷幕，同时，由于公司举日债而一天天沉沦下去。

像汉冶萍公司这样关系到国计民生的超大型企业，国家和人民应该予以扶持才是。而汉阳铁厂与日本制铁所相比已相形见绌了。"彼邦极以钢铁为重，该厂糜款六千万元，冶铁与我相埒，而地广十倍于我，工师不用外人。"②"若松合一国之力为之，尚形竭蹶，汉阳仅吾一人之力为之，必弊之道也。"③本来，像中国这样的人口大国，救助汉冶萍这样关系到国计民生的特大型企业是必须要做到。到 19 世纪中叶，中国人口已经达到了 4.3 亿人④。可是

---

① 盛宣怀《通筹全局意见书》，引自胡政主编、张后铨著：《汉冶萍公司史》，社会科学文献出版社 2014 年版，第 243 页。

② 《与湖广陈制军》，光绪三十四年十月十九日（1908 年 11 月 12 日），引自胡政主编、张后铨著：《汉冶萍公司史》，社会科学文献出版社 2014 年版，第 146 页。

③ 《致伦贝子再启》，光绪三十四年十二月四日（1908 年 12 月 26 日），引自胡政主编、张后铨著：《汉冶萍公司史》，社会科学文献出版社 2014 年版，第 146 页。

④ 引自全汉昇：《汉冶萍公司史略》，台北文海出版社 1971 年版，第 129 页。

由于中国是一个自给自足的农业国，仅有的一点工业也只是手工业，生产力低下。根据经济学家张仲礼的估计，到 19 世纪 80 年代，中国每人每年平均所得不过银七两四钱，或十元多一点①。另据 1883 年《北华捷报》的报道，当时大多数农民平均一年的净收入只有七十五元，以每户五人计算，每人只有 15 元。约比这早四十余年，林则徐说："臣窃思人生日用饮食所需，在富侈者因不能定其准数，若以食贫之人，当中熟之岁，大约有银四五分即可过一日。"② 如此低的收入，每天所得几乎全部消费掉了，并没有多少储蓄。自鸦片战争以后，随着《南京条约》等其他不平等条约的签订，工业先进国家的货物，只要缴纳 5% 左右的入口税，及 2.5% 的子口税③，即可大量输入中国，运销于各地市场上，这严重地冲击着中国传统工业，使无数家庭破产。另一方面，西方列强的入侵，造就了一批买办阶级，例如上海开通商口岸后，在那里充当洋行买办的徐润，到了光绪九年（1883 年）资产累积至三百二十万两④。甲午战争后在上海兴办工商业的祝大椿，到了光绪三十三年（1907）投资多至二百〇一万两⑤。本来很少的资本又向大资产阶级集中，人民群众的生活愈加贫困，无数人饥寒交迫、民不聊生，哪有剩余资金来拯救汉冶萍。

然而，对于汉冶萍公司，地方政府非但不予以扶持，反而尽搜刮之能事，弄得企业处于风雨飘摇之中。

环绕着砂捐，政府把企业搜刮殆尽。铁砂出自大冶，本是盛宣怀以公司名义购买的商产。在创办之初，公司与湖北省有约，规定每生产一吨生铁由湖北省抽铁捐银一两。第一次世界大战结束后，各列强国家认识到了钢铁的

---

① 根据当时 100 两等于 146.86 元来折算，七两四钱等于 10.86764 元，引自全汉昇：《汉冶萍公司史略》，台北文海出版社 1971 年版，第 129 页。

② 林则徐：《林文忠公政书》，引自全汉昇：《汉冶萍公司史略》，台北文海出版社 1971 年版，第 129 页。

③ 全汉昇：《汉冶萍公司史略》，台北文海出版社 1971 年版，第 29 页。

④ 全汉昇：《汉冶萍公司史略》，台北文海出版社 1971 年版，第 129、130 页。

⑤ 全汉昇：《上海近代中国工业化中的地位》，《汉冶萍公司史略》，台北文海出版社 1971 年版，第 130 页。

重要性，纷纷加大了对钢铁业的投入，世界钢铁产能过剩，钢铁价由战争时期最高价位 480 日元降至 370 日元，汉冶萍公司受制于人，售价就更低了，因为亏损太重，于是停止了炼铁，只售矿石，沦为了日本八幡制铁所的原料供应基地。这个时候湖北省政府就瞄准了铁砂做文章。1923 年 5 月，湖北认为公司已向日本出售了 1500 万吨铁砂，已漏交铁捐 900 万两，于是提出改铁捐为砂捐，"每砂一吨抽取捐银六钱"。如果以每吨铁捐一两计算，抽捐银至重不过四十分之一，而当时矿砂每吨售价不过银圆 3 元，如果抽捐 6 钱，则每炼一吨铁约合银圆将近 1 元，实际收捐三分之一。

这样重的税收，公司当然不能同意。然而湖北省政府非常强硬，1926 年春，湖北省政府扣押公司轮船 4 艘，驳船 15 艘。由于汉冶萍的一些轮船被军事部门征用运输军需，湖北省政府经过向各方面打探索获了这些船只，一年之中共有 12 艘小轮、19 艘驳船被湖北省政府扣押，抵消砂捐。失去了轮驳，汉冶萍公司的处境更加艰难。

汉阳铁厂有焦炭 7070 吨，湖北省政府竟在 1927 年 1 月派员"保管"，并称："此次奉命接收保管此项焦炭系为抵偿共欠起见。"[1]

1927 年 10 月 20 日，汉冶萍公司与湖北省政府在武昌官矿公署举行酒会，商讨砂捐一事，非但未达成协议，官矿公署还把公司谈判代表盛铭扣留了做人质。11 月 2 日，湖北省农工厅长王祺与汉阳铁厂代理厂长黄金涛会商，王祺提出：清理（公司）创办起之砂捐；缴讨新捐 6 万元后释放盛铭；保证今后新捐不再拖欠。经过讨价还价，双方达成 13 条协议，公司认缴砂捐 6 万元，其中缴纳现银 1.4 万元，另以锰砂 2500 余吨提单抵押 4.6 万元。盛铭放回。其后湖北省政府又提走公司钢轨及配件 300 余吨，狗头钉 20 万枚，财政厅又提走钢轨 100 多吨。公司同仁悲伤已极，"彼瓜已稀奚堪再摘！"[2]

此后，夏斗寅执掌湖北军政大权，又派员提走 840 根钢轨及各种配件。汉

① 《赵时骧致盛恩颐、潘灏芬函》（1927 年 1 月 22 日），引自湖北省档案馆编：《汉冶萍公司档案史料选编》（下），中国社会科学出版社 1992 年版，第 207 页。

② 《公司董事会致何成浚带电》（1932 年 1 月 21 日），引自湖北省档案馆编：《汉冶萍公司档案史料选编》（下），中国社会科学出版社 1992 年版，第 217 页。

冶萍公司董事会派人去哭诉："不蒙见谅，不恤瓜稀，三摘四摘，钧府似此压迫有加无已，厂商不惟惶惑失望，且将无已措手足矣。虽哀鸣屡作，观听难回，敝公司丁兹艰危，仍不得不呼吁于贵主席之前，万恳府赐矜恤，勿再提起，为中华实业稍留一线生机。无任迫切感祷之至。"① 其哀鸣之音感人至深。

地方政府如此，中央政府又会怎样对待汉冶萍公司呢？

1933 年 4 月，鄂豫皖三省"剿总"蒋介石挥舞屠刀"剿杀"工农红军，正是用钱的时候，于是"催缴砂捐甚急"。在蒋的催促下，汉冶萍公司与湖北省于 1935 年 10 月提出砂捐结算表，公司欠湖北省砂捐（1923—1934 年）及湖北省欠公司包括轮驳租费、煤焦、生铁等价款、砂捐局等领取现款、提去钢轨等，湖北共欠公司 16489379.19 元。②

汉冶萍公司实际上成了中央和地方政府的提款机。

八、国民政府强行拆解汉冶萍

1926 年 10 月 10 日，北伐军攻克武昌，国民政府进驻武汉。

由于战争影响，武汉中央政府急需用钱，便打起汉冶萍公司主意，借整理之名进行吞并。1927 年 2 月 28 日，中央政治会议议决，准备由武汉政府交通部设立汉冶萍公司整理委员会。3 月 7 日，交通部长孙科发出布告，令汉冶萍"饬将所有汉阳、大冶、萍乡、运输所四处所存一切已成未成材料及大小轮驳，悉数保存，在未经本部令准以前毋得擅自移动"。③ 3 月 17 日，该委员会举行第一次会议，宣告委员会成立并启用关防。

汉冶萍公司对政府的态度当然不能接受，这样矛盾就加深了。公司代表

---

① 《公司董事会致夏斗寅带电》（1932 年 4 月 20 日），引自湖北省档案馆编：《汉冶萍公司档案史料选编》（下），中国社会科学出版社 1992 年版，第 217 页。

② 《汉冶萍公司与湖北省砂捐结算表》（1935 年 10 月），引自湖北省档案馆编：《汉冶萍公司档案史料选编》（下），中国社会科学出版社 1992 年版，第 224 页。

③ 《交通部布告》第 1010 号（1927 年 3 月 7 日），引自湖北省档案馆编：《汉冶萍公司档案史料选编》（下），中国社会科学出版社 1992 年版，第 148 页。

孙河6月26日致总经理盛恩颐函称："对于该会接管一层一再辩论，只以彼方人多争议无效。""该会美其名曰整理，其实觊觎厂矿，蓄意劫夺。"[①]

武汉政府将整理汉冶萍的第一步放在萍乡煤矿。1927年6月29日，整理委员会主席黎照寰携款4万元率员来萍，谌湛溪任矿长兼工程处长，萍矿总工会委员长刘义任委员，汉冶萍公司代表凌善永为会计处长，开始了名为"整理"实即接收阶段。

自此，萍乡煤矿与汉冶萍脱了钩。但萍乡煤矿从这时起至1939年拆迁前，一直启用"萍乡煤矿整理局"关防，既未说明脱离汉冶萍管辖，也未说明属中央政府管辖，处在不明不白状态，一直到抗战结束资源委员会任命成立赣西煤矿局，才有了新的正式名称。

"整理"时期的萍乡煤矿，处在风雨飘摇之中，工人的生活苦不堪言，工潮迭起，萍乡煤矿主要领导走马灯似的来去匆匆。

表5-8　历任萍矿专员任职统计（1928—1939年）

专员姓名	任职时间
何熙曾	1928年11月30日—
萧家模	1929年10月24日—
董伦	1931年5月—1931年12月
何熙曾（1932年2月第二次上任）	1932年5月26日—1934年1月
陈国屏	1934年3月1日—1935年4月
姚敏	1935年4月—1936年10月
萧笃轩	1936年11月3日
王野白	1938年1月11日

资料来源　《江南煤都　工业重镇——萍乡煤矿历史专题陈列》。

1927年实际上是萍乡煤矿工人自治阶段，萍矿工人依靠自身力量很好地掌管了矿山。该年9月，安源工人举行秋收起义，矿山停产。

---

①《孙河致盛恩颐》（1927年6月26日），引自湖北省档案馆编：《汉冶萍公司档案史料选编》（下），中国社会科学出版社1992年版，第152页。

从 1928 年 11 月起萍乡煤矿正式进入"整理"阶段。11 月 30 日，江西省政府委派何熙曾为督管萍乡煤矿专员，并携款 5 万元作为周转金，以扶持萍乡煤矿生产。何熙曾到矿后，即改为"萍矿管理处"。为了稳定局面，恢复生产，对原有的机构和职员照原未动。并一再声称，江西省政府对萍乡煤矿毫无"接管"之意，只是来"维持"的。公司留了凌善永等人守烂摊子。

1929 年 10 月，江西省政府派肖家模为萍矿管理处专员。肖家模到安源后，一方面声称省政府丝毫无接管萍乡煤矿之意，另一方面对萍乡煤矿进行改组。这时对工人只能发伙食费，尽管工价低，工人们仍努力生产，日产量由此前的四五百吨上升到千吨。

1930 年，因交通阻塞，煤炭无销路，经费无着落，萍乡煤矿生产陷入停顿，一些职员乘机掠夺矿山财物，争相逃命，一些地方流氓则乘机抢劫。为了工人活命，这年冬天，萍矿派人与湘鄂两省铁路部门商定，每日由萍矿交 200 吨煤炭给路局，路局在长沙车站发 1000 元给萍矿。这时萍矿仍有 3800 人，这点钱剔除材料费用，实际分给工人每人每天只有 5 分钱伙食费。

1931 年 5 月，董伦任专员。董伦接任三个星期，八方井便遭水淹，产量由日产 1000 多吨下降至 500 多吨。产量下降，工人生活无着落，省政府无人过问。7 月，矿局将竖井 500 多名工人遣散，许多工人无家可归，流离失所，露宿街头，十分悲惨。董伦束手无策，于 12 月辞职。

董伦辞职后，萍乡煤矿成了一盘散沙。职员们纷纷呈请南京政府，要求维持矿山。江西省政府拿不出钱来，于是委派汉冶萍公司留守萍乡煤矿的凌善永为代理专员，其后又派了何熙曾、陈国屏、姚敏、萧笃轩为专员。

1937 年 7 月 7 日，抗日战争全面爆发后，华北主要产煤区被日本占领，萍乡煤矿成了中国南方重要的能源供应基地。1938

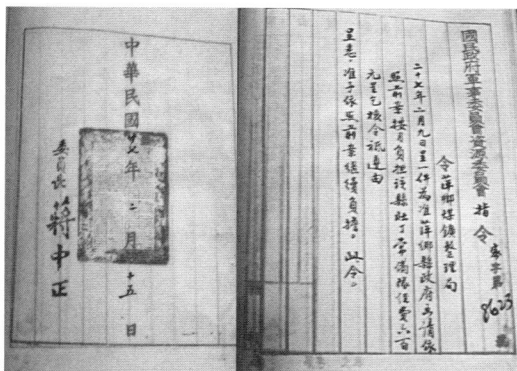

萍矿每月需负担萍乡县壮丁经费

年1月26日，资源委员会派王野白来萍乡煤矿任专员。王野白到安源后，即大刀阔斧地对萍矿一些积弊进行整顿，裁撤了所谓"顾问""咨议""交际"等挂羊头卖狗肉的人员，对井下工人进行登记发证，以堵塞光拿钱、不干活的漏洞，经过整顿后的萍矿，生产形势曾一度好转。

自萍乡煤矿被"整理"后，汉冶萍公司与萍乡煤矿的联系并未中断过。凌善永作为公司派驻萍矿代表，经常以函、电等方式向公司汇报萍矿的重大事件，公司也秘密派员前往萍矿了解情况。如1937年公司职员金衡荪奉命前往安源考察，经湖南省政府介绍，于6月14日抵达萍矿，"即至窿外各厂——查勘，暗中估计"[①]，虽未直接进入窿内，但金衡荪根据了解的情况编写了《调查萍矿报告书》，在报告书中不仅全面介绍了矿山情况，还提出了建设性意见，如："萍矿外厂表面虽属腐败，实则不难恢复，约计修理费三四十万元足矣。惟窿内产煤之处现虽有七段，只有第四段及第十三段尚好，其余五段所产之煤多系前所弃而不取者，灰分在四十分以上者诸（居）多，第十三段虽好，已过王家源入高坑所划之矿区境内，进行必有窒碍。据各方可靠人报告，下层储煤不少，直井打水修理进行约计在百万以上，打干之后，日可产煤一千五百吨，再将平巷修理补助，至多日产一千七八百吨，想恢复从前日产三千吨断难办到。如仍归赣省代办，专取煤而不做工程，搜罗殆尽，至多两年断难支持矣。"[②]

通过"卧底"和密探，汉冶萍可随时了解萍矿情况，且在关键时刻施以援手。1931年5月，萍矿八方井被水淹没，情况万分危急，公司董事会12月16日呈文实业部："呈请大部鉴核，准即转咨赣省政府令行建设厅转饬驻矿专员董伦速与施救。"[③]实业部部长孔祥熙12月25日做出批示："咨请江西省政

---

① 《金衡荪致夏偕复函》（1937年6月28日），引自湖北省档案馆编：《汉冶萍公司档案史料选编》（下），中国社会科学出版社1992年版，第517页。

② 金衡荪《调查萍矿现状报告书》，引自湖北省档案馆编：《汉冶萍公司档案史料选编》（下），中国社会科学出版社1992年版，第517、518页。

③ 《公司董事会呈实业部文》（1931年12月16日），引自湖北省档案馆编：《汉冶萍公司档案史料选编》（下），中国社会科学出版社1992年版，第513页。

府查核办理可也。"①

不仅如此，汉冶萍有关人员还伺机收回萍矿管理权，凌善永向公司建议："若维持现状，五万元流动资金已足敷用，总公司尚能暗与援助或改换名目，善永当呈请实业部转咨江西省府对矿放弃管理权，总公司所投资金当以煤斤抵偿"②。但终因公司财力所限，凌善永这一计划并未付诸实施。

直到 1937 年 7 月抗战全面爆发前，公司还在为萍矿财务纠纷与人打官司，公司与萍矿的渊源由此可见一斑。

九、抗战全面爆发汉冶萍悲壮拆迁

1937 年日本发动了七七事变，中国人民进入全民族抗战，进行了艰苦卓绝的抗战攻坚阶段。对于汉冶萍公司，国民政府成立了钢迁会，对汉冶萍资产实行大拆迁，全部运往大后方。

拆迁前，国民政府对汉冶萍公司的拆迁和破坏有个通盘计划，报请蒋介石：

委员长钧鉴：

　　查江西萍乡煤矿为华中最大煤矿，且因汉冶萍公司关系，向为暴敌所注意，本会奉令整理自上年二月迄今积极生产煤供给路用维持军运幸未陨越，现以赣北战争转紧，该处自不得不及时准备，庶免临事张惶，资为敌用。前次湖北大冶石灰窑各厂于江防吃紧中，由钧长密令武汉卫戍司令部召集有关各方会议决定各项紧急处置要点如下：

　　一、各厂矿可以拆迁之机器设备由各厂矿负责限期拆迁，不能拆迁者由军事机关组织爆破队于必要时彻底破坏之。

---

① 《实业部批》（1931 年 12 月 25 日），引自湖北省档案馆编：《汉冶萍公司档案史料选编》（下），中国社会科学出版社 1992 年版，第 513 页。

② 《凌善永致盛恩颐、赵兴昌快邮代电》（1931 年 3 月 8 日），引自湖北省档案馆编：《汉冶萍公司档案史料选编》（下），中国社会科学出版社 1992 年版，第 510 页。

二、必须随各厂矿迁移之技工，由各厂矿维持继续雇用。

三、壮丁而非必须随各厂迁移之技工由兵站总监部编组运输队，或由附近管理兵役机关接收补充新兵。

四、老弱工人由各厂矿给资遣散。

五、拆迁时之运输由各运输机关切实负责办理。

六、以上各条执行如有困难，由当地最高军事当局督令办理。

嗣后，执行结果颇称妥帖，兹萍乡煤矿逼近战区，为缜密处理计，可否仍由钧长依照大冶石灰窑各厂矿拆迁前例。密令江西省政府及当地最高军事当局，预作各种必要准备之处，敬乞密令祗遵。

职　翁钱[1]

1938 年 6 月 28 日下午 2 时，迁建委召开了第一次会议，地点在武汉卫戍总司令部会议厅，出席单位有交通部、经济部、迁建委、湖北省政府建设厅、爆破队、工兵指挥部、武汉卫戍司令部等代表。有关萍矿的内容摘录于下：

萍矿迁移办法五项：

机件先运祁阳。

存煤悉数西运。

壮丁除需随迁技工外，余编运输队老弱资运。

派本部高级参谋赵铁公先往督办。

由周线区司令部即派得力爆破队到萍，待机彻底破坏。余复准照办。

（民国二十八年四月十日萍乡煤矿局发出，安源王专员电文摘要）[2]

---

① 《国民政府撤退武汉前夕对汉冶萍公司厂矿的拆迁破坏计划代电》，引自戴奇伟、张泰山主编：《华中钢铁公司档案选编》，长春出版社 2016 年版，第 96、97 页。

② 《拆迁石灰窑工厂第一次会议记录》，引自戴奇伟、张泰山：《华中钢铁公司档案选编》，长春出版社 2016 年版，第 97、100 页。

（一）汉阳铁厂拆迁

汉阳铁厂首先拆迁。1938 年 7 月 20 日，蒋介石致钢迁会：

> 迁建委员会公鉴：查当此抗战期间，五金材料来源困难，而后方又甚需要，汉冶萍公司内之化铁炉、打风炉及桁架等，希加雇工人积极拆除，运往后方，以供军需所用。中正[1]

汉阳铁厂已停工十多年，机器炉座大都陈旧腐坏，零件缺损严重。为了把这些"老古董"搬到后方为抗战效力，钢迁会将散居在全国各地的专家聚集起来为拆卸汉阳铁厂出谋划策。

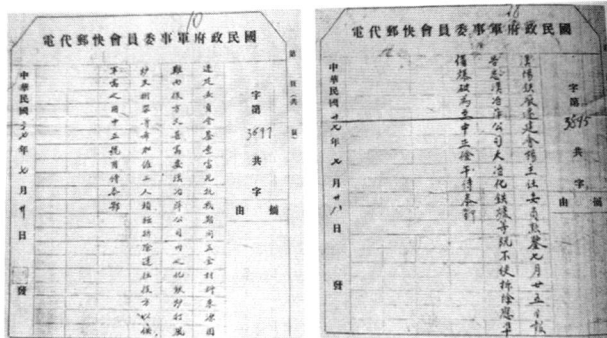

1938 年国民政府拆迁汉阳铁厂电令

厂矿拆迁从 1938 年 3 月开始，至 10 月 21 日武汉撤守止，历时 7 个月，拆除的机器包括：

1. 250 吨和 100 吨炼铁炉各 1 座，及谌家矶 100 吨炼铁炉 1 座；

2. 日产 30 吨马丁炉 2 座，35 吨和 50 吨高架起重机各 2 部；

3. 钢轨机、钢板机、钢条机各 1 座。

附属设施包括汽炉房、水力房、竣货房、车辘厂、钢钉厂等所有轧钢厂附属设备，交流发电机、直流发电机、变流机、水管、汽炉与一切配电、供电设备、翻砂厂、打铁厂与锅炉厂、铁路钢轨、钢枕及车辆等。

汉阳铁厂所属的二、三、四号内外铁路等设施也被纳入拆卸范围。日机频繁来炸，1938 年 7 月 19 日，日机来袭，炸死 5 人。但参与拆卸的工人并

---

[1] 戴奇伟、张泰山：《华中钢铁公司档案选编》，长春出版社 2016 年版，第 76 页。

1939 年 3 月汉阳铁厂设备装船迁运

未因此退缩，人数反而增加到千余人。他们日夜工作，直到武汉撤守为止。

汉阳铁厂共计有 10 万吨机炉要拆迁，实际只拆了一半 50000 吨，在运输途中被日军飞机炸毁 20000 余吨，

运到重庆大渡口只剩下 37200 多吨。[①]

武汉沦陷的前一天即 1938 年 10 月 24 日中午 11 时，武汉卫戍司令部、警察局派爆破队对汉阳铁厂进行爆破，以免资敌，共炸毁总公事房、俱乐部、厂巡处、卫生股、物料库、修德里、邻德里、山边西砖栈房、三号码头大铁架等建筑。

（二）大冶厂矿拆迁

大冶铁矿是汉冶萍公司唯一维持生产的单位，它的拆迁要比汉厂复杂得多。抗战爆发后，日本派驻大冶厂矿的顾问、日铁大冶出张所和日本近海邮船会社的人员及他们的家属数十人于 1937 年 8 月 5 日乘坐"红叶丸"分批撤离。自此，冶矿矿砂再也没有运往日本，但开采仍在继续，每月生产 6 万吨，这些矿砂堆积在采区周边、大冶铁矿老炉一带和江边码头。日本限令冶矿必须每月最少出矿砂 2 万吨，以盛恩颐的名义按月从上海汇款 6 万元至香港转汇汉口浙江兴业银行，以此作为冶矿的开矿经费。

冶矿助纣为虐行为激起了国人的愤怒，当地石灰窑居民胡忠写信给《抗战》杂志社主编邹韬奋，揭露了公司以资源资敌屠杀同胞的罪行：

---

① 杨继曾：《搬迁汉、冶两厂经过》（1941 年 12 月），引自戴奇伟、张泰山：《华中钢铁公司档案选编》，长春出版社 2016 年版，第 76、80 页。

韬奋先生：

兹将关系国防资源上很重要的一事，报告于下：事情是这样：汉冶萍煤铁公司，名义上是商办的，但是因为债务的关系，实际是操于日本人的手中。所有该公司大冶铁厂出产的铁矿，完全是售给日本的，往年每岁购去四十万吨至五十万吨，铁矿的出产地，是在大冶县的铁山及得道湾两处，由火车运到石灰窑江边（距铁山五十里），再装上海船运日本。自从去年卢沟桥事变发生后，驻在该厂的日本人，随着汉口的日侨，同时撤退，该厂以经济来源断绝，几致无法维持。不意随敌军在长江下游的胜利，非但没有停工，反而照前的把铁矿逐日源源运到江边堆置，几如山积。据确实可靠的消息，日人按月汇至该厂经费六万元，但该厂矿继续采矿，将铁堆置江边，俾将来敌军占据此间时，得以尽速运返日本，制造军火来征服我国。这事关系抗战前途，非常重大。但我政府，尚未注意及此，因此报告先生，一面请在"抗战"上发表，唤起民众注意，一面请先生在可能范围内，促当局迅速予以制止，饬令该厂立即停止采矿，并将堆积在石灰窑江边的数十万吨铁矿，设法运到安全地带，免致为敌利用。

敬请

撰安！

湖北大冶县石灰窑国民一分子胡忠谨启

二月二日

邹韬奋加了编者按语：

在抗战进行中间，一面我们需要从外国购入大量军火，一面我们自己也应该把一切与战争有关的工业特别是军火工业，尽速建立起来。我们有许多重要的煤铁矿，已随着华北一部分土地的失陷，而落入敌人手中了；因此，对于硕果仅存的大冶铁矿，我们更应该特别重视，加以利用。上面胡先生的来信，正与二人先生的"抗战后的大冶工业"一文，不谋而合，都是指出目前抗战期间保护这个国防资源的重要性的。胡先生信中提到的日方每月汇给该厂六万元，与二人先生文中说到公司中表示战争开始后日方仅发工资三个月，似乎是不合的，究竟哪一说对，我们不敢断言，姑照原信及稿登载，以供各方面参考，并待确知内容者来证实。但我们觉得最重要的，大冶江岸堆贮大量铁矿，未获应用，究是事实；如何把这些重要的国防原料应用，充实抗战的力量，真是万分急要的事情。所以我们极愿把这件事情在这里提出，希望政府当局加以注意。

编者①

1938 年 4 月，湖北省令大冶县政府转饬大冶厂矿停工。4 月 25 号，大冶县向大冶厂矿传达省政府命令。1938 年 6 月，大冶厂矿另设保管处。至此，大冶厂矿已经遵命停产。

钢迁会于 1938 年 4 月 25 日派员进驻大冶厂矿主持拆迁。6 月 24 日，蒋介石电令湖北省政府主席陈诚："石灰窑各工厂、铁山象鼻山官矿、各私人经营的煤矿和水泥厂等立即从事拆迁，并同时准备破坏。"

厂矿拆迁大约于 5 月初开始，8 月 31 日全部完成。拆卸的设备包括：铁厂 1500 千瓦透平汽轮发电机 2 座，得道湾 420 千瓦柴油发电机 3 座和 150 千瓦柴油发电机 1 座，此外还有大冶厂的高炉机件、渣滓车、汽锤、量矿车、各种机床、锅炉等，矿山设备包括大绞车、锅炉、小矿车、空气压缩机等。

大冶厂矿部分设备体积庞大，不便拆迁。7 月 28 日，蒋介石致杨继曾快邮代电："汉冶萍大冶化铁炉等，既不便拆除，应准备爆破为要。"

日军已逼近大冶，并对大冶附近进行狂轰滥炸。8 月 4 日，武汉卫戍区爆破队决定将大冶厂矿、铁路无法拆运的设备"概予散投江心"。从 8 月 10 日至 21 日，共投江钢轨 5521 根，钢枕 19199 条，岔道 10 条，鱼尾板 12914

---

① 《大冶厂矿老职员回忆材料》（1959 年 6 月），引自武汉大学经济系编：《旧中国汉冶萍与日本关系史料选辑》，上海人民出版社 1985 年版，第 1084 页。

块；余下钢轨 1913 根、钢枕 563 条被驻冶炮兵第十一团第五、第六连征用作修筑防御工事之用。从 8 月 25 日到 26 日，处理机件 559 吨，"小者一律投江，大者一律施以破坏"。大冶铁厂至黄石港一带有大小码头船 10 余艘，拆迁人员在离开大冶前将三号铁趸船设法弄沉。

（三）汉、冶厂矿物资搬运

汉阳铁厂和大冶铁矿拆迁物料的搬运，可谓一段史诗般艰难历程。汉阳铁厂、大冶厂、矿器材，由钢迁会负责自运，因不采取征用办法，遂由兵工署与长江航业联合办事处及民生实业公司运输。

汉阳铁厂物资于 1938 年 6 月下旬开始迁运，迁运之初，敌机轰炸，船只调用，困难重重，而大件器材的装卸设备又缺乏，只能采取分段拆装抢运办法。武汉撤退最后两日，运输股长黄显淇仍然冒险督促工人抢装，一直到船离开为止。10 月 21 日晨，承揽工头被敌机炸死，搬运小工走散，他只得零时雇佣百余小工，协同本会工人将较重要料件，分装在凤浦及铁趸铁驳船里运行。留汉员工连同眷属 600 余人，则分乘江顺、凤浦、青浦三轮成行。一趸一驳，交给江顺轮上拖。22 日，敌机竟日在武汉上空盘旋，并在刘家庙等处疯狂扔炸弹，江顺轮乘客十倍于平时，数约 7000 人。时间紧迫，于是不待警报解除，轮船即移靠东码头，挟拖一趸一驳跋涉西行，并打破了不夜航惯例，昼夜趱行，冒险前行。此时鄂西局势非常危急，多数重要器材被阻拦于藕池口封锁线以下，所幸经多数得力员工详加探查，冒死上行，才从封锁线通过，安全到达宜昌。宜昌以上，又重新分段转运，才逐渐到达目的地。至 1939 年底，汉阳铁厂总计迁运物资 56800 余吨，其中专属钢迁会暨两矿（綦江铁矿、南桐煤矿）应用的物资 37200 吨，被敌机轰炸损失的物资 2000 余吨。

大冶方面，1938 年 6 月 6 日派凤浦轮开始装载，该轮装载 956 吨西行。而大冶还有 2000 多吨物资需要搬运，于是再派 50 余只民驳装运，雇轮船进行抢运。此时九江以上相继沦陷，敌机逆江逶巡滥施轰炸，轮驳遭其毒手者不可胜数，该轮抢装 945 吨，而敌机日来飞绕投弹，或低飞扫射，工人逃亡日众，且仓促装舱欠精，船身欹斜太甚，只能忍痛驶离。此时战云弥漫，轮船和民驳相戒不前，只有钢迁会新雇的北平拖轮赴险如夷，所有 50 余艘重载木驳，全部由该轮拖运。8 月 6 日，搬运船队在三峡、洗鱼洲为敌机所追逐袭击，所幸避免得法，仅损失两艘木驳，损失器材 50 余吨。大冶方面总计成功抢运物资 3250 余吨，剩余的 560 吨物资只能毁弃[①]。

另外，钢迁会还搬迁了谌家矶、六河沟等地物资。

（四）萍乡煤矿拆迁

1939 年 3 月，南昌被日本人占领，国民政府最高长官蒋介石电令萍乡煤矿："萍乡煤矿局向为倭寇所垂涎，此次寇军南侵，应即从速准备迁移破坏。"4 月，第九战区司令长官薛岳派人带领宪兵来萍乡，监督对机器的拆迁、装箱和矿山的破坏。4 月 7 日，全矿奉令停止生产，工人只准出不准进，连矿工留在井下的作业工具，也不许进入取出。员工中除了少数职员安排执行拆迁任务外，均被明文告知，愿走的可随设备到广西，不愿走的就地发给标准工资三个月。对工人进行登记，将工人分成两组，一组为遣散人员，这是绝大多数的采掘工人；另一组是随拆迁搬运的人员，这些人大多为机电技术工人。被遣散工人每人发三个月的遣散费，并填发遣散证明，同时发给眷属每人布质难民证一块。与此同时，铁路亦奉命发"恩车"一个月，凡持"两证"者，免费运走个人物件和人员。一时间，安源山里乱哄哄的，为了回家，工人们将家具贱卖或送人，有的在安源建

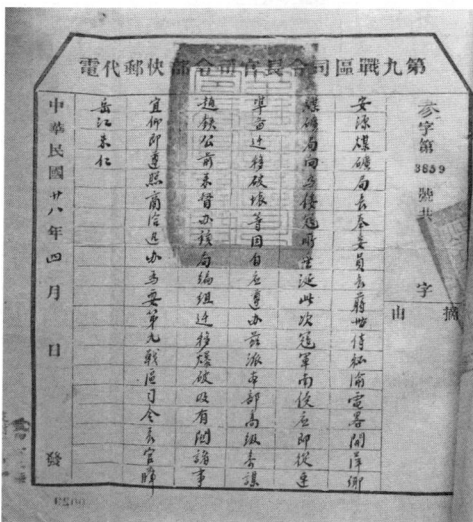

国民政府第九战区司令部关于萍矿拆迁电令

[①]《钢铁厂迁建委员会迁建概况》（节录），引自戴奇伟、张泰山主编：《华中钢铁公司档案选编》，长春出版社 2016 年版，第 80 页。

了简易茅棚不愿走，有
的将物品寄在他家委托
保管，有的干脆门上一
把锁走人了事。

　　拆迁分工为各单位
自行负责拆卸、编号、
装箱，并填好装箱清单，
清单一式两份，交总务
科分别存转。运到目的

萍乡煤矿爆破后的景象

地以后仍由原经办单位按装箱清单进行清点。5 月 12 日开始掘开埋藏在电厂
汽机间的纪念宝匣，纪念宝匣的挖掘，标志着全矿动力设备心脏电厂已经拆
卸完毕。至 5 月 29 日，全矿凡能拆卸搬运的机电设备及其他器材全部拆卸完
毕，共拆卸机械设备 5155 吨，装车 162 辆；煤焦共 26753 吨，装车 856 辆。
全部器材、煤焦 91908 吨，共装车 1018 辆。这些设备和物资陆续由资源委员
会向江西、湖南、重庆、甘肃等地调拨，其中重庆大渡口钢铁厂接受萍矿的
发电设备，湖南矿务局接受了萍矿修理厂的机床等全套设备，其余设备在广
西全州的萍乡煤矿整理局全州清理处保存。

表 5-9　萍乡煤矿拆迁主要设备机件表

设备名称	规格	数量
蒸汽直流发电机	247 千瓦	2 部
史太林锅炉	2 座	
洗煤台电动机	4 部	
东窑吊车	3 部	
变流机	125 千瓦	1 部
车床	2 部	
钻床	2 部	
电车电动机	1 部	
修理厂电动机	34 部	

续表

设备名称	规格	数量
刨床	1 部	
制造厂各种机器	42 件	
大剪床	1 部	
窿内外电车电线	16000 米	
窿内外电车钢座子夹头	3000 余副	
交流电缆	3000 米	
东窿至洗煤台钢轨	数量不清	
窿内钢轨夹板螺丝	数量不清	

资料来源 《江南煤都 工业重镇——萍乡煤矿历史专题陈列》。

拆卸完机械器材之后开始破坏矿井，工兵在东平巷内分段破坏，炸毁了大小洗煤台、锅炉房、机器厂房、洋炉炼焦处，封闭了八方井井口。待物资和人员运走后又开始拆卸破坏铁路，萍安铁路和浙赣铁路路轨和枕木全部搬走，隔段挖数丈深的坑，以阻止敌人前进的步伐。

同时，铁厂搬运到了重庆大渡口。从此，汉冶萍公司由两地三家变为三地四家。

萍乡煤矿炸毁，机器和部分人员迁往湖南组建了湘南煤矿局，解放后部分机器回迁，才结束了漂泊的历史。

土地等不动产则交由地方政府管理。不动产清册如下：

赣西煤矿局公函

赣（37）秘字第 0383 号

民国三十七年二月十三日

案准大局许副局长子艳（1116）电询，前向赣省接收所有萍矿设备属于汉冶萍资产者究有若干，当时估价如何，即开列详单寄会等由。准此查萍乡煤矿整理局于二十七年初接收前江西省政府萍矿管理处时，未准移交全部资产清册及契据，因前汉冶萍公司于十六年共匪变乱时仓促离矿，并无对象移交，该管理处交与萍局，虽将当时所存机料房屋地产列有简单移交清册，并不详尽，亦未作价。二十八年四月萍局奉令撤迁，撤往湘桂线上，机料内中一部分于三十三年转运粤汉线，均因湘桂粤汉战争发生，损毁殆尽。现仅存桂林全县废铁千余吨。至前项移交清册，因案卷辗转搬迁湘桂粤赣等省，颇有损失，现遍寻无着。惟该项清册曾于二十七年七月十九日以理字第 1299 号呈报大会在案，敬希就近调阅。兹将本局清理萍矿现有土地房屋清册一份，随函送请查照为荷。此上

　　煤业总局

　　附萍矿现存产业清册一份

局长　王野白

表 5-10　萍乡煤矿现存产业清册

地点	种类	名称	数量	单位	附注
安源	土地	水田	198	坵	每年佃租租谷 181 石，以每亩 3.5 石计算约 51.714 亩
		山场	7	墇	
		土方	360	块	
		房屋基地	93	块	
	房屋	办公房屋	10	栋	年久失修，多已毁坏
		住屋	600	间	年久失修，多已毁坏
		店房	19	栋	年久失修，多已毁坏
紫家冲	土地	山场	1	墇	
		房屋基地	6	块	
	房屋	住屋	66	间	年久失修，多已毁坏
小坑	房屋	住屋			年久失修，多已毁坏
上珠岭	土地	梯田	210	坵	每年佃租租谷 280 石，以每亩 3.5 石计算约 17.142 亩

地点	种类	名称	数量	单位	附注
楼霞乡	土地	水田	29	坵	每年佃租租谷 2.2 石，以每亩 3.5 石计算约 3.2 亩
高坑	土地	水田	23	坵	每年佃租租谷 2 石，以每亩 3.5 石计算约 3.143 亩
湘东					
湘东姚家洲	土地	水田	16	坵	每年佃租租谷 13.2 石，以每亩 43.5 石计算约 3.771 亩
株洲	土地	煤栈基地	105	亩	
	房屋	站房	1	栋	
湘潭					
杨梅洲	土地	旱地	46.375	亩	
	房屋	住屋	1	栋	

说明：上项土地除株洲煤栈基地及杨梅洲旱地均经本局测量外，其余尚待测量。[①]

（五）高坑煤矿局拆迁

高坑煤矿局位于萍乡之高岗埠，西南距萍乡约 14 公里，距安源约 7 公里，与萍乡煤矿接埌，距浙赣铁路之泉江站约 6.5 公里。

1931 年九一八事变后，国民政府认为战争已不可避免，认定战争发生后，沿海沿江恐难久守，便选择华中的江西、湖北、湖南三省作为基本工业区，以原料、燃料为重点，开始准备应变。

1933 年 4 月，实业部派员协同德国喜望公司代表康道夫到萍乡勘查，提取煤样，经化验证实萍乡高坑的矿质"确系合炼冶金焦之烟煤"，不久即派员到实地测量，绘制矿区图，将高坑一带煤田划归国营矿区，设定国营矿业权。7 月 24 日，呈国民政府行政院备案。8 月 4 日，令江西省建设厅按国营矿业权之设定登记。

---

① 戴奇伟、张泰山：《华中钢铁公司档案选编》，长春出版社 2016 年版，第 173、174 页。

1936年，国民政府筹议在湖南湘潭创办中央钢铁厂，炼钢的煤焦拟部分由高坑供给。3月7日，实业部派专门委员唐志钊与江西省建设厅技正萧笃轩，对高坑矿区进行复测。经测量，绘图订界。7月，资源委员会在高坑埠设立高坑煤矿筹备处，初创资本暂定100万元。1937年9月，正式营业，1938年3月，改称高坑煤矿局，王翼谋任局长。

高坑煤矿局创办初期，将征购的昔日在国营矿区范围内开采的华兴、福裕和信泰森土井改称为第一、二、三分井，经过整理、改造和扩充，从事生产。

1937年7月，在高坑西北的长塘尾开凿新直井两口。1938年，矿局奉令增产，凿井工程停置。一号井深57米，二号井深87米，未达煤层。

抗日战争全面爆发后，高坑煤矿局加速对土井的改造与扩建，增加生产，以满足武汉及浙赣铁路对煤焦的急切需要，月产量增加至8000吨。1939年4月，南昌陷落后，高坑煤矿局奉国民政府令停工拆迁，所有机件均拨祁零煤矿、明良公司、甘肃油矿等处应用。新凿两口直井均用泥土堵塞，存煤4519

兴建中的高坑煤矿局全景

吨、焦炭 1028 吨，均抢运至株洲。除高坑留有少数保管人员及随迁撤退人员外，全矿共遣散员工 750 余人。

（六）萍乡煤矿支援抗战

抗战全面爆发以后，我国北方的大煤田被日军占领。军工生产、铁路运输、人民生活都离不开煤炭，萍乡煤矿作为南方的最大煤矿，担负起了保卫国防和人民生活的重任。这一时期的萍乡煤矿是国民政府资源委员会与江西省合办时期，1938 年 1 月，资源委员会派专员王野白携资 50 万元，江西省政府出资 30 万元，合资成立了资源委员会萍乡煤矿整理局。

萍乡煤矿自 1928 年被江西省政府接管以来，先后换了八任专员，王野白已是第九任了。面对着满目萧条的萍矿，国难当头，任是千斤担子他也只有义无反顾地挑起来。王野白一来到萍矿就进行调查，他认为萍矿煤炭赋存充足，煤炭含硫、磷量低，是炼钢的上等燃料，矿厂设备齐全，最主要的还是萍矿还有 2000 多工人，井下工人掌握了西方采煤技术，洋炉炼焦厂工人掌握了新式的炼焦技术，机电工人对各种机械设备不仅能熟练使用，还能修理，并且能够制造各种零配件。唯一不足的是矿井被少数军政长官和土豪劣绅把持着，职员腐败，勾通作弊，恶习甚深。于是王野白果断革除积弊，把那些所谓"咨议""顾问""交际"之类只拿钱不干活的人员裁撤了，调整了机构，检修了设备，开始了生产。

同年 4 月，中共中央根据全国抗战形势需要，从延安中央党校抽派袁学之到安源工作。袁学之是湖南醴陵人，曾是安源煤矿东窑推桶工，1930 年在安源参加工农革命军，从此走上革命道路。武汉八路军办事处派了王野白妻弟甘仲儒协同袁学之工作。这是国共两党第二次合作时期，两党捐弃前嫌一致抗日，中国共产党可以公开存在。袁学之在安源公开成立了中共安源总支委员会，领导安源人民开展抗日救亡运动。各界群众性的抗日救国组织也相继成立，形成了广泛的民族统一战线，积极开展各种抗日救国活动。王野白是从美国留学回来的知识分子，他不愿参与政治，但在袁学之、甘仲儒等多方努力下，王野白被推选为安源民族抗敌后援会主任。

在中共安源党组织的领导下，在全国抗日救国的有利形势推动下，萍乡煤矿全体职工群众上下一致，同仇敌忾，努力工作，日煤产恢复到1000吨左右。从1938年3月到12月，仅10个月时间，由1937年的16.82万吨增加到31.1083万吨。除满足粤汉铁路、浙赣铁路干线需要外，还保证了国民政府所在地武汉以及长沙的用煤，有力支援了抗战。

萍乡煤矿除了增加产量支援抗战外，还积极捐款、抢救伤病员、栽种油桐树等支援抗战。

一是积极捐款，抢救伤病员。为了支援抗战，萍乡县和安源成立了诸多团体和组织，如萍乡民族抗敌救国后援会、萍乡县壮丁常备大队、萍乡县政府第三区慰问出征军人委员会、萍乡县第三区第二、三、四保联出征军人家属慰问委员会、中国国民党江西省直属安源区党部等，又有经济部资源委员会、江西省政府等上

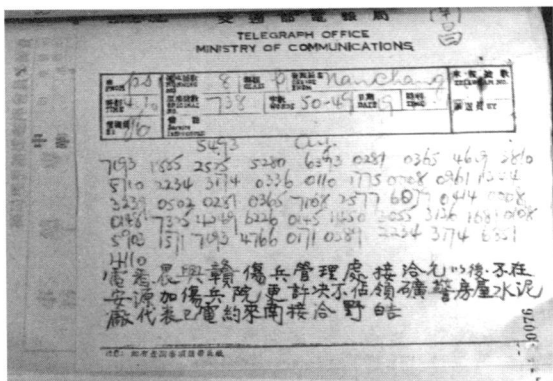

萍乡煤矿整理局专员王野白给江西伤兵管理处的电报

级组织，这些组织和社团都是要求捐资的。捐资的名目繁多，有人民献金、壮丁常备费、后援会捐款、送戏票、向抗日将士送寒衣、七七献金、中国航空建设飞机捐款、飞机续捐、国民党党员捐款等，这些捐款只在企业及公务员里面捐，不涉及一般警务人员和工人。捐款有的是由企业出，如壮丁常备费，由每吨煤抽出一角五分，为统一起见每月捐款600元。个人捐款方面根据工资等差多寡不一，以捐寒衣为例，共分8等，从三十元以下者捐一元到五百元以上者捐30%不等。据不完全统计，共捐出3889.52元国币。

此外，抗战时期薪金不增反减。根据经济部资源委员会第四六七号训令，自"中华民国廿七年三月份起，所有本会及附属机关职员薪俸，一律按国难时期各项支出紧急办法之规定，照叙建薪俸额，八折支付，并照章代缴所得税"。计算方法为除去50元基本生活费，余数八折。例如专员王野白，原

安源灯盏窝山坡上的抗日国民革命军将士纪念碑

薪为 600 元，除去 50 元基本生活费，余下 550 元实行八折计算，折后薪为 490 元，再减去个人所得税，才是实际工资。当然各种捐款除外。萍矿公职人员从民国二十七年（1938 年）三月至民国二十八年（1939 年）五月，合计减薪 4073.11 元，这些资金用于支援抗战前线。

萍乡煤矿还利用矿办铁路、医院、住房安置从前方下来的伤病员，现在安源灯盏窝山坡上仍埋着牺牲的三十几位国军烈士。[①]

二是栽种油桐树支援抗战。大凡工业化国家都是海洋大国，他们利用海洋大进大出，节约运输成本。可是航船也怕一样东西——海蛎子，它附着在船底，吐出碱性物质，这种物质能腐蚀航船，使航船过快腐烂，因此船家对这种东西伤透了脑筋，他们最初的方法是用铁铲铲除，但这种东西黏附力实在太强了，很难弄干净，后来人们改用油漆，可油漆遇海水后容易脱落，再后来人们发现中国有件宝物——桐油，不仅油漆过的船耐腐蚀经久耐用，而且海蛎子还怕它，凡用桐油油漆过的航船都不生海蛎子，这样工业大国都来中国采购桐油，桐油由此而成为国宝出口欧美赚取外汇。

九一八事变后，中国军民对日寇的大肆入侵进行了坚决的抵抗。可是战争除了拼人力，还要拼物资，一开始，中日两国的物资悬殊就显而易见。此时外援是格外重要的，一时间，国民政府四处求援成了主要外交政策。1938年美国向中国贷款 2500 万美元的商业贷款，以桐油为抵押，史称"桐油借款

---

① 该抗日烈士墓群于 2013 年 11 月 28 日发现，墓碑日期统一为民国二十七年，最早一块为民国二十七年二月十日，死难者有士兵、卫生队担架兵、民夫、驭手等。根据死难者最早时间以及铁路运输时间判断，这批士兵应该属于淞沪战役中受伤的中国军人。现该墓群为江西省重点文物保护单位。

合约"。该合约开西方国家援华之先河，亦对国内桐油市场产生了很大影响，因为油桐树只适宜南方数省温暖、湿润的气候，北方大片的国土是不宜种植的，因此这个贷款的抵押品只能由南方数省来完成。

萍乡位于江南，适宜油桐种植，胥绳武《竹枝词》云："东去江西写官板，西下湘东装倒划。中五十里船不到，满路桐油兼苎麻。"可以为证。萍矿便利用墙头角落废弃场所栽种经济林油桐树，以解决国家急需的桐油。1939年春，萍矿在三号桥、船形湾、箐箕街、沔阳街、锅炉下、四间房子、新房子、东西绞、食宿南区等15处栽了4829株油桐苗。树苗刚刚栽下，日本帝国主义占领了南昌，在蒋介石的亲自过问下，资源委员会下令萍矿拆迁所有机器搬运到大后方。机械可以拆走，可这些树苗是不可移动的，萍矿于是制定了一套树苗管理方法，他们与186户紧挨树苗的住户签订了合同，与保、甲长联保，规定：给予护苗人按每棵2分钱施肥费用，不再领取工资，油桐结果收获时，矿方得利65%，护苗人得利30%，保甲长得利5%；护苗人负责拔除树苗周围的草，每年在春冬季节必须施一次肥，必须保证树苗成活；如遇有人攀折树苗，护苗人必须向萍矿留守人员报告，如未及时汇报，因攀折树苗或因管理不善而致树苗枯死者，护苗人负责赔偿每株5毛钱，如不负责管理者，可以随时解除与护苗人合同，另与人签订，住萍矿公房的，还要归还公房。诸事办理完毕，出示布告告知全安源人民知道。不过，当油桐结果的时候，抗战也就结束了，虽然没有赶上抗战，但却记载着一段历史。

十、高管通敌汉冶萍终遭清算

七七事变拉开了中国人民全面抗战序幕，可是汉冶萍公司总经理盛恩颐对日本主子则摇尾乞怜，站在了人民的对立面。

钢铁是战争的必备品，战争一打响国民政府就将汉阳铁厂搬迁到了重庆。日本帝国主义要与中国人民拼战争消耗，就必须占有更多的铁矿石到国内去冶炼，因此占有大冶铁矿是他们重要目标。日本人拉盛恩颐做傀儡，让他来统领大冶铁矿。1938年7月，日本人邀他去日本访问，他欣然应允。7月8

日动身，先到大连、旅顺游览，又乘坐轮船到天津，再赴北京游览。又起程赴朝鲜，8月11日到达汉城，当天拜访了日本驻朝鲜总督南次郎大将。8月17日到达日本，随即同吉安雄辅、服部渐两位日本驻公司顾问拜访了日本制铁株式会社、横滨正金银行、日本大藏省、理财局等企业或部门负责人，商量合办大冶铁矿问题。在8月26日的会谈中，盛恩颐说："将来即采取合办制，汉冶萍方面亦无何妨碍。"在纪家洛铁矿、萍乡煤矿等问题上，盛恩颐对日本制铁所中井社长均表示"合作"态度：

> （中井氏）日铁与汉冶萍实行合办意见相同，但欲促成此事，非觅机会不可，至于目下急速提出此事之为适当与否，则有加以考虑之必要也。将来俟有适当机会，自当立时抓住，我方一俟机熟，再就细目协议可也。
>
> （盛氏）余之理想在于象鼻山、纪家洛之外，再连高坑煤炭矿区一并归由汉冶萍一手开发，如是，则中国最为重要之资源得以掌握，对于日铁亦可供给原料亘百年之久矣。
>
> （中井氏）萍乡情形如何？
>
> （盛氏）萍乡之权利全部在我公司固不待言，不过先被红军占据后，被政府接管以至于今，而以其所有权之在汉冶萍也勿论矣，向来采掘之处为萍乡中之紫家冲，其他高坑方面煤量既丰炭质亦佳。
>
> 双方达成了合办协议。日铁株式会社常务理事中松露骨地说："大冶占领后，愿立能运出存矿，开工采掘，务请彼时与我方以充分援助。"盛恩颐当即作出具有通敌性质的表态："通力合作，事不难也。"①

1938年10月20日，日军侵占大冶，日本原在大冶的管理人员戴着"日本海军陆战队嘱托"袖章与军队一同到达，开始掠夺大冶铁矿资源。11月，

---

① 《1938年8月盛经理在日交换意见笔录》，见黄石市档案馆藏华中钢铁公司档案，全宗号12，卷号287；国民政府资源委员会、经济部汉冶萍公司资产清理委员会：清理卷第2002号。

日铁成立了大冶矿业所，把大冶纳入了日铁管理。为了与日本"通力合作"，盛恩颐派襄理赵兴昌、人事课长盛渤颐到大冶，与日铁办理财产移交手续，他们在日本人预先准备好的财产清册上盖了章。

随着盛恩颐通敌卖国，公司管理人员纷纷通敌。大冶铁矿驻汉保管专员管维屏将冶矿有关图纸和资料交给日铁会计部。日本人向盛恩颐要中方管理人员，盛恩颐就推荐了管维屏、刘启贤、王耀宗等多人，而且这些人都是积极替日本人效力的。监工王道平知道富池口有大量锰矿石，就随同日本人去找，结果发现了堆积在那里的 2000 吨锰矿石。日本汉冶萍公司会计吉川远在东京，长期未在大冶工作，但会计所 1943 年 5 月仍按盛恩颐的指示寄给吉川上半年津贴 4076.82 元，并存入住友银行吉川存款项下，吉川对此表示"有劳清神，感激之至。敝人远在东京，亦承发给津贴，实在出乎本人意外，接到通知，实觉惶恐，盛经理前希代致谢。"①

在大冶铁矿，日本人招募了一万余中国劳工，添置了卷扬机、凿岩机、装载设备、空气压缩机、发电机、制氧设备、机车、皮带卸矿车、船舶等许多设备，对大冶矿区进行掠夺性开采，狂采滥掘，不顾采矿程序，只要矿石，把大量的废矿堆积在坑道内。从 1939 年到 1944 年 6 年时间，夺取铁矿石 500 万吨，堆积的废矿 2000 万吨以上，这些铁矿运往上海后再转运到日本，供给八幡制铁所。

日本人不管中国工人死活，矿山经常发生事故，不少工人死亡。1940 年，象鼻山一名矿工被钢铣刺死。1942 年夏，9 名工人在老铁山窿道因塌方死亡。1944 年 2 月，狮子山山洞里炸药库发生爆炸，300 多名中国矿工死亡，20 多名日本人也被炸死。

1945 年 8 月 15 日，日本宣布无条件投降，国民政府随即派员接收日伪财产。1946 年 2 月 1 日，日本制铁株式会社大冶矿业所被华中钢铁有限公司筹备处接管。6 月 26 日，资源委员会会同经济部呈文行政院，要求对汉冶萍

---

① 《吉川致费敏士函》（1943 年 6 月 21 日），引自湖北省档案馆编：《汉冶萍公司档案史料选编》（下），中国社会科学出版社 1992 年版，第 753、754 页。

武汉市民游行庆祝抗战胜利

华中钢铁有限公司筹备处成立

公司作为逆产进行清理。经行政院7月8日节京叁字第4622号指令："准予照办。"于是开始了对汉冶萍公司进行清算工作。1947年4月22日，宣布成立汉冶萍资产清理委员会，并对公司资产情况进行限定：（一）该公司一切资产自即日起，不得为任何处分，并将所有资产及一切契据、簿册，点交该会接管清理。（二）自抗战起至接管日止，其资产如有处分移动，应逐案详细报告，俾并案清理。因为萍乡煤矿早在1928年被江西省政府接管了，抗战胜利后成立了国营性质的赣西煤矿局，故不在清算之列。

清理委员会派员去上海汉冶萍总部与盛恩颐接洽，盛恩颐以"当召董事会，惟在董事会未议决移交以前，渠未便擅自办理"或"各董事之意须交付股东大会讨论方可决定"为由，拒绝移交。

1947 年 7 月 10 日，公司董事会呈文行政院，提出三个荒谬要求：一是职工安置，二是收回萍矿，三是政府赔偿：

> 呈为商公司资产奉令点交，对于萍矿部分拟恳特准划归民营，敬祈核示事。
>
> ……至萍乡煤矿，久被江西省政府强占开采，商公司无法过问，近闻窿内原有工程悉被破坏，此后整理恢复更非易事。胜利之初，政府关垂钢铁事业，曾令经济部湘鄂区特派员办公处派员接收，并令知商公司静候核示。正拟呈请发还，俾资整理而策复兴，兹奉钧院及清理委员会先后训令，饬将公司所有资产及其契据、账册、档案等一律点交接管，而对于公司原有员工生计及股东权益之如何处理，均尚未蒙明示。自清理委员会登报公告成立以后，各股东纷来质询，群情惶急。伏念钢铁事业收归国有原为已定之国策，人民自应拥护。至煤矿民营，法令在所不禁，与国策亦无抵触，拟恳俯念商公司创业艰难，在接管汉冶萍厂矿资产之前准将萍矿部分划归民营，俾商公司名义仍得继续存在，同时准将前所征用汉冶萍厂矿之机器、材料及此次准备接管之资产，按市估值酌予补贴，以便萍矿复兴之用。如蒙俯允所请，则商公司自当即日召开股东临时大会，请求通过，一面再遵照训令将汉冶萍厂矿现所留存之资产及其契据、档案一律移交清理委员会接管，以符国策而完手续。[1]

7 月 17 日，清理委员会呈文行政院，针对盛恩颐所谓"至萍乡煤矿，久被江西省政府强占开采，商公司无法过问"，以及"至煤矿民营，法令在所不禁，与国策亦无抵触，拟恳俯念商公司创业艰难，在接管汉冶萍厂矿资产之

---

[1]《公司董事会呈行政院文》（1947 年 7 月 10 日），引自戴奇伟、张泰山：《华中钢铁公司档案选编》，长春出版社 2016 年版，第 121 页。

前准将萍矿部分划归民营，俾商公司名义仍得继续存在，同时准将前所征用汉冶萍厂矿之机器、材料及此次准备接管之资产，按市估值酌予补贴，以便萍矿复兴之用。"进行了驳斥："萍乡煤矿早于十五六年间汉冶萍公司因无法维持，自动放弃，江西省政府为维持治安起见，派员监理。嗣由钧会（资源委员会）及江西省政府合组整理处，自抗战胜利后由钧会组织赣西煤业局从事经营，并经钧部（工商部）将该煤矿设定国营产权，汉冶萍公司从未负责过问。"[①]痛斥"盛恩颐及其他负责人狡诈性成，蔑视命令"，并揭露了盛恩颐"勾结敌人充任伪职"，指他1942年以汉冶萍总经理名义充任日伪组织的华中矿业公司发起人兼监察人："又在经济部接收伪实业部档案内查明，该盛恩颐在抗战期中，曾充任敌伪组织之华中矿业公司为发起人及监察人，复在汉冶萍移交卷中，查得民国二十七年八月一日及八月二十六日盛在日本与日本制铁会社中井社长、中松常董等会议笔录中议定：（1）此际由日铁、正金、汉冶萍三方协议，根据约款，委由日铁代行觉为最良方法；（2）至于将来应如何办理，则一有机会即作中日合办亦可。最后中松言：大冶占领后，愿立能运出存矿，开工采掘，务望与我方充分援助。盛答：通力合作事不难也，是则盛恩颐在抗战期内，同谋敌国，出卖本国资源，事实昭然。"[②]

根据行政院"凡曾任职敌伪公司之总裁、理监事等人附从敌伪，胜利以后应撤销此项资格"命令，盛恩颐的汉冶萍总经理资格被取消，对盛恩颐以"通谋敌国，出卖本国资源"处理。

12月25日，清理委员会发表《清理汉冶萍公司资产节略》，给予汉冶萍定性，其要点是：

一、该公司在战前共欠3800余万日元及日本正金银行上海规元银250万两。截至民国二十六年止，应付利息2400余万元及上海规元银160余万两，尚不在内。所欠日债，自日本投降后一律收归国有，由我国中央政府承受，

---

① 《汉冶萍公司资产清理委员会呈资源委员会、经济部文》（1947年7月17日），引自戴奇伟、张泰山：《华中钢铁公司档案选编》，长春出版社2016年版，第124页。

② 《工商部、资源委员会呈行政院文》（1948年9月17日），引自戴奇伟、张泰山：《华中钢铁公司档案选编》，长春出版社2016年版，第134页。

抵作对日战争损失之赔偿；其抵押品（即全部厂矿资产的契据、借款合同、账目清册、股东名册、档案清册等）交由会（资源委员会）、部（工商部）清理委员会接收整理。

二、该公司资产与负债，其原有价值应当按照 1937 年上半年的物价标准折合计算，其应折旧者亦应按年数扣除。

三、承认未附逆股东的合法权益。在清算后，如资产超过负债而有剩余时，将剩余部分摊还未附逆之各股东，并记录在案。但该公司名义俟清理完竣后即行撤销。

1948 年 2 月 16 日，清理委员会按照行政院指令接收汉冶萍上海总公司，与盛恩颐等人办理该公司账册、簿据、档案、地契的移交手续。同一天，在上海四川路 33 号中国企业银行 8 楼汉冶萍公司原址上设立清算委员会上海办事处。

1948 年 11 月 16 日，汉冶萍资产清算完毕，按 1945 年 11 月市价八折计算，共有资产 740802951.4 元。

汉冶萍公司在命舛运蹇的旧中国仅存活了 58 年，总共生产铁矿石 1400 多万吨，生铁 240 多万吨，钢 60 多万吨，煤 1500 多万吨，焦 400 多万吨（煤统计到 1928 年，焦统计到 1924 年）。至此，汉冶萍公司伴着半个多世纪的是是非非，在夕阳残照中黯然地落下了帷幕。

第六章　萍乡近代工业的众多创新

一、完全极大之矿厂

萍乡煤矿所创办的年代，是中国社会最黑暗时期。萍乡煤矿的创建，是中国人为了与帝国主义抗争，树立起的自立、自强的典范，由于它走在历史的前列，许多方面都有开创性意义。

1895 至 1914 年是中国民族工业的初步发展时期。随着收回利权运动 [①] 的发展，这一时期，中国的民族工业得到了初步发展。主要表现为：投资额明显加大了。首先，我们看帝国主义在中国工业投资情况。帝国主义在中国取得设厂权。虽然在 1895 年以前就已经出现了，但那都是些小型外国工厂。在 1895—1913 年不足 20 年中，资本不足 10 万元以上的列强在华投资共为 1.03 亿元（7210 万两银），差不多超过了前此 50 年投资的 13 倍。

其次，我们再拿同期中国民族工业的投资额来加以比较。我们同样将 10 万元以上的投资加以计算，它们在创办时期的资本，一共是 1.07 亿元（7490 万两银），与上述同期外国工厂的投资约略相等。

[①] 收回利权运动：即保路运动。1904 年（光绪三十年）湖南、湖北、广东三省绅商，要求废除清政府与美国合兴公司所订出卖粤汉铁路主权合同，收回利权运动开始。次年粤汉铁路权被收回。1906 年直隶、山东、江苏三省绅民也要求废除津镇铁路借款合同。1907 年江苏、浙江两省为收回苏杭甬路权，发起"国民拒款公会"，坚持商办，拒借英款。次年山西收回福公司煤矿。之后，安徽收回铜官山煤矿，四川收回江北厅煤矿，云南收回七府矿权，皆归商办。宣统二年（1910 年），运动达到高潮，遍及全国大部分省区。

萍乡煤矿旧照

为什么要拿设厂时第一次投下的资金作参照系？"这个比较，必须联系到下面一个事实，才能得出全面的意义。这就是，上面的投资数字，都是设厂时第一次投下的资本，工厂成立以后的扩充、缩小以至停闭，都不能在我们的统计上得到反映。而实际的事实是：外国的大企业成立以后，扩充得非常迅速，7 个较大的外国煤矿在 1899—1913 年的 15 年间，投资扩充了 40 倍，这就是一个证明。相反，中国工厂成立以后，能够顺利发展的，只是极少数，多数则陷于停滞窘困的境地。"[①]

萍乡煤矿创办正好在这一时期内，因此有了可比较性。萍乡煤矿创办时期投资总额为 1033 万两，其中萍矿为 740 万两，萍潭铁路为 293 万两（官督商办时期该铁路隶属于萍乡煤矿管辖），萍乡煤矿是外国在华投资和民族工业投资的七分之一，即使不算萍潭铁路，也是十分之一。

我们再拿中国十大矿厂作比较。

[①] 汪敬虞编：《中国近代工业史资料》第二辑（上），科学出版社 1957 年版，第 4 页。

表 6-1　中国十大矿厂创办时期资本情况（萍矿除外）

企业名称	创办时间	投资总额（万两）	资金来源
汉阳铁厂	1890	568.7614	官款
大冶铁矿	1890	与汉阳铁厂同一企业	官款
开平煤矿	1877	230	集股、官款
六河沟矿	1907	34	集股
临城矿务局	1889	10	官款
井陉矿务局	1908	50	中德合办
中兴煤矿	1909	80	中资
本溪湖煤铁公司	1909	前后共计700万元（约为490万两）	中日合办
抚顺煤矿	1908	29.766万元（约20.83万两）	日资

资料来源　根据顾琅《中国十大矿厂调查记》整理。

从以上情况来看，萍乡煤矿创办时期的投资，在全国民族工业中是首屈一指的，在中国十大矿厂中也是最大的，正如《海关税务司对汉阳铁厂的报告》说的那样：萍乡煤矿"诚为吾国完全极大之矿厂"。[①]

二、最长的岩石巷道

1898 年 7 月 26 日，萍乡煤矿矿井工程在安源正式兴建。首先利用汉阳铁厂、大冶铁矿和江夏马鞍山煤矿调来的部分起重机、锅炉等设备施工。同年 9 月，赖伦首批购置的欧洲机器到齐，矿井建设全面展开。

安源井田开发由赖伦设计绘图，采用平洞、竖井多水平开拓煤层群。水平垂直 50 米。东平巷（又称总平巷）石门自天磁山武功岭脚下起，向东南开进，横穿山腹地层，主要开采南翼平巷以上煤层。见煤后，在大槽底板开岩石运输大巷（俗称正窿）；沿各煤层向两翼开煤层大巷，走向数百米或上千

---

① 汪敬虞编：《中国近代工业史资料》第二辑（上），科学出版社 1957 年版，第 486 页。

米加开石门，与岩石运输大巷（俗称横窿）相连。沿邻水平的煤层大巷用上（下）山斜巷沟通。最上部东出紫家冲、西出小坑直达地面。

井巷施工时，硬岩使用德国最著名的勒特梅游厂制造的风动凿岩机（配有电机车，空气压缩机供风）。软岩或煤巷采用德国制造 1.2 马力电煤钻（供电电压 250 伏带有减速齿轮传动装置），四分之三英寸六方形钻杆，平头钻头。1899 年，萍乡煤矿一次购买各种型号凿岩机 16 台。1906 年，全矿有各类凿岩机 27 台。

开掘东平巷，须穿过重山，岩质坚硬，施工不易，经过山崖断层处时，下面打钻，上面容易发生岩石崩塌，压死工人，壅塞巷道。为了保证巷道质量和工人安全，不得不采取发拱砌砖以坚固巷道。拱顶嵌钢梁、悬架线，地下铺铁路。

1906 年 9 月 23 日，东平巷打穿"石隔"，揭露小坑、紫家冲（安源南翼下煤组）第一槽煤。这是矿内"最要亦最难"的一项工程。历时多年，支费银 40 万两，石岩长 2700 余法尺（2860 米），时为全国最长一条岩石巷道。[①]

三、新式采煤法

萍乡煤矿采用的是新式采煤法，摒弃了小煤井独窿采煤的小打小闹生产模式，采用了大规模并辅之以机械化运输的现代化开采，跨进了百万吨级大煤矿台阶。

厚煤层主要采用残柱式采煤法（也叫箱式采煤法），薄煤层及中厚层煤用长臂式采煤法（实际上是残柱式变形）。采煤之前，先布置采煤巷道，顺煤层走向，以数百米不等，将煤层划分为段（相当于现今的采煤区）。再用平（俗称侧山）、斜（上山称跑巷、下山称落巷）、巷（统称通风洞）进一步切成 30 米左右的正方柱，然后由近及远、从上而下回采正方柱。每段掘有一条轨道上（下）山，装有电动、气动或自制的制动（重力）绞车以供运输。

---

① 《萍乡矿务局志》，1998 年内部资料，第 63、64 页。

　　残柱法为掘巷道采煤，即"高落式"拣煤，保留土煤井原有开采特点。先用纵横巷道将正方柱分为 4 个小方柱，再将小方柱划为更小的方柱。最小的方柱范围视煤层软硬、顶板的好坏而异，一般 3～5 平方米。对最小方柱，先采煤层下部，后将支柱撤除，使上部煤层塌落，用长柄耙子将煤扒出。回收最小方柱的顺序为先外后内、自上而下。

　　长臂法是对 30 米见方的方柱直接掘采，每次采宽 3 米。采场用三柱型木架支护，棚间距约 0.7 米。压力大时，木柱下垫木块（穿鞋）。厚煤层沿走向推进，倾斜依次而上，中间不时留有同样宽的煤柱。棚顶煤则用"高落式"拣回。分层开采则视煤层厚度而定，一般分为 2～3 层，层高 3 米，先采下层，以木料、矸石充填，过些时日，待矿压稳实了，再采上一分层。薄及中厚煤层则沿倾斜向上推进，采宽有时达 9 米，中间少留或不留煤柱。

　　落煤全部用人工手镐，簸箕（俗称拖箕）人工转载，不放顶，不回料，煤与夹石分采，矸石与次等煤弃入采空区作充填用。

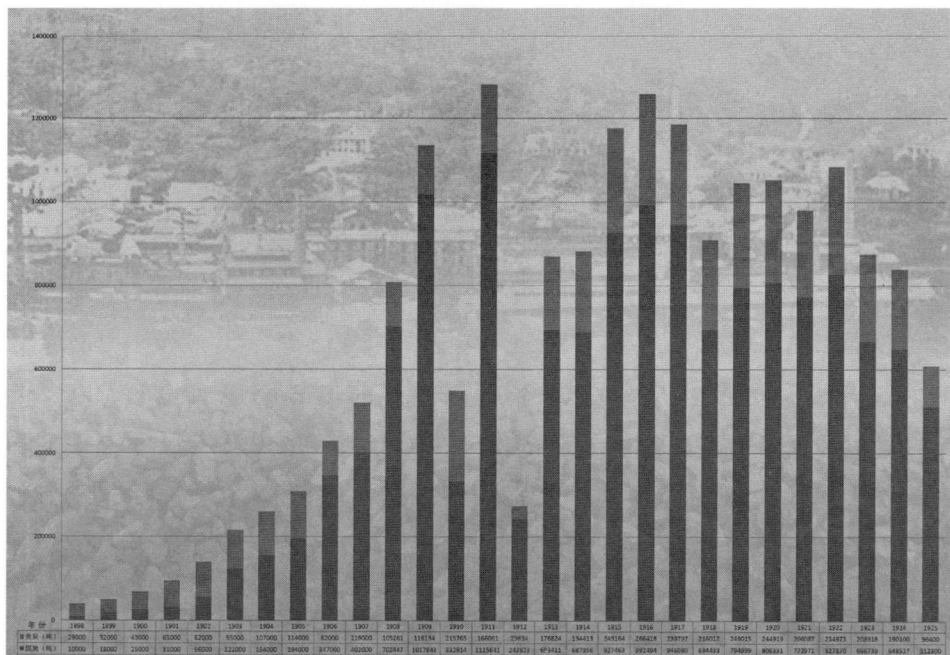

萍乡煤矿煤焦产量表（1898—1925）

萍乡煤矿兴旺时期，东平巷上下（不含东平巷）各开 3 个水平，走向延展 4000 余米，分 6 个段采煤；直井开采 4 个水平，走向长 1000 余米，分 6 个段采煤。全矿共有 17 个采煤段，两班采煤、一班修理，每日出煤 3000 多吨，井下采煤、支柱、搬运工人达 5000 余人。[①]

高落式采煤在南方复杂的地质条件下普遍运用，在安源煤矿一直沿袭到现在。

四、新式井巷支护

萍乡煤矿凡行驶电车的巷道（时称电车窿），除巷道顶板极好处裸体外，一律用砖或料石砌成 1 米厚的大拱，水泥砂浆抹缝。其他正窿（煤层大巷）则主要采用三木支架（梯形）、五方形、六方形加强支架使用甚多。特殊地点用砖墙混凝土拱，或钢梁支架与砖墙钢梁（上铺木板），煤墙酥软细碎之处，则插边插顶。东平巷过断层时，每隔两尺，内掌以木（专门购自日本），棚顶用木板背齐，再行镶砌。

两直井井筒外围以木料支护成八方形与六方形（故曰八方井、六方井），内以砖石砌成圆形。砖木之间，填以实土。为防止上面压力，每隔十余米，砌入数砖，插入井侧，成壁基座。

主要大巷及泵房洞室镶砌时，每砌数层砖，加垫一层木板，以增加砌壁的韧性。

采煤场所，则用三木构成的木柱加板块。采煤过后木柱不收回，故谓煤炭由木材换来。

这些支护方法后来在我国普遍使用，如开滦各矿大巷采用白色耐火砖镶砌，煤巷采用木支护。

---

① 《萍乡矿务局志》，1998 年内部资料，第 73、74 页。

五、先进的矿井机械化运输

萍乡煤矿采用了当时先进的矿井机械化运输，1898年在安源开矿时，盛宣怀就委托赖伦在德国购买世界最先进生产工具，赖伦为萍矿采购了当时世界上最先进的架线电力机车。

东平巷内，煤由采场工人装入篾篓或元宝形长拖箕，人工运至局部平巷（顺槽），倒入铁制煤车。煤车用绞车提升至东平巷水平，再由架线电机车牵引出矿井。矮小煤层，则沿上山置木轨，人拖竹箕爬行轨道上，拖至上山口的煤斗入口将煤倒入煤斗，由斗装车推出正窿，挂电机车运出东平巷。电车运输距离最长达5000余米。东平巷和大槽底板运输巷均铺有双轨供往返电机车对行，轨距600毫米，钢轨每米重32磅（14.5公斤）。架空线电压250伏，直流发电机供电。

总平巷内最长的巷道东平巷，巷道净高2.5米，净宽3.5米，全长2860米，铺设了双轨道，轨距600毫米，采用14.5公斤重钢轨（每米重14.5公斤），可供往返列车并行。架空线电压250伏。1900年首购德国大乃莫电气厂制的9马力电机车9辆。兴旺时期，陆续增购电机车达30多辆。其中36马力电机车牵引力45吨，煤车自制，容量0.5吨。每辆可拖煤车50只，时速达9.5公里。

当时我国北方一些煤矿都还处于人力拖煤或畜力拉车运煤，萍乡煤矿使用电车拉煤可谓开先河。1935年陈维、彭骰《萍乡煤矿调查报告》中曾有一段这样的描写："电车驰驶速度每间秒钟4米至5米，驰驶时灯、铃示警，要紧场所用红灯标识，开停则吹笛为号。车进出平巷时，车内坐人，车旁挂灯，火光熊熊，照见车列如蛇，人影憧憧，于慢慢黑洞中风驰电掣，轨声轧轧，铃声铛铛，亦煤矿中一大观也。"清代学者顾燮光的《游安源机矿歌》中也说道："隧道下穿数千尺，车声断续时相过，荧荧灯光远如豆，盘行乌道平不颇。"醴陵人雌飞在长沙《大公报》上《安源游记》里亦有记载："又有电车头，在那里运煤，通通衔接电线，遍悬电灯，绿光闪闪不绝，很有可观。"

1904 年有煤车 500 只，后增至达 4000 只，供煤车行驶的铁路，1905 年达 25000 多米，后陆续增长。

直井系统因电机车无法放入井底，各水平大巷用人力、畜力或循环索道运输。再经直井蒸汽绞车提升至西平巷水平，穿过小吊井，进入西平巷。1906 年，西平巷率先在全国煤矿中安装循环索一道，长 350 余米，钢索轮盘 132 个，25 马力直流电动机拖运，速度为 18 米/分钟，日运煤 800/1000 吨。进入西平巷的煤车，用铁叉挂于循环钢索上，直接运往小洗煤台洗选。

两直井初建时，安装蒸汽卷扬机各一部，双滚轮，直径 1.8 米，75 马力，速度，每分钟 150 米，一次提升 0.5 吨煤车 2 只。1906 年，八方井安装一部大马力卷扬机备用，双滚轮，直径 2.8 米，150 马力，一次可提升煤车 4 只。

总平巷电车拉煤

东绞挂线（绞车道）

直井挂线（绞车道）

直井所出矸石堆于西矸石山（西窖）。堆顶设有 15 马力蒸汽卷扬机 2 部，斜道长 40 米，倾斜 21 度，设有钢轨 4 条。东平巷及大洗煤台所出矸石，则堆于东矸石山（东窖）。1 号斜道长 130 米，倾斜 14 度；东新斜道长 158 米，倾斜 20 度；东老斜道长 85 米，倾斜 20 度。配有 24 马力蒸汽绞车 2 部。

六、先进的矿井排水设备

萍乡煤矿采用了当时最先进的井下排水设备。工程分为两部分，一为东平巷，一为直井东平巷内。斜巷以下的水，以压缩空气抽水机排至平巷，再由平巷的暗沟导向东平巷，自由流出。经过沉淀池澄清后，供洗煤台等处的用水。直井水，集于直井的贮水池，然后用抽水机依次排出，导入直井旁积水池，澄清后供锅炉用。

抽水机主要设于直井井底。1900 年八方井一水平装有 45 马力蒸汽水泵一台，排水量 1.25 吨 / 分钟。1904 年八方井二水平装有水泵 3 台。1908 年，直井 3 个水平水泵增至 9 台，分水平贮水排水。1918 年，三水平增加三相交流电动水泵 2 台，每台 270 马力，排水量 4 吨 / 分钟，直排地面。

萍乡煤矿的排水设备不仅多，而且排水量大。例如 1918 年与号称"排水甚多"的开滦唐山煤矿排水设备相比，他们的全排水量约为 3 吨 / 分钟，而萍乡煤矿三水平一台电泵就达 4 吨 / 分钟。后因年久失修，电力和气压供应不足，排水能力大减。1931 年雨季期间，因抢救不及时，曾使井巷和设备全部淹没。

萍乡煤矿把井下抽出来的废水重新利用，服务于生产和生活。萍乡煤矿在创办之初即定位为德国鲁尔工业区式的重工业基地，一家以煤为主、多业并举的综合型企业。在安源境内，分布的矿井、工厂及辅助单位有东平巷、西平巷、八方井、六方井，有 3 座炼焦洋炉、50 座炼焦土炉、4 座锅炉房，有打风房、修理上厂、修理下厂、煤质化验房、火车房、大小洗煤台、发电厂、印字房、电车房、机器制造厂、砖厂，直井机器房，还有矿井救护队、餐宿处、澡堂、医院、公事房、弹子房、公园、跑马场、篮球场、矿务学堂、东、南、西、北四处矿警队、警察局、端本女校、子弟学校、储蓄银行、积谷仓等。路矿两局工人达 13000 多人（开大工时达 17000 多工人），职员 400人，警员最多时 900 人，洋员 30 余人。安源矿区有 1500 多家店铺，24 座庙宇，官方确认在安源矿区居住的居民有 8 万多人。如此大一个矿区，其生活用水和工业用水量是惊人的。但是安源境内四面环山，中央为山谷盆地，安源矿区和街道就布局在这个面积只有2平方公里的山谷里。安源有一条东西向小溪，发源于海拔538米的三丘田，宽6米左右，流经安源4公里，是条季节性河流，上半年丰水期水深不足1米，且坡陡流速快，俗话说"易涨易退山溪水"，到了秋冬干旱期，小溪断流，指望小溪来服务企业和安源人民，是万万不可能的。萍乡煤矿就充分利用矿井废水来服务生产和生活。

萍乡煤矿巷道内建有多处水仓，用唧筒和水泵吸水，抽吸力极快。安源矿在八十间房子到洗煤台下面建了一条水巷子，巷道用砖发了拱，高、宽各两米，长百余米，井下的废水就储藏在这条水巷子里。这些水大部分成了工业用水，进入洗煤台、锅炉房、修理厂、发电厂、火车房、制造厂、砖厂等处。

萍乡煤矿的生活用水用的是吊井水，同时还利用井下水。矿区建了很多口机井，如材料处的三眼井、河仔边井、洗煤厂井、盛公祠井等，机井都比较大，直径在5米，深20米，主要为矿区服务。利用井下水做生活用水，1922年4月的长沙《大公报》这样报道："一因泉水中矿质甚多，吃了未必相宜。矿局本有自来水管通到各处……并闻此项自来水自窿里引出后，亦未经过制造（只医院制造过），和自由吸取的泉水差不多咧。"[1]

除了利用井下废水外，萍矿还注重水资源的循环利用。例如安源电厂用水，先在锅炉房烧成蒸汽，输送给电厂推动汽轮机运转发电，蒸汽在运行过程中遇冷成了热水，又将热水输送到喷水池，喷水池有两座池子，即热水池和冷水池，水先进入热水池，在压力的作用下形成喷泉，不断喷涌散热，溢出的水进入冷水池再进入新的循环。又如洋炉和土炉，因炼焦的水含有硫等对人体有害物质，遂建在下游，在安源小河筑一座坝，拦住上游水，抽了水作炼焦用水。

---

[1]《安源矿市最近调查记》，《安源路矿工人运动》（下），中共党史资料出版社1991年版，第1126、1127页。

七、先进的机械通风

萍乡煤矿在安源开始建井时，使用的是马鞍山煤矿移来的小型通风机。1900年，从德国购进了5马力局部风扇2台，手摇风车20部（轮径450毫米），风管2000米，供巷道掘进使用。

压风机房

1904年，直井地面及东平巷各设压风机一台，用蒸汽驱动，分别为75马力和125马力，风量每分钟11立方米和19立方米。巷内风管长6000余米。春秋季节，直井与东平巷内设温气火炉，以其热度的不同，加速空气流通。

1907年萍乡煤矿投产时，因矿区老土煤井分布广，矿井与地面贯通之处多，主要利用自然通风。直井各段多设火炉，上联烟口，直通地面，矿井内污风随火上升排出，新鲜空气皆由各进风口流入。随着采掘范围扩展，巷道迂回遥远，通风阻力增大。1908年直井采用中央式通风，安装由40马力电动机带动的卢托式扇风机一台，风量每分钟为67000立方尺（约2500立方米）。八方井进风，六方井出风。同时砌筑风幕、安装导风管、设置风板疏导风流。东平巷系统的紫家冲、小坑等出风口各设置温气火炉两座。每座火炉床面6～9平方米，烟囱内径3.8～4.75米、高15～20米，每小时烧煤约125公斤。通过升火加温，借烟气上升，吸动巷道内空气流动。1919年，紫家冲和小坑风井先后安装卡贝尔式蒸汽离心式抽风机（小坑30年代改为电动），风量分别为80000立方英尺（约1940立方米）/分钟。井下还广泛采用风门、风桥等设施。

在同一时期的开滦、本溪湖等矿井还在用自然及人力通风，可见当时萍乡煤矿的井下通风设施和技术是非常先进的。

八、先进的矿井照明

萍乡煤矿的矿井主要运输巷道刷白，每隔 20 米安装电灯一盏用来照明，巷道明亮如同办公室，各生产巷道及工作面不使用电照明。井下工人则普遍使用铁制手

职员使用的灯壶或安全灯

铁制手提茶油裸灯

提茶油裸灯照明，职员使用灯壶或安全灯。凡遇新开煤层及有瓦斯之处，均使用从德国购进的安全灯。1900 年，一次购进带铅锁安全灯 500 盏，燃用煤油。安全灯由灯罩（细铁丝网卷成）、灯座、盖圈三部分组成。灯火在罩内，煤气虽入网燃烧，火焰不出网罩，网罩散热极快，不致达到瓦斯爆炸发热点，起安全防爆作用。后安全灯损坏，矿局无力购置，改用手电筒或当地制的干电池电灯。

电机厂内有当时最新式电机，主要用于总平巷电灯和电车头拖运煤车，电车双轨交驰络绎不绝，日出产煤 5000 吨以上，电力足以满足。

萍乡煤矿的矿井照明并不落后，特别是主要运输大巷安装电灯照明在当时全国的煤矿中都是很先进的。

九、开煤矿发电先河

萍乡煤矿开矿时，正逢第一次工业革命后期、第二次工业革命早期，因此既有第一次工业革命时期的蒸汽作动力的生产工具，又有第二次工业革命的电力作动力的生产工具。

光绪二十六年（1900 年），萍乡煤矿从德国购进兰克轩锅炉 5 座，安装于

直井锅炉房。每座 100 马力，8 个大气压，受热面积 85 平方米。1904 年有锅炉 10 余座，供直井提升、压气机、扇风机、洗煤台使用。锅炉还接通炼焦炉煤气助燃，用于矿工澡堂冲热水等。

使用最多的锅炉主要为拨布可克威尔可克司式、史得林式、兰卡夏式及孔尼什式四种。1917 年，为扩建发电厂，新增 5 座最新复式斯特林水管锅炉，其中一座带过热器加热炉。复式锅炉每台时蒸发量 6490 磅（3 吨），受热面积 3222 平方英尺（约 300 平方米），气压 125 磅 / 平方英寸（约 9 公斤 / 平方厘米）。每台烧煤 16 吨。随后又添置拨伯葛水管式自动给煤锅炉 3 座，每座受热面积 292 平方米，蒸发量 6 吨 / 小时，气压 13 公斤 / 平方厘米，为发电厂主要锅炉。

矿区所用各式蒸汽锅炉有 40 余座，锅炉除发电厂 8 座外，其他 32 座详见下表。

表 6-2　萍乡煤矿设置锅炉数量表

应用地点	锅炉种类	每座加热面积（m²）	气压（公斤/厘米）	座数
八方井锅炉厂	拨布可克威尔可克司	2.690	7.0	2
	史得林	2.022	6.3	3
	史得林	1.12	6.3	4
	兰卡夏	861		3
小洗煤台	煤气锅炉	2.088	0.07	1
紫家冲风扇	拨布可克威尔可克司	1.426	0.14	2
小坑风扇	孔尼什		17.29	3
壁窑（废石堆卷扬机）	孔尼什	370		3
	火车头小管式	148		1
	火车头小管式	130		1
	直立式	85		1
四号抽水机	乌夫火管式	420		1

续表

应用地点	锅炉种类	每座加热面积（m²）	气压（公斤/厘米）	座数
	孔尼什	409		1
	直立式	88.5		
早砖厂		及 80		2
浴室	兰卡夏	861		
紫家冲				
东平巷				

资料来源　陈维、彭黻:《江西萍乡安源煤矿调查报告》,江西省政府经济委员会,1935 年。

表 6-3　萍乡煤矿窿内汽力、电力绞车及制动转车数量表

设置地点	运道距离（米）	运道倾斜（度）	索径（毫米）	索长（米）	牵引力（吨）	动力
一段	160	25	19.05	320	0.5	重力
一段	130	25	19.05	270	0.5	重力
二段	120	17	19.05	250	0.5	重力
三段	270	13	19.05	550	0.5	重力
四段	200	18	19.05	420	0.5	重力
六段	170	30	19.05	350	0.5	重力
七段	100	20	19.05	220	0.5	重力
八段	140	20	19.05	290	0.5	重力
八段	80	20	19.05	170	0.5	重力
九段	120	25	19.05	260	0.5～1.5	电力
二段	180	12	19.05	380	0.5	汽力
一、三段	120	20	19.05		0.5	汽力
一、四段	50	34	19.05	110	0.5	重力
一、四段	140	17	19.05	290	0.5	重力
一、五段	250	35	19.05	510	0.2	重力

资料来源　陈维、彭黻:《江西萍乡安源煤矿调查报告》,江西省政府经济委员会,1935 年。

萍乡煤矿发电厂全景

西方的蒸汽锅炉引入我国并应用于煤矿，可说开辟了中国近代煤矿新篇章。而萍乡煤矿利用蒸汽发电，则是开中国煤矿发电先河。

萍乡煤矿开始发电也是 1900 年，向德国购买了一台 125 千瓦直流发电机组，电压 250 伏，电流 500 安。所发电力供总平巷电机车运煤及矿井运输巷道照明。不仅是江西省发电最早的地方，也是在全国最早利用蒸汽发电、以电用于矿井照明和生产的煤矿。

随着煤矿建设的发展，1904 年，萍乡煤矿又购买了西冷式蒸汽直流发电机 2 台，每台功率为 247 千瓦，电压 260 伏，各配 350 马力蒸汽机 1 座。锅炉借用炼焦炉的火力，无须烧煤。充分发挥炼焦炉资源链的作用，在过去是奇事，现在仍然值得我们提倡和借鉴，这是资源的循环再利用。

随着萍乡煤矿机械化程度的提高，用电量剧增。1915 年，矿方又向德国西门子公司购买了 2 台容量 2000 千伏安的三相交流发电机组。1918 年发电厂建成投产使用，始发交流电，电压 5250 伏，发电能力达到 3750 千瓦。当时稍次于抚顺煤矿，为全国煤矿第二大自备电厂。为了使原有直流电动机继续使用，新购一台 800 千瓦变流机、一组 250 千瓦同期电动发电机、一组 125 千瓦感应电动发电机，将 5250 伏交流电转变为 250 伏直流电。原有直流发电

机留作备用。发电厂计有发电机及辅助设备（不含锅炉汽机）24 台，变压器
5 台，最大 890 千伏安（见下表）。矿区各处使用的电动机 30 余部。从此，电
力成为主要动力。

表 6–4　发电厂装备的发电机及辅助设施

电机号别	直流或交流	电压（伏）	电流（安）	功率
1	三相交流	5250	3×220	2000 千伏安
1	直流	110	131.5	14.5 千瓦
2	三相交流	5250	3×220	2000 千伏安
2	直流	110	131.5	14.5 千瓦
3	单相交流	220	1.5	6.71 千瓦
4	单相交流	220	1.5	6.71 千瓦
5	三相交流	200		20 千瓦
6	三相交流	200		20 千瓦
7	三相交流	380	92	50 千瓦
8	三相交流	380	92	50 千瓦
9	直流	260	950	247 千瓦
10	直流	260	950	247 千瓦
11	三相交流	5000		150 千瓦
12	直流	250	500	125 千瓦
13	直流	250		
14	三相交流	5250		270 千瓦
15	直流	250	1000	250 千瓦
16	直流	110		35 千瓦
17	三相交流	230		30 千瓦
18	直流	250		
19				800 千瓦
20	直流	110	4.3	
21	直流	230	2.9	

资料来源　陈维、彭黻:《江西萍乡安源煤矿调查报告》，江西省政府经济委员会，
1935 年。

表 6-5　发电厂装设变压器

号数	容量（千伏安）	电压（伏）		电流		周波
		一	二次	一次	二次	
1	890	5760	355	89.11	836	50
2	70	5250	248	7.7	163	50
3	70	5250	248	7.7	163	50
4	100	5250	429	11.0	134.4	50
5	100	5250	429	11.0	134.4	50

资料来源　陈维、彭黻：《江西萍乡安源煤矿调查报告》，江西省政府经济委员会，1935 年。

由于能源的解决，1900 年萍乡煤矿不仅率先用风动机械凿岩和电钻开拓矿井，还建成机械洗煤台一座，后增加到大小洗煤台 3 组，可日洗原煤 3000 余吨。1912 年出版的《中国矿业调查记》称："洗煤台亚洲仅两所，萍矿居其一。"[1]

十、首屈一指的煤矿机械制造

萍乡煤矿初建时便设有制造处，下分机器厂、打铁房、翻砂厂、木模房、蒸汽机房等。光绪二十六年（1900 年）初具规模，主要设备皆购自德国。至 1904 年有生产厂房 3500 平方米，拥有各类设备百余台。其中，蒸汽机 1 台，化铁炉 2 座，空气锤 2 台，车、钻、铇、插等各式加工机床 40 台。能制造抽水机、起重机、煤车修造等设施。还有窿中器具修理房、煤车修理房等设施。

随着矿井生产建设的发展，机械制造能力不断扩大。清光绪三十二年（1906 年）前后，机械制造处下成立了桥梁处，有员工 140 余人，开展对外承包业务，为株萍、平汉、粤汉铁路修造桥梁及客货车辆，且造价低廉。1906 年承建了被称为"中国铁路大桥之母"的郑州黄河大桥箱梁工程。

宣统元年（1909 年）工厂占地达 10044 平方米，厂房钢梁铁柱，环以围

---

① 李建德：《中国矿业调查记》（1912 年），台北文海出版社 1987 年版，第 51 页。

墙，高至 20 多米。厂外有修造平车锅炉房一所，钢架构屋架，长 33 米多，宽 24 米多，高 10 米多。另有长 23 米，宽 18 米两层楼房一栋，专为制造处办公和设计绘图之用。工厂各车间装备起重行车，最大起重能力 11 吨；增添新式机床和 0.5 吨炼钢转炉；建造退火炉（容量 5 吨）等热处理设施。全厂各类设备 129 台。厂内外遍铺轻便铁路以利设备材料搬运。1910 年，开始使用电气动力。机械制造厂规模与设备优于汉阳铁厂机器股各部。

1918 年电厂扩建完工后，机械制修全部改用电气动力。制造处调整机构，下辖机械制作及修理厂、模型工场、铸造工场、锻冶工场、锅炉制造修理厂、矿厂制作修理厂等六个分部，并大规模更新机床设备。全处共有各类机械设备 150 多台件，其中各式车、钻、

萍乡煤矿制造车间

刨、铣、镗、磨、插机床 60 余台。车床最大的长 5080 毫米，中心高 500 毫米；龙门刨最大行程 6 米、宽 1 米；万能卧式刨铣镗床中心高 1.5 米，底座 4 米×4 米；摆臂钻床臂长 2 米；空气锤压力 350 公斤；镗床圆柱直径 500 毫米；插床最大直径 2.5 米；冲剪床冲剪厚度 25 毫米；化铜炉、化铁炉、炼钢炉、加热炉、再熔炉、烘干炉、退火炉等成龙配套。除为本矿修造各式机械外，还为外埠厂矿承造机床等近代新式机器。工厂规模宏大，工艺完善，设备先进，加工制造能力强，在全国煤矿中首屈一指。

十一、最早的煤矿煤质化验

光绪三十四年（1908 年）十月，汉冶萍公司总经理李维格在《为公司招股事在汉口商会上的演说词》中说："株洲下游，浅滩甚多，天寒水涸，轮驳

不能畅行，且因款绌，亦无力多造轮驳，故大半仍用轮船驳载。而民船极其迟缓，风利帆张，尚可克日而到；或遇风逆，往往中途耽延。船户粮竭，则私窃煤炭售于沿途居民，而拌以浊水污泥，搪塞吨数。所以萍煤到鄂，优劣不齐，其劣者皆泥水所糅杂者也。"

萍乡煤矿开矿前，萍乡煤在萍醴交界处萍乡一侧的金鱼石上船运往汉阳铁厂。但是，每当煤从这里经过，当地一些有势力的人就在河面拦一根绳索，要船靠岸，卸下一些好煤，掺杂一些矸石煤，两船好煤变成了三船煤。

光绪二十二年（1896年）初夏，汉阳铁厂驻萍乡煤务局全权代表卢洪昶来萍乡收煤。卢洪昶到达萍乡后，请萍乡县令顾家相出示布告，严禁当地破坏煤质，煤炭掺杂现象立即停止，煤质迅速好转。

鉴于萍乡送往铁厂的焦炭"间有不甚合用者"，煤务局与相关各方"公立包字"，议定月交吨数，并拟整顿煤务经久条规四则，其主要内容为：

一是层层负责制。"焦炭首重者灰磺均轻，质紧色润。""条规"为此制定了较为严格的奖罚制度，"倘挖手不先剔壁，希图含混，一经拣工验出，则罚挖手本日工钱，以奖拣工。拣工如不仔细，一经筛手验出有壁，则罚拣工本日工资，以奖筛手……所罚之钱，随时赏给各班工人，无论多寡，作为酒资，俾众咸知。"

二是质量一票否决制。"各号炼焦，宜先将所有之煤井取样送局化验合用，方可开练。凡质劣、油软、灰磺皆重，不合炼焦者，止许发售生煤，不准设炉炼焦……违者公司禀局县封井，均不稍事姑容。"

三是承包制。"合帮承包焦炭，每月有定数截长补短，可盈不可绌。尚有将合用焦煤私售别处，以致比较不符包数，议罚之款，惟私售人是问。"

四是禁止盗卖。"焦炭成本甚重，必须严禁挑脚盗卖。欲禁盗卖，尤宜先禁销赃。"

这些条款显然是对井主有利的，于是形成了正式文本，各井主签了字，这样，中国历史上首个煤质管理的合同文本诞生了①。

煤炭质量的好坏直接关系到所炼钢铁质量的优劣。盛宣怀说：萍乡煤矿"专为炼铁而设，地质之富，按照总矿师估算，以每年出煤二百万吨计，可供一百五十年之采掘，制成焦炭，携往欧西化验，与英国上等焦炭相埒"。当然萍乡的煤质化验不可能长久依赖外国，而应该建立自己的化验机构。

为了解决萍乡煤质问题，光绪二十三年（1897年），盛宣怀派王殿丞在萍乡设化学房，内设分析间、天平间、药物仪验贮藏间和办公室，矿井口设有煤质取样房，就地化验采购的煤炭煤焦质量，当时可化验固定碳、挥发分、灰分、硫、磷等项。

光绪三十二年（1906年），化学房改为化学分析处，化学药品达五六十种。每日按时化验煤焦的固定量、挥发分、灰分、硫、磷及发热量、耐压力等，同时分析洗煤、洗渣、锅炉用水、烟道气、耐火砖

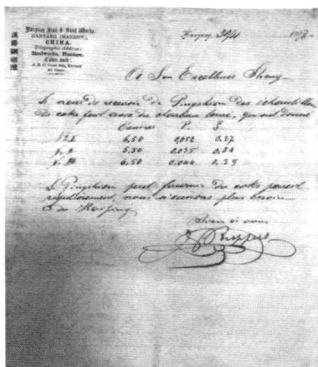

汉阳铁厂煤质化验单

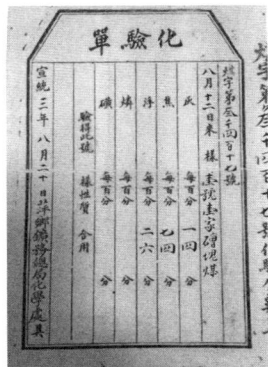

萍乡煤矿煤质化验单

原泥等，还能化验五金。矿井内各段所产原煤的灰分，又定有标准，按质给价，按标准奖罚，因而保证了萍乡煤矿的煤炭质量稳定。

煤焦除在矿内随时化验外，还不时送往欧洲专门化验机构核实备查。光绪三十年（1904年），汉阳铁厂总办李维格到萍取样，送请英国著名钢铁化学家史戴德化验，做出国际鉴定，确定萍乡煤矿机焦可与英国最佳质焦尔汉姆煤焦媲美，而土炉焦更好。

---

① 据《汉冶萍公司及其档案史料概述》说："现在所见的有关章制，比较早的有光绪二十三年（1897年）的《萍乡各厂户公立条规》，这是目前所见最早的一件生产的规章制度。"引自湖北省档案馆编：《汉冶萍公司档案史料选编》（上），中国社会科学出版社1992年版，第10、11页。

表 6-6　史戴德化验萍乡煤矿煤焦结果表

成分构成　产品	固定碳（%）	挥发分（%）	硫（%）	磷（%）	水分（%）
原煤	65.89	28.09	0.62	5.40	0
机焦	84.14		0.66	15.20	0
土焦	83.81		0.62	15.57	0

　　资料来源　《萍矿节略》，江西省政协文史资料研究委员会、萍乡市政协文史资料研究委员会合编：《萍乡煤炭发展史略》，1987 年内部资料。

　　1912 年，汉冶萍公司将煤样 13 种、焦样 6 种送德详细化验，确认高坑区域之煤与德国鲁尔煤相似。1914 年 1 月，汉冶萍公司参加在意大利罗马举行的世界博览会，萍乡的煤焦获得最优等奖。[①]

　　萍乡煤矿化学房不仅成为我国煤矿中最早的煤质化验机构，填补了中国近代煤矿史上空白，还为煤矿培养出一批批化验人才，输送到别的煤矿。因萍乡煤矿建矿采用西法开采，各方面均聘有洋人，唯独煤质化验是中国人，1903 年 2 月，英人瓦理士·布卢特到萍乡煤矿考察，他在《勘察萍乡矿务报告》中对此大加赞赏："安源化学房均系华员料理，由此观之，则可知中国人才亦属不少也。"[②]

十二、早期煤矿通信设施

　　光绪二年（1876 年），德国人贝尔发明了世界上首台电话机。这一年，宁波海关官员李圭奉命前往美国费城参加"万国博览会"，见到能传话的电话机，写进他所著《环游地球新录》书中。李圭是有史料可查的第一个见到电话的中国人。

　　电话发明一年后的 1877 年，中国人第一次在国内用上电话。李鸿章创办

---

① 《萍乡矿务局志》，1998 年内部资料，第 83 页。

② 张正初：《盛宣怀与煤质化验》，《安源轶事》，1995 年未刊稿，第 38 页。

的上海轮船招商局买了一台单线双向磁石通话机，拉起从外滩到十六铺码头的一公里长电话线，这是上海第一部电话——简易传声器，即早期对讲电话。

萍乡煤矿亦是中国较早使用电话单位之一。光绪三十年（1904 年），萍矿建矿不久就在总局办公楼内设立电报房，装备电台一部，3 班各设一人值班，可直接与长沙、南昌、汉阳、上海等地电报、电话往来。当时电话叫德律风，即磁石电话交换机，装有德国西门子磁石 200 门交换机 1 座，矿上各公事房及重要职员住宅、矿外机关装有电话机。电话机为手摇壁机，用户不编号，通话时只需向接线生报出对方户名，由接线生插入某固定门子，即可通话，因此打电话人首先用语是"要某某"或"某地""某办公室"。1906 年成立电话电报处。1923 年后，另设专线与萍乡县政府总机连通，直接与萍乡县各机关通话。[①]

有意思的是，电话还与红色文化结缘。1930 年 9 月，红一方面军撤出进攻长沙的战斗后，经株洲、醴陵于下旬来到萍乡，在株萍铁路沿线扩军、筹饷、慰问烈属等。红军到安源后，即采取各种形式开展革命宣传活动，张贴《中国共产党十大纲领》和《红军布告》召集群众大会讲解革命发展形势、党的政治主张和各项政策，以及红军的宗旨和任务，号召支援红军和参加红军。中共安源特区委领导成立了安源市工农兵苏维埃政府，公开恢复萍矿总工会，组织了工人纠察队，大力援助红军。工人纠察队还打开萍矿金库门，搬出 10 箱银圆交给红军。修理厂工人为红军修理大批破损枪械。又有一些机械工人收集矿山的电话机、电话线、总台等通信器材，组成红三军团电话大队，成了红三军团最早的通讯部队[②]。

十三、叹为观止的煤矿建筑工程

萍乡煤矿建矿时因建筑工程浩大设建筑处，隶属机矿处。建筑处专事起

---

① 《萍乡矿务局志》，1998 年内部资料，第 83 页。

② 萧克：《红军在安源》，《安源路矿工人运动》（下），中共党史资料出版社 1991 年版，第 1097 页。

开矿时的总平巷口

建设中的萍乡煤矿工业广场

建设中的萍乡煤矿工业广场

造工程,绘图设计以及估工算料。石、木、泥、瓦、油漆等工,来自各省。一切营造规模仿照西法,显西洋风格,坚实技巧。截至宣统元年(1909年),计建造总局三层楼房 1 栋(1923 年改名盛公祠),公务总汇(公事房)两层楼房 1 大排,直井井口办公房 2 栋,总平巷口办公房 2 栋,炼焦、烧砖窑、制造处、耐火砖厂、电机房、锅炉房、洗煤台等厂房以及仓库、栈房、学堂、医院、营房与各处办公房、各处华洋员司住宅宿舍,还建有餐宿处、各工匠住房等,可供5000 工人住宿就餐。

工业建筑中,大洗煤台安装机械设备 20 余台;基址掘土丈余,宽七八尺,窑砖水泥平铺层砌面上。所砌西式炼焦炉,最大的 80 格一排,长至100 米,宽 10 余米,脚深 3 米多,宽 1 米多,总长千余米。水泥、火砖砌成拱形,工料费数倍于地上,5 座焦炉,排成一列,中插大小洗煤台,炉前砖坪,下毗车场,片石水泥驳岸长 400 余米。机械制造厂占地万余平方米，厂房钢梁铁柱，金属屋架，其中机器房长 57 米，宽 23.5 米，高 20 多米。总平巷外建设贮放原煤煤栈楼两层，每层 60 间，容煤量数千吨，依山傍坡砌 5 米高片石水泥驳岸长 258 米，两端还安设蒸汽起重机，起栈内煤至大小洗煤台。全矿锅炉烟囱 20 余座，高者 70 余米。

建筑工程中，凿石或锯木等工作多采用机器作业，效率高，费用省。

无论近代工业或民用建筑，自绘图设计至落成验收，逐层考究，认真落实。中外官商游历矿境，见此雕楼峻宇、巨厂宏炉，莫不称赞。

十四、最大的机械化洗煤厂

萍乡煤矿是汉阳铁厂的供煤基地，产量基本可满足汉阳铁厂生产需要，煤矿实行机械化生产，其中洗煤机械是关键性设备之一。

萍乡煤矿大洗煤台（厂）洗煤机

萍乡煤矿洗煤采用土洋结合的方法，既有手工的，也有机械的。机械化洗煤就有大小洗煤台两座，综计每天能洗原煤 3000 吨，其中，大洗煤台有六层，当时在湘赣两省都是最高建筑，为安源六境之一。醴陵人雌飞《安源游记》对此有详尽记载：

第一层有马力机、电力机，在右边飞转。左边有清煤机，一面把上层辊筛溜来的块煤压下，一面把底下转来的生煤运上。第二层有转煤机。在中间翻转。此外只有一点机器架。第三层有净煤斗，把上面洗煤池的净煤转上螺旋送煤机。左有捞壁斗，把上面大小提缸漏下的壁石抒入壁池。第四层有大提缸数个，小提缸十多个。小提缸面铺白石，贮满黑水，石与水一激，那煤和壁遂宣告脱离；大提缸边有闸门，把门一启闭，煤和壁也照样脱离；洗余的煤屑另在过提缸加洗一过，煤遂没有点壁了。第五层有分煤辊筛、有斗起入分煤水筛煤，小的由筛孔下，大的由筛面下，均有槽接。各号提煤缸，筛上喷水管摆射有声。第六层有净煤仓和打煤机，因煤洗净后，有斗起入螺旋送煤机，再转入打煤机。机子一响，那煤遂成细末，下承卸煤机，轻轻的卸入净煤仓，仓外有桥，和焦炉顶作平行线，至若提洗块煤，须过滤筛，提入颗煤仓，把装车运出。每小时可洗煤七八十吨，需用人工不多，而事捷工省费轻，也就可见洗法的巧妙了[1]。

总工程师赖伦在1913年10月致公司经理函中说："查开滦煤矿并无洗煤机、焦炭炉，而用洋矿师匠二十六人之多。"[2]《中国近代煤矿史》中指出："萍乡煤矿的洗煤台、炼焦炉、煤砖机，在当时中国亦是首屈一指的。"[3]

洗煤产生了一种副产品——油泥水，这种乌黑的水以前没引起人的重视，作为废水白白流淌走了。沿河的老百姓知道这黑水的价值，纷纷在河的一边作油泥凼，用小石头垒成坝，拦水入凼中，污水经过沉淀后留下了油泥，然后挑了油泥上岸，倒在岸边任其晒干。做油泥凼的人越来越多，从安源街口

① 雌飞：《安源游记》，《安源路矿工人运动》（下），中共党史资料出版社1991年版，第1131、1132页。

② 《赖伦致公司经理函》（1913年10月11日），引自湖北省档案馆编：《汉冶萍公司档案史料选编》（上），中国社会科学出版社1992年版，第464页。

③ 张振初：《开煤矿发电先河》，《安源轶事》，1995年未刊稿，第58页。

到樟树下里多路，密密麻麻地垒着油泥凼，有时数百人在挑油泥，场面很是壮观。这些泥煤先是居民用来做饭用，渐渐越堆越多，就有湖南人来买，运到长沙每吨可卖六元八角①。

这事引起了洗煤处长林振璋的重视，他想，把煤炭从地底下挖掘出来可谓千辛万苦，可是现在却把泥煤白白让人家挑去变利，这小河里流的不是黑黑的废水，而是流金淌银。

林振璋向矿师赖伦建议萍矿自己建泥煤池，堵塞漏洞，变废为宝，节约资源。赖伦马上设计图纸进行施工，在铁路边规划了占地十余亩油泥池，里面有两个大池子、两个小池子，每个都有 1 米多深。另修一条水渠连接洗煤台出水口，乌黑的油泥水由洗煤厂顺着水渠流到油泥池，经过自然沉淀后，清水排出，留下油泥，泥煤挑到晒煤坪晾晒。这些泥煤除了供职工家属做饭用，还可以炼焦。至今安源方家坳口留有油泥池这么个地名。

林振璋还建议淘洗壁石提取遗煤。据史料记载，萍乡煤矿"洗煤台倾出壁末，铁路两旁曼衍堆积，自开办以来，多历年所，数目当以亿兆计。因洋焦灰分宜轻，淘汰须严，故壁内稍含煤质，犹如舂谷者糠内偶有碎米也。"② 这些煤矸石堆积在铁路两边，安源周围的老百姓筛选后挑到家里去，安源矿的倒渣矿车每天来来去去，倒掉又挑走了，达到了倒渣与挑煤的平衡，不知挑去多少。林振璋看了很心痛，提出了对洗渣进行二次淘洗的方法，每月从煤矸石中能淘洗出 2000 余吨净煤。2000 余吨净煤是个什么概念？"十二年前（1923 年），萍乡每日平均采二千四百吨，一年约八十七万吨"③。"萍乡煤质含

① 1923 年 12 月 22 日，龚炳慈致夏偕复、盛恩颐函："原函所告煤泥有洗煤台管煤泥工人许德树……包收煤泥一万吨，每吨洋一元，运至长沙可卖六元八角一吨。"引自湖北省档案馆编：《汉冶萍公司档案史料选编》（下），中国社会科学出版社 1992 年版，第 396 页。

② 俞燮堃：《十二月二十日上总办林禀稿》，引自湖北省档案馆编：《汉冶萍公司档案史料选编》（上），中国社会科学出版社 1992 年版，第 214 页。

③ 【附件】高木条陈公司改革案，引自湖北省档案馆编：《汉冶萍公司档案史料选编》（下），中国社会科学出版社 1992 年版，第 288 页。

灰分在十一之内，毫无磺质，正合炼铁之用。"①洗煤日净出率达 2100 吨左右，也就是说每月二次淘洗的出煤量接近一天的煤产量。2000 吨净煤可炼成将近 1400 吨焦炭，每月共获效益 15400 两。

1918 年 4 月，矿长李寿铨向汉冶萍公司请求奖励林振璋，"查林处长自前清光绪二十五年四月到矿，迄今近二十年，初随同前总矿师赖伦创造安萍一段铁路，复随铁路工程师马克莱展筑萍矿铁路，告成调回本矿，随同机器师史弥德起造大小洗煤机及洋炼焦炉，工竣即兼管洗煤焦事。至民国元年，改为专管洗煤，于洗煤任事最久，情形亦最熟。颇能由阅历而多所引申，如另设水池截留煤泥，复淘壁石，搜提遗煤，皆系该处长平日留心，举其所知，就商赖伦设法改良，每月多收煤泥二千余吨，又多得净煤二千余吨。化无用为有用，悉搜剔之糜遗，历年公家收进利益为数甚巨。又查前清光绪三十二年，赖伦因限洗煤灰分，曾嘱史弥德订定洗煤奖洋专条，该处长每月约得奖洋四五十元至百元。"②

十五、最早的洋焦炉和最优质的土焦炉

萍乡煤矿为汉阳铁厂的配套企业，主要生产焦炭，因此一开始便煤、焦结合，所生产的焦炭通过舟车运送到千里之外的汉厂制造钢铁。在炼制焦炭方面，采用土、洋结合的方法，既有西式焦炉，又有土焦炉。

（一）西式焦炉

西式焦炉炉膛狭长，前宽后窄，两格为一道，数十格排列似鸽子笼。两端各砌砖平台一座，与炉格相连，上平炉顶。前后炉门铁制，夹于钢轨之间，内

---

① 《商办汉冶萍煤铁厂矿有限公司推广加股详细章程》，光绪三十四年三月（1908 年 4 月），引自湖北省档案馆编：《汉冶萍公司档案史料选编》（上），中国社会科学出版社 1992 年版，第 239 页。

② 《李寿铨致夏偕复、盛恩颐函》（1918 年 4 月 18 日），引自湖北省档案馆编：《汉冶萍公司档案史料选编》（下），中国社会科学出版社 1992 年版，第 383 页。

留空膛，以火砖嵌砌，手动升降机开启。炉顶留有 3 至 4 个圆洞装煤用。粉煤用底卸式矿车从洗煤台轻便铁路运来直接倾入炉内。炉后铺有推焦轨道，供推焦机往复运动。焦炉需预先烘干，再升火加温，至炉砖红透，除净煤渣，封涂炉门即可装煤。煤末入炉，以炉燃煤，以煤烧炉，互相燃烧，循环不已。煤气从炉膛上部经小孔逸入夹墙火道，新鲜风流从总（横）风道进入，经炉底风道预热至摄氏 300 度后，入炉顶风道，再进夹墙火道，新风与煤气混合燃烧，循夹墙火道进入炉底火道，几经回转，最后经总（横）火道从烟囱排除。

萍乡煤矿炼焦处

西式焦炉装煤、出炉、生火、上车，均用机械，无人力之烦。昼夜两班，每座炉仅需工人 10 余名，工省效速，灰磷俱轻，且焦炉煤气可代各处锅炉烧煤，为土炉炼焦所不可比。

表 6-7　萍乡煤矿机焦成分表

单位：%

水分	挥发分	固定灰分	灰分	硫	磷	分析时间
		84.14	15.20	0.66		1925 年后
			18.83	0.55	0.09	1924—1925 年
4.00	2.00	76.00	18.00			时间不详

资料来源　陈维、彭黻：《江西萍乡安源煤矿调查报告》，江西省政府经济委员会，1935 年。

20世纪初，欧美焦炉开始提取副产物。萍乡煤矿亦在第4号焦炉附设提煤焦油试验炉8座，焦炉的煤气由铁管引入炉内，提取煤焦油供制煤砖之用。《中国近代煤矿史》中说："萍乡煤矿的洗煤台、炼焦炉、煤砖机，在当时中国亦是首屈一指。"

（二）土炼焦炉

创办汉阳铁厂之初，由官局分别督促各井厂，由广泰福商号在萍乡试炼土焦，事情经过了一年多，炼出的焦炭，多数属于半生不熟，质地泡松，仍然不能炼铁。

光绪二十二年（1896年），汉冶萍公司派俞燮堃与卢洪昶一道来萍乡办煤务。第二年，张赞宸接替了卢洪昶，委派俞燮堃为收发暨内河运输、地方交涉并考核炼焦等事。光绪二十九年（1903年）萍乡煤矿的洋焦炉已经出焦了。这时还有很多小煤窑归并到萍矿来，萍矿决定留下部分小煤井，用土法炼焦，以补充机矿出煤量不足。张赞宸委任俞燮堃为土炉炼焦处处长。

俞燮堃经过仔细观察了解，找到了土法炼焦质量不过关的原因。窿内原出煤末，虽然已经过了筛，而筛上拣壁未能净尽，这就是灰分重的原因。筛下的末壁炭掺和，无法提起，一概不能作用，全部上矸石山倒掉了，这浪费了很多好煤。有的用砖炉，有的用圆炉，有的用屏风式炉，而都不甚适用，这是炉座不好。自从升火到炼成焦炭，需要一周时间，这是历时太久。十成煤末等到成焦仅得三四成，这是火耗太多了。

手工洗煤

俞燮堃日思夜想，他对萍乡人发明的土炉炼焦法进行了提升改造和创新，最终形成了平地炉、后来亦被称为萍乡炉的炼焦方法。

使用萍乡炉后收到了很好的效果，产生了很大的经济效益。一是节省了时间。原来炼一炉焦需要 7 天，现在只需 60 小时，节省时间一半多。二是降低了火耗。原来的火耗高，10 成煤只能出三四成焦，而平地炉能出七成焦。三是增加了炉次。原来每月只可炼 4 次，而今每月可炼 7 次。四是降低了灰分，过去煤焦灰分二三十

土窑炼焦厂

分不等，而今最多不过十六七分。五是提高了质量。每月所使用的款项差不多，而由于灰分降低了焦炭价格反而提高了，进项增多了不少。光绪三十年（1904 年），李维格来萍乡煤矿，亲自取洋焦、土焦数种，与总矿师赖伦一道到英国请著名化学师戴德化验，化验结果表明萍乡煤矿的洋炉焦炭与英国上等焦尔汉姆煤焦质量相当，而土炉焦炭更加好于洋炉焦。化验结果载于报刊之后，萍乡的土炉焦炭声名远扬。

光绪三十三年十月（1907 年 11 月），俞燮堃发表了《萍矿土法炼焦附图详说》，全面介绍了萍乡土法炼焦技术，这是中国第一部煤焦专著。

（三）变废渣为爨焦

这一年十二月，俞燮堃又向萍乡煤矿总办林志熙建议，将洗渣里面的煤提炼出来，炼成做生活用的焦炭以出售。

萍乡煤矿是汉阳铁厂的配套企业，所生产的煤炭供铁厂炼铁炼钢用。萍矿有大小洗煤台各一座，原煤从总平巷、八方井运至洗煤台，经过洗涤、提炼，去掉矸渣，留下优质煤炭，供应洋炉和土炉炼焦，因为焦炭质量要求高，在洗选时，考虑焦炭质量，"壁（煤矸石）内稍含煤质，犹如舂谷者糠内偶有碎米也"，"洗煤台倾出壁末，铁路两边曼衍堆积"。"若不听（任）居民筛

作炊爨（做饭）之用，则愈积愈多，必碍车行。又恐积久自焚，毁伤铁轨枕木。"[1]因为壁末中含有一定量煤炭，故附近的矿工、农家都来挑，他们先将壁末过筛，挑了细末回家作生活用煤。数年来，所洗出的壁末达百万吨，都堆积在铁路两旁，可是却不见矸礁的增长，这都是由于人们挑了回家的缘故，达到了产"销"平衡，矿局见堆积的壁末挑走了对矿山有好处，也就任其取予。

然而这些洗渣引起了俞燮塈的注意。一天，萍城欲谷和商厂来安源收煤了，他收的不是原煤和洗煤或者焦煤，而是矸石煤。他办了一个手工洗煤厂，买了洗煤桶、猪肚土箕，由工人进行手洗矸石煤，洗出来的煤炭卖到外地去。俞燮塈认为这些煤不能这样白白地浪费掉，而且由于生活用焦占领了市场，今后萍矿的煤就不好销了。于是，他利用自己任土炉炼焦处处长的便利，对壁末内所含煤炭进行测定。土炉是运用手洗、平地炉炼焦的炼焦厂，这正符合对壁末进行洗炼。方法是先将壁末筛选，将细末盛于猪肚土箕里，放于洗煤桶里淘洗，结果洗出后每百斤得净煤二成三成不等。将这些矸石煤炼焦，每百斤能炼出六成焦煤。焦煤送交化学处进行化验，灰重者达30%，轻者达百分之十八九分。灰分虽然不低，而火力足，用于生活用煤是绰绰有余的。他又将洗炼成本进行了核算，如果每日炼五六百吨，每吨平均一两五六钱银子，炼至千吨可以减少至一两三四钱，如果炼至两千吨以上，每吨只需成本银一两就可以了。俞燮塈这一合理化建议使废渣变废为宝，给萍矿带来了巨大效益。

十六、最早的煤焦商标

安源矿巷门口牌额上，至今保留着一平头锤和探矿尖头交叉的图案。这是萍乡煤矿最早的煤焦商标。

---

[1]《十二月二十日上总办林禀稿》，引自湖北省档案馆编：《汉冶萍公司档案史料选编》（上），中国社会科学出版社1992年版，第214、215页。

据《汉冶萍公司志》记载："民国八年（1919年）汉冶萍公司专门铅印了《钢铁煤焦样本》，分中、英两种文字印行，封面上印有图案并标明'平头锤和探矿尖头各一把，成交叉形，以示对客户负责'。"

萍乡煤矿以此为煤焦商标，不但在总平巷巷口牌额上显示，而且还通过报刊书籍向

萍乡煤矿煤焦商标

外介绍，1916年出版的《中国十大厂矿调查记》关于萍乡煤矿一节中，刊登的总平巷照片上也清晰可见此图案。

光绪三十年（1904年），清政府颁布了我国第一部商标法规《商标注册试办章程》。盛宣怀很注重品牌商标的创建，萍乡煤矿的煤，炼出来的焦炭"坚光切响，巨细成条，化验则灰磷磺质俱轻"，炼出的钢铁则可与欧美最好的钢铁媲美。可是，安源的煤到底好到了什么样的程度，必须要有一个标准来衡量它，这样它才是一个叫得响的品牌。

这一年，李维格将萍乡煤矿的煤和焦炭及汉厂所炼的钢铁带往英国化验，做出国际公认鉴定，汉阳铁厂"进退行止，全视此原料之化验为断"。其中萍乡的煤焦固定碳为65.89%，挥发分28.09%，硫0.62%，灰分5.4%，确认萍乡煤矿生产的煤炭可与英国最佳煤质媲美，尤为适合炼焦炭。且在往后煤炭销售中经历了七年的考验。1911年，湖北省政府选派产品参加意大利首都都灵万国赛会，其中，萍乡煤矿的煤焦大显身手，获得最优等奖，也是中国煤炭第一次在世界上获名牌大奖，蜚声中外。1914年1月30日，湖北省民政长签发命令，指定由汉冶萍煤铁厂矿公司根据赛会获奖名单，按驻意大利代表寄来的奖牌图样铸造了奖牌。

此后，萍乡煤矿凭着过硬的品牌效应，煤炭销售在航运、铁路和沿海各大商埠迅速扩展，并远销美、英、日等国。年产煤量在较长时间内由70万吨

增长到 90 万吨以上。煤矿扭亏增盈，经济的持续增长也就有了比较可靠的保证。同时，凭借它的品牌和实力，开发焦炭、煤砖、耐火砖以及制造的车床、桥梁等新产品，不断开拓新的市场。煤矿也由单一生产发展到多种经营，这在当时的中国煤矿中尚属首举。

十七、早期煤矿救护设施

萍乡煤矿采用西法采矿，为防止煤层自然发火，光绪二十五年（1899年），趁德商首批借款的机会，购置了一批当时世界上先进的救护设备，随后在地面设立德雷格式救护练习室。据资料记载，1906 年救护练习室内贮有救命机 6 具及其他附件。为防止瓦斯及有害气体，救护人员佩戴救命机，由呼吸的头面罩、气囊及背负的两个酸素瓶组成。室中建有萍乡煤矿巷道模型，救护人员可模拟演习坑内作业。据考证，"我国最早建立煤矿救护设施的地方为萍乡煤矿"。[1]

由于矿井下个人普遍使用铁制的 5 寸手提茶油裸灯作业，仅职员使用灯壶式安全灯，加上通风安全设施不良，井下事故很多。萍乡煤矿建立的救护设施为煤矿的生产安全、减少人员伤亡发挥了重要作用。但在面对重大安全事故时救护力量有限，1917 年萍乡煤矿发生一次大火灾，因救护力量有限，再加上矿井设计不合理，存在串联风现象，在全国煤矿中没有第二个救护组织可来援助，只好把发火巷道进行封闭，造成了惨烈的事故。

十八、最大的煤矿内河运输船队

运输是钢铁、煤炭生产体系的重要环节。光绪二十二年（1896 年），盛宣怀派卢洪昶在湘潭设转运局，自办运输。到 1898 年萍乡煤矿局创办后，开始在汉阳设立萍煤转运局。其时铁路未兴，煤炭运输异常险阻，无论是将煤

---

① 张振初：《安源轶事》，1995 年未刊稿，第 61 页。

焦由萍乡运往武汉，还是将机器由武汉运往萍乡，都必须节节盘驳。从萍乡长潭（后改为城西宋家坊水次）到渌口（渌江和湘江交界口）水路属于溪流，全长 150 公里，河道浅窄，沿途水坝阻滞，小木船装载量少，行驶迟缓。这条水道又受到季节影响，到了旱季，煤炭出不了山，只能堆积在矿区。船出渌水口后进入湘江，仍多浅滩，过洞庭湖入长江后才畅行无阻。由于在萍乡行驶的都是小船，萍乡煤矿于是在湘潭县窑湾设立转运局，专司船只过载之事。船只到湘潭后过船转汉，因水路很长，船户盗卖成风，1900 年，在醴陵设立稽查局，不久设长江稽查局，后改称转运局，仍兼稽查事宜。1901 年又在岳州设立稽查局，又因洞庭湖以上航道冬季水浅滩多，船只受阻，故在城陵矶配设转运局，购地 70 余亩建起堆栈。

光绪二十五年（1899 年），萍安铁路通车，后铁路又延伸到醴陵。到 1904 年，铁路修抵株洲，运煤船只避开了萍河这条最险阻的水道，萍乡煤矿于是撤销了湘潭转运局和醴陵稽查局，改设株洲转运局，所有民船、轮驳均在株洲受载。这种运输方式一直持续到 1916 年粤汉铁路株长（株洲—长沙）段通车。

萍乡煤矿水上航运晚于汉阳铁厂和大冶铁矿，但发展之快规模之大远远超过汉冶厂矿。1899 年 5 月，萍乡煤矿首置"祥临"深水拖轮一艘，木质，长 21.95 米，宽 3.35 米，深 2.13 米，吃水 1.68 米，双轮翼，配无冷凝水柜合抵力机器两副，60 马力，拖重 200 吨。同时定造浅水拖轮 2 艘。1900 年，为统一运输起见，汉冶萍公司设立轮驳处，萍煤水运由公司统一管理。1901 年11 月，盛宣怀派洋人威林臣趁冬季水涸测量湘江航道绘制成图，为制造浅水拖轮、常年通航提供依据。

光绪三十年（1904 年），萍乡煤矿内河船队已有驳轮 30 余艘。其中，深水拖轮 4 艘，"萍富""萍强"号最大，钢质，长 30.48 米，宽 4.48 米，深 2.28 米，单轮翼，配有合抵力外冷凝水流机 1 副，300 马力，拖重 800 吨，时速 11 公里，较小的"祥临""振源"号系木质；浅水驳轮 4 艘，均为钢质，配不冷凝水汽机，160～290 马力，拖重 400 吨，时速 4～6 海里。各类钢木驳船 24 艘。

1906 年，萍乡煤矿再添钢质深水拖轮"津通"号 1 艘，长 45.72 米，宽6.1 米，深 2.6 米，吃水 1.98 米，双轮翼，合抵力外冷凝汽机 2 副，320 马力，拖重 800 吨。

萍乡煤矿"萍利"号运输轮（25 吨煤舱）

"萍通"号运输轮（40 吨煤舱）

"萍贞"号运输轮（28 吨煤舱）

"萍达"号运输轮（71.55 吨煤舱）

"萍寿"号运输轮（13 吨煤舱）

"萍元"号运输轮（20 吨煤舱）

萍乡煤矿运煤船队

到 1907 年，萍乡煤矿计有钢驳 24 艘，木驳 165 只。煤焦四分之一靠轮驳，四分之三靠民船运送。株洲至芦林潭有水道 177 公里，先由"萍元""萍贞"等 6 艘浅水轮运送。从芦林潭到岳州城陵矶 104.5 公里，由吃水较深的"萍富""萍强"2 艘拖轮运送。从城陵矶到汉阳 201 公里，由"萍福""萍寿"

和"萍能"3 艘拖轮带木驳运送。萍乡煤焦到武汉后,除供应汉阳铁厂外,另有"振源"和"祥福"两艘小轮分送其他用户。

汉冶萍公司三地厂矿相隔千余里,在粤汉铁路未通时,主要是江河运输,三厂矿不仅建立了专业的煤焦运输机构,而且拥有一支全国企业中最大的自办内河船队。1905 年,盛宣怀投资 983532 元为三厂矿创办专业的运输船队,其中萍乡煤矿拥有"萍富""萍强""祥临""振源"4 艘深水轮船,"萍元""萍亨""萍利""萍贞"4 艘浅水轮船,另有载重各 400 吨的钢驳船 4 艘,载重各 300 吨的大木船 3 条,载重 30~100 吨的小木驳船 17 条,船队共有船 218 艘,总载重量 35620 吨,为当时国内煤矿中最大的内河运煤船队。

除企业自有船只外,汉阳铁厂、大冶铁矿、萍乡煤矿也经常租用其他公司的船舶,仅招商局参与煤铁运输和设备、器材运输的江海轮船就有"安平""江裕""公平""江永""江孚""永清""利运""爱仁""海定""图南""江宽""丰顺""鸿安""江顺""海晏""富平""江泰""美富""新济""益利""富顺""普济""新丰""新裕""广利""江平""快利"等共约 30 艘,招商局几乎所有可用货轮都曾参与汉冶萍厂矿的运输。此外,从其他轮船公司租用的船只还有"开运""宝乾""宝坤""宝巽""宝华""麦边""长安""德兴"等货轮。

满载萍乡煤焦的大小船只,溯湘江,越洞庭,入长江,分段驳运,将煤焦从株洲运往汉阳铁厂及后来的大冶铁厂,同时分销湘江、长江中下游各地,并远销日、美等国。煤矿局在株洲至汉阳沿线及九江、南昌、安庆、大通、芜湖、南京、镇江、常州、上海等地设立机构,形成较为庞大的运销网络。

1910 年 12 月,汉冶萍公司为统一运输管理,设立轮驳处统一管理汉冶、汉湘两段轮驳,委任卢洪昶为坐办,将武汉运销处收支账册文件及轮驳等,一并接收管理。

时过四年,汉冶萍公司经调查发现,运输管理的混乱局面未彻底改变。"轮驳一项,投资甚巨,而管理调度不得其宜,以致运输疲靡,害及生产。汉厂、萍矿各有轮驳,畛域太分,酌剂甚难。"此时盛宣怀已去世,由他的姻亲夏偕复任汉冶萍总经理。为了改变这一状况,1917 年 2 月,夏偕复提出设立运输所，"凡铁厂所需矿石、煤焦，均由该所专司供应，售出钢铁、煤焦，亦归该所司理运送；所有各处堆栈均由该所节制，以专责成"[①]。在运输所下设轮驳处，专司航行事业。该所主要办理汉阳铁厂的煤、焦输入和钢铁、煤焦输出事宜，故又称汉阳运输所。

1917年3月，公司董事会会议决定设立运输所，委派潘国英为所长，撤销武汉萍矿运销处，岳阳、长沙、株洲、豹子岭各转运机构统一归运输管理所管辖，3月5日运输所正式成立。运输所的基本任务是管理轮驳。公司将汉厂、萍矿轮驳划归运输所接收，经营汉冶、汉湘两线，前者由原隶属于汉厂的轮驳承担，后者则由原属萍矿的轮驳负责。

1916年粤汉铁路株（洲）长（沙）段通车后，萍煤由汉冶萍公司与该路订立短期运输合同，约定每日运煤焦300至400吨。1919年粤汉铁路湘鄂段（长沙至武昌）通车，由汉阳运输所与交通部订立长期运输合同，实行株萍、粤汉联运，每日运萍矿煤焦600吨，自安源直达武昌鲇鱼套。从此，萍乡煤矿所产煤焦，大多数由铁路运输，只有少数由株洲装船运汉阳等处。

十九、先进的煤砖和耐火砖

萍乡煤矿粉煤除供应炼焦外，所余甚多，为解决剩余粉煤，萍乡煤矿决定做成煤砖出售。1905年，从德国购置煤砖机。1907年建成煤砖厂，制造煤砖。

煤砖厂靠近大洗煤台，三层楼房，占地430平方米。一层装有磨煤焦油机1部、和油煤机1部（下有和油煤盘）、水力压砖机2部。二层装有大烘煤炉1座（宽7.5米、高5.4米）。炉内有承煤选转盘、生火炉1座，与烘炉链接。送煤机2部（平连煤炉，下接压砖盘）。三层装设螺旋送煤斗（斜至一层和油煤盘下）、搅油煤盒。

[①] 《夏偕复致公司董事会函》（1917年2月28日），引自湖北省档案馆编：《汉冶萍公司档案史料选编》（下），中国社会科学出版社1992年版，第319页。

粉煤倾入大和油煤盘（和油煤盘紧接磨油机磨好之油）和煤机将煤油和匀，由螺旋送煤斗输入搅油煤盒。随搅随旋转盘，转入溜筒入烘炉，烘透。再由运煤机送入水力压砖机压成砖块。压机下有转轮，将煤砖自行输入火车场平车内运出。随压随运，不需人力。每小时造煤砖 20 吨，年产 6 万余吨。因煤砖在锅炉轮机内煤油交融，火力愈猛，最宜军舰使用。后因煤焦油来源困难，煤砖售价低于成本，停止生产。

顾琅在《中国十大矿厂调查记》中说："矿外另有造煤机器厂一所，现已起造尚未完工。此项煤砖机厂，及大小洗煤机，洋炼焦炉，为开平煤矿未有之巨工。"

需要指出的是，1889 年台湾基隆在我国首次兴办了煤砖制造厂，据史料记载，"基隆现在某华商用新巧西法以机器制造煤末为煤砖，此系向官宪请准设厂领办者"，"去岁在基隆之华商发昌煤厂，将煤粉用外洋机器制造煤砖，本年已成，其价与煤块约略相等。将来配运出口，能否畅旺，专视基隆产煤之丰歉以定盈亏也"。[①] 从以上报道来看，制造煤砖似乎比萍矿要早，但从"其价与煤块约略相等"，以及"能否畅旺，专视基隆产煤之丰歉以定盈亏"判断，他们只是简单地将粉煤压制成普通的煤砖，实际上是将松软的粉煤压制成为具有一定硬度的块煤，尽管他们增加了生产成本和人工成本，但由于其产品本质上没有变化，因此买的价与块煤相同，属于资源再利用范围。反观萍矿煤砖厂，由于采用了新的生产工艺，其头期投资成本比较大，技术含量比较高，生产成本和人力成本以及科技含量的增加，而产值也随之增加，属于提质增效范围。生产的工艺不同，技术含量不同，用途也不同，一种是普通的，一种是特制的，两者非同一种煤砖，更非简单模仿。

萍乡煤矿还解决了耐火砖的需求问题。作为与汉阳铁厂配套的企业，萍乡煤矿所生产的煤在安源炼成焦炭，再运至汉阳铁厂冶炼钢铁。造西式炼焦炉，炉内需要耐火砖护住炉壁。清朝末年，中国尚无厂家生产耐火砖，多求购于海外，不仅价格昂贵，运输时间长，而且由于萍乡深处内陆，只有一条

---

① 孙毓棠编：《中国近代工业史资料》第一辑（下），科学出版社 1957 年版，第 1016 页。

小溪流，进不了江海轮，货物运进时需要多次接驳，运输途中损坏严重。而耐火砖属于大宗物资，焦炉内经常需要更换，所以从海外购入实在不便。

1899 年，总工程师赖伦在建造西式炼焦炉时，就决定要就地解决耐火砖问题。制造耐火砖，首先要解决原材料耐火泥。萍乡自古有烧制砖瓦和生活用具传统，南坑、上埠就有好多碗厂，南坑窑下的碗厂在唐宋时期就有了。他在湘东峡山口发现了耐火泥，遂设计自办耐火砖厂。小型机器由汉阳铁厂、大冶铁矿运来，压砖机等购自德国。1902 年，耐火砖厂在安源建成投产，初建时有窑 2 座，各装 20000 块和 8000 块。1907 年扩建 1 座，装砖 30000 块。1914 年再建 1 座，装砖 12000 块。4 座砖窑，日产耐火砖 2 万块，年产上万吨。还备有试火度电炉 1 座，用于检验产品质量。

1911 年意大利都灵世博会银牌奖

砖耐火温度初为摄氏 1200 度，建造洋焦炉甚佳。1906 年提高到 1430 度，已合化铁之用。1908 年，西式炼焦处长兼管造砖处金衡荪悉心研究后，将火泥中的黄色杂质及小石子拣筛干净再加以火度，使砖耐火增至 1650 度，堪与外国火砖并驾齐美。汉阳铁厂化铁炉、炼钢炉用此砖建造，坚久不坏。

砖厂有花砖机、火瓦机，以加工各类型砖，大的 100 斤，小的 100 克，方、长、尖、角，样式繁多，使之按号斗榫拼砌，密合无间。因火砖费用仅洋砖一半，各省厂商纷来订购，还通过德国礼和洋行销往海外。1911 年在意大利都灵世界博览会上获银牌奖。

二十、早期矿区环保建设

萍乡煤矿总工程师赖伦按照近代企业风格规划了安源矿。矿山不仅仅是出煤的地方，同时还是旅游观光的地方。在绿化方面，赖伦因地制宜，各显其长。八方井以种植香樟树为主，因为安源属于亚热带季风气候，雨量充沛，加上地下埋藏煤炭，而煤炭中含有碳元素，特别适宜于香樟树的生长；其中间有梧桐、蜡树等。例如盛公祠、东、南、西、北四院、医院，这些单体建筑都建有围墙，围墙内种植梧桐树，围墙外山坡上种植香樟树，"梧桐掩映着的医院，觉得分外清凉，内里还有几十个工人，在重裯厚褥之中蜷着"。[①] 喷水池、井口走廊、铁路沿线则栽女贞树（又名蜡子树），因为这些地方不宜遮盖得太严密，尤其是铁路边，长势太好了会妨碍行车，而女贞树生长较慢，对行车影响不大。安源小河沿岸则栽种柳树、芦苇等，这些植物根须发达，能深入地下数米，起到固堤保岸作用，到 20 世纪 70 年代初，安源小河边仍能见到这些成行的柳和芦苇，根须在水面漂浮，牢牢裹住泥土。"老街、新街一带都系马路，新街马路颇为平衍。两旁杨柳，垂青可爱。警局禁止倾倒灰屑，路旁沟坑也甚修理。"[②]

东窑是座巨大的矿渣堆积山，占地百余亩，安源所有的工业垃圾都往山上倾倒，与头上的蓝天和四周的青山相比更显出它的黑与脏。为了改善环境，萍矿在东窑栽种了防沙固沙的植物沙柳、白杨树、泡桐、油桐、旱芦苇、草皮等，较好地缓解了流沙的移动。尤其是旱芦苇，它扎根深、根系发达、耐旱、杆高，根须紧抱煤矸石，使松散的煤矸石凝结成一块，不容易移动，起到了固沙效果，杆高则能御风，使细小沙尘不会轻易漂浮。到了秋天芦花开放，东窑上白茫茫一片，一改那种黑乎乎形象。东窑的绿色治理，取得了较好的改善环境效果。

安源人懂得工业污染所造成对周边环境的影响，矿长李寿铨写道："萍乡宜竹，安源山本多竹。自开机矿，炉烟所触，竹尽萎。不数年，近矿诸山，无复一根青条矣。予爱兰，近四五年，购兰数盆，叶多生斑，每以未得法为憾！

---

① 雌飞：《安源游记》，《安源路矿工人运动》（下），中共党史资料出版社 1990 年版，第 1129 页。

②《安源矿市最近调查记》，原载 1922 年 4 月 22 日、23 日长沙《大公报》。

今春新从醴陵购兰两盆，长叶清洁，无一点斑，可爱之至！乃到家三日，已生斑矣。兰喜阴，移植阴处，斑反渐多，不解其故。后于清晨见盆中多炭屑，如知亦为炉烟飞屑所触，无可避也！甚惜之！因思兰竹为最清洁之品，着不得少许烟火气，可知人之清洁自高，不受俗尘侵者，亦非与世推移之道也！"①李寿铨咏《还乡》诗道："我到扬州夏亦凉，晚风时送读书堂。当年争说萍庐好，绕屋棕榈出屋樟。"②表现了他恬淡的情怀和对萍乡煤矿的怀念之情。

在这些树木中，梧桐和油桐树因质材松软，寿命较短，在 20 世纪六七十年代均自然消亡了，芦苇也因矸石煤的掏尽而全部消失了。只有香樟和蜡树，耐得千年的风霜，至今仍郁郁青青，越老越苍劲，成为安源矿山的独特风景，这些香樟树是老萍矿留给后人的珍贵遗产。

二十一、早期煤矿自办生活设施

萍乡煤矿作为一家独立矿山，独居一隅，远离城市，周边无大的粮食、菜蔬和副食品市场，而人口众多，工人的衣食住行都必须由企业自行打理，因此自办了煤矿最早的生活设施。

（一）管仓处

管仓处建在安源新街。"在食宿房之工人约共六千八九百名，每月约需食米二千四百担，直井修理处工人约八百余名，窿内杂工约七百余名，窿外工人约有三千名，共计工人约一万一千余名。除在食宿房由本矿供给食米外，其余概在本地自行购食。"③萍乡虽为农业大县，但四面环山，田地稀少，传统

---

① 李为扬：《李寿铨热爱安源》，引自江西省政协文史资料研究委员会、萍乡市政协文史资料研究委员会合编：《萍乡煤炭发展史略》，1987 年内部资料，第 117 页。

② 李为扬：《李寿铨与安源煤矿》，引自江西省政协文史资料研究委员会、萍乡市政协文史资料研究委员会合编：《萍乡煤炭发展史略》，1987 年内部资料，第 88 页。

③《马载飏致盛恩颐》，引自湖北省档案馆编：《汉冶萍公司档案史料选编》（下），中国社会科学出版社 1992 年版。

的小农经济束缚了农民的手脚，农民们在一亩三分地里耕作，仅能满足温饱，缺乏大的米市，有的萍乡店家做米面、酿酒和粮食生意，还要到莲花、永新、安福购买大米，挑担或用船装到县城来。安源开矿，"采用西法，运用机器，大

管仓处旧址

举开采……筹巨款、修轨道、造浅水轮驳、设官钱号、派兵筹防，以及定经界、设电报、修运道、筑铁路、建仓积谷、兴学储才等"[1]，其中建仓积谷即为萍乡煤矿建设的一项。在安源建矿一下子涌入数万人，这就带来了粮食的恐慌，也给企业的稳定发展造成了窒碍。要解决工人吃饭问题，必须有固定的粮食来源地、便捷的运输路线和储存粮食的地方。萍矿粮食采购地点选定为湖南，运用株萍铁路将粮食运输到安源，储存在管仓处内。萍乡煤矿依靠株萍铁路的便利运输粮食，在管仓处建有站台，管仓处共有四十间。除储存粮食以外，还兼粮食加工，萍乡煤矿购进稻谷进行大米加工，每天机器轰鸣。加工大米产出了大量米糠，米糠用来喂猪，减轻了成本开支。

（二）种菜处

安源作为一家独立矿山，企业巨大，人口众多，一日三餐数万人吃菜都成问题，萍乡煤矿在矿山周围购买了土地，租给农民种菜，并自办了副食品场。

因北伐战争影响，湖南交通中断，萍乡煤矿经济无法接济，钱粮告罄，全矿人心浮动，工人有暴动倾向。1926年8月25日，公司副总经理潘灏芬致公司董事会函："查八月二日接金总工程师岳佑函称，矿次现状危机，不得已

---

[1] 李为扬：《李寿铨与安源煤矿》，引自江西省政协文史资料研究委员会、萍乡市政协文史资料研究委员会合编：《萍乡煤炭发展史略》，1987年内部资料，第59、60页。

以二号焦炭一千四百三十吨向萍商抵押光洋七千元，矿票三千元，购米应急，比因萍绅押款所交之米将次发尽，无以为继，又值大军驻境，人心更为恐慌，一旦粮绝，立见糜烂，不得已仍由佑会同凌处长、王代股长、沈局长往谒唐镇军转向绅商设法维持，未得具体办法，旋就商萍绅文重伯，请其尽力协助，磋商多次，始允筹借二万元，计每日交米三十石，共米价洋一万二千元，计米十五万斤，现款及铜圆共二千元，搭用矿票三成，计六千元，共二万元。此次借款以安源二号正焦及八仙冲（霸善冲）种菜地亩计一百九十五石租作为抵押品，以两个月为期，倘到期不能本利归还，所有抵押品归债权人变卖管业，两不找补。"[1]事实上这些田亩全部归入了大工头文重伯账上。

这种地亩计算方法为：每年佃租水田 195 石，以每亩 3.5 石计算约 55.714亩。在 1938 年尚留有 51.714 亩（另有山场 7 堳、土方 360 块以及房屋地基93 快等尚未算），合计水田 107.428 亩。[2]

萍乡煤矿的蔬菜及副食品由种菜处供给。种菜处位于矿区的东西两头，东面从九里坪到洲仔上，西面从三号桥到樟树下，还在罗家大屋建有养猪场及两口养鱼塘，可解决部分肉食品供应。蔬菜种植由专人承包，菜农从承包人手上获得土地后，在包工头的指导下种植，菜由包工头统一收购卖给矿上，包工头往往压产压价，菜农痛苦不堪。包工头与职员一道操纵菜价，低价买进，高价卖出，或者以次充好，剥削工人。养猪场建有 8 排猪舍，有猪栏 48间，自繁自养，一年出栏生猪数百头，养猪场到安源矿有两公里远，每天有十余人专门从安源矿挑潲水到养猪场。

（三）餐宿处

萍乡煤矿在建矿井的同时，建造了洋员住宅 3 所，洋匠住房 2 所，矿局职员住房 4 所，机器匠住房 1 所，工匠住房 4 所，收发及煤务处职员住房 1

---

[1]《潘灏芬致公司董事会函》（1926 年 8 月 25 日），引自湖北省档案馆编：《汉冶萍公司档案史料选编》（下），中国社会科学出版社 1992 年版，第 503、504 页。

[2]《赣西煤矿局公函》（1948 年 2 月 13 日），引自戴奇伟、张泰山：《华中钢铁公司档案选编》，长春出版社 2016 年版，第 173、174 页。

所，机矿收支、稽核、化学等处职员住房 2 排。1912 年间，矿区的宿舍共有楼房、平房 226 处，共 1500 余间。窿工有平房 10 栋，楼房 2 排，分东、西、南、北四区，可住 4700 人。西北两区最大，南区次之，东区最小。又紫家冲亦设分区，容纳 800 余人。每栋房分若干间，每间设双层床铺 12～24人。每铺住 2 人，其床位如轮船之统舱，分左右两边，共筑三层，因工人有日晚班，顺次轮流睡觉，被子一年四季都是热的。房中间置方桌、长凳，供工人用餐。宿舍外面设浴池两处供窿工下班洗浴。还有照相室，照片上注明工人姓名、诨名、籍贯、号数。又设取具保结处，若有一人犯事，保结人受累。工人家属则散居矿内外民房。"因房屋过少，竟有每房住至五十人以上者。房中房俱叠置，大类柜橱，空气恶劣，地位低湿，诚一'乞留所'之不如！""食料更属粗陋无比，工人洗澡池简直等于一小市之泥沟，实为世间绝无而仅有者！"[①]

职员住房由矿局拨给，携眷而居，房屋阔大光亮，携带眷属的工人六七千人，皆散居矿区内外，无一定集居地点，多住张家湾、筲箕街与窑坡里等地私房。部分点工住矿局公房，与职员相同，按月纳租金。洋员洋匠住房由矿局拨给。

二十二、早期煤矿自办新式学堂

光绪三十二年（1906 年）十二月，萍乡煤矿在安源创办初级学堂。为保持小学经费，经盛宣怀倡议与核准，在销售煤炭收入中每吨提取银 2 分，焦炭每吨提取银 5 分，作为办学基金。基金滚存不动，使用息金，与煤矿成本无关。到了 1919 年，基金已存大洋约十七万元，若以年息一分计算，每年进款已有一万七千元，足可供萍矿学费之用。

1912 年矿办小学改为两等小学堂，即办有初小和高小，学校名称改为萍

[①] 刘少奇、朱少连：《安源路矿工人俱乐部史略》，《安源路矿工人运动》（上），中共党史资料出版社 1991 年版，第 115 页。

乡煤矿员工子弟小学，校址迁至张公祠，李寿铨自任校长。学校有初小 4 个班，高小 3 个班，额定学生人数 240 名。矿局规定学生读书缴纳学费，初小学生每人每年银 4 两，高小学生每人每年银 6 两。因学费高昂，一般工人负担一名子女上学要花费工薪一个月左右的收入。由于负担实在太重，有的工人家庭承受不起，于是规定每 80 名学额中有 20 个贫穷子弟免费名额。在 240 名学额中虽有 60 名可免学费，但挖煤工人子弟读书的仍占少数，入读的也多是机电工人子弟，女学生更少。后矿局改变办学方法，1920 年 7 月学校归安源地方中华圣公会承办，采用董事会制，董事由矿长李寿铨、正矿师金岳佑、会计处长凌子贞、安源圣雅堂区牧吴鸿景和校长李北辰组成，同年在安源新街增设义务小学。因女生入学难，1921 年又增设端本女校和高小补习班（中学预科）。至同年 7 月，学校有小学初小 4 班，高小 3 班，补习科 1 班；女校有初小 4 班，高小 2 班。男女学生 498 名。

学校的课程设置依照民国政府（北平）教育部所定学制，初小一、二年级每周授课 28 小时，其余授课 33 小时；高小各班每周授课 34 小时。初小设国文、算术、历史、地理、卫生、图画、乐歌、体操；高小设英语、理科（初级理化），国文中亦授古文。因学校由教会承办，同时依照湖南基督教教育会章程办学，各班皆设道学一科，教以圣经宗教方面的伦理道德，实行每日祷告及礼拜，礼拜日来校做礼拜的学生平均占总人数的 52%，如此子弟学校类似教会学校。

学校每年举办运动会，李寿铨为学校作《运动歌》：

　　天气暮春初，儿童学唱歌，拍球芳草地，竞走绿杨坡。呼姐姐，唤哥哥，我们来做运动会，莫笑我们年纪小，将来卫国保山河，大家拍手笑呵呵！ [1]

从歌词内容看，当时学校运动会是很热闹的。

---

[1] 李雪娇：《开矿功勋李寿铨》，《家住安源》，中国文联出版社 2009 年版，第 34 页。

对于萍乡煤矿早期自办的新式小学，1922 年 6 月雌飞在《安源游记》中有如下记述：

> 七日天气晴朗，和余君① 商量去看公园。园在直井右边斜坡上，筑有红漆小亭三所，因势结构，林木丛深，颇饶佳趣。但地方狭小，只可供少数职员的憩赏，还不足当公园二字。我们又去张公祠参观学校。——校分三部，一国民，二高等，三中学。国民四班，高等三班，中学一班，学生共二百七八十人。贫寒子弟经矿商证明的，可免学费，大约以百分之三十为度。由江苏的郁教员引导我们参观他们上课，一时也看不出什么好丑来，但形式上不见得整齐。中学时间表上还列有经学一门，我问是什么经学，郁教员说：这个学校原来是德国人所办的矿务学堂，民国二年才改为矿商办两等小学，近来矿商因自己不会办学，每年出款八百元，已包与英国圣公会去办，言经学是教会的经学，不是儒家的经学，现校长是牧师孙某。我听了也遂不往下再问。我们又到半边街参观女校。到时他们正在那里上课，由教员江西王君接见。他看了名片，便问我是由男女同校的醴陵师范来的吗？因为我校里有两个姓李的女生，去年在这里读书的，所以他才发此一问。他勤勤恳恳地引导我看了四五个教室，教的都是女先生，学生共约一百六七十人，都是高等和国民两班。我每到一教室，学生都起立致敬，可见他们平日的训育了。但房屋湫陋，光线和空气都是不足，很于卫生有碍。又看到功课表上列有圣道一门，不问便知是教会包办的学校了。但房屋湫陋如此，怎么不另设法呢？②

萍乡煤矿"因曾定每年资助萍乡中学学捐 8000 元不能减免，自办中学被放弃"③。据《昭萍志略》记载："县立中学校：光绪三十年甲辰，诏停科举，兴

---

① 余君，名克绍，余不详，从文中对炼焦情况熟悉情况看，可能是萍矿职员。

②《安源路矿工人运动》（下），中共党史资料出版社 1991 年版，第 1133、1134 页。

③ 张振初：《始办小学》，《安源轶事》，1995 年未刊稿，第 105 页。

办学堂。阖邑士绅商议，以原有学租、鳌洲书院田租及六堂宾兴款，作教育基金，又抽收安矿煤捐补助之。于丙午年（1906年）创办中学，就关帝庙、育才堂房屋添建讲堂为校舍，由县详省，咨部存案。""邑生员萧燮和《县立中学校记》：中日战后，外侮日迫；忧时之士，深知教育可以救国……育才堂隶武庙，栋宇崇闳，于校舍宜；宾兴堂与之毗邻，于宿舍又宜。邑人士利用之，于是煌煌之中学，遂宣告成立矣，时清光绪三十一年也……学款之不动产，为学宫田租、鳌洲书院田租，而所恃以为岁出者，则安矿煤捐。煤捐由乡先辈萧立炎等与安矿订约抽提，初为票银八千两。宣统三年，票银低落，复由乡先辈喻兆蕃等交涉，收为银币八千元。后安矿衰落，煤捐终止"①。

二十三、早期煤炭技术学校

我国最早创办的煤矿专业学校，始于萍乡煤矿矿务学堂。

盛宣怀对培养工业人才十分重视。早在光绪二年（1876年）在湖北从事开采煤铁矿的时候，他很看重洋人的作用，在给李鸿章信中说："开矿不难在筹资本，而难在得洋师。"后来，他的想法开始转变，意识到了培养中国专业人才的重要性，"此种人才，亦宜储备。应一面在于同文馆及闽、沪各厂选择略谙算学聪颖子弟一二十人，随同学习。每见洋人看矿，以土石颜色，并将药水浸煮分辨所产，外国博学院各国开矿之土石均有储备，亦应购备考证。并请饬出洋学生酌分一二十人在外国专学开矿本领，两三年之后即可先行回国。实以开采为大利所在，未便使外人久与其事。"②光绪三年（1877年）七月，盛宣怀在给湖北巡抚李鹤章的信中，又阐明自己急迫地希望培养中国人才的思考说："办事以得人为主，而人才半在赋界，半在陶熔。方今欧洲气象，如大列国断无独居独处之日，亦断无不败之和局。足食、足兵、民信三

---

① 刘洪闢:《昭萍志略》（上），江西教育出版社2016年版，第303、304页。

② 盛承懋:《盛宣怀与"中国的十一个第一"》，西安交通大学出版社2016年版，第178页。

事，非人不办，且非有后起之人，亦必旋得旋失。试问吾家将才如彼否？使才如彼否？理财之才如彼否？窃忧虑后起之益无人也。中堂功德巍巍……而区区愚鲁之诚，还望我中堂为天下得人才，弗轻后进而不诱掖，弗狃目前而不远求，弗存姑息而举非其人，弗避嫌疑而举之为先。树人如树树，唯恐迟暮，则得人之盛，未必多让湘乡（指曾国藩）！搜罗今日之梓楠，培养他年之桢干，为一代之治人，胜于为百代立治法。"[1]

盛宣怀既是这样说的，也是这样做的。他培养人才的方法，一是在企业内部培养实用人才，二是送出国外培养长期为企业服务的高等人才。

企业内部培养实用人才的途径就是办矿务学堂。矿务学堂的创办可追溯到光绪二十三年（1897 年），还在酝酿安源开办萍乡煤矿时，盛宣怀在《张赞宸复查萍乡煤务运道情形批》中就曾提道："若经久扩广之计，总须西法开井，期其多出；挂线成路，期其多运，二者相维相系，尤须得人方能集股另筹大举。"当时国内有的大学刚设采矿班，或铁路与矿山结合的路矿班，难解煤矿专业人才之渴。光绪二十五年（1899 年），经盛宣怀倡议与核准，萍乡煤矿矿务学堂正式成立，以"矿务需才，设法培植，以收效用"为目的。延师教习，由德人总工程师赖伦兼任总教

萍乡煤矿矿务学堂

萍乡煤矿矿务学堂现改建为安源国家矿山公园博物馆

---

[1] 盛承懋:《盛宣怀与"中国的十一个第一"》, 西安交通大学出版社 2016 年版，第178 页。

习，招收中学文化程度学生，远近来者近百人。学校仪器图书资料俱全。

光绪三十四年（1908年），矿务学堂从萍乡煤矿总局旁侧移至为纪念开矿元勋张赞宸而建的张公祠内。初入学开设中文、德文、体操、制图等课程。并每日轮班，由外籍矿师带入井下实习。1915年，萍乡煤矿矿务学堂更名为萍乡煤矿矿学速成专科学校，学制缩短为两年。

矿务学堂创办后，为煤矿培养了大批技术人员，有的还输送到别的煤矿去工作。

另一条途径是选送企业高层次人才去国外学习，学成之后长期为企业服务。从1898年开始，盛宣怀在南洋公学和北洋学堂中挑选优秀者赴欧美等国的大学深造。其中有一批人学成回国后曾经服务于萍矿。

表6-8　汉冶萍公司出资培养留学的萍矿工程师

姓名	籍贯	留学情况	任职情况
黄锡赓（绍三）	江西九江	1910—1913年，美国里海大学采矿专业	1913年到差，历任大冶工程坐办，萍矿总矿师，萍乡煤矿矿长
金岳佑（湘生）	浙江诸暨	1911—1915年，德国矿学专业	1915年到差，萍乡煤矿炼焦处长，正矿师

还有非公司选派而在公司服务的留学毕业生，其中有的在萍乡煤矿工作。

表6-9　汉冶萍公司雇佣的非本公司送培的萍矿留学毕业生

姓名	籍贯	留学情况	任职情况
程义法	江苏吴县	1909年入美国科罗拉多矿业专门学校，采矿工程	约1914年到萍乡煤矿，任工程师
王道昌	直隶天津	日本大学机械专科	1917年9月到萍矿工作，任制造处副工程师
王野白	湖北武昌	1921年留学美国科罗拉多州矿务学院冶金系和麻省理工学院冶金系，获硕士学位	1938年1月至1939年5月，1946年1月至1948年6月，先后担任萍矿、赣西煤矿专员

这些技术人才的培养，不仅解决了企业各方面人才的需求，更重要的是对一些无本领而又占着岗位不工作的洋人构成了威胁，这些洋人走后，空出来的岗位及时得到了人员补充。

二十四、早期煤矿自办西式医院

萍乡煤矿创办了中国南方煤矿第一家西式医院。

萍乡煤矿创办时并未考虑建医院，当时只是聘请了一名西医生及几名实习生，应付一般常见病，遇有职员或洋人大病，送往数百里外的汉口或长沙大城市就医。光绪二十九年（1903年），英国人瓦里士·布卢到萍乡煤矿考察时，认为几名医务人员与远离大城市的近代大煤矿规模很不相适应，向矿长建议创办一所医院，建议得到重视采纳。1904年萍乡煤矿医院诞生了，初始考虑中西医结合诊疗方法，由应聘的德国医师负责，到1907年，有中、西医人员20多人。医院建在安源八方井东侧山下，坐东朝西，与八方井毗邻，医院为三拱门两进深的欧式建筑，平房，白色，外面蜡树为屏障，绿色的蜡树映衬得白色的建筑分外素洁、宁静。前面有游廊，有挂号窗口，病人在此排队挂号。进入门诊大厅，一股西医药味扑鼻而来。为中国式天井，天井外为游廊，四向摆着凳子供病人休息，正面墙上挂着一面钟，有护士守在这里，喊号、试烧等，南侧为中药房，北侧为西药房。正面有两张门出入，进入，一条南北向的走廊，北面为出口，南面通向住院部，两边分布着门诊室、X光机室、小型手术室、器械科等，设有诊疗室、疗养室、割症室等。住院部的形状与门诊相同。

医院创建时的规模并不大，当时矿局有职员400人，医院自然首先是为这些职员服务的，同时还要考虑到为社会名流服务。而萍乡煤矿的一两万工人就医就困难了，除"因公受伤者"可在医院治疗外，若患急病求医，须请工头报奏所在工作处的处长，开具就医证明方可。

萍乡煤矿医院曾与湖南湘雅医院合作，治好了两万多安源人民的钩虫病。

1917年春，洛氏基金会国际卫生委员会的黑塞博士和诺立斯博士来华考察，发现中国中部地区钩虫病感染率非常高，而江西萍乡的安源是重灾区。湘雅医学专门学校校长、公共卫生学教授颜福庆博士得到这个消息，遂向洛氏基金会国际卫生委员会提出防治申请，并得到资助，亲自组织医疗队前往安源煤矿进行调查和防治。

颜福庆医疗队到安源后，即时开展工作，对工人进行体检采集病源标本，进行了近20000份的检验，发现矿工的钩虫病感染率高达81.6%。面对如此高的感染率，颜福庆医疗队感到震惊，决心一定要查出感染源。他们下到160多米深的矿井去调查，认识到病原由于井下特殊环境及工人不讲究卫生造成的。他又到地面探水源、钻厕所、看农家牛棚，了解传染链。

煤矿人多，部门多，收集标本非常耗时。尤其是井下矿工，一天12小时在井下，分头作业，组织涣散，收集标本十分困难。为了收集一队20名矿工的标本，有时甚至要花半个月。井上和井下人员合计达2万多人，每人一份标本，就是2万多份。颜福庆在现场培训了4名化验员，专门负责标本检验，指定一人做负责人。使用显微镜检查钩虫卵不算太难，4人很快掌握了化验技术。

为了使广大矿工提高认识，做好防患和治疗，颜福庆医疗队在矿中开展了为期半个月的宣传，在整个宣传阶段，共进行了39场关于钩虫病的演讲，发放了6611张传单、821张海报和6606本宣传小册子。为了让矿工们有直观的印象，颜福庆还在办公室放了一台显微镜，邀请矿工们前去观看钩虫的活动。

在完成调查检测分析宣传等工作之后，随即开展了药物治疗工作。刚开始，矿工们对西医西药不太了解，不配合治疗，认为吃西药会失去生育能力，是洋人灭绝中国人的阴谋诡计。为此，颜福庆医疗队做了大量的说服工作，并

颜福庆（1882—1970），字克卿，祖籍厦门。出生于上海市江湾的一个基督教牧师家庭。1909年获得美国耶鲁大学医学院博士学位。1910年又到英国利物浦热病学院攻读热病学，获得了热病学学位证书。中国近代著名医学教育家，公共卫生学家。湘雅医院的创办人。

在矿方的支持下治疗工作有效地进行下去。矿上采取了强制措施，把病人集中到医院进行治疗，除照发工资外，每天还给予一定的补贴，以此激励工人积极配合治疗。

为矿工宣讲防病知识

颜福庆医疗队认为，最终控制、消灭钩虫病，要靠防范和卫生的改善。于是，在他们的帮助下，煤矿成立了一个卫生部，负责矿上卫生防疫工作。在所有的防疫工作中，最重要的是在井下设置移动厕所，每天派专人收集、分发和清洗，使矿工养成不随地大小便的习惯。而地面厕所也派专人播撒石灰，防止钩虫卵繁殖，减少感染源。

萍矿钩虫病获得有效控制后，颜福庆向汉冶萍公司总经理夏偕复发了一份洋文函，讲述了万国卫生部在萍矿治理钩虫病情况，并对萍矿卫生状况提出了建议。公司对颜福庆的建议很重视，夏偕复指示：“昨接颜医士洋文函称：萍乡煤矿扑灭钩虫病一事，业已着手进行，其查验在矿员司工役及施治之法，均有头绪，惟有若干之卫生工程亟待兴修，方能杜绝病源，非有卫生工程师查察监督，不能合法，拟请速延卫生工程师一员来矿，俾便兴修此项工程。又钩虫病之症欲其扑除净尽，不再发现，须俟一二年后，福庆等不能久居矿中，随时预防等事必须有人继续担任，方不致前功尽弃。拟请在矿设立卫生部，延致专门卫生医生，主持其事，以统事权，而为久计，等情。据此，查扑灭钩虫一事，前经函奉贵会议决，准在萍矿学捐项下拨用二万元，以作经费在案。兹该医士请延卫生工程师并请在矿设立卫生部，以继其后。查卫生工程，如考察水源、建设厕所等事，均关紧要。自应如该医士之请，延致卫生工程师一员，以资改良。”① 作出几项决议：在矿设立卫生部，物色

---

① 《夏偕复致公司董事会函》（1918 年 4 月 24 日），引自湖北省档案馆编：《汉冶萍公司档案史料选编》（下），中国社会科学出版社 1992 年版，第 272 页。

卫生工程师一名，主持其事，兴建公厕、考察水源、发放药物等；以九成价收购万国卫生部三副显微镜；在萍矿学捐项下拨付 20000 元作建设公厕之用，在萍矿经常费项下每年拨付 7000 元作正支销。

"查钩虫为病实由居处不洁酝酿而成，前据颜医士查报，此病流行萍矿为甚，窿内工人十染其九，既经贵会议定治疗，复经万国卫生部医士颜、蓝等实心施治，现据蓝医士面告颇著成效，自应继续积极进行，以期永绝根株，有裨工作。"[1]安源煤矿钩虫病的调查和防治，前后花了 22 个月时间，在颜福庆医疗队的大力工作下，最后得到了有效控制，为两万多人治好了病。颜福庆医疗队在安源煤矿防治钩虫病的事迹在安源工人中留下了深深的记忆。[2]

二十五、最早的煤矿银行

光绪二十二年（1896 年）十一月二十五日，郑观应致函盛宣怀："银行为百业总枢，借以维持铁厂、铁路大局，万不可迟。请仿西例，举董事能变通体制，须聘银行老班总其成，无措置失当，且知其生意所在，亦与各国银行声气相通。若所请总理失人，究非熟手，创办不易，呼应不灵，似宜仿日本请洋人之术，宜副以通西语之华人，数年间事事洞悉，可以不用洋人矣。拟邀京都一满一旗殷实者为董事，以期满旗中富宦存款，不必存诸西人银行，则我开之银行自然丰足，岂独银行与铁路、铁厂相表里，亦属利薮。迟为捷足先登，诚为可惜，故电请勿终止，不可不开也。"[3]建议创办银行业。盛宣怀接受了郑观应的建议，于光绪二十三年（1897 年）四月二十六日在上海创

---

① 《夏偕复、盛恩颐致公司董事会函》(1919 年 2 月 10 日)，引自湖北省档案馆编：《汉冶萍公司档案史料选编》（下），中国社会科学出版社 1992 年版，第 273 页。

② 黄珊奇：《颜福庆萍乡防治钩虫病》，《老湘雅故事》，中南大学出版社 2012 年版，第 63—68 页。

③ 《郑观应致盛宣怀函》，光绪二十二年十月二十一日（1896 年 11 月 25 日），引自陈旭麓、顾廷龙、汪熙主编：《盛宣怀档案资料选辑之四：汉冶萍公司（一）》，上海人民出版社 1984 年版，第 269 页。

办了中国通商银行，收到了很好的效果。光绪二十四年（1898年）底，盛宣怀委派张赞宸筹备设立萍矿官钱号，"（张）到山伊始，首先条陈五事，一筹巨款，二修轨路，三造浅水轮驳，四设官钱号，仿行钱洋、纸币……先设矿局官钱号兼办储蓄。"[①]光绪二十五年（1899年）五月，萍矿官钱号正式成立。这是我国煤矿第一家银行，也是萍乡首家银行。

　　官钱号的地址设在萍乡县城西街。按照商办银行官方予以扶持的原则，萍乡煤矿局拨给湘平银一万两，长年7厘起息。经营章程均按商务办法进行，所有矿局与上海、汉阳等地进出收付各款，统归官钱号立账往来，总期流动周转。官钱号实行经理招聘制，矿局给

矿局官钱号银圆票

予用人和理财全权，总办不荐派也不过问用人，只管账目月结月总的核查。盈余实行提成分红。为了划拨灵便适应矿务需要，官钱号还在湘潭转运萍煤局、醴陵稽查萍煤局两处设官钱分号。

　　官钱号创办后，不但支持与调剂了萍乡煤矿的生产建设资金，而且活跃了萍乡一带市场经济。萍矿官钱号的主要业务有四个方面：

　　一是经营矿务局的收益。《大清商业综览》记载萍乡煤矿开采以后设立的官钱号，其存款来自矿务局的收益，专门用作矿务、铁路两局的经费，一年的存款额有二三十万两，利率随市场行情而定，高的时候0.8%、0.9%，低的时候0.5%、0.6%。存款有剩余时，贷给此地的钱号以谋利。[②]

　　二是通过官钱号向外借款，这是最主要的业务。光绪二十六年（1900年）的萍矿账略显示，萍矿股本来源主要有三种，其一为官股，包括戊戌年

---

①《请恤张赞宸折》，盛宣怀《愚斋存稿》卷十四。

②《大清商业综览》，《东亚同文书院中国调查资料选译》，社会科学文献出版社2012年版，第425、426页。

（1898 年）督办拨发湘平银 6800 余两，己亥年（1899 年）督办行辕账房拨发湘平银 47500 余两；其二为商股，其中招商局股本湘平银 161700 余两，铁路总公司股本湘平银 147300 余两，汉阳铁厂股本湘平银 147300 余两；其三为借款，向德国礼和洋行借款湘平银 325800 余两。此外，还有一些其他收入，如收协成结欠约湘平银 80000 两，收萍乡官钱号代借各款湘平银 110000 两。以上两共约收湘平银 1146400 余两。从收入各项来看，在官钱号成立的次年（1900 年），萍乡矿局通过该号借贷的资金占到总股本的一成左右。[①]

萍矿官钱号的经营以及借款情形，还可从萍矿的借入、存入款项中得以窥探。

表 6-10　截至 1905 年 1 月萍乡煤矿借入、存入款项明细　　单位：库平两

借入款项	库平银	存入款项	库平银
通商汉行	95429.46	汉阳铁厂结欠	785784.71
协成号	36068.2	存汉冶萍驻沪局抵礼和本息	95900
道胜行	131971.44	大冶铁矿局	2968.264
仁太庄	34431.242	马鞍山矿局	12494.058
元大庄	131310.22	萍乡官钱号资本湘平银 1 万两	9538.344
惠怡厚庄	83900	萍乡官钱号五届盈余	49095.824
大仓行	262639.7	上海、南京、安庆、汉口等处焦炭未收回款	39635.5
万丰隆庄	33399.13	萍乡矿运醴陵、湘潭、武汉在途生煤焦炭	201400
豫康庄等	54850.55	萍乡及各井厂并醴陵、湘潭、岳州、汉阳经费	38961
萍乡官钱号	120000	借存两抵，实结该库平银	
规并各商井	81000		
共计	5079298.676		3843520.9

注：借入总数中包括礼和洋行、招商局等借款，未列入表中。

资料来源　湖北省档案馆编：《汉冶萍公司档案史料选编》（上），中国社会科学出版社 1992 年版，第 204 页。

[①]《萍乡矿局光绪二十六年十二月底止存该账略》，光绪二十七年二月二十七日（1901 年 4 月 15 日），盛宣怀档案。

从表中所列的借款来看，萍乡煤矿先后从 13 个钱庄借入资金 416115.242 两，这些钱庄多分布在上海、汉口。其次是向通商银行汉口分行等 3 个银行借款 490040.6 两，最后是通过萍乡官钱号向外借款 120000 两。而存入款项中，汉阳铁厂结欠、售往各处煤焦炭未收之款实际并未到账或挪作他用，尤其是汉阳铁厂的结欠占到存入总数的一半以上。

三是通过萍矿官钱号向汉阳铁厂调拨资金。光绪二十七年（1901 年）十一月，张赞宸致函盛宣怀称，此前汉阳铁厂莫吟舫在上海时，请求张拨银 25 万两，张本答应凑集，但是由于官钱号所出银洋各票，遭到挤兑。而官钱号资本仅一万两，加上煤焦不能畅销，造成萍矿官钱号存款减少，无力支付现银。……因而请求盛拨款现银 8 万两与莫吟舫处。[1] 盛宣怀表示汉阳铁厂款项告急，希望萍矿运煤出售，同时要求张赞宸收回汇票，募集资金，或向通商银行汉口分行林友梅、施子卿、盛春颐等人筹集。[2] 通过张、盛二人的书信往来也可看出，当时官钱号的经营与萍乡煤矿的生产、运销联系十分紧密，更为重要的是，盛宣怀要求萍矿官钱号为汉阳铁厂提供资金支持。从上表也可看出，虽然萍矿和汉厂是相互独立的两家企业，但是萍矿向汉厂提供的煤炭资源，并未及时收回煤款，以致汉厂的结欠越来越多。

四是发行银、钱票。萍乡矿票（银圆票）分为三种：1 元、5 元、10 元。5 元券、10 元券发行于 1915 年，1 元券发行于 1925 年，共计发行 15 万元。同时发行钱票 1 文、5 千文、10 千文三种。鉴于各省通用小银圆，该官钱号仿照苏州钱筹办法，在苏州定造竹筹以便市面搭配零用。[3] 萍乡矿局官钱号发行的几种钞票，"民间颇能信用，萍醴一带通行无滞，历年皆有盈余。"[4] 1916

---

[1]《萍乡来电》，光绪二十七年十一月二十八日（1902 年 1 月 7 日），引自陈旭麓、顾廷龙、汪熙主编：《盛宣怀档案资料：汉冶萍公司（中）》，上海人民出版社 2016 年版，第 857 页。

[2]《萍乡去电》，光绪二十七年十一月二十八日（1902 年 1 月 7 日），引自陈旭麓、顾廷龙、汪熙主编：《盛宣怀档案资料：汉冶萍公司（中）》，上海人民出版社 2016 年版，第 857、858 页。

[3] 张赞宸：《创设萍乡矿局官钱局缘起》，光绪二十五年四月一日（1899 年 5 月 10 日），盛宣怀档案。

[4]《时报》1908 年 12 月 18 日，引自张振初：《煤矿首家银行》，《安源轶事》，1995 年未刊稿，第 65 页。

年的《萍矿自保条例》提道:"官钱号虽闭,而票仍通用周转市面……目下最好以本矿票子通用,以铜圆兑现。"[1] 日本人也称萍矿"各银行业者及小店铺发行钱票,但信用极低。萍乡煤矿公司下属的官钱号发行的票子即期汇票信用最高,且流通甚广。"[2] 萍矿矿票一直使用到1935年,当时汉冶萍公司濒临倒闭,矿票贬值,并逐渐失去信用。[3]

萍矿官钱号运营是较为成功的。光绪三十二年(1906年)闰四月,萍矿官钱号向盛宣怀详细奏报了历年及该年前几月的收支盈余情形,净计结存湘平银56311.6两。1906年一月至闰四月底止计结存盈余湘平银6763.56两。[4] 截止到光绪三十三年(1907年)九月,该官钱号共发行钱洋、花票、竹钱筹湘平银42325两;第一届至第八届盈余湘平银68902.57两;各户存款湘平银81102.73两。……除该净计结余湘平银8066.51两。[5] 从账目来看,各户存款共8万余两,前八年该钱号共盈余68902两,平均每年盈余8612两。从单个年份来看,1906年盈余湘平银5827.4两,1907年盈余10779.45两,1908年盈余洋例银12979.87两,1909年盈余洋例银14237.91两,1910年盈余23309.51两。1911年盈余6864.24两。截止到1911年12月底,官钱号历届盈余112443.56两。[6] 总体来看,盈利较为可观,因而徐润在自叙年谱中提道:"萍城地处山乡,筹现款颇难,光绪二十五年始在该城之后设立矿局官钱号,一所凡有汇兑款项,均由该号出入,以便周转,现已历有年所遐迩,信孚已出。"[7]

---

① 陈旭麓、顾廷龙、汪熙主编:《盛宣怀档案资料:汉冶萍公司(下)》,上海人民出版社2016年版,第1000页。

② 《清国湖南省萍乡衡州工商业考察复命书》,《晚清日本驻华领事报告编译》(第四卷),第244页。

③ 《大清商业综览》,《东亚同文书院中国调查资料选译》,社会科学文献出版社2012年版,第426页。

④ 《萍乡矿局官钱号历年及本年闰四月底盈余数目单》,光绪三十二年闰四月三十日(1906年6月21日),盛宣怀档案。

⑤ 《萍矿官钱号光绪三十三年八月底该存账略折》,光绪三十三年九月(1907年10月),盛宣怀档案。

⑥ 孟震:《萍矿过去谈》,汉口汪日升石印局1914年石印本,第40页。

⑦ 王云五主编:《清徐雨之先生润自叙年谱》,台北商务印书馆1981年版,第222页。

二十六、早期煤矿自办娱乐场所

1898 年萍乡煤矿创办后便成为人们观光的热点。翌年十二月，萍乡煤矿总办张赞宸致电盛宣怀就说："各国洋人的游历常迁道于此！"他们来安源的目的多垂涎于煤炭。而国内观光者则多关注江南这一大矿，引进西方的洗煤台、炼焦炉，在全国煤矿中首屈一指，且是世界上最先进的技术设备。当时北方的开滦煤矿还是骡马拉煤，这里的总平巷却有双轨电车运输了。

为了打造萍矿煤矿的名片，让地处偏僻的三十几个洋人安心工作，萍乡煤矿根据洋人和观光客人的爱好，兴办了公园、跑马场、弹子房、篮球场等娱乐设施。

据张振初《安源轶事》记载：八方井后面凹处还有一座公园，是萍乡煤矿建矿中为美化环境增设的景点，中间有船式客厅 1 座，红漆小亭 3 座，因山结构，林木阴森，颇饶佳趣。不仅可设宴还可待客住宿，园中除种植各种名花异草外，还养有熊、狮子、长颈鹿、老虎、花豹、猴子和孔雀等动物，每年入园参观者达数万人。

跑马场在当时连长沙那样的大城市都没有，可是在安源小山旮旯里却已经有了。张赞宸根据西洋人喜欢运动的爱好，在九里坪建了座跑马场，占地十余亩，周围用铁丝围起来，建有男女换衣室等，四周为农田和山野，风景优美，运动疲劳了可以坐下来休息欣赏周围的风景。这样的地方一般老百姓是不可能去的，只有公司高等职员和洋员才可以去。

篮球运动被西洋人视为绅士运动，是他们的爱好之一。为此，矿上在八方井后面桐梓坡开辟了一个篮球场，这也是安源自古以来的新鲜事，不过球场是专供洋人使用的，下级职员及矿工是不准进入球场的。球场地处山坡上，左边有一坡岸，离坡岸下不远处是矿长李寿铨的住宅。洋人打球时球往往会滚落到李矿长的家门前，为此，矿上在李家门口专门设立腿脚好的捡球员，遇球从坡岸上滚下来，便由捡球员还回球场。有一位名叫周炳彝的下级职员，渐渐与洋员混熟了之后，也参与打球，甚至球队缺员时还充当候补队员，这是萍矿第一名学会打篮球的下级职员。

萍矿还在桐梓坡山腰建了一个网球场，安源人呼为"打球坪"。又在大烟囱附近修建了一个小型文娱室，官方文书上称之为"弹子房"，安源人则呼为"波房"，这两个名称实际上是来源于两种体育运动，当时称为"打弹子"和"打波"。打弹子就是世界各地还在流行的桌球或台球。当时玩的是四球（红白各二），打法和现在一样。打波这种运动发源于荷兰，又称荷兰球，即现在的保龄球。所谓"波"就是一个直径约三十厘米的坚韧质木球，玩时用双手捧着立发球处，俯身顺轨道用力滚去，球稍歪即滑下轨道，如沿轨道滚动二十米不歪，最后撞倒棒槌，以倒地多少计分。西方又称"九柱戏"，当发球之后，一路滚去，震动地板，发出"隆隆"之声。18世纪时，在欧洲遇大雨天响雷，有人就会说："上帝又在玩九柱戏了。"这两种运动，一种锻炼轻巧，一种运用臂力，互相补充调剂，深受德籍人员喜爱。

二十七、早期为乘客提供出行服务的指南

我国现代旅游业兴起于1911年辛亥革命之后至20世纪20年代期间，后因铁路业的迅猛发展，出现了一个迅速兴盛时期。现保存在安源路矿工人运动纪念馆的典籍《株萍旅行指南》一书，是我国现代旅游业中最早专门为乘客出行提供服务指南的一本手册，对追溯和研究我国旅游业的发展历史，有着极高的历史和文物价值，也是我国现代旅游发展起源兴起的最早物证。

萍乡煤矿创建时，盛宣怀上书光绪皇帝，提出在安源修筑一条专运煤的铁路，以降低运输成本，保证汉阳铁厂的煤焦。1898年12月，他决定从安源筑建一条直至湘江边的铁路（株洲、湘潭两地），并与粤汉路和湘江航运线相连接，形成一个宏大的煤焦运输网络。这条铁路于1899年1月动工，到1905年建成了以安源为起始站、株洲为终点站的铁路，即萍株铁路。1918年后，株萍铁路与粤汉铁路相通，火车可直达长沙、汉口。20世纪30年代后，株萍铁路与浙赣铁路相连，株萍铁路名称不再使用。

萍乡煤矿由于采用了当时世界最先进技术，引来了很多中外人士来安源

考察或旅游观光，株萍铁路的开通更加便利了中外人士和游客。株萍铁路管理局为了经营管理好株萍铁路，在加强和扩大铁路经营规模的同时，利用安源这块名片提高自身知名度和影响力，编撰了为乘车旅客提供旅行指南服务的书籍——《株萍铁路旅行指南》。第一期于 1914 年 11 月出版，该书对沿途车站、古迹、名胜、人事介绍、萍矿纪要等，以图文并茂形式进行介绍。第二期于 1919 年出版，北京交通大学图书馆有收藏。1920 年出版的应是第三期，由株萍铁路管理局编印出版，书名已改为《株萍旅行指南》，萍乡安源路矿工人运动纪念馆收藏了该版本，目前全国仅发现这一本，2003 年 9 月 18 日被鉴定为国家一级文物。与前两期指南相比，1920 年版《株萍旅行指南》书名已去掉了"铁路"二字，明显上升到具有主动为旅客提供服务的意图。

安源路矿工人运动纪念馆收藏的《株萍旅行指南》典籍，虽然一百余年过去了，但《株萍旅行指南》原书中的字迹、图样、照片仍然清晰可辨，封面已损毁不存，后用黄色牛皮纸作封面封底，白线装订。全书 4.5 万余字，书籍有缺损，共分甲编、乙编、丙编、丁编四编，现仅有三编。甲编为 3 张介绍株萍铁路管理局的门楼的全景照片，及株萍铁路线局图、火车座位，价格页码有残缺，另有 5 页被撕去。乙编为规章纪要，分为两章，第一章旅客，分为九节：总则、乘车规则、发卖客票、客票补费规则、团体票、包车、专车、行李、零货；第二章货物，分为五节：总则、通常、特约、包车、附则。丙编为株萍铁路各站纪要，分别介绍了株洲车站、板杉铺车站、醴陵县车站、老关车站、峡山口车站、萍乡县车站、安源车站、

《株萍铁路旅行指南》书影

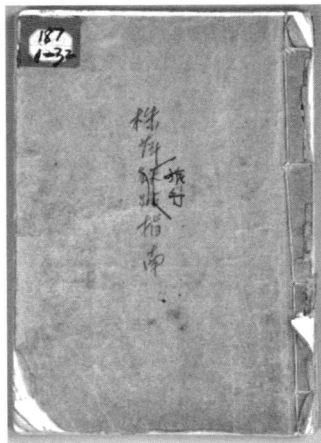

安源路矿工人运动纪念馆
收藏的《株萍旅行指南》

连带各站情况，内容涉及车站概况、沿途古迹、名胜、公署局所、学校、工业、商业、矿业、会馆、医院、旅馆、流通货币、代步、交通、物产、输出品、输入品等，连带介绍了粤汉路长株段各站里程及客票价目表、长沙旅馆一览表、湘汉轮船一览表。丁编为萍矿纪要，共分十三章介绍，分别为：萍矿之缘起、矿煤之容积、煤窿之工程、洗煤机之作用、西式炼焦炉之设备、土法炼焦炉之并举、化学处之分析、煤砖机之设置、造砖处之效果、制造处之规模、电机厂之机能、造筑处之建设、收发物料所之办法等。书中有各车站分布图、沿线各车站图和各地的古迹名胜及萍矿各厂区照片 51 张。《株萍旅行指南》既介绍了株萍铁路沿线的各地名胜古迹、风土人情、物产特色、站场概况，又介绍了旅客旅行必备的知识，应知的运输规则、服务设施，尤其是对萍乡、安源两个大站和老关、峡山口两个小站的历史人文作了如实地介绍，为我们更加真实、客观、全面地了解一百多年前的萍乡，提供了大量极为珍贵而翔实的史料。

《株萍旅行指南》的编写模式很有特色，主要体现在分三个版块的服务介绍：一是对各地主要的人文古迹进行简要介绍，着重介绍距离车站的路途或所在方位、主要的人物和传奇；二是对各地有代表性的自然山水和名胜村落物产介绍，对何地、何物、何事简明扼要的介绍；三是对各地的办事机构、服务单位、社会团体、特产种类、商品交换、流通货币、交通食宿等的介绍，告知与车站的位置和里程，方便寻找到达，并将这些服务项目统称为"人事介绍"。后来，这种编写模式被固定化，成为各主要铁路旅行指南书籍的范本，加以沿用，1919 年出版的《京奉铁路旅行指南》就采用了这种服务介绍模式。

第七章　萍乡近代工业在近代中国的影响

一、近代工业重镇声名远播

萍乡煤矿的开办，使萍乡从几千年传统农业社会走向近代工业文明的进程，加快了工业化的步伐，为萍乡地区经济的发展、城市的转型和中国近代工业的发展作出了巨大的贡献，推动了萍乡与中国工业乃至世界工业的对接。

萍乡不沿江，不沿边，不靠海，深处内陆，境内没有大江大河，与同时期的全国各个县城相比，是一个名不见经传的小县城。可短时间内，萍乡经济繁荣，名声大噪，成为声名远播的江南煤都，这与萍乡煤矿的创办有重大关系。萍乡煤矿的创建推动了萍乡地区经济、社会、文化的建设与发展，是萍乡地区近代化、工业化、进步化的重要标志。

（一）城市化进程加快

萍乡煤矿的开办，使萍乡人口大增。清同治八年（1869 年）与光绪三十二年（1906 年）相比，更显出萍乡开矿给萍乡城市化人口带来的盈余。同治八年，萍乡共有人口 215648 人。到了光绪三十二年，萍乡共有人口 590948 人，共增加人口 375300 人，在相隔 37 年中平均每年增加人口 10143 人。《萍乡市志》记载："主要是光绪二十四年萍乡煤矿开办和随后株萍铁路建成，招来许多外籍工人之故。"以后随着时代的变革，人口有增有减，但总体在 50 万人上下，到 1949 年共有人口 563940 人[1]。

---

[1]《萍乡市志》，方志出版社 1996 年版，第 109—111 页。

人口大量聚集，城市建设加快发展。正如李寿铨在《萍矿总说》中所说："开采萍煤仅历十年，而荒僻无人之境，一变而为通衢繁复之场。"其中变化最大的是安源。《昭萍志略》载："安源特别市：在县南，距城十里。向系村落，自矿务发展，建筑炉厂，构造庐舍，阛阓骈列，工商丛集。加以铁轨交通，贸易繁盛，骎骎与各巨镇埒已。"[1]北洋政府内务部公文称："安源地方，在昔本非镇市，厥后因萍矿发达，商工相聚，始成都市。"[2]萍乡县知事王大锟称："该处（安源）未开机矿以前，一片荒山、人迹罕到。有矿之后，始有市面，已划出新老两街及操奇（筲箕）街，约计店户二百余家。"[3]

矿山鼎盛时期，矿区人口达十万左右，街市上车水马龙热闹非凡，故有"小上海""小南京"之称。据史料记载，民国初年（1912年），在安源2平方公里的土地上居住着8万人，民间估算10万人，大大小小的商铺有1500家，这其中还有一座近代化的矿山，人口之稠密，即使在今天也罕见。

由于安源四面环山，狭长的出入路还被铁路劈为南北两半。路南大多为矿区，系萍乡煤矿的所在地，这里厂房林立，机器轰鸣，井塔和烟囱高耸，电机车穿梭，焦炉火旺，火车轰鸣，演奏着一曲近代化工业的赞歌。南面靠山，茂密的林木掩盖着一幢幢风格各异的西洋式建筑，这是办公场所和洋人的别墅；桐梓坡和花园里是矿局职员居住地，建筑别致，花木环绕。这里还建有世界上最前沿的弹子房、足球场、动物园，动物园里有老虎、狮子、狗熊、长颈鹿、火烈鸟、白鹤等各种飞禽走兽。离安源矿不远的九里坪还建有跑马坪。当时的跑马场、动物园大多数大城市都没有，萍矿走在了全国的前列。

路北为街市和居民区。由于面积狭小，安源的街道多又窄，有"十街十八巷"之说。街道从花冲街口算起，有老后街、老正街、筲箕街、汉正街、

---

① 刘洪阔：《昭萍志略》（上），江西教育出版社2016年版，第8页。

②《咨江西巡按使萍乡安源警察办法应略予变通请转饬遵照文》，《内务公报》1915年第19期，"文牍"，第33页。

③《江西巡按使咨农商部文》（1914年11月10日），台湾"中央研究院"近代史所档案馆藏农商部档案，萍局矿警团，档号：08-24-15-010-02。

位于半边街的安源路矿工人俱乐部

沔阳街、新式街、十字街、半边街、新正街、稀饭街。主要巷子有方家坳、塘湾里、牛角坡、张公祠、呜呼哉巷、井巷子、八十间房子、广东房子、上窑坡、中窑坡、下窑坡、洲仔上、新街尾、四间房子、横巷子等等。这些街道最短的只有数十米，最长的也才五六百米，宽三米至六米不等。由于人口多，许多人还不得不向山上迁移，如上窑坡、灯盏窝、贾家冲等，甚至较边远的小冲、三丘田、紫家冲、锡坑这样的山冲旮旯里也有很多人居住。

筲箕街临近富人区的花园，是一条比较大的街道，聚集了千多工人家属。由于工人被层层剥削，收入极低，由此这条街上很多工人就靠倒花园里师爷（职员）家的潲水过日子。

老后街是安源最早的一条街道，街口朝北，有一张街门，入夜关门，稳如城池。入门则是下坡路，一条窄窄的石板路蜿蜒曲折，两旁有各种店铺，如吴纸马匠店就开在这里，平日店里静悄悄的，店员们都在后面工作，剖篾、背纸、折花、描画。老后街的终点在安源路矿工人消费合作社处，老正街、

安源路矿工人俱乐部演讲大厅

塘湾里、呜呼哉巷相抄。

呜呼哉巷是一条弯弯曲曲的小巷，小巷的来历，据说这里是妓女、小偷、打卦算命、道士之类弱势群体居住的地方，有个老先生看后长叹一声："呜呼哀哉！"故此得名。1922年初，李立三所创办的工人夜校就选在这里，李立三在一家小红楼里向工人传输马克思主义，工人因此有了团体，与矿局进行了义无反顾的斗争，受到革命理想教育的安源工人因此走上了革命的道路。

半边街位于安源路矿工人俱乐部前，前面是个大广场，很空阔，故名。由于俱乐部办公场地狭小，加上工人事业日渐发达，需要有更大的办公场地。1923年10月，由刘少奇提议，安源12000多俱乐部会员每人捐出7天半年终夹饷修建安源路矿工人俱乐部大厦，1924年5月1日落成，这是专属于中国工人阶级的第一座大厦，为俄国大剧院式风格，讲演厅可坐800人，二楼楼座可坐150人，三楼楼座可坐100人。大厦前面的广场能容纳30000多人集会。旁边有一座公园，有池沼、垂柳、各种花鸟、亭榭等。在中国工人阶级还未取得革命成功的时候，能在如此优越的条件下学习和娱乐，这在中国革命史上是绝无而仅有的事。

安源街市的建筑带有清末民初江南民居特点，临街面建筑都是雕梁画栋，为两层骑楼，一般骑楼用木柱顶住楼面，下面可以过身和遮风避雨。

在城市建设不断延伸的同时，为生产和生活服务配套的机械厂、发电厂、化学房、测绘处、建筑处、电报电话房、矿山救护、医院、矿务学堂、员工小学、印刷厂等也相继设立，一应俱全，城市各种业态都逐步完善起来，城市功能彰显出来，呈现出一派现代化景观。便捷的交通，快捷的电讯，加快了物流、人流、信息流，生意人大宗进出货，传统的小城镇朝着现代工业城市发展。

（二）经济多元发展

萍乡煤矿的创建不仅将萍乡的煤炭产业推向了新的繁荣，而且进一步带动了其他产业的迅速发展，逐步实现了由传统手工业向机器化大生产工业转变，实现了萍乡由传统封建农业社会向近代化工业化社会转型。

萍乡煤矿的创建推动了萍乡地区由传统手工业和封建农业城市向近代化工业化城市转型。萍乡市很早就有煤炭、鞭炮等产业的发展，围绕这些产业开展的经销活动也很活跃。萍乡煤矿创办后，打破了萍乡传统产业沉缓发展的格局，逐步实现了由以小商贸、小作坊为主的传统手工业向机器化大生产工业转变。萍乡煤矿是萍乡的第一个近代企业，矿局建成后，以其先进设备和技术、丰优的资源和产业基础，迅速成为清末民初时期我国江南重要的煤炭生产基地，仅在安源主矿区就形成了由近代化的矿井、发电厂、洗煤台、炼焦炉、机械制造修理厂、砖厂等配套生产体系。萍矿的机械制造修理厂开创了萍乡的机械制造业。此后，萍乡由矿山机械起步，逐渐发展成为一个包括矿山机械、陶瓷机械、农业机械、机床、通用机械、纺织机械等庞大的机械工业体系。特别是株萍铁路建成之后，大大加速了萍乡地区商品的对外流通和人员的对外沟通。随着煤炭生产发展，安源煤矿集结了大量的煤炭工人，最多时达到了一万五千多人，使之迅速跻身中国近代工矿城市的行列，被誉为"江南煤都"。李维格描述了当时萍乡的繁华景象，"今日现于地面，则厂屋连云；深入山腹，则煤巷如市；电车汽车之纷驰，轮船驳船之挽运，甚如荼如火之观。外人之到此事者，盖无不惊叹也"。至民国初年，萍乡工业产值超过了农业产值，成为萍乡经济史上的一个重要里程碑。①

萍乡煤矿的发展所引发的聚集经济效应繁荣了当地的工商业。"1898年安源煤矿成立，使用先进机械，新法开采，人口骤增，车马辐辏。1905年株萍铁路全线通车，带来县城和安源大繁荣，不但本县官商富豪争先恐后集资开

---

① 贺亮才：《萍乡煤矿在中国近代工业史上重要地位及启示》，《第三届汉冶萍国际学术研讨会论文集：中国·萍乡》，2018年内部资料，第324页。

办工商行号，而且外省外地，如湖南、湖北、浙江、福建和南昌、吉安、丰城、樟树等地商人，均挟巨资流入萍乡县城……工商户数剧增，城市规模扩大，工商业的发展，盛极一时。"[1]

随着人口的聚集、城市的发展和市场的扩大，进一步带动了商贸、陶瓷、鞭炮、土纸、食品餐饮等其他产业的迅速发展，还迅速崛起了铁路、电力、邮政、航运和银行服务等新型产业。萍乡地区已知的最早的著名钱庄是1898年萍乡煤矿局创办的"官钱号"，后来随着萍乡工业的不断发展，各地商号纷纷涌进萍乡，萍乡的煤炭、瓷业、布业、土纸、药材等各业都建立了商号，一时钱庄十分活跃，相继开办存放业务，从事金融活动。随后又先后有农民银行、交通银行、中国银行和江西建设银行、江西裕民银行等国家和地方的八家银行在萍乡建行或设点。在组建汉冶萍公司的同年，萍乡商务局也相继成立，萍乡的工商进入一个空前的辉煌时期。就安源来说，商业形态多样，品类繁多，南山百货、粮油食品、猪羊屠宰、酒行糟铺、瓷器玉器、金银珠宝、文具书纸、儿童用品、木行轿行、剃脑修面、鞋帽服装、照相留影、装老用具、棺材龙杠、香烛鞭炮、铁器锡壶、看医卖药、出租典当……总之从生到死样样都有，仅药铺有二十几家，比较大的有张隆安、回春堂、延龄堂，单洪和、大乙堂、楚香、陈裕龄、美济等。此外，安源也涌现出一些妓院、烟馆、赌场，由于工人工作艰苦、环境恶劣、遭受欺压与剥削，且远离家属、缺乏文化和娱乐等原因，工人心情苦闷，很多人在全局在这些"销金窝"里消费。

萍乡煤矿的开发对萍乡工农业的发展也有巨大的推动作用。1912年汉冶萍公司董事会致函孙中山称："萍人采煤为业，已二百余年，所销之煤，不过萍醴湘潭一带，所得之价仅敷苦工度日之资，地方仍极凋敝，人民依然贫乏。自敝公司开办机窿，兼收买萍人所炼之焦，自是以后，出货既多，佣工骤贵，公司每年运现洋到萍发给工资，辄百万有余，均系散诸萍境，市廛顿

---

[1] 萍乡市政协文史资料委员会编：《萍乡文史资料》1985年第4辑。

臻蕃盛。"①清末《江西农工商矿纪略》载，萍乡各乡种植竹木之类，向颇繁盛，"近来矿路大兴，竹木价值，较前倍蓰，小民图利，种植益繁，近且有禁伐杂树以烧炭者"；"茶子可以榨油，而矿局及煤窿需油甚费，油价渐昂。种茶子者，日益加多"；"近来矿工众多，铁路交通，人浮于事，油米菜蔬，日见昂贵，矿内需木棚架，山林所产，大有不给之虞"②。

（三）现代文明兴盛

农耕文明时代，萍乡的先人们过着日出而作、日落而息的传统生活。萍乡煤矿开办后，生产方式的转变带来了生活方式和思想观念的变革，蜂拥而至的各地民众和频繁活跃的对外交往，带来不同思想文化和民族风情的交融交锋，尤其是国外技术人员的到来，给萍乡人民增添异域风情和世界眼光。

以现代科学技术作为基础的大工业生产和以此带动的各行各业的迅猛发展，让民众看到了传统农业之外的发展之路，思想观念和生活习俗也发生了变化。以往采煤开矿修路怕伤了龙脉，对开矿山办工业存在恐惧和抵触心理，甚至出现大规模反抗活动，随着洋务运动带来的新气象，逐步使人们的思想得到解禁。

思想开放的人积极拥抱这种新思潮，守旧派则因机械化褫夺了传统的生产方式而心生不满，引发一些思想观念的交锋。张国焘在《我的回忆》一书中，叙述1908年在萍乡县立小学读书时，当时萍乡由于煤矿的建矿，株萍铁路的通车，曾经引起萍乡旧势力的普遍反抗，人们痛恨火车、煤矿这类新事物。他说："可是我学堂里一位聪明的地理教员黄先生（道腴）却有不同的见解。据他看来，火车固然夺去了许多跑脚力的、抬轿的、划船的人的饭碗；机器煤矿固然打击了许多土式小煤矿，洋货固然排除了土产，但是厌恶咒骂又有什么用呢？中国再不能关门自守，中国要自强起来，并不是铁路、矿场、

---

① 《公司董事会上孙中山节略》（1912年11月6日），引自湖北省档案馆编：《汉冶萍公司档案史料选编》（上），中国社会科学出版社1992年版，第293页。

② 傅春官：《江西农工商矿纪略》，《萍乡县·农务》，光绪三十四年石印本，第1—3页。

洋货不好，而是中国人民自己能制造机器管理企业就好了。我们学生目击火车、矿场、洋货等新事物的优点，再也不会附和旧的观念，而对于像黄先生这样的议论更是日益倾倒。"随着工业生产的发展及科学技术的普及，几千年遗留下来的封建迷信观念逐步破除，人们把煤炭开采当作致富的途径。

矿区集中来自全国各地的人，不同区域、不同民族的思想相互碰撞，人民的衣着、饮食、居住等日常生活习惯发生了变化。更加频繁与长沙、汉口、武昌等中心城市密切联系与对接，社会文化变得更加活跃。尤其是洋人的到来，中西方文化交流下的产物也日趋显现。

在主矿区安源，能看到各种光怪陆离的现象：有中式的传统建筑，也有西式的新建洋楼；有华堂大厦，也有简陋破旧的茅棚；有整齐划一的漂亮街道，也有杂乱无章的工人住所；有金发碧眼大肚子的洋人，而大多数是黄脸皮黑眼瘦弱的矿工；有飞檐红顶的寺庙，也有蓝色尖顶的教堂；有背着十字架的洋和尚，也有披着袈裟的土和尚；有穿着西装革履洋气十足的现代青年，还有穿着长袍马褂道貌岸然的绅士；有剪了辫子的新时代人，也有留着辫子的前清遗老；有裹脚扭扭捏捏的小脚女人，还有放了脚大大方方走路的小姑娘；有花枝招展的妓女，而更多的是衣衫破旧的贫家女；有着破衣烂衫的乞丐，也有穿着时髦的青年工人；有现代化的火车、汽车、电机车，还有我们祖先留下来的畜力车、土车子……一时间，中的西的，洋的土的，粗的细的，俊的丑的，好的坏的，合理的不合理的都包融地揽在一起，因而凸显了它的紧张、繁华、纷乱、庸俗、实在。

西方的一些生活理念、消费观念冲击传统方式，出现土洋并存、中西合璧的状态，但传统思想仍然占主导地位。

社会生态发生变化，人们作息时间不再看日月，而是听锅炉房的汽笛声；人们交换不再以物易物，而是用薪资进行交易；人们已不再是单个的个体劳动，而是在数以万计的群体中团结协作；人们不再在广阔的田地里自由劳作，而是在规定的时间空间中辛勤工作。不急不慢的性子改变了，人们开始急躁、狂热起来，为了赶班，人们脚步匆匆。

铁路的南面是萍乡煤矿所在地安源，这里厂房林立，机器轰鸣，井塔和烟囱高耸，电机车穿梭，焦炉火熊熊，火车怒吼，演奏着近代化工业的交响乐。南面靠山，茂密的林木掩盖着一幢幢风格各异的西洋式建筑，这是办公场所和洋人的别墅；桐梓坡和花园里是矿局职员居住地，建筑别致，花木环绕。还建有世界上时髦的弹子房、足球场、动物园，离安源矿不远的九里坪还建有跑马坪，当时的跑马场、动物园大多数大城市都没有，萍矿走在了全国的前列。

安源有"六境"，即锡坑的云雾与瀑布、九里坪的跑马场、霸善冲的霸王菩萨、桐梓坡的动物园、六层高的洗煤台等。锡坑位于安源的东南面十余里远，山林茂密，又由于距离芦溪山口岩近的缘故，山口岩潮湿的空气顺着山脊流来，被锡坑茂密的树林阻住了，在这里形成了一条湿气带，每到夏天的早晨，白雾从山上钻出来，笼罩着锡坑的上空，就像童话世界一般；到了秋天，湿度小了，云雾会形成薄薄的一层，笼盖在山坡上，就像美女披着一件轻纱；秋后山果熟了，山上流泉四溢，红枫似火，这是锡坑云岚。从锡坑奔流下一道溪流，小溪流至山口，两岸树木葱茏，千峰竞秀，从高山绝壁上飞流直下，跌下数米深渊，形成一条飞瀑，如仙女的一条玉带翩然飘下，又恰似银河倒悬，大六月天凉气冰人，如若日出，无雨而成彩虹。据当地人言，在春夏间的暴雨季节，这里会出现排山倒海、万马奔腾、喧声震天的奇妙景观，这是锡坑飞瀑。霸善冲位于安源东面，距离安源矿 1.5 公里，这是条狭长形山谷地，两边青山夹峙，壁立万仞，这里是安源小溪的发源地。在小河边有座数十米高天然而成的独立石壁，酷似西楚霸王项羽，人们称之为霸王菩萨，又叫石菩萨，在其旁立一座小庙，曰石公庙，供人烧纸钱香烛用，成为安源六景之一。据说石公老爷蛮灵验，能降魔除妖，故此香火很旺，外地来安源参观的，都喜欢来瞻仰石公菩萨。安源六境都是免费对人开放的，故每日来参观者百以千计，由此安源也更趋繁盛。

安源寺庙教堂遍布，既有中国固有的佛寺、庙宇，也有天主堂、耶稣堂，小的福主庙、坛神庙不计，仅较大的寺庙共有 24 座。寺僧释朗觉（俗名张仲华）险救共产党人林育英的故事就发生在安源北坡慈云寺里。

萍乡人热衷慈善。萍乡民间曾有遗弃或溺毙女婴恶俗，"生女多不育，贫者艰于养，富者艰于嫁，遂隐忍溺毙，最为恶俗。近各处设立育婴堂，并由县出示严禁，此风遂绝。"① 由于萍乡煤矿的开办，安源顿成繁盛之地，经济发达，一些依靠矿山发了财的慈善人士便兴建育婴堂，将所购买的商店所收租金作为经费，并请保育人员，救助那些被遗弃的婴儿。出身贫寒的安源人肖念诚民国初年开始开店，先在安源与人合伙开设"协记"商店，经营南山百货、布匹。后来店中生意越做越好，于是他独资开设"肖协记"商店。由于他擅长经营管理，买卖公平，待人和气，生意蒸蒸日上，"肖协记"商店成为安源的一块红招牌。他又在县城开设鸿福茂南货店，业务兴旺。肖念诚富有同情心，赚了钱后他开始做社会事业，1928 年首倡募集资金办萍乡唯一"启化"慈善堂，其后又与人开设"贫民药室""棺材铺"，施舍给穷苦人。1938年拆毁萍乡县城墙时，肖念诚等人在获得县府同意后，利用拆毁的城墙砖在东大街背修建了孤儿院，收容那些贫苦无依的男女少儿入院学艺。肖念诚其后又做救济女婴、抚养孤儿、修桥补路、募发年米、兴办义学、施粥赠衣等活动，被人称为"十全会"②。

汉冶萍公司和萍乡煤矿还救助了不少灾民。1921 年 6 月湖南闹旱灾，"待振者二三十县之多，饥民四五百万之众，掘草根，餐泥浆，饥死者数百人，易子析骸，未可喻其惨剧。"在公司第九次常会议案上，公议："湘灾綦重，待米为炊，本公司至为廑念，除株洲商会现议办米平粜，酌予捐助外，议再备洋二千元，专送长沙赵司令，随同各厂捐款，择优散放，以尽杯水车薪之义。""值此青黄不接，醴陵等处均有贫民闹荒，株地亦恐不免。现经商会筹议维持，一面限制粜米，一面分段筹款办米减粜。所有株市新街一带，自筑铁路，设转运局后，工役众多，约计贫民在三千以外，日食米二十担有奇，预算减粜津贴将达二千元，该会商请我局担任十成之三，约洋六百元。"③ "民

---

① 刘洪辟：《昭萍志略》（下），江西教育出版社 2016 年版，第 689 页。

② 肖洪涛、肖增琪、肖英瑶：《从经商致富到热心社会救济事业的肖念诚》，引自彭江流主编：《萍乡人物录》，未刊稿，第 205—210 页。

③《公司董事会 1921 年第九次常会议案》（1921 年 6 月 15 日），引自湖北省档案馆编：《汉冶萍公司档案史料选编》（下），中国社会科学出版社 1992 年版，第 14、15 页。

国十年，醴陵大旱，哀鸿遍野。李寿铨对于邻县灾情，极为关注。特赴上海为醴陵灾民募集捐款三万数千元赈灾，顿抒饥困。"[①]

（四）教育事业长足发展

封建社会中，知识大多掌握在达官贵族手里，只有少数人能有机会接受教育和传承知识，这样的环境限制了知识的传播。1897 年，盛宣怀筹备兴办萍乡煤矿时，就在《张赞宸复查萍乡煤务运道情形批》中特别强调："若经久括广之计，总须西法开井，期其多出；挂线成路，期其多运；二者相维相系，尤须得人方能集股另筹大举"。明确提出了要建矿修路，获得经济效益，使事业不断发展，重要的是要有人才。1898 年安源煤矿开办。次年 11 月，经盛宣怀核准，萍乡煤矿矿务学堂成立，学堂地址设在安源镇萍乡煤矿总局一侧，总教习由萍乡煤矿德籍总矿师赖伦担任。矿务学堂开设有德文、中文、制图及与煤矿有关的专业课程。"每天轮班由矿师带入井下实习，理论与实践结合。毕业生大部分在萍乡煤矿就业，从事专业技术工作"。1902 年由文廷式倡导，萍乡煤矿又捐资兴办了萍乡中学，这是中国创办最早的现代公立中学之一，也是中国最早的具有保送资格的九所中学之一，当时在全国都具有影响力。1915 年，萍乡煤矿矿务学堂改为萍乡煤矿矿学速成专科学校，学制 2 年，开始培养煤矿专门技术人才。1922 年，中国共产党在安源煤矿兴建了安源路矿工人补习学校。1947 年，江西省立萍乡高级工业职业学校成立，校址设在萍乡县西门传贤堂。该校设有采煤、机械两个专业。每年招收的学生逐年增多，毕业的学生一部分分到江西各煤矿从事技术工作，大部分分到了东北、西南等地区的煤矿工作。

萍乡煤矿对教育的影响不仅于此。面对西方列强的坚船利炮和清政府的腐败无能，无数仁人志士抛弃虚骄自大的陈腐观念，放眼世界，开始寻求救国救民道路。萍乡人得益于煤炭开采带来的经济效益和火车开通带来的交通

[①] 李为扬：《李寿铨与安源煤矿》，引自江西省政协文史资料研究委员会、萍乡市政协文史资料研究委员会合编：《萍乡煤炭发展史略》，1987 年内部资料，第 86 页。

便利，在全省先行一步到出国留学。江西最早留学的是萍乡人汤增璧[①]，1903年考取官费赴日留学。1904年5月，江西在清廷再三催促下，正式宣布选派学生赴日留学。据统计，从1900年到1908年，江西前后赴日留学人数不下300人，最多时在1906年，一年就达200人。尽管留日学生人数不多，但在地域分布上却遍及江西70多个县府。而在已知籍贯的215名学生中，留学生人数最多的地区是萍乡，有15人，其次为南昌，有14人。在近代工业蓬勃发展的背景下，萍乡教育事业得到长足发展，萍乡人开始走向世界。

表 7-1　清末民初萍乡籍留日学生表

姓名	年龄	入学时间	就读学校	备注
蔡安邦	26	1907 年 8 月	日本中央经济科	
张德潢	24	1906 年 5 月	早稻田大学政科	清册上书其籍贯萍乡人，然查全国各市，最可能确定其为萍乡人，故列入
喻其焌				
文群	24	1909 年 10 月	政法法科	
黄绳武	23	1909 年 10 月	正则英语	
黄誉珍	18	1909 年 2 月	东京女子师范学校	
文永言	24	1907 年 8 月	冈山第六高等工科	
叶炳蔚	25	1908 年 3 月	高师理科	
樊季翌	21	1909 年 2 月	第一高等预科	
黎赞尧	24	1908 年 8 月	高工应用化学科	
汤增璧	22	1903 年	早稻田大学	见《萍乡市志》
钟震川	22	1903 年	东京帝国大学法政	彭江流《萍乡人物录》
贺国昌	48	1904 年	日本警官学校	同上
彭康	17	1917 年	日本东北帝国大学	同上
肖师兆	30	1918 年	日本东京大学	同上
张有桐	不详	不详	东京帝国大学法政	见《昭萍志略》卷九·人物列传·张德渊

[①] 汤增璧（1881—1948），字公介，号朗卿，萍乡湘东东桥镇人。1902年考入南京两江师范学堂即今南京大学，次年以官费保送日本早稻田大学。

姓名	年龄	入学时间	就读学校	备注
柳培渐	不详	不详	日本陆军士官学校	二十一期，陆军士官（骑兵）
钟石磬	不详	不详	日本陆军士官学校	二十三期，陆军士官（步兵）
文震一	不详	不详	日本陆军士官学校	二十三期，陆军士官（骑兵）
肖缁	不详	1918	鹿儿岛第七高等学校	彭江流《萍乡人物录》
黄序鹓	不详	不详	早稻田大学政治经济科	同上
李隆	不详	1918	鹿儿岛第七高等学校	同上
张有枢	不详	1918	同上	同上
刘祖霞	不详	1918	同上	同上
文公直	不详	不详	不详	同上

萍乡人留法学生亦多，1920年2月，由上海勤工俭学会介绍，全国33人去法国勤工俭学，其中江西25人，而萍乡就有10人，萍乡当时文化发达可见一斑。[1]

（五）国内外知名人士纷至沓来

萍乡的繁华还体现在各种名人往来中。萍乡煤矿的创办，是洋务运动末期的重要成果之一，一经开办便得到广泛关注，吸引国内知名人士纷至沓来。首先，萍乡煤矿建设因与中国第一座近代钢铁企业——汉阳铁厂的紧密联系，由张之洞、盛宣怀联衔具奏创办、并获得了中国最高当局的认可和持续的关注，使萍乡获得了聚光灯效应。萍乡煤矿和汉冶萍公司成立以来，清兵部尚书铁良、两江总督魏光焘、民初的陆军总长黄兴，以及湖南都督谭延闿等朝廷要官均来到萍乡视察。同时，民国初年孙中山、黄兴对公司的关注，黎元洪、谭延闿、李烈钧等围绕汉冶萍的明争暗斗，加大了萍乡煤矿的名气。其次，在中国数十年来的惨败的背景下，张之洞等洋务派代表工业救国实践产

---

[1] 萍乡市中共党史学会、萍乡市财政局、萍乡市民政局编：《彭树敏》，《萍乡英烈谱》，江西人民出版社2010年版，第18、19页。

生的效果，大大地鼓舞了人心，激起了人们的民族自豪感，引起了国人学习西方、振兴民族的思想变革狂潮。萍乡煤矿被冠以"东亚有数之大煤矿""我国之第一之实业"而声名远扬，在全国上下产生巨大反响。再次，萍乡煤矿开办后，因设备之先进、规模之宏大、产量之丰富、质量之上乘，确实取得了辉煌成绩，是名副其实的近代"国内十大矿厂之一"。安源煤矿也常常见诸各大报纸以及外国报纸、书刊，使萍乡名扬四海。

此外，萍乡煤矿是中国近代最早采用西方技术的煤矿。1897年，德国矿师赖伦和马克斯来到萍乡勘探煤质、煤层，以及其后对比选购西方先进设备、因洋焦炉不相符而打赢了洋官司，萍乡煤矿就进入西方视野。随着萍乡煤矿在汉冶萍公司和中国近代工业史上的地位和作用日益显赫，以及旗下萍乡煤矿（即安源煤矿）在20世纪20年代的工人运动，创造了中国革命史上的一个成功典范，使萍乡煤矿吸引了众多国外人士的注意，很多外国人来到安源游览，有的多次来到萍乡安源调查研究。1925年，美国牧师沃尔沃斯·思廷从长沙来到萍乡煤矿，看望从牧师学校毕业后到这里工作的工人。他看到，这座大约有一万名工人的中国江南煤矿，在外国工程师的引导下全部采用现代化作业，在他眼里，萍乡这座古老的城市就像意大利托斯卡纳区行政区一样风景如画，城墙和城门、河流和桥梁、稻田和橘子树，像被青山环绕在无边无际的湿地。1899年12月，张赞宸致电盛宣怀时说："各国洋人的游历，常迂道过此！"[1]众多名人、名家、洋人冲着这座江南大矿纷至沓来，给安源增添了不少名气。

萍乡是中国近代工业的发祥地之一。萍乡之所以能在中国近代工业史上凸显特殊地位，与萍乡的煤以及萍乡煤矿的创办是密不可分的。萍乡煤矿有着雄厚的技术力量，1909年产量首次突破百万吨，达101.78万吨。新中国成立后，1959年产量达450万吨，为萍矿最高年产量。从1970年到1992年，萍矿曾连续不间断22年产煤300万吨以上，是名副其实的江南大矿。萍乡市在萍矿的影响和带动下，煤炭生产也获得了突飞猛进发展，1996年煤炭产量

---

[1] 张振初：《安源六境》，《安源轶事》，1995年未刊稿，第45页。

达 1600 万吨（含萍矿 321.70 万吨），为萍乡历史上最高年产量。萍乡由此被誉为"江南煤都"。

二、带动和影响了湘鄂赣和长江中下游地区经济发展

李寿铨曾在《萍矿说略》中描述："萍煤产富，甲于全球诸大名矿……现在日出煤二千吨，月可炼焦一万二千吨。而转运分销，如湘之株洲、湘潭、长沙、岳州；赣之九江、南昌；皖之安庆、芜湖、大通；苏之南京、镇江、常州、上海各有分局。而于汉口设运销总局，以汇上下游各分之总。"[①] 萍乡煤矿的创办，首先解决了汉阳铁厂的煤炭需求，是萍乡的煤决定了汉冶萍的命运，从而带动和影响了汉冶萍城市圈的发展。更是由于萍乡的煤而建成了株萍铁路，并且一定程度帮助和带动了湘鄂赣和长江中下游地区的经济和民生。

株萍铁路的修通，解决了萍煤到汉阳铁厂的运输难题，同时，进一步密切了萍乡与湖南之间的经济来往。铁路修建并非一开始便决定从萍乡经醴陵修到株洲："先是陈右铭中丞抚治湖南口粤汉铁路之议，欲从粤东经长沙已达汉口。所订轨道不循湘江沿岸，由郴州迤逦过攸县历醴陵而至长沙，并奏明与萍乡煤矿铁路衔接。"假如粤汉铁路走郴州、攸县、醴陵、长沙，那时安源运煤铁路可能就会走攸县与粤汉铁路接轨，而往后的浙赣铁路和成渝铁路也在攸县接轨，到那时成就的就不是株洲，而是攸县了。"继而粤汉轨道复议改移循湘江直下，不经醴陵，盛公亦遂变前议，萍醴间铁路由萍矿先行借款兴筑。"[②]

由于粤汉铁路的改道，萍乡煤矿铁路也随之改道，走醴陵、株洲，然后煤焦在株洲载驳转入汉阳铁厂。萍矿在株洲设立了转运局、采木处，萍乡煤矿决定了铁路的走向，也就决定了一座城市的命运。

① 李寿铨：《萍矿说略》，1909 年。江西省政协文史资料研究委员会、萍乡市政协文史资料研究委员会合编：《萍乡煤炭发展史略》，1987 年内部资料，第 67 页。

② 顾家相：《萍醴铁路始末记》，引自曾伟：《〈筹办萍乡铁路公牍〉整理与研究》，江西师范大学硕士研究生学位论文，2010 年，第 107、108 页。

湖南是萍乡煤矿煤焦运往湖北的经过地，萍乡煤矿对于推动湖南特别是株洲、醴陵等地的经济发展也具有较大的作用。1903年有报道称："岳州关税务司以江西萍乡地方矿产大兴，华洋商人往来湘江两省者亦颇不少，特派邮政局西员雷斐乐前往该处详细查勘，赁屋置邮，以便商旅，并请岳州关道咨请江西洋务局札府饬县一体保护，示谕商民，俾共知悉。至渌口、醴陵等处现亦添设分局，交通甚便。"[1]1907年《申报》报道称："湘潭县所属之株洲地方，自萍潭铁路告成，该处设有火车站，又为安源煤矿接近之区，事务日益繁剧。"[2]1908年湖南巡抚岑春蓂上奏称："湘潭县属之株洲地方，为由湘入江西孔道，现在萍醴铁路已达该处。萍乡煤矿悉由此转运装载，凡外洋工师及游历传教之士均由火车不时往来，商贩行旅络绎于途。"[3]

可以说，萍乡煤矿的开办和株萍铁路的修建，对于推动湖南特别是株洲、醴陵等地的经济发展具有较大的作用，奠定了株洲在中国中部地区重要的枢纽地位和重要的工商城市地位。

表 7-2　1924 年萍乡煤矿木材承包行号信息表

承包行号	行主	承包行号	行主
湘南一木行	周春曙	鼎新裕木行	文海波
天申福木行	陈春堤、钟文集	合兴祥木号	范国珍
永安福木行	李枚臣、李懋初	万益公木号	朱少连
协生厚木号	吴时若	大盛木号	习慎斋
蔡法前木号	蔡源祖	公利木号	王仲帆、赖益廉
同德祥木号	廖明德	黄复兴木号	黄泽润
何鲤文木号	何奇遇		

说明：萍乡煤矿每年生产所需的木材数量巨大，1924 年 3 月萍乡煤矿与株洲各木行签订了采购木材 48 万根的合同。

资料来源　《黄锡赓、舒修泰致夏偕复、盛恩颐函》（1924 年 3 月 27 日），引自湖北省档案馆：《汉冶萍公司档案史料选编》（下），中国社会科学出版社 1992 年版，第 493 页。

---

[1]《时政汇纪·邮政》，《北洋官报》1903 年第 172 期。

[2]《株洲奏准添设同知》，《申报》1907 年 8 月 31 日第 10 版。

[3]《四部议覆移设株洲同知》，《申报》1908 年 10 月 10 日第 10 版。

萍乡煤矿的创办，也使萍乡地区快速融入了长江中下游经济带，并对长江中下游经济带的形成发展发挥了重要作用。1914 年至 1917 年，萍乡煤矿进入近代以来最高产量期，每年生产原煤均超过 90 万吨，年产焦煤 20 万吨。萍乡煤矿所产煤，除自用和供给株萍、粤汉两铁路外，大都付洗炼焦。由于萍乡煤矿的煤焦质好价廉，很快占领了长江中、下游市场。为此，萍乡煤矿除在汉阳设立运销总局外，还在湖南株洲、湘潭、长沙、岳州，安徽安庆、芜湖、大通，江苏南京、镇江、常州，江西九江、南昌以及上海设有运销分局，当时拥有钢驳 24 只，木驳 165 只。萍乡成为江南地区最主要的能源供应基地，煤炭源源不断地运往长江中下游各城市商埠工厂，甚至销往日本、美国，不仅加强了萍乡与整个长江中下游地区经济融合，而且有力地支撑着这一地区的经济发展，对清末民初的近代民族工业发展及长江中下游地区经济社会发展产生了巨大的影响。

刘少奇在《救护汉冶萍公司》中提道："在汉阳、大冶、萍乡各厂矿之下直接倚为生活的工人有四万人，连同此四万人之家属，不下十余万人；再依各处厂矿间间接生活之商民各业等亦达数十万人，联株萍、粤汉铁路，湘江，长江直至上海日本一带之直接或间接或有连带关系之人民，亦不下数十万；故汉冶萍之存在与否，实为百余万人民生计所关。"[1] 可见当时湘鄂赣等地人员交流交往密切，甚至成为一个生命共同体。

三、为创办近代企业提供了可借鉴经验

汉冶萍公司以及下属萍乡煤矿在清末社会日渐式微的岁月里挥帜引领，探寻近代工业强国的梦想和中国民族工业崛起的脚音，铸就了曾经的辉煌，在中国近代民族工业史上树立了一面鲜艳旗帜，是腐朽落后的旧中国自强自立、自我发展的光辉典范。在其创办、发展和落寞过程中，无论是艰辛的探

---

[1]　刘少奇：《救护汉冶萍公司》（1924 年 6 月），《安源路矿工人运动》（上），中共党史资料出版社 1991 年版，第 237、238 页。

索、创新的举措、实践的经验，抑或是失败的教训，都是我国近代工业发展史上的一笔重要财富，对近代民族工业的发展提供了重要的示范作用与借鉴意义，至今仍是国内外专家学者的研究课题。

（一）自强不息的创新创业精神

萍乡煤矿创建于灾难深重、社会动荡的封建末期，地处位置较为偏僻、经济社会还相对落后的萍乡，面对中国封建社会腐朽的官僚体制和本地居民封建落后的思想，深受外国资本主义和本国封建主义的双重压迫，创建之初面临"一朝不能周转，全局立时败坏"的困境下。正如李寿铨所说："然当创办之初，内地风气未开，百计阻挠，事多棘手。基础甫立，旋值庚辛之岁，风鹤频惊，地方不靖，工程因之窒滞。嗣后又遭匪乱，工程未辍，屡濒于危，此皆开矿以来叠经之磨折也。而卒以当事者坚忍镇定，上下一心，历尽艰难，得有此成功之一日。"[①]

但矿局积极应对风云际会、错综复杂的政局，抓住清政府推进现代化革新洋务运动的机会，利用好外国资本主义雄厚的资本和先进的技术，在实践中不断求生存、谋发展，历经岁月变迁和风雨洗礼，从艰苦走向辉煌。萍乡煤矿因创新而立、因创新而兴，无论其矿井建设、生产技术管理和发展模式，在当时都具有标新意义，创造了当时国内煤矿建设的很多"第一"。如1900年从德国引进一台125千瓦直流发电机，建成电机房，此为全国煤矿与江西地方发供电的先声，安源煤矿也成为全国最早使用电力进行煤炭生产的矿井之一；1899年铺设株萍铁路，成为萍乡现代交通运输业的开端，也是江西省最早的铁路；汉冶萍公司为我国第一个跨地区、跨行业的企业集团等等，均开创了中国民族工业的先河。技术方面，当时号称安源机矿，全国煤矿第一个使用电车井下运输、第一家使用锅炉发电、第一个使用煤焦商标，创建了全国煤矿第一家银行、全国第一所煤矿矿务学堂、江西第一条铁路；成为我

---

① 李为扬：《李寿铨与安源煤矿》，江西省政协文史资料研究委员会、萍乡市政协文史资料研究委员会合编：《萍乡煤炭发展史略》1987年内部资料，第66、67页。

国"机械制修规模宏大，工艺完善，加工制造能力强，在全国煤矿中首屈一指"[1]的现代化大型新式煤矿企业，见证了中国煤矿工业从无到有、从小到大、从弱到强的艰辛发展历史，为我国近代民族企业的发展探索出发展之路、制胜之路、改革之路，它的许多开创性举措、实践经验和务实做法，体现了自强不息、坚韧不拔、义无反顾、敢为人先的企业家精神。

（二）探索筹措资金多渠道方式

由于清朝末年特殊的政治环境和社会环境，清政府虽有心鼓励发展近代工业，但巨额战争赔款和外债使中央财政捉襟见肘，使之无力持续支持官办工业，企业发展过程中时常面临资本短缺的问题。矿局除通过直接借资外，还采取了当时具有典型意义的筹资方式，如：发行债券。为解决初期的开办经费，萍乡煤矿总局最早发行地方货币。光绪二十五年（1899年）五月，创办萍乡煤矿官钱号，刊印钱洋各票，性质类似很行，以此募集资金。再如：扩股增资。创办之初，盛宣怀利用他兼任轮船招商局、电报总局、通商银行等官督商办的职权，从这些企业里抽调资金二百万两，作为商股，投入汉阳铁厂和萍乡煤矿。1901年6月，发布《萍乡煤矿有限公司招股章程》，预定除萍乡煤矿原股本100万两外，添招股250万两，将煤矿铁路一气呵成。

尤其成立萍矿官钱号，开创了近代企业通过设置金融机构募集资金的先例。由于购买原材料和输出产品均需大量资金，而萍乡煤矿局缺乏专门管理资金的机构，只能依赖萍乡当地及附近地区的钱庄或银号。而且矿局所需现金需通过汇兑，大额资金通过各大银号兑收现银，均需贴水，仅此一项即吃亏甚巨；小额资金也依赖当地钱庄汇兑现钱、现洋，随时面临涨价，需到路程遥远的醴陵、湘潭等地兑换等问题。"日需现钱甚多，皆刻不可缓之款。"[2]为此，光绪二十四年（1898年）底，盛宣怀委派张赞宸筹备设立萍矿官钱号，"（张）到山伊始，首先条陈五事，一筹巨款，二修轨路，三造浅水轮驳，

---

① 《萍乡矿务局志》，1998年内部资料，第64页。

② 张赞宸：《创设萍乡矿局官钱局缘起》，光绪二十五年四月一日（1899年5月10日），盛宣怀档案。

四设官钱号，仿行钱洋、纸币……先设矿局官钱号兼办储蓄。"① 光绪二十五年（1899 年）四月，萍矿官钱号正式成立。

萍矿官钱号设立后，全面负责矿局的资金调拨和筹措，积极开展向外借款业务，有效经营矿务局的收益，并为萍乡煤矿及改组后的汉冶萍公司资金往来、借贷款项提供服务。此外，为了弥补通货不足，还发行一定数量的银钱票及竹筹，解决萍矿的资金问题。但由于盛宣怀等人一直以来仅将萍乡煤矿作为汉阳铁厂的原料供应来源，要求萍乡煤炭以远低于市价的价格卖给铁厂，使萍矿的收益严重受损。日本人的调查报告称，"开办十多年，该矿还未获得过利润……其原因之一就是对铁政局的煤焦价格远比市场低廉。"② 而在汉冶萍公司成立后，萍乡煤矿可观盈利情况被汉冶萍公司稀释，且煤炭价格仍然维持不变，萍矿利益进一步被侵蚀，汉冶萍公司的资金问题也未能得到解决，仍然过度依赖举借外债，萍矿官钱号最终倒闭。

萍乡煤矿通过创办金融机构筹集资金的方式，是意欲突破举借外债导致企业经营管理受到干预和掣肘限制、实现内部资金自由调拨的一种重要尝试，其开创了近代企业通过设置金融机构募集资金的先例。萍矿官钱号二十余年的经营状况良好，盛时期年盈利额甚至达到其资本额的两倍，说明这种尝试是成功的。只是由于该官钱号与萍矿甚至是汉阳铁厂的命运紧紧捆绑在一起，加之晚清时局的动荡，以及湘、赣等省的争夺严重侵害了企业的进一步发展，萍矿官钱号走向结束也成为必然。

（三）植入优质资产组建集团公司

钢铁是工业的骨骼，煤炭是工业的粮食。盛宣怀接办汉阳铁厂后，面临炼铁所需煤焦缺乏和昂贵的最大难题。"适英厂机器抵汉，以后经营缔造，至光绪念一年，始具规模，开炉鼓铸。然铁石则佳矣，尚需合于化铁之上品煤焦为

---

① 《请恤张赞宸折》，《愚斋存稿》卷十四。

② 南洋劝业会日本出品协会：《南京博览会各省出品调查书》，东亚同文会调查编纂部，1912 年版，第 1314 页。

燃料，方能冶炼如法。而湖北全省中欲求可炼焦炭之煤，竟渺不可得，于是不能不远购欧洲之炭，而心力交瘁矣。"萍乡煤矿创办后，从根本上解决了困扰汉阳铁厂发展的焦炭供应难题，使其摆脱了对外部燃料的依赖，走上了自主发展的道路，后又以良好的资源优势和经营状况，盘活了汉阳铁厂和大冶铁矿。

截至 1906 年，汉阳铁厂亏本 240 余万两，萍矿自 1898—1906 年间共支款 3824900 余两，盘存矿产成本共 4184200 余两，两抵结余银 359200 余两。盛宣怀深刻认识到汉阳铁厂对于萍矿的依赖，他极力促成萍矿与汉厂合并。"若将铁厂、煤矿分招，则萍煤招足甚易，汉厂人皆震惊于旧亏太巨，成本过重，老股亦不肯加本，新股更裹足不前"，"若不将萍矿归入铁厂，商情仍复迟疑，故归并之举刻不容缓"，① 只有 "将萍乡有利之煤矿并入汉阳亏本之铁厂，方可多招商股"。② 盛宣怀在致张之洞的信函中提道："汉厂必借萍煤，而萍煤不必借冶铁，有此隐病，须趁湘岳铁道未能，萍煤尚难畅运，力劝规附"。

1908 年 3 月，萍乡煤矿与汉阳铁厂、大冶铁矿合并组成 "汉冶萍煤铁厂矿有限公司"，改官督商办为完全商办公司，拟招新股 1500 万元，连同老股 500 万元，共 2000 万元。盛宣怀在欣喜之余，预期汉冶萍煤铁企业的前景说："明年以往，大利将见，商股争投如水趋壑，二千万元已操左券。十年苦功，一身肩任之，实业公诸天下，垂之百世，焜耀五洲，而吾不名一钱，不得国家一字之褒，俟得替人可以接手，即当寻桃源入山唯恐不深矣！"③ 汉冶萍公司成立后，不仅在国内招纳了一批商股，积极探索股份合作制的发展新模式，还实现了企业体制机制方面的重大转变，迎来萍乡煤矿的一个鼎盛时期。

---

① 《盛宣怀致张之洞函》，光绪三十三年八月二十九日（1907 年 10 月 6 日），引自陈旭麓、顾廷龙、汪熙主编：《盛宣怀档案资料：汉冶萍公司（中）》，上海人民出版社 2016 年版，第 617 页。

② 《盛宣怀致吕海寰函》，光绪三十三年八月二十八日（1907 年 10 月 5 日），引自陈旭麓、顾廷龙、汪熙主编：《盛宣怀档案资料：汉冶萍公司（中）》，上海人民出版社 2016 年版，第 615 页。

③ 《盛宣怀致翰林院侍读学士》，光绪三十三年十月十四日（1907 年 11 月 19 日），引自夏东元：《盛宣怀传》，上海交通大学出版社 2007 年版，第 260 页。

汉冶萍公司的组建，是中国近代工业发展史上值得大书特书的辉煌一页。通过植入萍乡煤矿这一优良资产，并原有汉阳铁厂进行改造，组建全新的汉冶萍公司，形成跨地区、跨行业的联合体，实现了企业性质的变更，使投资多元化、运作市场化、产品多样化、主体核心化、利润最大化，达到现代企业的最高形式——托拉斯，从而快速占领市场，达到垄断市场目标，这是汉冶萍公司给今人的启示。

（四）注重企业自身人才的培养

萍乡煤矿虽然是生产技术设备先进的近代企业，自身技术工人较少，主要技术力量依赖国外技术人员。萍矿不断充实和完善企业技术力量，大力培养本国人才，逐步使用本国人才并使其成为核心力量，实行企业自我管理，不再受制于人，这是企业培养实用型人才的大胆尝试。

由于汉冶萍公司在采矿和钢铁生产的特殊地位，其为近代冶金和煤炭专业的毕业生提供了难得的实习机会，促进了矿冶人才的培养。例如，农商部于1917年与汉冶萍公司达成约定：每年在新聘毕业生中，派6～15名矿冶或相关专业学生到汉冶萍公司任练习员，任期两年。以下为农商部派赴汉冶萍公司练习员的规则：

一、农商部所派练习员赴汉阳铁厂、大冶铁矿、萍乡煤矿练习每厂（矿）限二人至五人。

二、练习员每人每月由公司给予二十元以上三十元以下之津贴并供给食宿。

三、练习员课程由公司各厂矿坐办或工程师约定并报告农商部备案。

四、练习员应按月做练习报告呈由公司各厂矿坐办或工程师评阅转送农商部。

五、练习员练习期限定为二年，但农商部及公司认为必要时得增减之。

六、练习员违背公司各厂矿坐办或工程师命令或怠慢练习时，由公司商请农商部撤回。

表 7-3　1917 年、1919 年、1920 年农商部派往汉冶萍公司的练习生情况

年份	人数 / 名	毕业学校
1917	15	北洋大学采矿冶金专业 1 名，北京大学采矿冶金专业 7 名，其余不详
1919	10	北京工业专门学校机械科 2 名，其余不详
1920	至少 8	北京大学采矿冶金专业 6 名，北洋大学矿科 2 名

资料来源　湖北省档案馆：《汉冶萍公司档案》，档号 LS56- 经 -11，LS56-1-326。

这种未雨绸缪对人才的培养，在关键时刻起到了很好作用。第一次世界大战期间，德国为同盟国成员，中国为协约国成员，两国为敌对国，而萍矿因借资原因聘请了大批德国人，这些德国人在战争期间对萍矿进行破坏活动，"萍乡原为汉冶萍公司之产，聘有德人希利夫特、邓考士、乌生伯三人为工程师及监工各职，同人等为其属下，所受之痛苦指笔难述。初来办斯矿，日以虐待为事；近则以我为敌，更变本加厉。而对于矿事，于欧战未开以前纯系敷衍；自我国加入战团之后，当兴者悉废之，当存者辄毁之，致使大好宝山终归于声已斤 [①]。"总监工希里夫特"且身为矿出师，其实学必出乎类者，然其所指示开采者累掘累罢，人工炮火日费万计。如平巷〔老〕窿工程浩大，后复重建新窿即将老窿作废。是有老窿何必又建新窿？其儿戏矿事如此！又大槽吊井下、石窿电吊井下所开头二两层正巷，纵横各计数千法尺。如此种种工程，指不胜屈，皆兴而复废者，约耗数百余万金，此均可调查得实之事。"[②] 为此萍矿将德国人解除了契约，其遗留下来的岗位由中国人担任，例如 1914 年总工程师赖伦合同到期后，萍矿不再留他，其遗留总工程师岗位由公司培养的金岳佑担任，其他德籍人员的岗位陆续由中国人接管。

汉冶萍公司聘用的技术人员分为两类，副工程师以上的高级技术人员大

---

① 原文如此。"声已斤"疑为"罄断"之误。

② 《萍乡煤矿全体矿工为反对德国工程师致报馆函》，《安源路矿工人运动》（下），中共党史资料出版社 1990 年版，第 1122、1123 页。

都由留学回国人员担任；其他技术人员则聘用国内相关学校的毕业生，由于汉冶萍公司是当时国内仅有的大型钢铁冶金企业，技术相对先进和复杂，这就为相关专业的毕业生提供了一个难得的实践机会，这起到了间接推动冶金技术教育的作用[①]。例如，1921年3月和11月萍矿共两批面向全国招收大专以上文凭的毕业生为监工，合计正选20名，备选2名。正如农商部的公函所称："国内名厂大矿寥寥无几，专门新进人才势须加以严练。"汉冶萍公司正是当时严练、培养国内人才的重要基地。

（五）建立完善的企业管理制度

制定规章制度是件繁浩工程，汉冶萍公司对各厂矿稽核、收支、统计处、医院、承包小工头、门卫、出入厂矿、来客入厂券、特准执照、放行单、领料、会计、商务分销处、转运栈、簿记改良、同人请假、职员出差、雇佣工匠工人、包工、查工、驻东京事务所等都有章程。

作为汉冶萍公司的组成部分，萍乡煤矿建矿之初总局下设机矿、煤务、材料三处，在萍城西宋家坊水坝设转运栈。后来，盛宣怀在萍乡煤矿实行"事工分治"办法，把矿局管理机构分为事务和工务两部，实行行政管理、生产经营和技术管理分开。汉冶萍公司成立前，萍乡煤矿就设有银钱收支和稽核机构，而且在汉冶萍成立后，实行由董事局选派，并在1919年正式实行现代会计制度，形成了一套较完整的财务、工资、人事、生产、供应、销售等管理组织机构和制度。汉冶萍公司成立后，更是采用现代股份公司制，实现了企业管理制度的全面创新。萍乡煤矿建章立制具有开创性意义，往后公司所订立的规章制度逐渐在全国推广。

四、培养了新一代产业工人队伍

中国第一代工人是洗脚上岸的农民，他们没接受近代工业的教育，而且文盲率非常高，据1923年8月安源路矿工人俱乐部调查，当时路矿两局中

[①] 湖北省档案馆：《汉冶萍公司档案》，档号LS56-经-11、LS-1847。

不识字的有 3000 多工人。尽管如此，由于中国工人"天生颖悟"，很快便掌握了这些复杂而新颖的西方技术。李维格说："维格于（光绪）三十年出洋，三十一年三月接办厂务，新钢厂机器炉座于三十一、二年陆续运到。三十三年冬虽已规模初具，而新机新炉初用生涩，均须一一摸索；不特此也，洋厂工匠，童而习之，宜其游刃有余矣，而遇有新机新炉，亦往往穷年累月，始能谙练。我厂工匠，来自乡间，以外洋奇巧机器授之，欲其操纵自余，亦云难矣。一年以来，幸机炉之性均已摸熟，华匠天生颖悟，已入彀中。"[1] 连外国资本家也夸赞中国近代工人学习快、能力强、效率高："他们显然具有控制和使用机器工具的天赋，……在这方面，中国人是一个敏慧的民族。"[2] 1909 年《东方时报》转载了美国一钢铁公司经理马尔根的一篇文章，文中记述了汉阳铁厂的外籍工程师对华人匠目和学生的钦佩：

> 厂之机械工师杜尔君，颇赞许华人机械之技能。所用之辘轴，俱华人所自造，唯聘欧洲人一，为之布置而已。……杜君将一亲历之事告余，以证华人之灵敏。前汉厂由美国购到火车头一部，到厂后尚须一小分装配，以成一体。然当时细图尚未到华，某华匠目不知，杜君亦未提及，乃不久车头已装成，而在厂中之铁道上行驶。系该匠目之功。杜君甚为诧异。余问杜君云，此非奇能乎。杜君云，若细图未到，余亦不能装配。杜君又述及华人做事之准确详只观绘图房学习绘图之少年，当模仿图样时，见原稿上有偶然之墨迹污点，即仿抄之[3]。

萍乡煤矿工人亦天生颖悟，他们在实践中不断摸索，并能举一反三将所学技术运用到其他方面，盛宣怀说："练成一班工匠，萍矿亦借此岁月，以竟

---

① 《李维格在第一届股东大会上的讲话》，宣统元年三月二十七日（1909 年 5 月 16 日），引自湖北省档案馆编：《汉冶萍公司档案史料选编》（上），中国社会科学出版社 1992 年版，第 252 页。

② 孙毓棠编：《中国近代工业史资料》第一辑（上），科学出版社 1957 年版，第 62 页。

③ 方一兵：《汉冶萍公司与中国近代钢铁技术移植》，科学出版社 2011 年版，第 88 页。

王耀南（1911—1984），江西萍乡人，少时家贫，随父到安源煤矿做童工，12 岁参加安源第一个儿童团，16 岁加入中国共产主义青年团，1927 年参加毛泽东领导的湘赣边境秋收暴动，1930 年加入中国共产党，1955 年 9 月被授予少将军衔，1960 年任解放军工程兵司令部副参谋长，1970 年任工程兵副司令员，曾连续 8 次获得全军通令嘉奖，先后获得二级八一勋章、一级独立自由勋章、一级解放勋章、二等红星奖章和红旗奖章等。

全功"，不论在服务企业或为中国革命方面都作出了重大贡献。

萍乡煤矿工人是一支年轻的队伍，"安源路矿工人阶级的诞生，比西欧产业工人阶级晚了一百二三十年，比本国最早的一批产业工人也要迟三四十年。到中国共产党成立的时候，它只有 23 年的历史，四分之一到三分之一的人只有五六年工龄。"[①] 萍乡"炭矿所役之劳动者，其年岁在十七八以上，萍乡人居其五，湖南人居其三，湖北人居其二。"[②] 这种年龄阶段正是一个人既精力充沛又极肯钻研的时期，安源路矿工人是一支朝气蓬勃的队伍。

首先表现在遵章守纪上。农民由于属于个体劳动行为，天然散漫。可是进入大工业时代，由于分工更加细密，必须得团结得像一整部紧密的机器一样，才能完成生产任务。例如煤从工作面采出来，经过运输、洗涤、炼焦、装车运往株洲，再从株洲装船运往汉阳铁厂，经过与石灰石、白云石、铁矿石等原料配料进入高炉，才能冶炼出钢铁。经历了从矿井到陆路再到水路的多次接驳，行程上千里，才能到达汉阳铁厂，哪一个方面出了问题生产都要中断。而中国工人天然听从指挥，为了整体的利益数万工人团结得像一个人一样，大家团结协作去完成任务。特别是中国共产党领导的安源大罢工，13000 多路矿工人表现得尤为出色，刘少奇作了很好的总结："这一次大罢工共计罢工五天，秩序极好，组织极严，工

---

① 刘善文主编：《安源路矿工人运动史》，上海社会科学出版社 1993 年版，第 29 页。

② 汪敬虞编：《中国近代工业史资料》第二辑（下），科学出版社 1957 年版，第 1174 页。

友很能服从命令；俱乐部共用费计一百二十余元；未伤一人，未败一事，而取得完全胜利，这实在是幼稚的中国劳动运动中绝无而仅有的事。"[①] 这种团结协作的集体主义精神，是中华民族的优良传统。

其次是表现在虚心学习、不断摸索上。近代产业工人从一开始便与世界上最先进的工业打交道，这些机械设备他们连见都没见过，一切须从零开始，靠的是不断学习摸索，使技术精益求精。例如开国少将王耀南，在安源矿放炮时，由于不懂技术，放的是"空心炮"，只有炮响没有煤。他的父亲将用黄土堵塞炮眼技术传授给他，他又创造了节节掐断引线快速放炮方法，赢得了工人们的赞誉。他把煤矿技术移植到抗战之中，创造了"地雷战""地道战"等著名战术，为挫败日本帝国主义的侵略战争立下了汗马功劳。"中国的保尔"吴运铎从小喜欢矿山机器，他把所学技术运用到战场上，成了中国共产党领导的兵器工业的开拓者。中国共产党第一支工兵和第一支电话兵都是由安源工人组成的。2000 年 9 月 25 日，原国防科工委副主任、从安源煤矿走出去的唐延杰中将之妻续静卿来安源煤矿参观时讲到，安源煤矿工人在红军队伍中素质比较高，队伍中你只要见到会打电话、会打篮球的人大多数是安源矿工。

再次，表现在创造能力上，他们丝毫不输给其他民族。萍乡煤矿工人在不断学习西方先进技术的同时还不断地消化西方技术，使之

吴运铎（1917—1991），祖籍湖北武汉，出生于安源煤矿。1938 年参加新四军，1939 年加入中国共产党，中国兵器制造专家。曾任中南兵工局副局长、机械科学研究院副总工程师、五机部科学研究院副院长等职。其自传体文学著作《把一切献给党》影响了一代人。有"中国的保尔·柯察金"之称，也是 100 位为新中国成立作出突出贡献的英雄模范之一。

---

① 《安源路矿工人运动》（上），中共党史资料出版社 1991 年版，第 129 页。

2000 年 3 月在安源矿二水平 385 复采工作面出土的老萍矿蒸汽水泵，上有"1921 年萍乡煤矿制造"字样

为中国建设服务。例如，萍矿制造厂"能制造抽水机、起重机、推焦机等设备。还有窿中器具修理房、煤车修理房等设施。……1906 年前后，为株萍、平汉、粤汉铁路修造桥梁及客货车辆，且造价低廉。""除为本矿修造各式机械外，还为外埠厂矿承造机床等近代新式机器。"①

这支产业工人队伍像一粒粒种子撒播到祖国的四方，为中国的独立解放以及经济建设作出贡献。

五、彰显了工人阶级的强大力量

随着萍乡煤矿的开办和株萍铁路的修建，一个崭新的阶级——近代产业工人阶级在萍乡诞生和崛起。1907 年萍乡煤矿建成时，路矿工人有 7000 ～ 8000 人；1923 年 8 月达 13000 余人，此外矿区还有失业工人 4000 ～ 5000 人，他们常以短途挑运煤焦和其他临时性工作为生，也是路矿的产业后备军。

萍乡工人阶级是当时萍乡先进生产力和生产关系的代表，有力推动了萍乡经济社会发展，为萍乡从传统封建农业社会走向近代化工业化社会作出了重大贡献。但与此同时，工人阶级一诞生，便遭受帝国主义、官僚买办和封建主义的层层压迫和剥削，处境十分悲惨。他们劳动时间长，劳动强度大，劳动条件差，并被矿局严格约束管理，经常遭到打骂、处罚和各式各样的凌辱，毫无人身自由和人格尊严。在这种沉重的剥削、繁重的劳动、恶劣的环

---

① 《萍乡矿务局志》，1998 年内部资料，第 82 页。

境、非人的压迫下，工人阶级具有了改变自己的悲惨境遇的强烈要求，他们团结起来，运用各种方式同资本家和封建势力开展斗争。

从最初反对洋人、毁坏机器，到痛打华洋监工总管和参加大规模反清武装起义，显示出萍乡工人阶级英勇顽强的反侵略、反压迫的坚强意志和斗争精神。1905年5月，萍乡煤矿发生罢工和痛打洋人的斗争，工人不屈不挠，坚持斗争，最后不得不将扣罚的工资全部补发给工人。1906年12月，萍乡煤矿工人举行罢工，反对将窿工的三班制改为两班制，即将每天劳动时间由8小时延长至12小时，并解雇一批工人。矿局请来官军镇压，罢工仅一天即由于当局武力镇压而完全失败，窿工的工作从此由三班制改为两班制。1906年12月，在安源以肖克昌为首的哥老会众6000余人，参加了以孙中山为首的同盟会在湘赣边界发动和领导的震惊中外的萍浏醴起义，参加起义的有煤矿工人、农民、手工业工人等3万余人，起义军一度控制江西的萍乡、宜春、万载和湖南的浏阳、醴陵等五县的部分农村。起义虽然最终惨遭失败，但它沉重打击了帝国主义及清王朝，极大地教育和鼓舞了革命党人和广大群众。1913年5月，萍乡煤矿工人开展同工头清算工价的斗争，矿局乃以"时局所牵，风谣极重"为由，请求萍乡县公署派兵90多名到安源弹压，工人斗争失败。1918年11月，第一次世界大战以德、奥等同盟国失败而告终，中国成为战胜国，萍乡煤矿工人掀起了驱逐德国人的斗争，他们在长沙《大公报》发表致北京政府参战处和农工商部以及汉冶萍公司和赣西镇守使函，历数德国工程师和监工等数十年来敷衍矿务、破坏矿山资源、虐待矿工、草菅人命等罪行，指责汉冶萍公司继续重用敌国人员、纵容德籍雇员胡作非为的媚外行径，强烈要求将德国人驱逐出境。"如若无效，同人等同心努力，群起逐之，置之死地，亦可以替我被彼等虐死之矿工同胞报仇焉。生死攸关，不达到目的，至死不已也。"这一斗争延续到五四反帝爱国运动爆发以后。①

1919年五四运动的发生，新思潮的传播，鼓舞了安源路矿工人。恰逢萍

---

① 萍乡市史志工作办公室：《中国共产党江西省萍乡市历史（1921—1949）》第一卷，中共党史出版社2019年版，第10—13页。

乡煤矿又接连发生德籍总管和总监工殴打工人的事件，尤其是 6 月 23 日，总平巷德籍总监工乌生勃里克将窿工工头汪大全打成重伤，工人心中久积的怒火一齐迸发，驱逐德国人的浪潮又趋高涨，100 多名工人将乌生勃里克寓所围住，100 多名工人聚集在总平巷公事房门前示威。经过斗争，最终公司辞去全部德籍雇员。然而，安源工人的境遇并未因此而略有改善。各管班工头及职员对工人无不可以打、骂、罚跪、罚工钱，以及明抢暗夺的种种剥削。工人若稍有表示反对，轻则开除，重则置之监狱。萍乡煤矿工人命运没有发生根本变化。

萍乡工人阶级最初的反抗与斗争处于自发状态，且多以失败告终，但这种为了争取自身正当利益英勇斗争甚至流血牺牲的精神，进一步激发了工人阶级与资本主义和封建势力作斗争的意志，使早期知识分子对这一阶级力量有了更为深刻的认识，在认识和立场上进一步转向工人阶级。

中国工人阶级的先锋队——中国共产党成立后，安源煤矿工人在中国共产党组织领导下，成立革命工会，发起保护和争取工人利益的经济斗争和政治斗争，全面参与为民族独立和人民解放的中国革命斗争。

1921 年 7 月，中国共产党第一次全国代表大会通过的《关于当前实际工作的决议》，确定党成立后的中心任务是组织工会和教育工人，领导工人运动。安源是当时湘区所属范围内最大的工业企业、工人最集中的地方。[1]

1921 年 10 月下旬，中共湖南支部书记毛泽东根据党的一大确定的工作方针，决定在长沙手工业、店员工人和产业工人集中的安源路矿开展工人运动与党组织的发展工作。经过对安源路矿企业的性质及工人阶级状况进行调查分析后，毛泽东毅然决然地选定安源作为中共湖南支部开展工人运动的重点地区。[2]

1922 年 2 月，中共安源路矿支部成立，"这是中国共产党在产业工人中最

---

[1] 萍乡市史志工作办公室：《中国共产党江西省萍乡市历史（1921—1949）》第一卷，中共党史出版社 2019 年版，第 21 页。

[2] 萍乡市史志工作办公室：《中国共产党江西省萍乡市历史（1921—1949）》第一卷，中共党史出版社 2019 年版，第 18 页。

1922 年 5 月 1 日，安源路矿工人俱乐部成立。图为俱乐部筹备委员会成员合影

早建立的党支部"，^① 安源路矿工人在中国共产党领导下，开始走上革命舞台；1922 年 5 月 1 日，安源路矿工人俱乐部成立；1922 年 9 月 14 日，安源路矿工人大罢工爆发，这是中国共产党第一次独立领导并取得完全胜利的工人斗争，刘少奇、朱少连在《安源路矿工人俱乐部史略》中作过如下概括："这一次大罢工，共计罢工五日，秩序极好，组织极严，工友很能服从命令。俱乐部共用费计一百二十余元，未伤一人，未败一事，而得到完全胜利，这实在是幼稚的中国劳动运动中绝无而仅有的事。"^② 随着路矿工人运动的发展，安源党组织党员人数不断增加，到 1924 年 12 月，"党员人数猛增到约 200 人，占当时全国党员人数的五分之一，成为全国最大的和产业工人成分最多的地方党部"。^③ 许多优秀安源工人在党的号召下，把安源工运的革命火种和成功经验传播到祖国

① 萍乡市史志工作办公室：《中国共产党江西省萍乡市历史（1921—1949）》第一卷，中共党史出版社 2019 年版，第 21 页。

②《安源路矿工人运动》（上），中共党史资料出版社 1990 年版，第 129 页。

③ 萍乡市史志工作办公室：《中国共产党江西省萍乡市历史（1921—1949）》第一卷，中共党史出版社 2019 年版，第 24 页。

安源路矿工人运动纪念馆

的四面八方，继续为中国工人运动和中国革命贡献自己的热血和生命。

安源路矿工人在中国共产党的带领下，以前所未有的革命精神，同帝国主义、封建主义和官僚资本主义进行艰苦卓绝的斗争，成为中国革命中一支活跃的队伍，展现了工人阶级的强大力量，彰显了中国共产党领导工人阶级开展革命斗争的强大号召力、组织力和战斗力，是中国共产党领导工人阶级开展革命运动的有益探索，是中国革命的一次成功实践。

主要参考文献

湖北省档案馆编:《汉冶萍公司档案史料选编》(上、下),中国社会科学出版社 1992 年版。

陈旭麓、顾廷龙、汪熙主编:《盛宣怀档案资料选辑之四:汉冶萍公司(一)》,上海人民出版社 1984 年版。

陈旭麓、顾廷龙、汪熙主编:《盛宣怀档案资料选辑之四:汉冶萍公司(三)》,上海人民出版社 2004 年版。

陈旭麓、顾廷龙、汪熙主编:《盛宣怀档案资料:汉冶萍公司》,上海人民出版社 2016 年版。

孙毓棠编:《中国近代工业史资料》第一辑(上、下),科学出版社 1957 年版。

汪敬虞编:《中国近代工业史资料》第二辑(上、下),科学出版社 1957 年版。

胡政主编、张后铨著:《汉冶萍公司史》,社会科学文献出版社 2014 年版。

胡政主编、张后铨著:《招商局与汉冶萍》,社会科学文献出版社 2012 年版。

蔡明伦主编:《第一届汉冶萍国际学术研讨会论文集:中国·黄石》,长春出版社 2016 年版。

尚平、张强主编:《第二届汉冶萍国际学术研讨会论文集:中国·武汉》,武汉出版社 2018 年版。

方一兵:《汉冶萍公司与中国近代钢铁技术移植》,科学出版社 2011 年版。

戴奇伟、张泰山主编:《华中钢铁公司档案选编》,长春出版社2016年版。

中共萍乡市委《安源路矿工人运动》编纂组编:《安源路矿工人运动》,中共党史资料出版社1990年版。

萍乡市中共党史学会、安源路矿工人运动纪念馆、萍乡矿业集团公司编:《湘赣边界秋收起义史》,江西人民出版社2007年版。

萍乡市中共党史学会、萍乡市财政局、萍乡市民政局编:《萍乡英烈谱》,江西人民出版社2010年版。

孟震:《萍矿过去谈》,汉口汪日升石印局1914年石印本。

顾琅:《中国十大矿厂调查记》,上海商务印书馆1916年版。

《魏源集》(下),中华书局1976年版。

《清史稿》第41册,中华书局1977年版。

《萍乡市志》,方志出版社1996年版。

刘洪闢:《昭萍志略》(上、下),江西教育出版社2016年版。

刘梦溪主编:《廖平蒙文通卷》,河北教育出版社1986年版。

刘善文主编:《安源路矿工人运动史》,上海社会科学出版社1993年版。

吴晓煜:《煤史钩沉》,煤炭工业出版社2000年版。

吴晓煜编著:《中国煤炭史读本(古代部分)》,煤炭工业出版社2010年版。

吴绪成主编:《百年汉冶萍》,湖北人民出版社2009年版。

夏东元:《盛宣怀传》,上海交通大学出版社2007年版。

盛承懋:《盛氏家族·苏州·留园》,文汇出版社2016年版。

盛承懋:《盛宣怀与"中国的十一个第一"》,西安交通大学出版社2016年版。

张声源:《苦丁茶与浏市街》,中山大学出版社2015年版。

李汝启主编:《萍乡历代诗荟》,线装书局2019年版。

刘向东:《开滦煤矿故事》,南京出版社2019年版。

李雪娇:《家住安源》,中国文联出版社2009年版。

黄珊奇:《老湘雅故事》,中南大学出版社 2012 年版。

黄铮:《风雨无悔——对话王光美》,人民文学出版社 2015 年版。

黄洋:《安源路矿工人运动人物志》,当代中国出版社 2020 年版。

唐湘萍:《话说萍乡》,江西教育出版社 2000 年版。

冯天瑜、李少军、刘柏林:《东亚同文书院中国调查资料选译》,社会科学文献出版社 2012 年版。

水运凯、江立华等编:《中国社会调查简史》,中国人民大学出版社 2017 年版。

王云五主编:《清徐雨之先生润自叙年谱》,台北商务印书馆 1981 年版。

全汉昇:《汉冶萍公司史略》,台北文海出版社 1971 年版。

李建德:《中国矿业调查记》,台北文海出版社 1987 年版。

《乾隆萍乡县志》。

陈维、彭黻:《江西萍乡安源煤矿调查报告》,江西省政府经济委员会,1935 年。

彭江流主编:《萍乡风物》第一辑,1985 年未刊稿。

彭江流主编:《萍乡古今》选辑之二《萍乡人物录》,1988 年未刊稿。

江西省政协文史资料研究委员会、萍乡市政协文史资料研究委员会合编:《萍乡煤炭发展史略》,1987 年内部资料。

芦溪县政协编:《芦溪工商史料》,1990 年内部资料。

湘东区政协编:《湘东文史资料》,1991 年内部资料。

张振初:《安源轶事》,1995 年未刊稿。

《江西省萍乡市地名志》,1996 年内部资料。

《萍乡矿务局志》,1998 年内部资料。

马景源等:《大冶铁矿志》第一卷,2000 年内部资料。

政协武汉市委员会文史委、政协武汉市汉阳区委员会主编:《中外名人学者论张之洞》,2009 年内部资料。

曾伟:《〈筹办萍乡铁路公牍〉整理与研究》,江西师范大学硕士研究生学位论文，2010 年。

湖北大学中国思想文化史研究所:《萍乡煤矿案卷目录》，2013 年内部资料。

《近代名人文廷式专辑》,《萍乡人》2014 年总第 2 期。

《第三届汉冶萍国际学术研讨会论文集：中国·萍乡》，2018 年内部资料。

萍矿集团公司编:《辉煌·传承（1898—2018）：纪念萍矿建矿 120 周年画册》，2018 年内部资料。

《江南煤都　工业重镇——萍乡煤矿历史专题陈列》展陈。

萍乡矿务局档案馆资料。

后 记

诞生于清朝末年的萍乡煤矿，是风雨飘摇的旧中国最早利用西方先进生产技术设备开采和管理的矿井之一，对我国近代工业发展作出了重要贡献，成为同时代的重要经济实体。

为记录萍乡近代工业尤其是萍乡煤矿创建和发展的历史，探析萍乡煤炭工业对地方经济社会发展和中国近代工业发展的重要意义，彰显萍乡作为中国近代工业发祥地之一的重要地位和作用，萍乡市政协组织编撰了《近代工业在萍乡》一书。编撰工作坚持史料的原始性、历史的真实性、研究的客观性。经过近两年时间查阅大量档案，潜心研究考证，终于编撰成书，我们深深感到完成了一件有益于萍乡历史文化挖掘整理的实事。

市政协主要领导对本书的编撰出版非常重视，多次听取汇报，及时提出指导意见和要求，为本书的编撰出版提供了坚实的保证。本书的编撰工作得到了市委宣传部、市委党史研究室、萍乡煤矿集团、安源路矿工人运动纪念馆等单位的大力支持。李小建、孙正风两位同志长期潜心研究萍乡工矿文化，收集了大量史料，承担了本书的主要撰稿工作。作家张学龙、萍乡学院凌焰博士和王淼华博士等同志倾力相助，认真审读书稿，提出中肯建议。在此，向相关单位和专家学者一并致谢！

由于我们的学识和眼界有限，疏漏和不足在所难免，不当之处，敬请批评指正。

编 者

2023 年 12 月